空间计量经济学

实证研究与软件实现

王周伟　汪传江　崔百胜　朱敏　编著

图书在版编目(CIP)数据

空间计量经济学：实证研究与软件实现/王周伟等编著. —北京：北京大学出版社，2022.10
高等院校经济学管理学系列教材
ISBN 978-7-301-33358-7

Ⅰ. ①空… Ⅱ. ①王… Ⅲ. ①区位经济学-计量经济学-高等学校-教材 Ⅳ. ①F224.0

中国版本图书馆 CIP 数据核字(2022)第 170122 号

书　　　名	空间计量经济学——实证研究与软件实现 KONGJIAN JILIANG JINGJIXUE ——SHIZHENG YANJIU YU RUANJIAN SHIXIAN
著作责任者	王周伟　汪传江　崔百胜　朱　敏　编著
责 任 编 辑	杨丽明
标 准 书 号	ISBN 978-7-301-33358-7
出 版 发 行	北京大学出版社
地　　　址	北京市海淀区成府路 205 号　100871
网　　　址	http://www.pup.cn　新浪微博：@北京大学出版社
电 子 信 箱	sdyy_2005@126.com
电　　　话	邮购部 010-62752015　发行部 010-62750672　编辑部 021-62071998
印 刷 者	河北滦县鑫华书刊印刷厂
经 销 者	新华书店
	787 毫米×1092 毫米　16 开本　19.25 印张　445 千字 2022 年 10 月第 1 版　2025 年 7 月第 2 次印刷
定　　　价	78.00 元

未经许可，不得以任何方式复制或抄袭本书之部分或全部内容。
版权所有，侵权必究
举报电话: 010-62752024　电子信箱: fd@pup.pku.edu.cn
图书如有印装质量问题，请与出版部联系，电话: 010-62756370

前言

空间计量经济学是以计量经济学、空间统计学和地理信息系统等学科为基础,以探索建立空间经济理论模型为主要任务,利用经济理论数学模型、空间统计和专业软件等工具对空间经济现象进行研究的一门新兴交叉学科。近年来,空间计量经济学快速发展,各种新模型层出不穷,实证应用更呈现爆炸式增长,已成为计量经济学的重要分支。

最近几年,国内对于空间计量经济学的研究也取得了长足进步,相关著作日益丰富,但多集中在空间计量经济模型的应用与普及上,要么偏重于理论分析,要么侧重于实验与软件应用,很少有著作基于空间计量经济模型与软件实现,从论文写作的角度,将空间计量建模的动因、模型数据分析与处理、软件实现等空间计量实证论文写作的主要环节全面清晰地展现出来,导致现有著作与实践应用相脱节,给研究者进行空间计量模型的学习与应用带来一定困难。

在此背景下,上海师范大学空间计量研究团队从2018年就开始筹划、组织、编写本书,经过3年多时间的艰辛努力,终得出版。与已有的空间计量著作相比,本书有如下几点不同:

第一,从论文写作的角度,全面呈现空间计量应用的全部流程。相对于传统计量模型,空间计量模型有其自身的复杂性与特殊性,因此在建模动因、应用场景以及模型设定、筛选、参数估计与模型检验等实证环节上均有所不同,这成为空间计量初学者的"拦路虎"。本书从论文写作的角度入手,全面展现空间计量实证论文写作的全部流程与关键环节,无疑为空间计量研究者,尤其是初学者的论文写作提供了临摹的范本。

第二,软件实现过程具体,打开了空间计量实证分析过程的黑箱。现有学术论文将实证分析的实现过程作为一个"黑箱",实证结果不透明,因此如何将空间计量经济分析实现的整个过程,尽可能详尽、透明地展现给读者,是我们的写作初衷。为此,本书每章都给出了实证过程实现的详细步骤、代码、注释以及结果截图,并提供了原始数据,方便读者进行演练和验证。读者通过替换代码与数据中的变量,即可直接应用到自己的研究中。各章相关数据和代码,皆可通过扫描本书封底的二维码下载。

第三,模型涵盖面广,囊括了最新的空间计量模型。现有市面上的空间计量相关教材,大多以介绍基础空间计量模型为主,或者以某一种专题模型介绍为主,缺少系统性与全面性。本书不仅包括常见的空间计量截面与面板模型,还囊括了空间久期、空间联立方程、空间似乎不相关模型等最新的空间计量模型。

本书由王周伟、崔百胜、朱敏、汪传江四位老师与所指导的研究生们共同合作完成。由王周伟拟定全书撰写大纲,确定内容框架体系;团队成员分头撰写初稿,相互交叉修改,共同终审,最终定稿。

各章写作分工如下:第1章为空间网络模型(邱之明、汪传江),通过网络图方法对空间联系进行建模研究;第2—10章为单方程空间计量模型,是本书的主体部分,主要包括截面空间计量模型(王玥琪、汪传江)、静态与动态空间面板模型(张颖、汪传江)、空间离散选择模型(魏鹏飞、汪传江)、受限因变量空间计量模型(赵莉、王周伟)、空间分位数模型(谢霜、王周伟)、空间久期模型(张志朋、王周伟)、空间双重差分模型(张翔、朱敏)、矩阵指数空间计量模型(李艾洛、朱敏)、空间自回归异质性随机前沿模型(蒋凤娇、朱敏)共9种;第11—12章为多方程空间计量模型,包括空间联立方程模型(高崧耀、崔百胜)、空间似乎不相关模型(蒋凤娇、崔百胜);区别于前面的12个章节对空间关联性进行建模,第13章地理加权回归模型(李诗婕、崔百胜),主要对空间异质性进行建模分析。

上海师范大学商学院是国内较早从事空间计量研究与教学的学院,早在2015年就出版了空间计量重要理论著作《空间计量经济学:现代模型与方法》,结合本次《空间计量经济学:实证研究与软件实现》的出版,形成了空间计量经济分析的理论和实证研究、软件实现及规范研究之间的相互补充,二者构成了"姊妹篇"。当然,由于我们水平有限,而空间计量经济学又处于蓬勃发展之中,编写过程中难免存在不足、遗漏与错误,恳请同行专家和读者对本书提出宝贵意见和建议,以使我们今后能够不断对之加以完善。

编者

目 录

第1章 中国数字普惠金融发展的网络结构特征与影响因素研究
　　——基于社会网络分析与 QAP 回归分析 ································ (1)
　1.1 引言 ·· (1)
　1.2 模型构建与数据来源 ·· (2)
　1.3 社会网络分析方法 ··· (3)
　1.4 中国区域数字普惠金融发展的空间关联网络结构特征 ············· (5)
　1.5 中国区域数字普惠金融发展的空间关联影响因素研究 ············ (11)
　1.6 结论与建议 ·· (12)
　1.7 社会网络分析的 UCINET 软件操作指导 ··································· (13)

第2章 中国省域研发创新的影响因素研究
　　——基于截面空间计量模型的分析 ·· (22)
　2.1 引言 ··· (22)
　2.2 文献综述 ··· (23)
　2.3 数据来源与变量指标 ·· (23)
　2.4 实证分析 ··· (25)
　2.5 稳健性检验 ·· (31)
　2.6 结论与建议 ·· (32)
　2.7 空间截面模型估计的 Stata 软件操作指导 ································· (32)

第3章 金融集聚对区域创新能力的影响研究
　　——基于空间面板计量模型 ··· (38)
　3.1 引言 ··· (38)
　3.2 文献综述 ··· (39)
　3.3 计量模型理论与经济理论 ·· (39)
　3.4 研究设计 ··· (44)
　3.5 实证结果与分析 ·· (46)
　3.6 结论与启示 ·· (53)

3.7 软件操作指导 …… (53)

第 4 章 中国上市银行股价崩盘风险传染的宏观压力测试研究
　　　　——基于空间排序 SAR-Probit 模型 …… (70)
4.1 引言 …… (70)
4.2 研究假设 …… (71)
4.3 风险指标与压力测试模型 …… (73)
4.4 数据描述 …… (77)
4.5 实证结果 …… (80)
4.6 结论和启示 …… (92)
4.7 软件操作指导 …… (93)

第 5 章 地方政府竞争、政府主导与财政科技投入效率
　　　　——基于空间 Tobit 模型 …… (103)
5.1 引言 …… (103)
5.2 文献综述 …… (104)
5.3 主要贡献 …… (104)
5.4 理论模型、估计方法介绍 …… (105)
5.5 实证分析 …… (109)
5.6 结论和启示 …… (114)
5.7 空间 Tobit 模型一般估计的 Stata 软件操作指导 …… (114)

第 6 章 区域金融发展水平对 FDI 的影响
　　　　——基于空间分位数回归模型 …… (121)
6.1 引言 …… (121)
6.2 文献综述 …… (122)
6.3 经济理论、模型设定与估计方法 …… (123)
6.4 实证分析 …… (125)
6.5 结论和建议 …… (132)
6.6 空间分位数回归模型估计的软件操作说明 …… (134)

第 7 章 高管特征与网贷平台经营风险
　　　　——基于空间久期模型 …… (141)
7.1 引言 …… (141)
7.2 研究假设 …… (143)
7.3 空间久期模型 …… (144)
7.4 数据描述 …… (146)
7.5 实证结果 …… (148)
7.6 结论和启示 …… (152)

7.7 空间久期模型的 R 语言软件操作指导 ……………………………………… (153)

第 8 章 "一带一路"政策对国内经济的影响
——基于空间双重差分模型 ……………………………………………… (159)
8.1 引言 ……………………………………………………………………………… (159)
8.2 文献综述 ………………………………………………………………………… (160)
8.3 研究设计 ………………………………………………………………………… (161)
8.4 实证分析 ………………………………………………………………………… (162)
8.5 稳健性检验 ……………………………………………………………………… (170)
8.6 结论 ……………………………………………………………………………… (171)
8.7 空间双重差分模型的 Stata 软件操作指导 …………………………………… (172)

第 9 章 股票收益率影响因素研究
——基于 SAR 和 MESS 模型 …………………………………………… (185)
9.1 引言 ……………………………………………………………………………… (185)
9.2 文献综述 ………………………………………………………………………… (186)
9.3 相关理论和模型设定 …………………………………………………………… (187)
9.4 实证分析 ………………………………………………………………………… (191)
9.5 结论和建议 ……………………………………………………………………… (196)
9.6 SAR 和 MESS 模型的 MATLAB 软件操作指导 ……………………………… (197)

第 10 章 普惠金融服务实体经济的效率测度与分解
——基于空间自回归异质性随机前沿模型 …………………………… (203)
10.1 引言 …………………………………………………………………………… (203)
10.2 文献综述 ……………………………………………………………………… (204)
10.3 效率模型理论和测度方法介绍 ……………………………………………… (205)
10.4 实证分析 ……………………………………………………………………… (210)
10.5 结论与建议 …………………………………………………………………… (217)
10.6 软件操作指导 ………………………………………………………………… (217)

第 11 章 G20 国家货币政策空间传导路径研究
——基于空间面板联立方程模型 ……………………………………… (226)
11.1 引言 …………………………………………………………………………… (226)
11.2 文献综述 ……………………………………………………………………… (227)
11.3 计量理论方法介绍 …………………………………………………………… (229)
11.4 理论传导机制 ………………………………………………………………… (232)
11.5 实证分析 ……………………………………………………………………… (235)
11.6 结论 …………………………………………………………………………… (241)
11.7 空间面板联立方程 Stata 软件操作指导 …………………………………… (242)

第12章 长三角城市房价和金融稳定性的时空相关效应分析
——基于空间 SUR 模型 ……………………………………………（248）
- 12.1 引言 ………………………………………………………………（248）
- 12.2 文献综述 …………………………………………………………（249）
- 12.3 空间 SUR 模型理论和设定推导 ………………………………（249）
- 12.4 实证分析 …………………………………………………………（253）
- 12.5 总结 ………………………………………………………………（262）
- 12.6 软件操作指导 ……………………………………………………（262）

第13章 中国区域旅游业发展影响因素及其异质性分析
——基于地理加权回归模型 ……………………………………（278）
- 13.1 引言 ………………………………………………………………（278）
- 13.2 文献综述 …………………………………………………………（279）
- 13.3 地理加权回归模型理论介绍 ……………………………………（280）
- 13.4 实证分析结果 ……………………………………………………（284）
- 13.5 结论 ………………………………………………………………（295）
- 13.6 软件操作指导 ……………………………………………………（295）

第1章 中国数字普惠金融发展的网络结构特征与影响因素研究

——基于社会网络分析与QAP回归分析

摘 要：本章基于"北京大学数字普惠金融指数",构建修正的引力模型,并运用社会网络分析(SNA)和二次指派程序(QAP)方法,对我国数字普惠金融发展的空间关联网络结构特征及其影响因素进行研究。结果表明:我国数字普惠金融发展虽然存在东强西弱的非均衡差异,但具有明显的空间网络特征。然而,在样本考察期内,整体网络的紧密型和稳定性均存在下降趋势。东部沿海地区处于整个网络的核心地位,归属于"净受益"和"双向溢出"板块,板块内部的空间联系较强。中部地区和西部地区分别归属于"经纪人"板块和"净溢出"板块,板块内部的空间联系较弱,且东部地区正逐步发挥对中部地区的带动作用。积极推进各地区协调发展战略,缩小各地区在经济、信息化和传统金融发展水平等方面的差距,有助于发挥我国数字普惠金融发展的空间联动效应。最后,本章提出相关对策建议,以期为推动我国区域数字普惠金融充分平衡协调发展提供支持。

关键词：数字普惠金融;空间关联;网络结构;社会网络分析;QAP回归分析

1.1 引 言

十九大报告指出,我国社会主要矛盾已经转化为人民日益增长的美好生活需要和不平衡不充分的发展之间的矛盾,而金融作为经济发展的血液,在解决发展不平衡等问题方面发挥着重要作用。传统金融由于地理位置等因素的影响,在我国同样存在着区域发展不平衡不充分等问题,表现为金融排斥现象。因此,普惠金融成为我国金融改革的重要议题之一,普惠金融的核心理念就是社会各阶层都可以以适当的价格享受便捷有效的金融服务。2015年年底国务院印发的《推进普惠金融发展规划(2016—2020年)》,正式将普惠金融确立为国家级发展战略。随着大数据、云计算和人工智能等技术的深入应用,我国正逐步迈入数字普惠金融发展的新阶段。2016年9月,G20杭州峰会将数字普惠金融列为重要议题,发布《G20数字普惠金融高级原则》,指出数字技术不但能够扩大金融服务范围,而且可以有效降低金融服务成本,是未来金融发展的关键所在。

数字普惠金融作为一个重要的概念和领域,已成为学术研究关注的热点。然而,囿于数据可得性等原因,前期研究基本局限于定性讨论。(王晓,2016;胡滨,2016)自2016 年北京大学数字金融研究中心发布"北京大学数字普惠金融指数"以来,多数学者利用这套指数进行相关实证研究,但基本集中于数字普惠金融在增加居民消费(崔海燕,2017)、缩小城乡差距(宋晓玲,2017;张子豪等,2018;陈啸等,2018)、减缓地区贫困(吴金旺等,2019;钱鹏岁等,2019;黄倩等,2019)、促进创新创业(谢绚丽等,2018;梁榜等,2019)和缓解企业融资约束(梁榜等,2018)等方面对其他经济社会特征的影响,鲜有文献探讨数字普惠金融发展的空间特征。鉴于此,本章借助社会网络分析(SNA)和二次指派程序(QAP)方法从宏观上把握我国数字普惠金融发展的空间网络结构特征及其影响因素,以期为制定与完善区域数字普惠金融网络结构优化政策提供帮助,进而有效推动区域数字普惠金融充分平衡协调发展。

1.2 模型构建与数据来源

1.2.1 模型构建

关系的确定是网络分析的关键。(Pappi and Scott,1993)根据现有文献,学者们大多采用 VAR 模型的格兰杰因果关系检验或构造引力模型来确定关系。考虑到 VAR 模型对滞后阶数的选择过于敏感,且基于 VAR 模型构建的网络无法刻画空间关联网络的演变趋势(刘华军等,2015),因此,本章借鉴杨桂元等(2016)的做法,并根据研究需要,构造修正后的引力模型。

首先,基本的引力模型如式(1.1)所示:

$$X_{ij} = K \frac{M_i M_j}{D_{ij}^b} \tag{1.1}$$

其中,X_{ij} 为区域 i 和区域 j 之间的"引力",M_i 和 M_j 表示区域 i 和区域 j 的"质量",D_{ij} 表示区域 i 和区域 j 之间的"距离",b 为距离衰减系数,K 为经验常数。

为增强引力模型在数字普惠金融发展空间关联网络研究中的适用性,本章"质量"的衡量指标中除了纳入北京大学数字普惠金融指数之外,考虑到更加完善的金融基础设施以及更加先进的信息化技术,会为区域数字普惠金融发展提供更多的资金和技术支持,进而会对其产生重要影响,因此采用北京大学数字普惠金融指数、区域金融机构个数和区域互联网接入用户数的几何平均值表示数字普惠金融发展"质量",具体如公式(1.2)所示:

$$X_{ij} = K_{ij} \frac{\sqrt[3]{F_i I_i U_i} \sqrt[3]{F_j I_j U_j}}{D_{ij}^2}, \quad K_{ij} = \frac{F_i}{F_i + F_j}, \quad D_{ij} = \frac{d_{ij}}{g_i - g_j} \tag{1.2}$$

其中,X_{ij} 为区域 i 和区域 j 之间的数字普惠金融发展的空间相关性,I_i 和 I_j 分别表示区域 i 和区域 j 金融机构个数,U_i 和 U_j 分别表示区域 i 和区域 j 互联网接入用户数,F_i 和 F_j 分别为区域 i 和区域 j 的数字普惠金融指数,K_{ij} 衡量的是区域 i 在两地数字普惠金融发展中的相对重要性。基于托达罗(Todaro,1969)的人口迁移模型,需要把地理距离和经济距离同时纳入距离 D_{ij} 中。d_{ij} 表示区域 i 与区域 j 之间的地理距离;g_i 和 g_j 分别为区域 i 与区域 j 的实际人均 GDP。考虑到相互作用存在一定的门槛值(临界值),取 $(X_{ij})_{31 \times 31}$ 矩阵每行的均值作为该行的临界值。大于(等于)临界值,表示两者存在相互作用,有关联性,取值为 1;小于临界值,表示两者之间不存在关联性,取值为 0。由于 K_{ij} 的作用导致 X_{ij} 与 X_{ji} 值不同,故最终得到有向(不对称)空间关联网络 0—1 矩阵 $(X_{ij})_{31 \times 31}$。

1.2.2 数据来源

本章研究对象为我国 31 个省份[①],样本的时间跨度为 2015—2018 年。数字普惠金融指数来源于北京大学数字金融研究中心发布的北京大学数字普惠金融指数(郭峰等,2019),该指数是北京大学数字金融研究中心和蚂蚁金服集团合作,利用蚂蚁金服集团关于数字普惠金融的海量数据联合编制的,能够科学准确地刻画我国数字普惠金融的发展现状。其他数据来源于相应年份的《中国统计年鉴》和各地区统计年鉴,并且各省份人均生产总值均利用 GDP 平减指数进行处理,以消除价格因素的影响。各省份之间的地理距离以省会城市之间的球面距离表示,通过各省会城市的经纬度以及球面距离公式计算得到。

1.3 社会网络分析方法

1.3.1 整体网络结构特征刻画

(1)网络密度(D)。网络密度用来反映网络中所有成员之间关联关系的紧密程度,网络密度越大,成员之间的关联关系越紧密。网络密度是指网络中的实际关系数与最大可能关系数之比,对于规模为 N 的有向关系网来说,理论上最大的关系总数为 $N \times (N-1)$,如果实际拥有关系数为 L,那么网络密度可以表示为 $D = L/[N \times (N-1)]$。

(2)网络等级度(H)。网络等级度刻画的是网络中各成员之间在多大程度上非对称地可达,反映了各成员的支配地位。网络等级度越高,表明在网络中各成员之间的等级结构越森严,越多的成员处于从属和边缘地位。网络等级度的计算公式为 $H = 1 - V/\max(V)$,其中,V 为网络中对称地可达的点对数,$\max(V)$ 为 i 可达 j 或者 j 可达 i 的点对数。

(3)网络效率(E)。网络效率刻画了网络中各成员之间的联系效率,反映网络中存在多余线的程度。网络效率的计算公式为 $E = 1 - V/\max(V)$,其中,V 是多余关联数,$\max(V)$ 是最大可能的多余关联数。

1.3.2 各节点网络结构特征刻画

(1)点度中心度(degree centrality)。点度中心度是根据连线数来衡量各成员在

[①] 如无特殊说明,本书中的省份均不包括港澳台地区。

网络中所处的中心程度。点度中心度越高,意味着该成员与其他成员间联系越多,也就表明该成员越处于网络中心的位置。根据成员间联系方向,点度中心度分为点出度和点入度,点出度是指该成员指向其他成员的连线数,反映该成员对其他成员的辐射程度;点入度是指其他成员指向该成员的连线数,反映其他成员对该成员的影响程度。对于 N 个节点的有向网络,X 节点的点出度为 C_1,点入度为 C_2,那么点度中心度可以表示为 $C_{AD}=(C_1+C_2)/(2N-2)$。

(2) 接近中心度(closeness centrality)。接近中心度用来刻画某个成员在网络中"不受其他成员控制"的程度,可以用某个成员与其他成员的捷径距离(捷径中包含的线数)之和的倒数来表示。接近中心度越高,意味着该成员与其他成员的"距离"越短,通达性越好,联系越紧密,对其他成员的影响控制程度越强,该成员也就越居于网络中心的位置。假设 d_{ij} 代表节点 i 与 j 之间的捷径距离(即捷径中包含的线数),那么接近中心度可表示为 $C_{AP}^{-1} = \sum_{j=1}^{N} d_{ij}$。

(3) 中间中心度(betweenness centrality)。中间中心度反映某个成员对其他成员间联动关系的控制程度。中间中心度越高,意味着该成员越能控制其他成员间的联动关系,该成员也就越处于网络中心的位置。假设网络中共有 N 个节点,其中节点 j 和节点 k 之间存在 g_{jk} 条捷径,j 和 k 之间存在的经过第三个节点 i 的捷径数为 $g_{jk}(i)$,i 对 j、k 两节点交往的控制能力用 $b_{jk}(i)$ 表示,$b_{jk}(i)=g_{jk}(i)/g_{jk}$,那么中间中心度可表示为:

$$C_{RB} = 2\sum_{j}^{N}\sum_{k}^{N} b_{jk}(i)/(N^2 - 3N + 2)$$

其中,$j\neq k\neq i$ 且 $j<k$。

1.3.3 块模型分析法

块模型(block modeling)分析法基于"块"在网络中的角色展开,能够从板块个数、板块成员构成、板块关联关系等新的维度揭示和刻画网络的内部结构状态,是社会网络中空间聚类分析的常用方法。块模型的构建主要包括两个步骤:第一步是对节点进行分区,即把各个节点分到各个位置,本章采用 CONCOR(convergent correlations)迭代方法。第二步是根据一定标准确定各个块的 0 或 1 取值。根据这一指标以及位置内外之间的关系,可以将位置划分为四种类型:(1) 净溢出板块,该板块成员向其他板块成员发出的溢出关系明显多于接受关系,且该板块内部成员间溢出关系较少。(2) 经纪人板块,该板块成员既对其他板块发出溢出关系,也接受其他板块成员发出的关系,该板块成员与其他板块成员间联系较多。(3) 双向溢出板块,该板块成员向板块内部成员、其他板块成员均发出较多关系。(4) 净受益板块,该板块成员向其他板块成员发出的溢出关系明显小于接受关系,且该板块内部成员间溢出关系较多。

1.3.4 网络的 QAP 回归分析

多元回归分析中,前提之一是要求解释变量之间相对独立,不能高度线性相关,否则会出现多重共线性,使得回归有偏误。此外,由于区域之间在地理位置上相邻,这种相互关系也会影响回归,此时不能利用传统的回归方法来分析,而应采用社会网络分析中矩阵的回归分析法,即 QAP 回归分析。QAP 回归分析用于分析多个矩阵与一个矩阵之间的回归关系,其表达式为 $R=f(X_1,X_2,\cdots,X_n)$,其中,R 为反映某个研究对象的空间关联网络关系矩阵,可理解为普通回归的被解释变量;$X_i(i=1,2,\cdots,n)$ 是影响因素矩阵,可理解为普通回归的解释变量。QAP 回归分析基本分为两步:先针对解释变量矩阵和被解释变量矩阵对应的长向量元素进行常规的多元回归分析;然后对被解释变量矩阵的各行与各列同时进行随机置换,再次回归,将所有系数估计值以及判定系数值保存。

1.4　中国区域数字普惠金融发展的空间关联网络结构特征

1.4.1　整体网络结构特征及演变趋势

为了更直观地展示我国数字普惠金融发展空间关联网络的结构形态,本章利用 UCINET 可视化工具 NetDraw 绘制了 2018 年的有向网络结构图,如图 1.1 所示。①从图 1.1 可以看出,图中无孤立点。具体而言,上海、江苏、北京、天津和浙江等东部地区与其他地区联系较为紧密,处于网络的中心地带;而辽宁、吉林和黑龙江等东北地区以及宁夏、甘肃和青海等西部地区与其他地区联系较少,处于整个网络的边缘地带。

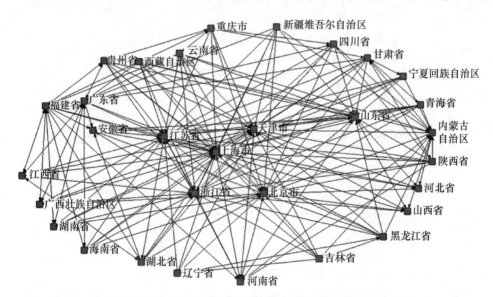

图 1.1　2018 年中国数字普惠金融发展的空间关联网络

为了更细致地了解我国数字普惠金融发展空间关联网络的结构特征,需借助社会

---

①　由于 2015—2018 年这 4 年关于我国数字普惠金融发展的空间关联网络结构图在直观上表现出的差异较小,因此本章只展示 2018 年的结果。

网络分析法的各个指标进行定量分析。本章根据刘军(2014)的计算方法,进一步测度出网络密度、网络等级度和网络效率等指标,结果见图1.2和图1.3。

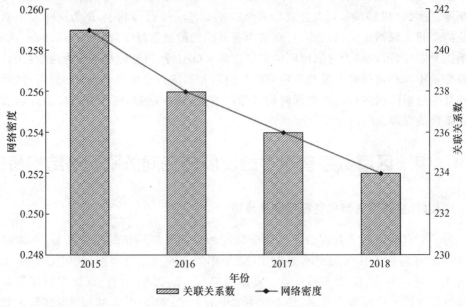

图1.2 关联关系数与网络密度

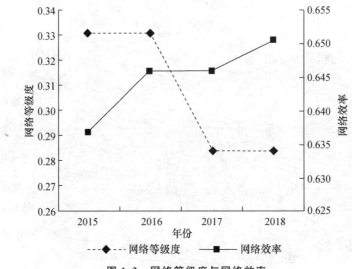

图1.3 网络等级度与网络效率

网络密度是指网络中的实际连线数与最大可能连线数之比,反映所有网络成员之间联系的紧密程度。网络等级度指的是网络成员之间非对称可达的程度,刻画的是各个网络成员的等级结构。网络效率是指整个网络中存在多余连线的程度,反映出各个网络成员的联系效率。

如图1.2所示,2015—2018年我国数字普惠金融发展的空间关联密切程度呈逐年下降趋势,关联关系数从2015年的241逐步下降到2018年的234,与之对应的网络密度自 2015 年的 0.259 逐步下降至 2018 年的 0.252。另外,理论上我国 31 个省份之间存在的最大可能关联关系总数应该为 930 个(31×(31−1)),网络密度应该为 1,而样本考察期内我国数字普惠金融发展实际发生的关联关系数最大值仅为 241,网络密度最大值仅为 0.259,表明在我国数字普惠金融发展过程中,社会网络的空间关联作用发挥的程度还有待提高,而关联关系数和网络密度的持续下降,不利于我国数字普惠金融整体协同发展。同时,由图 1.3 可知,网络等级度虽然呈下降趋势,但基本维持在 0.3 附近,这表明多数省份在我国数字普惠金融发展空间关联网络中处于从属或边缘地位。网络效率从 2015 年的 0.6368 上升至 2018 年的 0.6506,说明我国数字普惠金融发展空间关联网络中连线减少,网络稳定性不断降低。

1.4.2 中心性分析

为了更深入地了解各省份在我国数字普惠金融发展空间关联网络中所处的地位,本章进一步进行中心性分析,具体而言,分别计算各网络成员的点度中心度、中间中心度和接近中心度。点度中心度越大,表明某成员在整个网络中与其他成员的联系越多,越处于网络的中心位置。中间中心度越高,表明某成员对其他成员的控制程度越高。接近中心度越高,表明某成员在网络中与其他成员存在越多的关联关系,就越接近于中心行动者的角色。限于篇幅,本章仅给出 2018 年的计算结果,如表 1.1 所示。

表 1.1 2018 年中国数字普惠金融发展的空间关联网络中心性分析

省份	点入度	点出度	点度中心度	接近中心度	中间中心度
上海市	25.000	9.000	90.000	90.909	11.882
江苏省	27.000	4.000	90.000	90.909	11.882
天津市	23.000	5.000	80.000	83.333	10.312
北京市	22.000	5.000	76.667	81.081	8.984
浙江省	20.000	7.000	70.000	76.923	6.051
山东省	16.000	8.000	60.000	71.429	2.887
内蒙古自治区	13.000	6.000	50.000	66.667	2.409
广东省	10.000	10.000	43.333	63.830	1.827
安徽省	9.000	3.000	30.000	58.824	0.405
河南省	9.000	7.000	30.000	58.824	0.416
福建省	7.000	9.000	40.000	62.500	1.468
江西省	6.000	7.000	23.333	56.604	0.193
河北省	5.000	5.000	20.000	55.556	0.103
湖北省	5.000	7.000	26.667	57.692	0.406
重庆市	5.000	8.000	30.000	58.824	0.308
甘肃省	5.000	12.000	40.000	62.500	0.852
湖南省	4.000	7.000	23.333	56.604	0.228
山西省	4.000	7.000	23.333	56.604	0.162

(续表)

省份	点入度	点出度	点度中心度	接近中心度	中间中心度
贵州省	3.000	9.000	30.000	58.824	0.439
四川省	3.000	9.000	33.333	60.000	0.520
辽宁省	2.000	5.000	20.000	55.556	0.051
广西壮族自治区	2.000	7.000	23.333	56.604	0.228
黑龙江省	2.000	9.000	30.000	58.824	0.369
云南省	2.000	10.000	33.333	60.000	0.671
海南省	1.000	7.000	23.333	56.604	0.228
吉林省	1.000	8.000	26.667	57.692	0.245
宁夏回族自治区	1.000	8.000	26.667	57.692	0.162
青海省	1.000	8.000	26.667	57.692	0.162
陕西省	1.000	10.000	33.333	60.000	0.242
新疆维吾尔自治区	0.000	8.000	26.667	57.692	0.295
西藏自治区	0.000	10.000	33.333	60.000	0.671
均值	7.548	7.548	39.140	63.445	2.099

(1) 点度中心度。由表 1.1 所示的点度中心度计算结果可以看出，全国 31 个省份的点度中心度的均值为 39.140，而大于该均值的省份共有 10 个，从高到低排列依次为上海、江苏、天津、北京、浙江、山东、内蒙古、广东、福建和甘肃，表明这 10 个省份在我国数字普惠金融发展的空间关联网络中与其他省份发生的关系数较多，联系较为密切。其中，上海和江苏的点度中心度均高达 90.000，究其原因是在数字普惠金融发展过程中，上海与其他 25 个省份存在受益关联关系，与其他 9 个省份存在溢出关联关系，而江苏分别与其他 27 个和 4 个省份存在受益关联关系和溢出关联关系，因此，上海和江苏处于我国数字普惠金融发展空间关联网络的中心位置。另外，上述 10 个省份较多集中在东部沿海地区，表明东部沿海地区作为我国数字普惠金融发展的中心地带，对我国整个数字普惠金融发展的空间关联及空间溢出效应具有很大的影响。同时还可以发现，东部沿海地区虽然点度中心度较高，但是基本上都体现为点入度的值大于点出度的值，即受益关联关系数多于溢出关联关系数，总体上表现为受益关系，这充分表明我国数字普惠金融发展并不是从经济发展水平高的地区向经济发展水平低的地区溢出，而是反映出经济发达的东部沿海地区更需要数字普惠金融的快速发展来满足其经济高速增长的需求，使得中西部地区大量的有关资源集中地向该地区集聚，从而实现空间溢出效应。

(2) 接近中心度。根据表 1.1 所示的接近中心度计算结果，全国 31 个省份的接近中心度的均值为 63.445，高于这一均值的省份有 8 个。其中，上海、江苏、天津、北京、浙江和山东这 6 个省份的接近中心度均在 70 以上，表明这 6 个省份在我国数字普惠金融发展的空间关联网络中扮演着"中心行动者"的角色，能够与其他省份快速地产生内在联系。究其原因可以发现,这6个省份基本都处于经济发达的东部沿海地区,其获取与数字普惠金融发展相关资源的能力较强,资源的流动效率较高。

(3)中间中心度。由表1.1所示的中间中心度计算结果可以发现,全国31个省份的中间中心度的均值为2.099。其中,排名前5位的省份基本处于东部沿海地区,依次为上海、江苏、天津、北京和浙江,这5个省份的中间中心度均大于6,且它们的中间中心度之和超过了总量的75%,可见东部沿海地区在我国数字普惠金融发展的空间关联网络中控制数字普惠金融相关资源的能力较强,对其他地区具有较大的影响,处于整个网络的核心位置并发挥着"桥梁"和"中介"的作用。而我国大部分地区中间中心度都很低,24个省份的值小于2,这充分反映出各省份数字普惠金融发展差异显著,存在严重的非均衡特征,我国数字普惠金融发展过程中相当多的区域联系主要是依靠上海和江苏等东部沿海地区实现。

1.4.3 块模型分析

为了进一步直观地考察我国数字普惠金融发展的空间聚类特征,本章将图1.1所示的复杂网络简化为块模型进行研究。参照Wasserman等(1994)提出的块模型评测体系,将我国数字普惠金融发展的空间关联网络分为四类板块:净溢出板块、净受益板块、双向溢出板块和经纪人板块,最后根据板块的分类结果,从中探寻我国数字普惠金融发展的传导机制。本章采用CONCOR迭代方法,选择最大分割深度为2,收敛标准为0.2,基于2018年我国数字普惠金融发展的空间关联网络,将31个省份划分为四大板块,具体结果见表1.2。同时根据各个板块的内部结构特征,判断出四大板块各自的属性,具体结果见表1.3。

表1.2 中国区域数字普惠金融发展的空间关联板块的划分

板块Ⅰ	北京、天津、江苏、内蒙古、山东
板块Ⅱ	广东、福建、上海、浙江
板块Ⅲ	吉林、河北、陕西、辽宁、青海、黑龙江、新疆、四川、云南、山西、西藏、甘肃、重庆、宁夏
板块Ⅳ	湖北、湖南、广西、贵州、海南、江西、安徽、河南

表1.3 中国区域数字普惠金融发展的空间关联板块的溢出效应

板块	接受关系数		发出关系数		板块成员数量	期望内部关系比例(%)	实际内部关系比例(%)	板块属性
	板块内	板块外	板块内	板块外				
板块Ⅰ	7	94	7	21	5	13.33	25.00	净受益
板块Ⅱ	4	58	4	31	4	10.00	11.43	双向溢出
板块Ⅲ	19	13	19	98	14	43.33	16.24	净溢出
板块Ⅳ	3	36	3	51	8	23.33	5.36	经纪人

注:期望内部关系比例=(板块内部省份数-1)/(网络中所有省份数-1);
实际内部关系比例=板块内部关系数/板块溢出关系总数。

如表1.2所示,板块Ⅰ包含北京、天津、江苏、内蒙古和山东5个省份,板块Ⅱ包含广东、福建、上海和浙江4个省份,板块Ⅰ和板块Ⅱ基本集中于东部地区。板块Ⅲ包含14个省份,分别为吉林、河北、陕西、辽宁、青海、黑龙江、新疆、四川、云南、山西、西藏、甘肃、重庆和宁夏,基本囊括了西部地区和东北地区。板块Ⅳ包含8个省份,分别为湖北、湖南、广西、贵州、海南、江西、安徽、河南,大多数位于中部地区。

如表1.3所示,2018年,我国数字普惠金融发展的空间关联网络共存在234个关联关系,其中,板块内部之间存在33个关联关系,而板块外部之间存在201个关联关系,这表明我国数字普惠金融发展在各板块之间存在显著的空间关联和溢出效应。具体而言,板块Ⅰ期望内部关系比例(13.33%)小于实际内部关系比例(25.00%),板块外接受关系数(94)明显大于板块外发出关系数(21),表明该板块的省份主要接受其他省份的溢出,故划分为"净受益"板块;板块Ⅱ期望内部关系比例(10.00%)小于实际内部关系比例(11.43%),板块外接受关系数为58,板块外发出关系数为31,板块外的接受程度小于板块Ⅰ,表明该板块的省份既向其他省份发出联系,同时也接受其他省份发出的联系,故划分为"双向溢出"板块;第Ⅲ板块期望内部关系比例(43.33%)大于实际内部关系比例(16.24%),板块外发出关系数为98,板块外接受关系数为13,表明该板块的省份主要对其他省份产生溢出效应,故划分为"净溢出"板块;板块Ⅳ期望内部关系比例(23.33%)大于实际内部关系比例(5.36%),板块外发出关系数为51,板块外接受关系数为36,板块外的发出程度小于第Ⅲ板块,表明该板块的省份在空间关联网络中扮演着"中介"和"桥梁"的作用,故划分为"经纪人"板块。

为了进一步考察我国数字普惠金融发展在板块之间的关联关系,可以计算板块的网络密度矩阵。同时,根据前文的测算结果可知,2018年我国数字普惠金融发展的空间关联的整体网络密度为0.252,如果某一板块的网络密度大于0.252,则赋值为1,反之赋值为0,根据这一规则,可以将多值密度矩阵转换为像矩阵,具体结果见表1.4。

表1.4 中国数字普惠金融发展的空间关联板块的密度矩阵和像矩阵

板块	密度矩阵				像矩阵			
	第Ⅰ板块	第Ⅱ板块	第Ⅲ板块	第Ⅳ板块	第Ⅰ板块	第Ⅱ板块	第Ⅲ板块	第Ⅳ板块
第Ⅰ板块	0.350	0.050	0.129	0.275	1	0	0	1
第Ⅱ板块	0.250	0.333	0.054	0.719	0	1	0	1
第Ⅲ板块	0.929	0.554	0.104	0.018	1	1	0	0
第Ⅳ板块	0.600	0.813	0.009	0.054	1	1	0	0

为了更直观地展现四大板块间的关联关系,本章根据表1.4像矩阵的结果绘制了图1.4。整体来看,各板块基本能够发挥各自的优势,从而体现板块功能。具体而言,板块Ⅲ和板块Ⅳ对板块Ⅰ和板块Ⅱ具有较强的溢出效应,反映出我国数字普惠金融资源具有从中西部地区和东北地区向东部地区流动的趋势。同时可以发现,板块Ⅰ和板块Ⅱ对自身具有较强的溢出效应,而板块Ⅲ和板块Ⅳ的自身溢出效应不明显,表明在我国数字普惠金融发展的过程中,东部地区之间的交流与合作更为显著,而中西部地区和东北地区之间的联动效应较弱。最后可以看出,板块Ⅰ和板块Ⅱ对板块Ⅳ均具有

一定的溢出效应,而板块Ⅰ和板块Ⅱ对板块Ⅲ均无溢出效应,这在一定程度上表明东部地区正逐步带动中部地区数字普惠金融的发展,但尚未发挥出对西部地区和东北地区的带动作用。

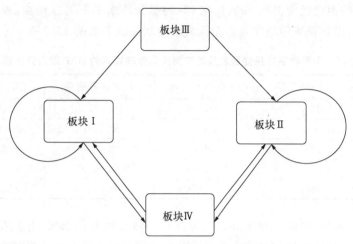

图1.4　中国数字普惠金融发展的四大板块之间的关联关系

1.5　中国区域数字普惠金融发展的空间关联影响因素研究

在分析我国数字普惠金融发展的空间关联网络特征及传导机制后,本章采用QAP回归分析方法,进一步探讨影响我国数字普惠金融发展空间关联的主要因素。

1.5.1　模型的假定与指标选择

由地理学第一定律(Waldo Tobler,1970)可知,相邻的省份由于具有地理位置上的先天优势,因此存在更加显著的空间关联和溢出效应。同时,由前文的块模型分析可知,各个板块之间的空间溢出效应又有所不同,因此,这就需要通过度量各个省份之间的差异来研究我国数字普惠金融发展的空间关联效应。在以往研究(吴金旺等2018;沈丽等,2019;梁榜等,2020)的基础上,本章分别从地区经济发达程度、信息化水平和传统金融发展水平的角度依次选取人均实际GDP、互联网接入用户数、贷款占GDP比重等指标,构建如下模型:

$$F = f(C,G,I,M) \tag{1.3}$$

其中,F表示数字普惠金融发展的空间关联矩阵;C表示我国31个省份空间邻接矩阵(相邻记为1,反之记为0);G表示经济发达程度差异矩阵;I表示信息化水平差异矩阵;M表示传统金融发展水平差异矩阵。由于该模型的回归变量均为两两地区的关系矩阵,而传统的统计检验方法不能实现矩阵间的多元回归分析,因此,本章选用社会网络常用的非参数方法,进行QAP回归分析。

1.5.2 QAP 回归分析

将随机置换次数设置为 10000 次进行 QAP 回归分析,具体结果见表 1.5。同时可得,调整后的拟合优度为 0.190,且在 1% 的显著性水平下通过检验,表示这 4 个影响因素矩阵可以解释我国数字普惠金融发展空间关联关系的 19.0%。

表 1.5 中国数字普惠金融发展的空间关联影响因素的 QAP 回归分析结果

变量	非标准化回归系数	标准化回归系数	显著性概率值	概率 1	概率 2
截距项	0.2206	0.0000			
C	0.2048	0.1692	0.0001	0.0001	1.0000
G	−0.2781	−0.3545	0.0001	1.0000	0.0001
I	−0.0583	−0.1714	0.0089	0.9912	0.0089
M	−0.0811	−0.1256	0.0349	0.9652	0.0349

由表 1.5 可知,空间邻接矩阵 C 的标准化回归系数为 0.1692,并且在 1% 的水平下显著,说明地理位置相邻对数字普惠金融发展的空间关联产生重要影响。相关系数为正值,说明毗邻省份之间数字普惠金融发展的关联关系较强,侧面反映了我国数字普惠金融发展具有一定的空间溢出效应。

经济发达程度差异矩阵 G 的标准化回归系数显著为负,说明地区经济发展水平相似与否能够显著影响数字普惠金融发展的空间关联效应,经济实力较为接近的省份更容易建立空间关联关系,进而表明加快我国区域经济充分协调发展有利于深化我国数字普惠金融发展的空间关联。

信息化水平差异矩阵 I 和传统金融发展水平差异矩阵 M 的标准化回归系数均在 1% 的水平下通过显著性检验,说明信息化水平和传统金融发展水平均对数字普惠金融发展的关联关系产生显著影响,且系数均为负值,表明信息化水平和传统金融发展水平差异越小的省份,数字普惠金融发展的合作与交流越强。

1.6 结论与建议

本章通过修正的引力模型构造区域数字普惠金融发展的空间关联矩阵,基于社会网络分析和 QAP 回归分析方法,探究我国数字普惠金融发展空间关联的网络结构特征及其影响因素,得到如下结论:

(1) 我国数字普惠金融发展表现出明显的区域特征,即从东部沿海地区到西部内陆地区,呈逐渐衰减的趋势。虽然各地区数字普惠金融发展呈现出明显的空间网络特征,但在样本考察期内,网络密度逐年降低,网络效率逐年增加,表明整个网络的紧密性和稳定性是不断下降的。同时,上海、江苏、北京、天津、浙江和山东等基本上处于东部沿海地区的省份在我国数字普惠金融发展的空间关联网络中扮演着"中心行动者"的角色,对我国整个数字普惠金融发展的空间关联及溢出效应具有很大的影响,处整个网络的核心位置。

(2) 从块模型分析的结果来看，北京、天津、山东等 5 个东部地区省份划分为"净受益"板块，上海、广东、福建等 4 个东部地区省份划分为"双向溢出"板块；中部地区省份大部分划分为"经纪人"板块，西部地区和东北地区省份基本划分为"净溢出"板块。同时可以发现，相比中西部地区和东北地区，东部地区各省份之间的空间联动效应更强，且东部地区正逐步带动中部地区数字普惠金融的发展，但尚未发挥出对西部地区和东北地区的带动作用。

(3) 从 QAP 回归分析的结果来看，各省份地理位置的空间邻接、经济发达程度、信息化水平和传统金融发展水平的差异均是影响我国数字普惠金融发展空间关联的重要因素，差异越小，关联越强。

根据上述结论，本章提出如下建议：

一是要高度重视我国数字普惠金融发展过程中存在的空间关联关系及网络结构特征，充分意识到各省份数字普惠金融发展不仅取决于自身，而且与其他省份存在密切关系。因此，在宏观调控政策制定和市场运行机制构建过程中，不仅要考虑各省份有关数字普惠金融发展的"属性数据"的表现，也要考虑各省份间数字普惠金融发展的空间联动效应，从全局出发，统筹各省份数字普惠金融的协同发展。

二是要根据各省份在空间网络中的不同位置以及板块内外的传递机制，制定并推行区域差别化的数字普惠金融发展政策。一方面，归属于"双向溢出"板块和"净受益"板块的东部地区作为我国数字普惠金融发展的核心地带，在努力提升自身数字普惠金融发展的同时，也应积极引导中西部地区和东北地区数字普惠金融的发展。另一方面，归属于"净溢出"板块与"经纪人"板块的中西部地区和东北地区，要积极引进技术和人才，加强地区间的交流与合作，提高劳动、资本等要素的配置效率，为充分发挥我国数字普惠金融发展的空间溢出效应创造更多的传导渠道。

三是要积极推进各地区协调发展战略，加强地区间各领域的交流与合作。从 QAP 回归分析的结果可知，减少各地区在经济发达程度、信息化水平和传统金融发展水平等方面的差距，均有助于加强我国数字普惠金融发展的空间关联。

1.7 社会网络分析的 UCINET 软件操作指导

1.7.1 研究目的

(1) 掌握网络密度、网络等级度与网络效率的概念及相关的 UCINET 操作方法；
(2) 掌握点度中心度、接近中心度与中间中心度的概念及相关的 UCINET 操作方法；
(3) 掌握块模型分析的基本原理及相关的 UCINET 操作方法；
(4) 掌握 QAP 回归分析的基本原理及相关的 UCINET 操作方法。

1.7.2 研究原理

本章通过构造区域数字普惠金融发展的空间关联矩阵，采用社会网络分析和

QAP回归分析方法,探求我国数字普惠金融发展空间关联的网络结构特征及其影响因素。

1.7.3 样本选择与数据收集

本实验所使用的数据来自本书附带教学资料中的第 1 章数据。该数据包括 2015 年至 2018 年中国 31 个省份数字普惠金融发展的空间关联关系数据、邻接关系差异矩阵数据、互联网接入用户数差异矩阵数据、实际人均 GDP 差异矩阵数据和贷款占 GDP 比重差异矩阵数据。数据来源于北京大学数字金融研究中心发布的北京大学数字普惠金融指数、历年《中国统计年鉴》以及各地区统计年鉴。

1.7.4 软件应用内容

(1) 计算网络密度、网络等级度与网络效率;
(2) 计算点度中心度、接近中心度与中间中心度;
(3) 进行块模型分析与 QAP 回归分析。

1.7.5 软件应用与分析指导

以下软件操作过程皆以 2018 年的数据为实验对象,其余年份数据的操作基本相同。

1. 数据的读取与储存(见图 1.5)

(1) 打开 UCINET 软件,依次选择 "Data"→"Import via spreadsheet(DL edi-

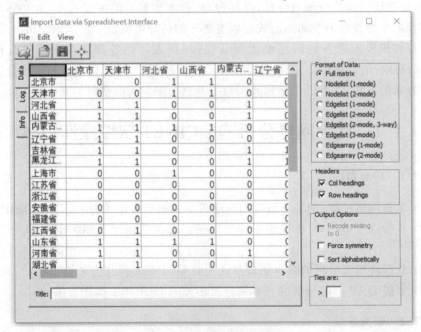

图 1.5 数据的读取与储存

tor)"→"DL-type format";

（2）在弹出的"Import Data via Spreadsheet Interface"对话框中，依次选择"File"→"Open Excel file";

（3）在弹出的"Open File"对话框的"Name of file to import"输入框中输入"空间关联关系.xlsx"文件的绝对路径，在"which worksheet"输入框中选择"空间关联关系.xlsx"文件中的"2018"工作表；

（4）回到"Import Data via Spreadsheet Interface"对话框，在右侧"Format of Data"栏选择"Full matrix"，并点击保存按钮，生成"2018.♯♯h"文件。

2. 绘制空间关联网络图（见图1.6）

（1）打开 UCINET 软件，依次选择"Visualize"→"Netdraw"，打开 Netdraw 软件；

（2）在 Netdraw 软件中，依次选择"File"→"Open"→"ucinet dataset"→"Network";

（3）在弹出的"Open Data File"对话框的"Name of file to open"输入框中选择前面生成的"2018.♯♯h"文件，自动生成空间关联网络图；

（4）为了图形美观，可对原始图进行适当修改与调整。（注：本章中的图通过适当调整绘制）

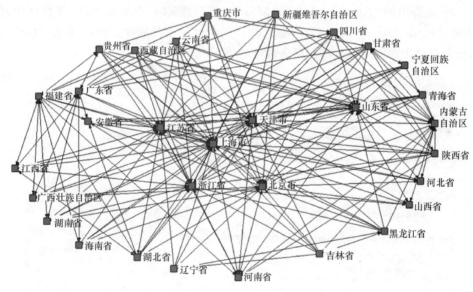

图1.6 空间关联网络图

3. 获取关系数与网络密度（见图1.7）

（1）打开 UCINET 软件，依次点击"Network"→"Cohesion"→"Density"→"(New) Density Overall";

（2）在弹出的"Overall Network Density"对话框的"Network Dataset"输入框中填入"2018.♯♯h"文件所在路径，并单击"OK"按钮，则会自动得出关系数与网络密度的值。

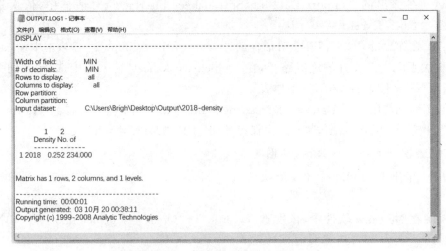

图 1.7 关系数与网络密度

4．获取网络等级度与网络效率（见图 1.8）

（1）打开 UCINET 软件，依次点击"Network"→"Cohesion"→"Krackhardt GTD"；

（2）在弹出的"Krackhardt GTD Measures"对话框的"Parameters"条件框中，在其中的"Input dataset"输入框中填入"2018．♯♯h"文件所在路径，并单击"OK"按钮，则会自动得出网络等级度与网络效率的值。

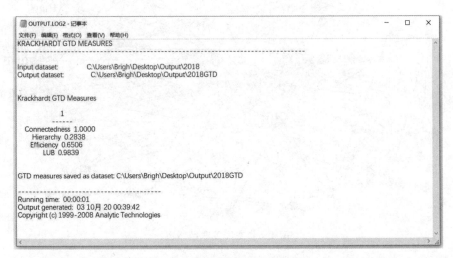

图 1.8 网络等级度与网络效率

5．获取点入度和点出度（见图 1.9）

（1）打开 UCINET 软件，依次点击"Network"→"Centrality"→"Degree"；

（2）在弹出的"Degree"对话框的"Input dataset"输入框中填入"2018．♯♯h"文件所在路径，在"Treat data as symmetic"输入框中选择"No"，然后单击"OK"按

钮,则会自动得出点入度和点出度的值。

```
FREEMAN'S DEGREE CENTRALITY MEASURES
─────────────────────────────────────────────

Diagonal valid?          NO
Model:                   ASYMMETRIC
Input dataset:           C:\Users\Brigh\Desktop\Output\2018

                         1         2         3         4
                      OutDegree  InDegree  NrmOutDeg  NrmInDeg
                      ─────────  ────────  ─────────  ────────
   28   甘肃省          12.000    5.000     40.000    16.667
   19   广东省          10.000   10.000     33.333    33.333
   27   陕西省          10.000    1.000     33.333     3.333
   26   西藏自治区      10.000    0.000     33.333     0.000
   25   云南省          10.000    2.000     33.333     6.667
    8   黑龙江省         9.000    2.000     30.000     6.667
   13   福建省           9.000    7.000     30.000    23.333
    9   上海市           9.000   25.000     30.000    83.333
   23   四川省           9.000    3.000     30.000    10.000
   24   贵州省           9.000    3.000     30.000    10.000
   31   新疆维吾尔自治区 8.000    0.000     26.667     0.000
   15   山东省           8.000   16.000     26.667    53.333
   30   宁夏回族自治区   8.000    1.000     26.667     3.333
    7   吉林省           8.000    1.000     26.667     3.333
   29   青海省           8.000    1.000     26.667     3.333
   22   重庆市           8.000    5.000     26.667    16.667
   18   湖南省           7.000    4.000     23.333    13.333
   20   广西壮族自治区   7.000    2.000     23.333     6.667
   21   海南省           7.000    1.000     23.333     3.333
   17   湖北省           7.000    7.000     23.333    23.333
   16   河南省           7.000    9.000     23.333    30.000
    4   山西省           7.000    4.000     23.333    13.333
   11   浙江省           7.000   20.000     23.333    66.667
   14   江西省           7.000    6.000     23.333    20.000
    5   内蒙古自治区     6.000   13.000     20.000    43.333
    3   河北省           5.000    5.000     16.667    16.667
    6   辽宁省           5.000    2.000     16.667     6.667
    2   天津市           5.000   23.000     16.667    76.667
    1   北京市           5.000   22.000     16.667    73.333
   10   江苏省           4.000   27.000     13.333    90.000
   12   安徽省           3.000    9.000     10.000    30.000

DESCRIPTIVE STATISTICS

                         1         2         3         4
                      OutDegree  InDegree  NrmOutDeg  NrmInDeg
                      ─────────  ────────  ─────────  ────────
    1   Mean            7.548     7.548     25.161    25.161
    2   Std Dev         1.965     7.918      6.549    26.394
    3   Sum           234.000   234.000    780.000   780.000
    4   Variance        3.861    62.699     42.895   696.659
    5   SSQ          1886.000  3710.000  20955.555 41222.223
    6   MCSSQ         119.677  1943.677   1329.749 21596.416
    7   Euc Norm       43.428    60.910    144.760   203.033
    8   Minimum         3.000     0.000     10.000     0.000
    9   Maximum        12.000    27.000     40.000    90.000

Network Centralization (Outdegree) = 15.333%
Network Centralization (Indegree)  = 67.000%
```

图 1.9　点入度和点出度

6. 获取点度中心度、接近中心度和中间中心度(见图 1.10)

(1) 打开 UCINET 软件,依次点击"Network"→"Centrality"→"Mutiple Measures";

(2) 在弹出的"Centrality"对话框中的"Input dataset"输入框中填入"2018.♯♯h"文件所在路径,然后单击"OK"按钮,则会自动得出点度中心度、接近中心度和中间中心度的值。

```
MULTIPLE CENTRALITY MEASURES
--------------------------------------------------------------------------------
Input dataset:                  C:\Users\Brigh\Desktop\Output\2018
Output centrality measures:     C:\Users\Brigh\Desktop\Output\2018Centrality

Important note:
This routine automatically symmetrizes and binarizes.

Normalized Centrality Measures

                            1          2            3            4
                         Degree    Closeness   Betweenness   Eigenvector
                         ------    ---------   -----------   -----------
 1      北京市           76.667     81.081       8.984        35.940
 2      天津市           80.000     83.333      10.312        37.139
 3      河北省           20.000     55.556       0.103        16.216
 4      山西省           23.333     56.604       0.162        18.808
 5      内蒙古自治区     50.000     66.667       2.409        25.905
 6      辽宁省           20.000     55.556       0.051        14.765
 7      吉林省           26.667     57.692       0.245        18.945
 8      黑龙江省         30.000     58.824       0.369        21.273
 9      上海市           90.000     90.909      11.882        44.333
10      江苏省           90.000     90.909      11.882        44.333
11      浙江省           70.000     76.923       6.051        35.463
12      安徽省           30.000     58.824       0.405        21.538
13      福建省           40.000     62.500       1.468        21.148
14      江西省           23.333     56.604       0.193        16.413
15      山东省           60.000     71.429       2.887        34.161
16      河南省           30.000     58.824       0.416        22.118
17      湖北省           26.667     57.692       0.406        18.738
18      湖南省           23.333     56.604       0.228        17.671
19      广东省           43.333     63.830       1.827        23.361
20      广西壮族自治区   23.333     56.604       0.228        17.671
21      海南省           23.333     56.604       0.228        17.671
22      重庆市           30.000     58.824       0.308        20.553
23      四川省           33.333     60.000       0.520        23.782
24      贵州省           30.000     58.824       0.439        21.671
25      云南省           33.333     60.000       0.671        23.565
26      西藏自治区       33.333     60.000       0.671        23.565
27      陕西省           33.333     60.000       0.242        24.124
28      甘肃省           40.000     62.500       0.852        26.819
29      青海省           26.667     57.692       0.162        20.769
30      宁夏回族自治区   26.667     57.692       0.162        20.769
31      新疆维吾尔自治区 26.667     57.692       0.295        20.516

DESCRIPTIVE STATISTICS FOR EACH MEASURE

                      1            2            3            4
                   Degree     Closeness   Betweenness   Eigenvector
                   ------     ---------   -----------   -----------
 1  Mean           39.140       63.445       2.099         24.185
 2  Std Dev        20.547       10.082       3.558          7.761
 3  Sum          1213.333     1966.790      65.057        749.741
 4  Variance      422.199      101.647      12.659         60.238
 5  SSQ         60577.777   127933.727     528.952      20000.000
 6  MCSSQ       13088.172     3151.067     392.421       1867.375
 7  Euc Norm      246.126      357.678      22.999        141.421
 8  Minimum        20.000       55.556       0.051         14.765
 9  Maximum        90.000       90.909      11.882         44.333
```

图 1.10 点度中心度、接近中心度和中间中心度

7. 块模型分析(见图 1.11、图 1.12、图 1.13)

(1) 打开 UCINET 软件,依次点击"Network"→"Roles & Positions"→"Structural"→"CONCOR";

(2) 在弹出的"CONCOR"对话框的"Input dataset"输入框中填入"2018.♯♯h"文件所在路径,在"Max depth of split(not blocks)"输入框中填入数字"2",在"Convergence criteria"输入框中填入数字"0.200",然后单击"OK"按钮,则会自动生成一系列分析结果。

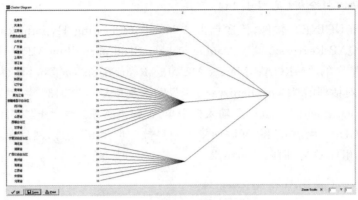

图 1.11　块模型分析结果 1

```
Relation 1
Blocked Matrix

                        1  1   1 1 1          2  2  3 2 2   2 2 2 3    1 1 2 2 2 1 1 1
                     1 2 0 5 5  9 3 9 1    7 3 7 6 9 8 1 3 5 4 6 8 2 0  7 8 0 4 1 4 2 6
                     ?????  ????  ?????????????  ????????  |           |            |
     1    北京市    |       1   |          |  1        |    1         |    1 1     |
     2    天津市    |       1   |          |  1        |    1         |    1 1     |
    10    江苏省    |           |          |           |              |  1   1 1 1 |
     5    内蒙古自治区| 1 1     |          |    1      |    1         |         1  |
    15    山东省    | 1 1 1     |    1     |    1      |    1         |    1 1     |
    19    广东省    |       1   |          |       1 1 |              |  1 1 1 1 1 |
    13    福建省    |       1   |    1     |           |              |  1 1 1   1 1 1|
     9    上海市    |       1 1 |    1     |           |              |  1 1     1 1 1|
    11    浙江省    |       1   |    1     |           |              |  1 1     1 1 1|
     7    吉林省    | 1 1 1 1   |    1 1   |       1 1 |              |            |
     3    河北省    | 1 1 1 1   |          |           |              |            |
    27    陕西省    | 1 1 1 1   |    1 1   |           |    1     1   |          1 |
     6    辽宁省    | 1 1 1     |    1     |           |  1           |            |
    29    青海省    | 1 1 1 1   |    1 1   |           |          1   |            |
     8    黑龙江省  | 1 1 1 1   |    1 1   |  1   1    |              |            |
    31    新疆维吾尔自治区|1 1 1 1 | 1  1 1   |           |              |            |
    23    四川省    | 1 1 1 1   | 1  1 1   |           |        1     |            |
    25    云南省    | 1 1 1 1   | 1 1 1 1  |           |        1     |            |
     4    山西省    | 1 1 1 1   |    1 1   |           |              |            |
    26    西藏自治区| 1 1 1 1   | 1 1 1 1  |           |        1     |            |
    28    甘肃省    | 1 1 1 1   |    1 1   |    1   1  |        1 1   |            |
    22    重庆市    | 1 1 1     |    1     |       1 1 |  1           |    1       |
    30    宁夏回族自治区|1 1 1 1 1|    1 1   |           |    1         |            |
    17    湖北省    | 1 1 1     |    1 1   |           |              |    1 1     |
    18    湖南省    | 1 1 1     | 1 1 1 1  |           |              |            |
    20    广西壮族自治区|1 1 1   | 1 1 1 1  |           |              |            |
    24    贵州省    | 1 1 1  1  | 1 1 1 1  |           |        1     |            |
    21    海南省    | 1 1 1     | 1 1 1 1  |           |              |            |
    14    江西省    |   1 1     | 1 1 1 1  |           |  1           |            |
    12    安徽省    |     1     |    1 1   |           |              |            |
    16    河南省    | 1 1 1 1 1 |    1 1   |           |              |            |
```

图 1.12　块模型分析结果 2

```
Density Matrix

                1       2       3       4
            ─────   ─────   ─────   ─────
    1       0.350   0.050   0.129   0.275
    2       0.250   0.333   0.054   0.719
    3       0.929   0.554   0.104   0.018
    4       0.600   0.813   0.009   0.054

R-squared = 0.470
```

图 1.13　块模型分析结果 3

8. QAP 回归分析（见图 1.14）

（1）打开 UCINET 软件，依次点击"Tools"→"Testing Hypotheses"→"Dyadic (QAP)"→"QAP Regression"→"Double Dekker Semi-partialling MRQAP"；

（2）在弹出的"MRQAP Matrix Multiple Regression via Double-Dekker Semi-Partialling"对话框的"Dependent variable"输入框中填入"2018.♯♯h"文件所在路径，在"Independent variables"输入框中填入"邻近关系.♯♯h""实际人均 GDP.♯♯h""贷 GDP.♯♯h"和"互联网接入用户数.♯♯h"文件，然后单击"OK"按钮，则会自动生成 QAP 回归分析结果。

```
Number of permutations performed: 10000

MODEL FIT

R-square   Adj R-Sqr   Probability   # of Obs
  0.193      0.190       0.000         930

REGRESSION COEFFICIENTS

                   Un-stdized   Stdized                  Proportion   Proportion
        Independent Coefficient Coefficient Significance  As Large     As Small
          Intercept   0.220569    0.000000
     对数-互联网接入用户数  -0.058347   -0.171439    0.008       0.992       0.008
        对数-实际人均GDP  -0.278105   -0.354495    0.000       1.000       0.000
            邻近关系    0.204760    0.169231    0.000       0.000       1.000
             贷GDP   -0.081070   -0.125638    0.035       0.965       0.035
```

图 1.14　QAP 回归分析结果

参 考 文 献

[1] Pappi F U, Scott J. Social Network Analysis: A Handbook[J]. *Contemporary Sociology*, 1993, 22(1).

[2] Tobler W R. A Computer Movie Simulating Urban Growth in the Detroit Region[J]. *Economic Geography*, 1970, 46(Supp 1).

[3] Todaro M P. Some Thoughts on the Transfer of Technology from Developed to Less-developed Nations[J]. *Institute for Development Studies University of Nairobi*, 1969.

[4] Wasserman S, Faust K. *Social Network Analysis: Methods and Applications*[M]. London: Cambridge University Press, 1994.

[5] 陈啸,陈鑫. 普惠金融数字化对缩小城乡收入差距的空间溢出效应[J]. 商业研究,2018,(8).

[6] 崔海燕. 数字普惠金融对我国农村居民消费的影响研究[J]. 经济研究参考,2017,(64).

[7] 郭峰,王靖一,王芳,孔涛,张勋,程志云. 测度中国数字普惠金融发展：指数编制与空间特征[C]. 北京大学数字金融研究中心工作论文,2019.

[8] 胡滨. 数字普惠金融的价值[J]. 中国金融,2016,(22).

[9] 黄倩,李政,熊德平. 数字普惠金融的减贫效应及其传导机制[J]. 改革,2019,(11).

[10] 梁榜,张建华. 数字普惠金融发展能激励创新吗？——来自中国城市和中小企业的证据

[J].当代经济科学,2019,41(5).

[11] 梁榜,张建华.中国城市数字普惠金融发展的空间集聚及收敛性研究[J].财经论丛,2020,(1).

[12] 梁榜,张建华.中国普惠金融创新能否缓解中小企业的融资约束[J].中国科技论坛,2018,(11).

[13] 刘华军,刘传明,孙亚男.中国能源消费的空间关联网络结构特征效应研究[J].中国工业经济,2015,(5).

[14] 刘军.整体网分析[M].上海:格致出版社,上海人民出版社,2014.

[15] 钱鹏岁,孙姝.数字普惠金融发展与贫困减缓——基于空间杜宾模型的实证研究[J].武汉金融,2019,(6).

[16] 沈丽,张好圆,李文君.中国普惠金融的区域差异及分布动态演进[J].数量经济技术经济研究,2019,36(7).

[17] 宋晓玲.数字普惠金融缩小城乡收入差距的实证检验[J].财经科学,2017,(6).

[18] 王晓.国际组织对数字普惠金融监管的探索综述[J].上海金融,2016,10.

[19] 吴金旺,郭福春,顾洲一.数字普惠金融发展影响因素的实证分析——基于空间面板模型的检验[J].浙江学刊,2018,(3).

[20] 吴金旺,郭福春,顾洲一.数字普惠金融能否显著减缓贫困?——来自浙江嘉兴调研的行为数据[J].浙江学刊,2019,(4).

[21] 谢绚丽,沈艳,张皓星,郭峰.数字金融能促进创业吗?——来自中国的证据[J].经济学(季刊),2018,17(4).

[22] 杨桂元,吴齐,涂洋.中国省际碳排放的空间关联及其影响因素研究——基于社会网络分析方法[J].商业经济与管理,2016,294(4).

[23] 张子豪,谭燕芝.数字普惠金融与中国城乡收入差距——基于空间计量模型的实证分析[J].金融理论与实践,2018,(6).

第 2 章 中国省域研发创新的影响因素研究
——基于截面空间计量模型的分析

摘　要：本章利用我国31个省份2014—2017年的省级面板数据，研究创新产出在空间上存在的相关性，并分析资金投入、人力资本投入与人员投入以及创新产出之间的关系。无论从局部莫兰指数还是莫兰散点图都可以看出，创新产出存在空间自相关。本章分别估计空间滞后模型与空间误差模型，发现空间滞后模型拟合更好，资金投入、人员投入和创新产出显著正相关，而人力资本与创新产出显著负相关。

关键词：省域创新；截面空间计量模型；创新产出；空间相关性检验

2.1　引　　言

创新是推动经济增长的主要力量。区域创新是区域经济发展能力提高的核心源泉。经济发展水平主要依赖于该地区本身的创新能力，这主要是由于地区之间存在着较强的空间相关关系。近年来，学者们对于创新的研究不断加深，主要集中于研究地区间的创新体系与创新能力。研究发现，创新产出与各项研发成本的投入密不可分。但是，产出与投入的时间滞后情况，以及各项投入究竟是如何影响创新产出的，还值得我们深入研究。

从区域创新的主体出发，通过建立理论和计量模型，测算研发机构与区域创新活动之间的相互作用机制以及科研机构、大学、企业等主体对区域创新产出的贡献方面的研究非常不足。本章利用我国31个省份2014—2017年的省级面板数据，首先研究创新产出在空间上存在的相关性；然后分别建立起空间滞后模型与空间误差模型，进行比较后选择最优的空间计量模型；最后分析资金投入、人力资本投入与人员投入以及创新产出之间的关系，并通过变换空间权重矩阵进行稳健性检验，以检验研究的可靠性。

2.2 文献综述

吴玉鸣(2006)收集了我国 31 个省域数据,分别建立了空间滞后模型、空间误差模型和变系数地理加权回归模型,发现企业研发能力和人力资本与省域的创新能力显著正相关,而大学研发与企业研发的创新联动机制还有待加强。刘降斌、李艳梅(2008)收集了我国四个科技区域的数据,建立了误差修正模型,研究了科技型中小企业自主创新与金融体系的长期关系和短期关系,发现四个科技区域的金融体系对中小企业自主创新具有长期支撑作用,但金融体系的短期支持效应存在较大的区域差异,且存在一定的时滞。钱晓烨、迟巍、黎波(2010)利用我国省际面板数据建立了空间滞后模型和空间误差模型,研究了人力资本对技术创新水平的影响以及对经济增长的间接作用,结果表明,受高等教育人群的比例与省域技术创新活动有着显著的正相关关系。陶长琪、杨海文(2014)研究了空间计量模型选择中的莫兰指数检验、LM 检验、似然函数、三大信息准则、贝叶斯后验概率、马尔可夫链蒙特卡罗方法等,发现莫兰指数检验与 LM 检验均具有局限性,LM 检验只能有效识别 SEM 和 SAR 模型,三大信息准则对大多数模型有效,但是也会出现误选的情况。苏屹、林周周(2017)利用我国 1998—2014 年 30 个省份面板数据建立了静态与动态空间面板模型,通过建立五种空间权重矩阵,发现我国创新活动具有空间正相关性和空间集聚性,根据地理距离权重矩阵估计出的模型更准确,动态空间面板模型估计比静态空间面板模型更准确。

2.3 数据来源与变量指标

2.3.1 样本选取

本章收集的数据源于 2014—2017 年《中国统计年鉴》,按照省域对全国数据进行划分,收集了 31 个省域数据,不存在缺失值。创新产出与研发投入相比,在时间上存在一定的滞后性,但是滞后的时间为一年还是两年无法确定。本章资金投入、人力资本投入、人员投入及创新产出方面收集的均为 2014—2017 年的数据,再利用三大信息准则确定最优滞后阶数。本章实证结果均由 Stata 15.0 软件实现。

2.3.2 变量选择与说明

当难以找到直接衡量创新的指标时,通常可以用新产品收入(朱有为和徐康宁,2006)和专利(温军和冯根福,2012)来衡量,以往文献一般以专利申请量或专利授予量替代。由于本章主要研究创新的中间产出而非最终产出,因此选择用专利申请量衡量创新。另外,专利分为发明专利、外观设计专利和实用新型专利,其中,发明专利是难度最大、认可度最高的专利,其数量更能够反映区域内的创新情况,更具客观性,所以本章中的被解释变量选择发明专利的申请量 I。

以往文献通常用研究与开发(研发,R&D)投入水平衡量创新产出,如 R&D 人员投入和 R&D 经费支出。(官建成和刘顺忠,2003)R&D 是所有科学技术活动中最能体现创新的部分。因此,本章借鉴以往文献,为了增强数据的可读性,反映 R&D 与经济发展的相对变化,采用 R&D 经费支出与当年 GDP 之比来表示资金投入 F,作为第一个解释变量。人力资本可以有效地促进经济增长与企业创新。人力资本在经济体系中扮演着重要的角色,以往文献对人力资本在创新领域作用的研究比较丰富。本章借鉴钱晓烨、迟巍和黎波(2010)的做法,收集了 2014—2017 年 31 个省域大专及以上学历的毕业人数 H,作为衡量人力资本投入的指标。另外,创新活动需要主体的参与,人员投入也是不可忽略的因素。本章用 R&D 人员全时当量(苏屹和林周周,2017)反映人员投入 E,表示按工作量折合计算的 R&D 人员数。

2.3.3 模型构建

本章主要研究的是 R&D 投入与创新产出之间的关系,把创新产出作为因变量,把 R&D 投入作为自变量,包括资金投入、人力资本投入与人员投入。建立如下模型:

$$I_i = \alpha_i + \beta_1 F_i + \beta_2 H_i + \beta_3 E_i \tag{2.1}$$

式中,创新产出 I 为发明专利申请量;$i=1,2,\cdots,31$,表示我国 31 个省域;资金投入 F 为 R&D 经费支出与当年 GDP 之比;人力资本投入 H 为大专及以上学历的毕业人数;人员投入 E 为 R&D 人员全时当量。

空间计量方法建立在经典统计的计量分析基础上。一个地区空间单元上的某种经济地理现象与邻近地区空间单元上的同一现象是相关的,所以各区域之间的数据存在与时间序列相对应的空间相关。创新过程和创新集群及其与区域经济增长的关系是目前区域经济发展研究的一个重要领域。创新的空间集群是区域创新一个异常明显的现象,创新要素在地区之间的流动势必会影响我国今后的创新走向,所以本章适合建立空间计量模型。如果变量在地区中存在溢出效应(扩散效应),则应当选择空间滞后模型(SLM),该模型描述的是被解释变量之间存在空间相关性。空间滞后模型对应的表达式如下:

$$\begin{cases} I = \rho WI + F\beta_1 + H\beta_2 + E\beta_3 + \varepsilon \\ \varepsilon \sim N(0, \sigma^2 I_n) \end{cases} \tag{2.2}$$

若空间依赖性通过误差项来体现,则产生空间误差模型(SEM)。空间误差模型对应的表达式如下:

$$\begin{cases} I = F\beta_1 + H\beta_2 + E\beta_3 + u \\ u = \rho Wu + \varepsilon, \varepsilon \sim N(0, \sigma^2 I_n) \end{cases} \tag{2.3}$$

空间杜宾模型(SDM)既考虑了被解释变量的空间相关性,又考虑了解释变量的空间相关性。空间杜宾模型对应的表达式如下:

$$\begin{cases} I = \lambda W_1 I + F\beta_1 + W_2 F\beta_2 + H\beta_3 + W_2 H\beta_4 + E\beta_5 + W_2 E\beta_6 + \varepsilon \\ \varepsilon \sim N(0, \sigma^2 I_n) \end{cases} \tag{2.4}$$

其中,I 为被解释变量;F、H、E 为外生解释变量矩阵;ρ 为空间回归关系数,反映了空间单元之间的相互关系;W_1、W_2 为空间权重矩阵,一般为邻接矩阵;WI 为空间权重矩阵 W 的空间滞后被解释变量;ε 为随机误差项向量;扰动项 u 存在空间依赖性;参数 β 主要反映了解释变量对被解释变量 I 的影响。

2.4 实证分析

2.4.1 描述性统计

为了从总体上把握投入和产出变量,首先要对其进行描述性统计。我们可以得到它们的均值、标准差、偏度、峰度等重要指标,如表 2.1 所示。

表 2.1 描述性统计

变量	最大值	最小值	均值	标准差	偏度	峰度
创新产出 I	51672	14	7925.419	11786.97	2.5186	9.0140
资金投入 F	211.4877	3.196	101.5257	58.5083	0.5558	2.2743
人力资本投入 H	501615	9560	225771.9	143100.6	0.4745	2.3369
人员投入 E	424872	130	85212.26	110762.6	2.1074	6.6136

从表 2.1 可以看出,I、H、E 的标准差很大,说明不同地区间的创新产出、人力资本投入和人员投入存在较大的差异,创新水平迥异,尚未全面实现各地区同步发展。F 的标准差相对较小,仅为 58.51,说明不同地区间的资金投入无较大差异,各地区均十分注重研发资金投入情况,这也可能是由于政府给偏远落后地区拨付了更多的创新资金,以促进其经济发展。I 和 E 的峰度都大于 3,表示创新产出和人员投入总体上存在厚尾现象。从偏度指标可以看出,I、F、H、E 偏度均大于 0,表示数据均呈右偏状态,数据右端有较多的极端值,存在一些地区投入和产出明显高于其他地区的现象。

2.4.2 确定滞后阶数

根据刘降斌等(2008)提出的时间滞后性原理,本章在选择创新产出变量时,考虑到其时间滞后性,收集了我国 31 个省份 2014—2017 年的省级面板数据。本章需要分别对 2014 年、2015 年、2016 年和 2017 年的被解释变量与 2014 年的解释变量进行回归。然后对回归结果进行比较,利用三大信息准则,选出拟合效果最好的一组,从而确定最佳的滞后阶数,该滞后阶数反映的就是从研发投入到创新产出所经历的时间跨度。回归结果整理如表 2.2 所示。

表 2.2 确定滞后阶数

滞后阶数	p 值	AIC	HQIC	SBIC
无滞后	0.000	12.864	5.746	6.302
滞后一阶 2015	0.000	6.071	5.703*	5.991*
滞后二阶 2016	0.000	5.583	5.768	6.051
滞后三阶 2017	0.000	5.464	5.823	6.220

注:* 表示 $p<0.1$,** 表示 $p<0.05$,*** 表示 $p<0.01$,下同。

从表 2.2 可以看出,四种回归结果的 F 值均显著,说明采用 OLS 回归的结果较为理想。但是,OLS 回归未考虑空间自相关性,模型设定将在下文进行优化。另外,通过比较信息准则 HQIC 和 SBIC 可以得出,滞后一阶的拟合效果相对较好。因此,我们选择 2015 年发明专利申请量 I 作为最佳的被解释变量,2014 年资金投入 F、人力资

本投入 H、人员投入 E 作为解释变量。

2.4.3 生成空间权重矩阵

要想用空间计量经济模型进行空间统计分析,最重要的一步是设计合适的空间权重矩阵,它必须满足"空间相关性随着距离的增加而减少"的原则。从现有文献来看,空间权重矩阵基本上都是基于邻接标准或距离标准进行设计,以下几种是比较常用的空间权重矩阵:

(1) 基于地理邻接的空间权重矩阵

基于地理特征的空间权重矩阵为邻接矩阵,它包括共同边界邻接和共同顶点邻接。如果两个空间区域相邻,则认为存在空间相关性,权重取值为1;如果两个空间区域不相邻,则认为不存在空间相关性,权重取值为0。根据我国地理特征,本章选择基于共同边界的邻接矩阵,建立的空间权重矩阵如下:

$$W_{ij} = \begin{cases} 1 & \text{若 } i \text{ 与 } j \text{ 邻接} \\ 0 & \text{若 } i \text{ 与 } j \text{ 不邻接} \end{cases} \quad i \neq j \tag{2.5}$$

(2) 基于距离的空间权重矩阵

定义相邻关系的方法可以基于区域间的距离。记区域 i 与区域 j 的距离为 d_{ij},定义空间权重矩阵如下:

$$W_{ij} = \begin{cases} 1 & \text{若 } d_{ij} < d \\ 0 & \text{若 } d_{ij} \geq d \end{cases} \tag{2.6}$$

其中,d 为事先给定的距离临界值。另外,也可以将反距离矩阵作为空间权重。对于反距离矩阵,可以基于空间单元之间距离的倒数,也可以基于空间单元之间距离平方的倒数。由于后者的空间效应随着距离的增加衰减的速度更慢,因此,本章基于后者建立地理距离空间权重矩阵:

$$W_{ij} = \begin{cases} 1/d_{ij}^2 & \text{若 } i \neq j \\ 0 & \text{若 } i = j \end{cases} \tag{2.7}$$

(3) 经济空间权重矩阵

由于我国不同省域经济发展存在差异,因此,空间相关性在不同省域间也不同。经济发达地区对经济落后地区影响比较大,而经济落后地区对经济发达地区影响却很小,所以产生了影响的不对称性。人力资本存量在区域创新活动中起着重要的作用,我国人力资本虽然丰富,但是水平较低,并且区域间人力资本存量存在差异。所以在研究区域创新时,不仅需要考虑地理位置,还可以在空间权重矩阵中加入人力资本存量来衡量一个地区的经济发展水平。据此构造出的权重矩阵如下:

$$W = W_d \times \text{diag}(\bar{Y}_1/\bar{Y}, \bar{Y}_2/\bar{Y}, \cdots, \bar{Y}_n/\bar{Y}) \tag{2.8}$$

其中,W_d 为公式(2.7)中定义的空间权重矩阵;$\bar{Y}_i = \dfrac{1}{t_1 - t_0 + 1}\sum\limits_{t=t_0}^{t_1} Y_{it}$ 表示省域 i 的人力资本存量均值;$\bar{Y} = \dfrac{1}{n(t_1 - t_0 + 1)}\sum\limits_{i=1}^{n}\sum\limits_{t=t_0}^{t_1} Y_{it}$ 表示总人力资本存量均值;$n = 31$。

根据苏屹和林周周等(2017)的观点,地理邻接空间权重矩阵与经济空间权重矩阵更加符合我国地理分布实际情况与经济发展状况,因此本章选择的空间权重矩阵为公式(2.5)和公式(2.8);先用地理邻接空间权重矩阵进行回归,再用经济空间权重矩阵进行稳健性检验。我国 31 个省域的邻接关系可以通过国家地理信息系统网站提供的 1∶400 万电子地图得到。将空间权重矩阵数据导入后,生成了 31×31 维的空间权重矩阵 W。矩阵定义为相邻的两个取 1,否则取 0,矩阵为对称矩阵。

2.4.4 检验空间自相关

莫兰(Moran)指数用来检验变量是否存在空间自相关,反映了相邻区域之间的相似程度。(钱晓烨、迟巍和黎波,2010)莫兰指数公式如下:

$$I = \frac{n\sum_{i=1}^{n}\sum_{j=1}^{n}\omega_{ij}(x_i-\bar{x})(x_j-\bar{x})}{\sum_{i=1}^{n}\sum_{j=1}^{n}\omega_{ij}\sum_{i=1}^{n}(x_i-\bar{x})^2}$$

$$= \frac{\sum_{i=1}^{n}\sum_{j=1}^{n}\omega_{ij}(x_i-\bar{x})(x_j-\bar{x})}{S^2\sum_{i=1}^{n}\sum_{j=1}^{n}\omega_{ij}} \tag{2.9}$$

式中,x_i 表示第 i 个区域的观测值,$i=1,2,3,\cdots,31$;$\bar{x}=\frac{1}{n}\sum_{i=1}^{n}x_i$,表示样本均值,$n=31$;$S^2=\frac{1}{n}\sum_{i=1}^{n}(x_i-\bar{x})^2$,用来测算样本方差。莫兰指数的取值范围在 −1 到 1 之间,大于 0 表示区域间呈正相关,即高值与高值相邻、低值与低值相邻;等于 0 表示不相关,即空间分布是随机的;小于 0 表示呈负相关,即高值与低值相邻。数值越接近于 1,说明相邻区域间的相似程度越大,观测值分布越集中;数值越接近于 −1,说明相邻区域间的相似程度越小,观测值分布越分散。

莫兰指数的原假设为"$H_0:\text{Cov}(x_i,x_j)=0,\forall i\neq j$"。在此假设下,可以证明莫兰指数的期望值为公式(2.10),莫兰指数的方差为公式(2.11)。

$$E(I) = \frac{-1}{n-1} \tag{2.10}$$

$$\text{Var}_n(I) = \frac{n^2w_1+nw_2+3w_0^2}{w_0^2(n^2-1)} - E_n^2(I) \tag{2.11}$$

式中,

$$w_0 = \sum_{i=1}^{n}\sum_{j=1}^{n}w_{ij},\quad w_1 = \frac{1}{2}\sum_{i=1}^{n}\sum_{j=1}^{n}(w_{ij}+w_{ji})^2,\quad w_2 = \sum_{i=1}^{n}(w_i+w_j)^2$$

w_i 表示空间权重矩阵中第 i 行之和,w_j 表示空间权重矩阵中第 j 列之和。能够通过证明得出,经过标准化的莫兰指数服从渐进标准正态分布,如公式(2.12)所示。

$$I^* \equiv \frac{I-E(I)}{\sqrt{\text{Var}_n(I)}} \xrightarrow{d} N(0,1) \tag{2.12}$$

使用莫兰指数检验空间自相关时,空间矩阵 W 一定要设定正确,而且 $\{x_i\}_{i=1}^{n}$ 的期望值不能存在任何趋势,如果存在趋势,则可以引入协变量,通过回归的方法消除趋势,这种莫兰指数称为"局部莫兰指数"。局部莫兰指数考察的是整个空间序列

$\{x_i\}_{i=1}^{n}$ 的空间集聚情况,它的含义与全局莫兰指数相似。正的 I_i 表示区域 i 的高(低)值被周围的高(低)值所包围;负的 I_i 表示区域 i 的高(低)值被周围的低(高)值所包围,公式如下:

$$I_i = \frac{(x_i - \bar{x})}{S^2} \sum_{j=1}^{n} w_{ij}(x_j - \bar{x}) \tag{2.13}$$

建立空间计量模型的前提是观测变量存在空间自相关。如果变量本身不存在空间自相关,即各个观测值在空间上是相互独立的,那么建立简单回归模型便可。空间自相关性一般通过计算莫兰指数来检验,除了观察莫兰指数的值以外,也可以通过其正态统计量 Z 值概率来判断。若概率 p 值小于 0.05,则在置信水平 $\alpha=0.05$ 下认为不同区域间的观测值并不是完全随机的,即在空间分布上呈显著正相关。检验空间自相关性之后,可以计算出局部空间自相关指标,比较指标的检验结果与空间自相关的检验结果是否一致。

指定空间矩阵为 W,采取的是双边检验,因为我们不确定变量存在正空间自相关还是负空间自相关。从表 2.3 中可以看出,莫兰指数的概率 p 值为 0.047,所以在显著性水平 $\alpha=0.05$ 下应强烈拒绝原假设,即认为观测变量存在空间自相关。

表 2.3 空间全局自相关检验

统计量	I	$E(I)$	$sd(I)$	z	p-value*
Moran's I	0.156	−0.033	0.095	1.983	0.047
统计量	c	$E(c)$	$sd(c)$	Z	p-value*
Geary's c	0.849	1.000	0.239	−0.634	0.526
统计量	G	$E(G)$	$sd(G)$	Z	p-value*
Getis & ORD's G	0.223	0.147	0.044	1.703	0.089

表 2.4 选取部分省域的莫兰指数及其检验结果。对于部分省域,如江苏和安徽,强烈拒绝原假设"无空间自相关",认为这些区域存在空间自相关。这与表 2.3 空间全局自相关检验结果一致。

表 2.4 计算局部莫兰指数

变量名	Moran's I	E(Moran's I)	sd(Moran's I)	z	p-value*
北京	−0.104	−0.067	1.196	−0.031	0.975
天津	0.023	−0.067	1.196	0.075	0.940
河北	0.248	−0.233	2.109	0.228	0.820
山西	0.935	−0.133	1.654	0.646	0.518
内蒙古	2.438	−0.267	2.226	1.215	0.224
辽宁	0.524	−0.100	1.449	0.431	0.667
江苏	9.022	−0.133	0.654	5.536	0.000
安徽	4.125	−0.200	1.977	2.187	0.029

莫兰散点图中的点集中分布于第一和第三象限,表明数据在空间上具有正相关性。由图 2.1 可知,第三象限的点最多,说明发明专利申请数较低的区域聚集在一起,即低创新区域相邻。

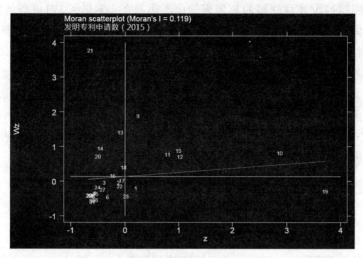

图 2.1 省域莫兰散点图

具体而言,东部和中部地区大都为"高—高"和"高—低"集聚区域;西南、西北和东北地区大都为"低—高"和"低—低"集聚区域。东部沿海城市具有地理优势和经济实力,从而提供了较优的创新平台。中部地区受东部地区的影响,借鉴和吸收东部发达地区的经验,从而在创新领域也具有一定的优势。西南、西北和东北地区经济实力相对较弱,创新能力也相对较弱。

2.4.5 LM 检验

LM 检验即拉格朗日乘数检验,包括 LM-Lag 和 LM-Error 检验。其稳健形式的检验包括 RLM-Lag 和 RLM-Error 检验。它主要用于检验静态空间计量模型的类别。

(1) LM-Error 检验:原假设为不存在空间自回归时,残差不存在空间相关,即 $H_0:Y=X\beta+\varepsilon$,$\varepsilon \sim N[0,\sigma^2 I]$。备择假设为不存在空间自回归时,残差存在空间相关,即 $H_1:\varepsilon=\lambda W\varepsilon+\mu$。

(2) LM-Lag 检验:原假设为不存在残差相关性时,模型不存在空间自相关,即 $H_0:Y=X\beta+\varepsilon$,$\varepsilon \sim N[0,\sigma^2 I]$。备择假设为不存在残差相关性时,模型存在空间自相关,即 $H_1:Y=\rho WY+X\beta+\varepsilon$。

(3) RLM-Error 检验:原假设为存在空间自回归时,残差不存在空间相关,即 $H_0:Y=\rho WY+X\beta+\varepsilon$,$\varepsilon \sim N[0,\sigma^2 I]$。备择假设为存在空间自回归时,残差存在空间相关,即 $H_1:\varepsilon=\lambda W\varepsilon+\mu$。

(4) RLM-Lag 检验:原假设为存在残差相关性时,模型不存在空间自相关,即 $H_0:Y=X\beta+\lambda W\varepsilon+\mu$。备择假设为存在残差相关性时,模型也存在空间自相关,即 $H_1:Y=\rho WY+X\beta+\lambda W\varepsilon+\mu$,$\mu \sim N[0,\sigma^2 I]$。

LM 检验的判断准则如下:若 LM-Lag 检验在空间效应检验中比 LM-Error 检验更为显著,并且 RLM-Lag 检验显著而 RLM-Error 检验不显著,则适合的空间计量模型应该为空间滞后模型;反之,若 LM-Error 检验在空间效应检验中比 LM-Lag 检验更为显著,并且 RLM-Error 检验显著而 RLM-Lag 检验不显著,则适合的空间计量模型应该为空间误差模型;若 LM-Lag 检验与 LM-Error 检验都不显著,则应保持 OLS 回归的结果。除了比较拟合优度 R^2 以外,也可以通过三大信息准则选出最优的模型。(王周伟等,2017)

从表 2.5 可以看出,在空间误差的三个检验中,有一个接受了原假设"无空间自相关",另外两个检验的概率 p 值均为 0.000,说明强烈拒绝原假设。在空间滞后的两个检验中,概率 p 值均为 0.000,也应该拒绝原假设,表明变量存在空间自相关。因此,初步判断可能空间滞后模型更加适用。

表 2.5 空间误差检验结果

检验方法	统计量	p 值
Moran's I	1.540	0.123
LM-Error	49.272	0.000
RLM-Error	32.435	0.000
LM-Lag	53.010	0.000
RLM-Lag	36.174	0.000

2.4.6 模型的建立与估计

从上面检验中可以发现,被解释变量存在空间自相关,并且使用 OLS 回归的结果并不理想。下面我们考虑使用空间计量模型包括空间滞后模型与空间误差模型,进行比较分析,选择出拟合效果最好的空间计量模型。本章选择基于地理特征的空间权重矩阵,生成的矩阵 W 为 31×31 维,而其特征向量 E 为 31×1 维。

如表 2.6 所示,从空间滞后模型的估计结果发现,资金投入 F、人力资本投入 H、人员投入 E 的估计系数分别为 3.401、-0.002、0.102;并且从概率 p 值可以得出,在显著性水平 $\alpha=0.05$ 下是显著的。空间回归关系数 ρ 为 -0.017,概率 p 值为 0.482,表明估计的效果比较好。空间滞后模型公式如下:

$$I_2 = -0.017WI_2 + 9.296 + 3.401F - 0.002H + 0.102E + \varepsilon \quad (2.14)$$

表 2.6 空间滞后模型估计结果

变量	Coef.	Std. Err.	z	$p>z$
F	3.401433	20.80157	0.16	0.038
H	-0.0023409	0.0078015	-0.30	0.021
E	0.1024111	0.0125556	8.16	0.000
_cons	9.296434	1888.209	0.00	0.031
rho	-0.0173381	0.0265921	-0.65	0.482

如表 2.7 所示,从空间误差模型的估计结果发现,资金投入 F、人力资本投入 H、人员投入 E 的估计系数分别为 -24.089、-0.001、0.112;但是从概率 p 值可以得出,在显著性水平 $\alpha=0.05$ 下人力资本系数的估计结果并不显著。空间回归关系数 ρ 为 -0.215,概率 p 值为 0.068,表明估计的效果没有空间滞后模型好。空间误差模型公式如下:

$$\begin{cases} I_2 = -24.089F - 0.001H + 0.112E + u \\ u = -0.215Wu + \varepsilon \end{cases} \quad (2.15)$$

表 2.7　空间误差模型估计结果

变量	Coef.	Std. Err.	z	p>z
F	−24.08929	20.26699	−1.19	0.053
H	−0.0011511	0.0050394	−0.23	0.063
E	0.1123102	0.010068	11.16	0.000
_cons	1609.968	1669.334	0.96	0.052
lambda	−0.215291	0.0919592	−2.34	0.068

无论是空间滞后模型还是空间误差模型，拟合优度均高于 OLS 回归。另外通过比较两个模型的估计结果，我们认为空间滞后模型估计的效果比空间误差模型优异，因此最终选择空间滞后模型。从空间滞后模型的估计结果可以看出，创新产出存在空间自相关性，创新水平高（低）的省份相邻于创新水平高（低）的省份，一个区域的创新发展可以在一定程度上带动周围区域。另外，资金投入、人员投入估计的系数均为正，说明资金投入与人员投入的增加可以促进地区创新的产出，并且资金投入相比人员投入而言更重要。这也表明创新活动离不开资金的投放和掌握并积累了一定技能的劳动力的支撑。人力资本投入的估计系数为负且接近于零，说明人力资本投入的加大不但不会提高区域的创新水平，反而会对创新产出具有负面影响。这可能是由于我国人力资本虽然丰富但是还处于低水平，区域间资本存量的流动性较差。

2.5　稳健性检验

上文已通过建立空间滞后模型，实证分析了资金投入、人力资本投入和人员投入对省域创新水平的影响。空间权重矩阵是空间计量分析的基础，但它不是通过模型估计得到的，而是外生构建的。下面替换空间权重矩阵以检验模型的稳健性，选取的空间权重矩阵由公式(2.8)计算得到。

从表 2.8 可以看出，将地理特征权重矩阵替换为经济距离权重矩阵后，空间自回归系数在 5% 显著性水平下依然显著，有关创新活动的各变量系数值以及显著性没有太大波动。资金投入 F 与人员投入 E 回归的系数依然为正，并且资金投入的回归系数大于人员投入的回归系数；人力资本投入 H 的回归系数依然小于 0，无太大变化。更换空间权重矩阵之后，资金投入与人员投入对创新产出的影响增强，而人力资本投入对创新产出的影响减弱。总体来说，本章的主要结果及相关结论是稳健的。

表 2.8　模型的稳健性检验

变量	Coef.	Std. Err.	z	p>z
F	3.937293	20.80157	0.16	0.027
H	−0.0018372	0.0078015	−0.30	0.036
E	0.13829351	0.0125556	8.16	0.000
_cons	7.362728	1888.209	0.00	0.042
rho	−0.0527182	0.0265921	−0.65	0.474

2.6 结论与建议

本章以年发明专利申请量和各项投入成本为研究对象,以 2014 年至 2017 年的数据为观测值。先逐一将每一年的发明专利申请量与投入成本进行 OLS 回归,由于忽略了因变量的空间相关性,发现 OLS 回归的结果均不理想,于是选择拟合效果相对较好的滞后一阶模型。接着研究了创新产出的空间自相关性,无论是从局部莫兰指数还是莫兰散点图都可以看出,创新产出是存在空间自相关的。创新能力强的省域(如东部地区)相邻着创新能力强的省域,创新能力弱的省域(如西北地区)相邻着创新能力弱的省域。经过 LM 检验认为最佳的空间计量模型可能是空间滞后模型。

同时,考虑到因变量的空间相关性,本章分别估计了空间滞后模型与空间误差模型,发现空间滞后模型拟合的效果更好,资金投入 F、人员投入 E 和创新产出呈显著正相关,这说明加大资金投入与人员投入,可以有效地促进创新;人力资本投入 H 与创新产出呈显著负相关,这说明一个省域大专及以上学历毕业人数多,并不会在一定程度上促进区域的创新发展。(朱有为、徐康宁,2006)所以,国家和地方政府需要通过投资,制订经济社会发展计划、教育政策和促进经济技术发展的科技政策,大力投资教育和研发部门,增加人力资本规模,优化人力资源质量,这样才能实现更快的创新产出和经济增长。中西部地区需要进一步推进企业产权改革,加强人力资本投资和企业技术开发投入,提高人力资本在省域研发及创新中的作用。

2.7 空间截面模型估计的 Stata 软件操作指导

2.7.1 研究目的

(1)掌握运用 Stata 软件进行空间自相关检验,以及 LM 检验的基本计算原理与操作方法;

(2)掌握空间截面模型中空间滞后模型与空间误差模型的基本原理和操作方法。

2.7.2 软件应用内容

(1)生成空间权重矩阵,通过计算局部莫兰指数和绘制莫兰散点图检验模型是否存在空间自相关;

(2)进行 LM 检验,初步判定模型是适用空间滞后模型还是空间误差模型;

(3)分别建立模型进行回归分析,通过替换空间权重矩阵进行稳健性检验。

2.7.3 软件应用与分析指导

1. 数据设定和描述

打开 Stata 软件,导入数据后,进行描述性统计。

```
use "C:\Users\Lenovo\Desktop\空间计量\空间计量数据.dta"    %导入数据
summarize I1 I2 I3 I4 F H E,detail                        %变量的描述性统计
```

2. 确定滞后阶数

```
reg I1 F H E        %无滞后的 OLS 回归
reg I2 F H E        %滞后一阶的 OLS 回归
reg I3 F H E        %滞后两阶的 OLS 回归
reg I4 F H E        %滞后三阶的 OLS 回归
```

结果如图 2.2、图 2.3、图 2.4、图 2.5 所示。

Source	SS	df	MS			
Model	3.7430e+09	3	1.2477e+09	Number of obs	=	31
Residual	528878055	27	19588076.1	F(3, 27)	=	63.70
				Prob > F	=	0.0000
				R-squared	=	0.8762
				Adj R-squared	=	0.8624
Total	4.2719e+09	30	142397488	Root MSE	=	4425.8

I1	Coef.	Std. Err.	t	P>|t|	[95% Conf. Interval]	
F	-4.753781	22.68542	-0.21	0.836	-51.30041	41.79285
H	-.0067568	.0084263	-0.80	0.430	-.024046	.0105324
E	.1091037	.0139683	7.81	0.000	.0804431	.1377643
_cons	449.2186	2102.88	0.21	0.832	-3865.534	4763.971

图 2.2　无滞后的 OLS 回归结果

Source	SS	df	MS			
Model	3.6748e+09	3	1.2249e+09	Number of obs	=	31
Residual	493147491	27	18264721.9	F(3, 27)	=	67.07
				Prob > F	=	0.0000
				R-squared	=	0.8817
				Adj R-squared	=	0.8685
Total	4.1680e+09	30	138932565	Root MSE	=	4273.7

I2	Coef.	Std. Err.	t	P>|t|	[95% Conf. Interval]	
F	.4534352	21.90571	0.02	0.984	-44.49338	45.40025
H	-.0036424	.0081366	-0.45	0.658	-.0203374	.0130526
E	.1031659	.0134882	7.65	0.000	.0754904	.1308415
_cons	-89.25929	2030.603	-0.04	0.965	-4255.713	4077.194

图 2.3　滞后一阶的 OLS 回归结果

Source	SS	df	MS		Number of obs	=	31
					F(3, 27)	=	59.63
Model	5.6971e+09	3	1.8990e+09		Prob > F	=	0.0000
Residual	859874068	27	31847187.7		R-squared	=	0.8689
					Adj R-squared	=	0.8543
Total	6.5570e+09	30	218566237		Root MSE	=	5643.3

I3	Coef.	Std. Err.	t	P>|t|	[95% Conf. Interval]	
F	-15.07676	28.92587	-0.52	0.606	-74.42774	44.27422
H	-.0045532	.0107442	-0.42	0.675	-.0265984	.0174921
E	.1349017	.0178108	7.57	0.000	.098357	.1714465
_cons	321.0182	2681.353	0.12	0.906	-5180.664	5822.701

图 2.4 滞后二阶的 OLS 回归结果

Source	SS	df	MS		Number of obs	=	31
					F(3, 27)	=	41.40
Model	7.4126e+09	3	2.4709e+09		Prob > F	=	0.0000
Residual	1.6115e+09	27	59686981.6		R-squared	=	0.8214
					Adj R-squared	=	0.8016
Total	9.0242e+09	30	300805810		Root MSE	=	7725.7

I4	Coef.	Std. Err.	t	P>|t|	[95% Conf. Interval]	
F	-29.38428	39.59959	-0.74	0.464	-110.6359	51.86737
H	-.0023623	.0147088	-0.16	0.874	-.0325423	.0278178
E	.1561185	.0243831	6.40	0.000	.1060886	.2061483
_cons	556.1641	3670.78	0.15	0.881	-6975.654	8087.982

图 2.5 滞后三阶的 OLS 回归结果

3. 生成空间权重矩阵

```
net install sg162, all from(http://www.stata.com/stb/stb60)    %安装 spat—系列命令
use ~C:\Users\Lenovo\Desktop\空间计量\jz.dta~                    %导入 31 个省域的空间权重数据
spatwmat using jz.dta,name(W) standardize                      %定义空间权重矩阵 W,并对其标准化
```

结果如图 2.6 所示。

```
The following matrix has been created:

 1. Imported binary weights matrix W
    Dimension: 31x31
```

图 2.6 生成空间权重矩阵 W

我国 31 个省域的邻接关系可通过国家地理信息系统网站提供的 1∶400 万电子地图得到。从图 2.7 可以看出,生成了 31×31 维的空间权重矩阵 W。

4. 检验空间自相关

```
spatgsa I2,weights(W) moran twotail      % spatgsa 表示进行全局空间自相关检验；weights(W)表示制定空间权重矩阵 W；moran 表示计算莫兰指数
spatlsa I2,w(W) moran twotail            % 计算局部莫兰指数
spatlsa I2,w(W) moran graph(moran) symbol(n)   % spatlsa 表示进行局部空间自相关检验，graph(moran)表示画出莫兰散点图
```

实验结果如图 2.7 所示。

```
Weights matrix
Name: W
Type: Imported (binary)
Row-standardized: No
```

Moran's I

Variables	I	E(I)	sd(I)	z	p-value*
I2	0.156	-0.033	0.095	1.983	0.047

Geary's c

Variables	c	E(c)	sd(c)	z	p-value*
I2	0.849	1.000	0.239	-0.634	0.526

Getis & Ord's G

Variables	G	E(G)	sd(G)	z	p-value*
I2	0.223	0.147	0.044	1.703	0.089

*2-tail test

图 2.7 空间全局自相关检验

指定空间矩阵为 W，采取的是双边检验，因为我们不确定变量存在正空间自相关还是负空间自相关。从图 2.7 可以看出，莫兰指数的概率 p 值为 0.047，所以在显著性水平 $\alpha=0.05$ 下应强烈拒绝原假设，即认为变量存在空间自相关。

图 2.8 选取了部分省域的莫兰指数及其检验结果。对于部分省域，如江苏和安徽，可以强烈拒绝原假设"无空间自相关"，认为这些区域存在空间自相关。这与图 2.7 空间全局自相关检验结果一致。

5. LM 检验

```
reg I2 F H E        % 滞后一阶的 OLS 回归
spatdiag,weights(W)     % spatdiag 表示针对 OLS 回归结果，诊断是否存在空间效应，weights(W)表示使用地理空间权重矩阵
```

实验结果如图 2.9 所示。

```
Moran's Ii (发明专利申请数(2015))

 Location      Ii      E(Ii)   sd(Ii)     z     p-value*
      1     -0.104   -0.067    1.196   -0.031    0.975
      2      0.023   -0.067    1.196    0.075    0.940
      3      0.248   -0.233    2.109    0.228    0.820
      4      0.935   -0.133    1.654    0.646    0.518
      5      2.438   -0.267    2.226    1.215    0.224
      6      0.524   -0.100    1.449    0.431    0.667
      7      0.895   -0.100    1.449    0.687    0.492
      8      0.644   -0.067    1.196    0.594    0.552
      9      0.903   -0.067    1.196    0.810    0.418
     10      9.022   -0.133    1.654    5.536    0.000
     11      2.926   -0.167    1.827    1.693    0.091
     12      4.125   -0.200    1.977    2.187    0.029
     13     -0.371   -0.100    1.449   -0.187    0.852
     14     -2.533   -0.200    1.977   -1.180    0.238
     15      3.362   -0.133    1.654    2.114    0.035
     16     -0.139   -0.200    1.977    0.031    0.975
     17      0.013   -0.200    1.977    0.108    0.914
     18     -0.061   -0.200    1.977    0.070    0.944
     19     -6.611   -0.167    1.827   -3.527    0.000
     20     -1.365   -0.133    1.654   -0.745    0.456
```

图 2.8 计算局部莫兰指数

```
Fitted model
I2 = F + H + E

Weights matrix
Name: W
Type: Imported (binary)
Row-standardized: No

Diagnostics
Test                              Statistic   df   p-value

Spatial error:
  Moran's I                          1.540    1     0.123
  Lagrange multiplier               49.272    1     0.000
  Robust Lagrange multiplier        32.435    1     0.000

Spatial lag:
  Lagrange multiplier               53.010    1     0.000
  Robust Lagrange multiplier        36.174    1     0.000
```

图 2.9 空间误差检验结果

从图 2.9 中可以看出,在空间误差的三个检验中,有一个接受了原假设"无空间自相关",另外两个检验的概率 p 值均为 0.000,说明强烈拒绝原假设。在空间滞后的两个检验中,概率 p 值均为 0.000,也拒绝原假设,表明变量存在空间自相关。因此,初步判断可能空间滞后模型更加适用。

6. 模型的建立与估计

```
spatwmat using jz.dta,name(W) eigenval(E)      %计算空间权重矩阵W的特征值向量,并记为E
spatreg I2 F H E,weights(W) eigenval(E) model(lag) nolog      %指定空间权重矩阵和特征
值向量分别为W和E,对被解释变量为I2,解释变量为F H E的空间滞后模型进行估计
```

从图 2.10 可以看出,生成的空间权重矩阵 W 为 31×31 维,而其特征向量 E 为 31×1 维。模型估计结果已在表 2.6 和表 2.7 中列示。

7. 稳健性检验

```
use "C:\Users\Lenovo\Desktop\空间计量\经济权重.dta"      %导入31个省域的空间权重数据
spatwmat using 经济权重.dta,name(W2) standardize      %定义空间权重矩阵W2,并对其标准化
use "C:\Users\Lenovo\Desktop\空间计量\空间计量数据.dta",clear      %导入数据
spatwmat using 经济权重.dta,name(W2) eigenval(E2)      %计算空间权重矩阵W2的特征值
向量,并记为E2
spatreg I2 F H E,weights(W2) eigenval(E2) model(lag) nolog      %指定空间权重矩阵和特
征值向量分别为W2和E2,对被解释变量为I2,解释变量为F H E的空间滞后模型进行估计
```

实验结果如图 2.10 所示。

```
. spatwmat using jz.dta,name(W) eigenval(E)

The following matrices have been created:

  1. Imported binary weights matrix W
     Dimension: 31x31

  2. Eigenvalues matrix E
     Dimension: 31x1
```

图 2.10 生成权重矩阵的特征向量 E

最后进行模型的稳健性检验,检验结果已在表 2.8 中列出。

参 考 文 献

[1] 官建成,刘顺忠.区域创新机构对创新绩效影响的研究[J].科学学研究,2003,(2).

[2] 刘降斌,李艳梅.区域科技型中小企业自主创新金融支持体系研究——基于面板数据单位根和协整的分析[J].金融研究,2008,(12).

[3] 钱晓烨,迟巍,黎波.人力资本对我国区域创新及经济增长的影响——基于空间计量的实证研究[J].数量经济技术经济研究,2010,27(4).

[4] 苏屹,林周周.区域创新活动的空间效应及影响因素研究[J].数量经济技术经济研究,2017,34(11).

[5] 陶长琪,杨海文.空间计量模型选择及其模拟分析[J].统计研究,2014,31(8).

[6] 王周伟,崔百胜,张元庆.空间计量经济学:现代模型与方法[M].北京:北京大学出版社,2017.

[7] 温军,冯根福.异质机构、企业性质与自主创新[J].经济研究,2012,47(3).

[8] 吴玉鸣.空间计量经济模型在省域研发与创新中的应用研究[J].数量经济技术经济研究,2006,(5).

[9] 朱有为,徐康宁.中国高技术产业研发效率的实证研究[J].中国工业经济,2006,(11).

第 3 章 金融集聚对区域创新能力的影响研究
——基于空间面板计量模型

摘　要：本章基于2009—2017年我国30个省份(由于西藏数据不全,故不包括在内)的数据,进行莫兰指数检验,发现金融集聚和区域创新都具有空间效应。同时通过模型检验,构建静态和动态的空间面板杜宾模型,并对其空间固定效应模型进行效应分解,证实了我国金融集聚水平对区域创新能力有明显的促进作用和溢出效应。

关键词：金融集聚;区域创新;溢出效应;动态空间杜宾模型

3.1 引　言

金融机构高度集中,促进形成了不同地区的金融中心,我国北京、上海等地区金融发展水平相对较高,也存在金融街、金融区等集聚现象。Tschoegl(2000)认为,金融机构的相对集中会吸引其他金融机构参与进来。Pandit等(2001)认为,金融集聚能够获取人才,降低与客户的信息不对称,因此具有空间相关性。任英华等(2010)使用空间计量模型,对我国28个省份进行实证分析,发现我国金融集聚有正的空间效应和溢出效应。

与此同时,随着中央对创新的高度重视,各地区开始不断提高创新水平。区域间溢出效应是指该地区创造的知识、财富等通过各种渠道传到其他地区的现象,一系列研究表明区域创新也存在空间溢出效应。区域创新除了受政策制度、研究人员、研究经费的影响,还会受到金融发展水平的积极推动。曹霞等(2017)从金融规模、金融效率和金融结构方面,证明金融支持对技术创新有直接影响,且金融集聚推动本地区技术创新的同时,也对邻近地区有辐射效应。

为了证实金融集聚和区域创新空间相关性的存在以及金融集聚对区域创新的空间溢出效应,本章从静态和动态空间计量模型的角度分析金融集聚对区域创新能力的影响。

3.2 文献综述

当前文献中关于金融与创新的关系,主要从金融结构、金融实力、金融支持等对技术创新、科技创新、区域创新等的影响方面进行研究。孙伍琴(2004)从银行和金融市场的角度进行分析,认为由于高科技企业具有高收益、高风险的特征,银行并不适宜为其融资,而金融市场能够降低企业风险,支持技术的创新。汤清等(2010)以广东省2002—2007年的数据为样本,发现金融中介为技术创新融资,能够分散企业风险,从而促进技术创新,且对发明专利的促进作用最显著。刘乃全等(2014)分析了我国2006—2010年31个省份的金融实力对区域创新的影响,证实金融实力越强,区域创新能力越强。赵增耀等(2016)从研发投入和产出两个角度衡量区域创新,以对外开放为中介变量,证实了金融发展和开放度能促进区域创新,且对外开放水平越高,金融发展的区域创新效应越强。高小龙等(2017)分别对我国2003—2012年各省份面板数据进行分析,验证了金融集聚对技术创新的推动作用,并发现金融集聚能在产业聚集、科研人员投入等方面对技术创新产生影响。王仁祥等(2017)利用我国2007—2013年30个省份面板数据,验证了金融集聚对科技创新效率的影响,结果表明中西部地区和渤海地区金融集聚水平较高,而科技创新效率不高,且金融集聚对科技创新效率的促进作用在东西部地区较为明显,金融集聚水平低的地区反而会抑制科技创新效率的提高。黎杰生等(2017)基于我国省级面板数据,指出金融集聚虽然促进了经济总量的增长,但对技术创新却有负面影响;且各地区有较大差异,金融集聚水平的高低并没有相应地影响技术创新;同时,证券业并不像银行业和保险业那样,对技术创新具有推动作用。张虎等(2017)使用不同的空间权重矩阵,检验了金融集聚产生的金融创新空间相关性和区域协调机制效应。

从以上研究可以看出,使用空间计量模型研究金融集聚对区域创新的影响已比较深入,但仍存在不足之处:一是模型选择存在问题。一些文献只采用了空间滞后模型或空间误差模型,还应进一步验证空间面板杜宾模型的可行性。因此,本章依据LM检验结果,在选用空间误差模型的基础上,进一步验证了空间面板杜宾模型更适合。二是较少考虑时间效应和时空滞后项。一些文献只考虑了静态空间模型,忽略了区域创新本身随时间发生的变化,所以本章引入区域创新的一阶滞后项以及时空滞后项,建立动态空间面板模型,分析金融集聚对区域创新的影响。

3.3 计量模型理论与经济理论

3.3.1 空间自相关性

基于已有文献对金融集聚的研究都是建立在相邻地区具有空间依赖性的基础上,为了检验金融业是否具有相似的空间特征,本章使用空间自相关指标进行验证,常用的有莫兰指数和Geary's c 比率,但后者容易偏离正态分布,检验结果不稳定,所以大

多学者常用前者。莫兰指数能够检验所有区域在地理位置方面是否具有相关性,其计算公式为:

$$I = \frac{\sum_{i=1}^{n}\sum_{j=1}^{n}w_{ij}(x_i - \bar{x})(x_j - \bar{x})}{S^2 \sum_{i=1}^{n}\sum_{j=1}^{n}w_{ij}} \tag{3.1}$$

式中,n 为区域总数(本章为30);x_i 和 x_j 为区域 i 和 j 的观测值;$\bar{x} = \frac{1}{n}\sum_{i=1}^{n}x_i$;$S^2 = \frac{1}{n}\sum_{i=1}^{n}(x_i - \bar{x})^2$,为 x_i 的方差;w_{ij} 为0—1空间权重矩阵,当区域 i 和 j 邻近时,$w_{ij} = 1$,当区域 i 和 j 不邻近时,$w_{ij} = 0$,且矩阵对角线 $w_{ii} = 0$。同时,按照公式(3.2),将矩阵每行的和设为1,进行标准化处理。

$$W_{ij} = W_{ij} \Big/ \sum_{j} W_{ij} \tag{3.2}$$

标准化处理后,空间权重矩阵只反映空间相关结构(曹霞等,2017),然后进行莫兰指数的计算,其取值范围为(−1,1),大于0表示各区域的观察值是空间正相关,小于0则表示各区域的观察值是空间负相关。

除了全局莫兰指数检验,还可以检验局部的莫兰指数,以验证局部区域与其邻近区域的相关程度,定义为:

$$I_i = \frac{(x_i - \bar{x})}{S^2} \sum_{j \neq i} w_{ij}(x_j - \bar{x}) \tag{3.3}$$

如果指数为正,则表示高值与高值集聚,或低值与低值集聚,邻近区域有空间正相关性;如果指数为负,则表示低值被高值包围,或高值被低值包围,邻近区域的经济活动具有负向影响。

3.3.2 空间面板计量模型

基础的空间面板计量模型包括空间面板滞后模型(SPLM)、空间面板误差模型(SPEM)和空间面板杜宾模型(SPDM)。空间面板滞后模型解释因变量的空间相关性;空间面板误差模型解释自变量之外的因素,即误差项对因变量的影响;空间面板杜宾模型则解释因变量和自变量之间的空间效应。(王周伟等,2017)。若引入因变量的时间滞后项或被解释变量的时空滞后项,则为动态空间面板模型。

(1)三种模型的表达形式

空间面板滞后模型表达形式如下:

$$Y = \rho W y + X\beta + \varepsilon, \quad \varepsilon \sim N(0, \sigma^2 I_n) \tag{3.4}$$

其中,Y 为因变量,X 为 $n \times k$ 维的外生自变量矩阵,ρ 为被解释变量的空间滞后系数,反映邻近区域的 Wy 对本地区专利授权量 y 的影响程度,W 为 $n \times n$ 维的空间权重矩阵,Wy 为空间滞后被解释变量,β 用来解释自变量 X 对因变量 Y 的影响,ε 为随机误差项。

空间面板误差模型表达形式如下:

$$Y = X\beta + \varepsilon$$
$$\varepsilon = \lambda W\varepsilon + \mu, \quad \varepsilon \sim N(0, \sigma^2 I_n) \tag{3.5}$$

其中,X、Y 和 β 变量的定义与上述模型一样,λ 为 $n \times 1$ 维的空间误差相关系数,体现相邻区域的 y 对本区域 y 的影响程度。

空间面板杜宾模型根据残差自相关时间序列模型推导得出,表达形式如下:

$$(I_n - \rho W)y = (I_n - \rho W)X\beta + \varepsilon \tag{3.6}$$

$$y = \rho W y + X\beta - \rho W X\beta + \varepsilon \tag{3.7}$$

$$Y = \rho W y + X\beta + \theta W X + \varepsilon, \quad \varepsilon \sim N(0, \sigma^2 I_n) \tag{3.8}$$

式中,WX 为空间滞后自变量,其他变量的定义与空间面板滞后模型一致。(李林等,2011)

空间计量模型不再用 OLS 回归方法估计,因为得到的估计结果可能有偏或无效,所以采用极大似然估计、工具变量估计或广义最小二乘估计等方法对静态空间面板杜宾模型进行估计。(万坤扬等,2010)对于动态空间面板杜宾模型的估计,常用的有三个方法:一是偏误修正的极大似然(ML)估计法或准极大似然(QML)估计法;二是工具变量估计法或广义矩估计法;三是马尔可夫链蒙特卡罗(MCMC)法(保罗·埃尔霍斯特,2015)。本章采用极大似然估计法估计静态空间面板杜宾模型,使用准极大似然估计法估计动态空间面板杜宾模型。(Belotti *et al.*,2017)

(2) 极大似然估计法

空间面板模型的对数似然函数为:

$$L = c + T\ln|I_N - \lambda w| - \frac{NT}{2}\ln\delta_\varepsilon^2 - \frac{1}{2\delta_\varepsilon^2}\varepsilon'\varepsilon \tag{3.9}$$

其中,c 为常数,T 为时间期数,$\varepsilon = y - \lambda(I_T \otimes W)y - X\beta$,$\otimes$ 为克罗内克积,式中第二项代表了从 ε 转换所得的 Jacobian 项。通过最大化的似然函数行列式,可以求出模型相应的参数。如 ε 服从 $N(0, \Sigma)$,则模型的似然函数为:

$$L = c - \frac{1}{2}\ln|\Sigma| - \frac{1}{2}\varepsilon'\Sigma^{-1}\varepsilon \tag{3.10}$$

最后,根据变量间的相关关系,可求出相应模型参数的极大似然函数值。(王周伟等,2017)

(3) 直接效应与间接效应

对于空间面板杜宾模型,解释变量的空间相关项和非空间相关项的系数并没有完全反映解释变量的全部作用,可采用微偏分的方法将其分解为直接效应和间接效应。其中,直接效应为第 t 年第 m 个自变量在区域 i 的单位变化对区域 i 的因变量 y_{it} 的平均影响。它分为两种影响途径:一是自变量对本区域因变量的直接影响;二是自变量对邻近区域的影响产生的反馈,该反馈为自变量的直接效应与其系数的差值。间接效应也称为自变量的空间溢出效应,即区域 i 的邻近区域第 m 个解释变量同时发生单位变化,对区域 i 的被解释变量 y_{it} 的平均影响。它同样可分为两种影响途径:一是邻近区域解释变量对本区域因变量的影响;二是邻近区域自变量对其因变量的影响,进而对本区域因变量产生的影响。不考虑其他因素,第 m 个解释变量的总效应为直接效应与间接效应的和。(王周伟等,2017)静态空间面板杜宾模型只能分解长期效应,动态空间面板杜宾模型可以分解短期效应和长期效应。

将空间面板杜宾模型转化成矩阵形式:

$$y = (I-\lambda W)^{-1}\alpha + (I-\lambda W)^{-1}(X\beta + \theta WX) + (I-\lambda W)^{-1}\varepsilon \quad (3.11)$$

其中,因变量对第 m 个自变量的偏微分方程为:

$$\left[\frac{\partial y}{\partial x_{1m}} \cdots \frac{\partial y}{\partial x_{nm}}\right] = (1-\lambda W)^{-1} \begin{bmatrix} \beta_m & \theta_m W_{12} & \cdots & \theta_m W_{1n} \\ \theta_m W_{21} & \beta_m & \cdots & \theta_m W_{2n} \\ \vdots & \vdots & \ddots & \vdots \\ \theta_m W_{n1} & \theta_m W_{n2} & \cdots & \beta_m \end{bmatrix} \quad (3.12)$$

最右端矩阵中主对角线元素的均值,即 β_m 为自变量的直接效应,每行或列中非对角线元素之和的均值为间接效应或溢出效应。(曹霞等,2017)

3.3.3 空间面板模型的选择

对各变量和各地区进行全局和局部的莫兰指数检验,判断是否具有空间效应后,要进行计量模型的选择,即对空间滞后模型、空间误差模型和空间面板杜宾模型的选择。一般应通过事先检验:拉格朗日乘数检验 LM-Lag、LM-Error 以及稳健的拉格朗日乘数检验 RLM-Lag、RLM-Error,见表 3.1。莫兰指数检验以 OLS 回归估计为基础,LM 检验以极大似然估计为基础,LM 检验先进行 OLS 回归,然后对模型的残差进行 LM 判断。(王周伟等,2017)

表 3.1 **LM 检验的四种情况**

统计量	LM 检验
LM-Lag	不存在空间残差相关时空间滞后效应的 LM 检验
LM-Error	不存在空间滞后时空间残差相关的 LM 检验
RLM-Lag	存在空间残差相关时空间滞后效应的 LM 检验
RLM-Error	存在空间滞后时空间残差相关的 LM 检验

对于空间面板数据,LM 检验可以检验任何形式的空间自相关,Burridge 提出的检验空间误差模型的准则 LM_{ERR} 和 Anselin 提出的检验空间滞后模型的准则 LM_{LAG} 表达形式如下:

$$LM_{ERR} = (e'We/s^2)^2/\text{tr}(W'W+W^2) \quad (3.13)$$

$$LM_{LAG} = (e'WY/s^2)^2/\{(WXb)'MWXb/s^2 + \text{tr}(W'W+W^2)\} \quad (3.14)$$

其中,e 是 OLS 回归估计的残差向量,W 为空间权重矩阵,s^2 是残差项的方差,tr 为矩阵的迹,$M = I_N - X(X'X)^{-1}X'$,LM_{ERR}、LM_{LAG} 服从自由度为 1 的卡方分布。Anselin 调整了上述公式中的空间权重矩阵和矩阵的迹,提出适合空间面板模型的 LM 检验:

$$LM_{ERR} = \frac{[e'(I_T \otimes W_N)e/(e'e/NT)]^2}{\text{tr}[(I_T \otimes W_N^2) + (I_T \otimes W_N'W_N)]} \quad (3.15)$$

$$LM_{LAG} = \frac{[e'(I_T \otimes W_N)y/(e'e/NT)]^2}{[(W\hat{y})'M(W\hat{y})/\sigma^2] + \text{tr}[(I_T \otimes W_N^2) + (I_T \otimes W_N'W_N)]} \quad (3.16)$$

其中，e 是混合面板的残差估计量，I_T 为单位矩阵，$Wy=(I_T \otimes W_N)X\beta$ 为空间滞后的预期值，$M = I_{NT} - X(X'X)^{-1}X'$，$LM_{ERR}$、$LM_{LAG}$ 同样服从自由度为 1 的卡方分布。

在空间面板分析中，应先做 LM_{ERR} 和 LM_{LAG} 检验，二者均显著的情况下，再采用 RLM_{ERR} 和 RLM_{LAG} 检验，结合研究的具体问题，考虑模型的选择，提高模型的有效性。（王周伟等，2017）

证明：用于空间面板模型的这些 LM 检验的稳健形式为：

$$\text{稳健的 } LM_{ERR} = \frac{[e'(I_T \otimes W_N)e/s^2 - TT_w/J \times e'(I_T \otimes W_N)y/s^2]^2}{TT_w[1 - TT_w/J]} \quad (3.17)$$

$$\text{稳健的 } LM_{LAG} = \frac{[e'(I_T \otimes W_N)y/s^2 - e'(I_T \otimes W_N)e/s^2]^2}{J - TT_w} \quad (3.18)$$

其中，

$$J = \frac{1}{s^2}[((I_T \otimes W)X\hat{\beta})'(I_{NT} - X(X'X)^{-1}X') \times (I_T \otimes W)X\hat{\beta} + TT_w s^2] \quad (3.19)$$

$$T_w = \text{tr}(W^2 + W'W) \quad (3.20)$$

模型选择的标准如表 3.2 所示。（李林等，2011）

表 3.2 LM 检验结果判断

计算 LM-Lag 和 LM-Error 统计量			
若都显著	LM-Lag 统计量显著	LM-Error 统计量显著	都不显著
计算稳健的 LM-Lag 和 LM-Error 统计量	SPLM	SPEM	OLS
稳健的 LM-Lag 统计量显著	稳健的 LM-Error 统计量显著		
SPLM	SPEM		

此外还有事后检验：先假设空间面板杜宾模型成立，进行回归，然后进行 Wald 检验和 LR 检验，判断空间面板杜宾模型能否转化成空间面板滞后模型或空间面板误差模型，如果结果均显著，拒绝原假设，表示选择空间面板杜宾模型是合适的。（曹霞等，2017）

Wald 检验和 LR 检验均建立在极大似然估计的基础上。Wald 检验通过研究 β 的无约束估计量 $\hat{\beta}_U$ 与 β_0 的距离进行检验。基本思想是：如果 H_0 正确，则 $(\hat{\beta}_U - \beta_0)$ 的绝对值不是很大，Wald 检验的统计量为：

$$W = (\hat{\beta}_U - \beta_0)'[\text{Var}(\hat{\beta}_U)]^{-1}(\hat{\beta}_U - \beta_0) \xrightarrow{d} \chi^2(K) \quad (3.21)$$

其中，K 为自变量的个数。

LR 检验中对于似然函数最大值，无约束的 $\ln L(\hat{\beta}_U)$ 比有约束的 $\ln L(\hat{\beta}_R)$ 更大。LR 检验的基本思路是：如果 H_0 正确，则 $(\ln L(\hat{\beta}_U) - \ln L(\hat{\beta}_R))$ 的绝对值不是很大，LR 检验的统计量为：

$$LR = -2\ln\left[\frac{L(\hat{\beta}_R)}{L(\hat{\beta}_U)}\right] = 2[\ln L(\hat{\beta}_U) - \ln L(\hat{\beta}_R)] \xrightarrow{d} \chi^2(K) \qquad (3.22)$$

Wald 检验和 LR 检验的原假设分别为:$H_0^1:\theta$ 和 $H_0^2:\theta+\rho\beta=0$。(曹霞等,2017)

如果 $\theta=0$,且 $\rho\neq0$,则

$$Y = \rho Wy + X\beta + \varepsilon, \quad \varepsilon \sim N(0,\sigma^2 I_n)$$

空间面板杜宾模型可以转化为空间面板滞后模型。

如果 $\theta+\rho\beta=0$,则

$$Y = X\beta + \varepsilon, \quad \varepsilon = \lambda W\varepsilon + \mu, \quad \varepsilon \sim N(0,\sigma^2 I_n)$$

空间面板杜宾模型可以转化为空间面板误差模型,因此,空间面板杜宾模型更具有普遍性。(朱玉杰等,2014)

在确定了使用空间面板杜宾模型后,进行 Hausman 检验,判断使用固定效应还是随机效应。Hausman 检验的判断准则是当估计方程的误差项与自变量不相关时,两种效应模型具有一致性,但固定效应缺乏有效性;当误差项与自变量相关时,随机效应模型不具有一致性,应该选择固定效应模型。(汤清等,2010)即原假设是:模型使用随机效应,如果 p 值显著为 0,则不接受原假设,应使用固定效应模型。而固定效应分为三种,即空间固定、时间固定以及时空双固定。

3.4 研究设计

3.4.1 样本数据的选择

本章选取 2009—2017 年我国 30 个省份(不包括西藏)的数据,对一些指标进行对数化处理;所有数据来自国家统计局网站和中国外汇交易中心网站;主要运用 Stata 及 MATLAB 软件进行操作。

3.4.2 变量指标的选择

(1)被解释变量区域创新能力的度量。目前文献对创新能力的衡量一般采用新产品销售收入或专利授权量指标。如曹霞等(2017)采用新产品销售收入度量技术创新,从而研究金融支持对技术创新的影响。由于专利授权量更能反映区域创新能力,因此本章用专利授权量指标(y)来衡量。(张彩江等,2017)。

(2)解释变量金融集聚的度量。本章借鉴任英华等(2010)的方法,采用区位熵系数(FA)衡量我国各地区金融服务业的集聚水平。区位熵表示一个地区某产业所占比例与所有经济中该产业所占比例的比值。区位熵的值越大,表明金融产业在该地区越重要,集聚程度越高。计算公式为:

$$FA_{it} = (E_{it}/E_t)/(S_{it}/S_t) \qquad (3.23)$$

E_{it} 和 E_t 分别表示区域 i 金融业的就业人数和总就业人数,S_{it} 和 S_t 表示国家 i 金

融业的就业人数和总就业人数,本章预测金融集聚对区域创新有正向影响。

（3）主要控制变量的选择。一是创新投入（RDP、RDE）。创新需要大量人才和资本的投入,本章选取各地区人员投入（RDP）与经费投入（RDE）作为创新投入变量,预测科研人员越多,投入经费越多,区域创新能力越强。（李婧等,2014）二是外商直接投资（FDI）。基于数据的可得性,本章使用各省份外商投资总额作为外商直接投资变量,由于数据的单位是百万美元,所以参照张辉等（2018）的做法,按相应年份的汇率将美元换算成人民币,预测 FDI 与区域创新正相关。（3）环境制度（SE）。一个地区的制度政策对创新也会产生影响,好的制度能为创新提供良好的环境。本章参照刘军等（2010）的方法,采取非国有经济固定资产投资占区域总固定资产投资比例来度量环境制度因素。变量定义如表 3.3 所示。

表 3.3 变量定义表

变量	变量名称	变量符号	变量定义
被解释变量	区域创新	lny	各区域专利授权量
解释变量	区位熵	FA	金融集聚程度
控制变量	人员投入	lnRDP	科研人员全时当量
	经费投入	lnRDE	科研经费内部支出
	外商直接投资	lnFDI	外商投资总额
	环境制度	SE	非国有经济固定资产投资占区域总固定资产投资比例

3.4.3 模型的建立

根据以上变量,本章建立金融集聚对区域创新影响的非空间面板模型:

$$\ln y_{it} = \beta_0 + \beta_1 \text{FA}_{it} + \beta_2 \ln \text{RDP}_{it} + \beta_3 \ln \text{RDE}_{it} + \beta_4 \ln \text{FDI}_{it} + \beta_5 \text{SE}_{it} + u_i + \gamma_t + \varepsilon_{it} \tag{3.24}$$

式中,y_{it} 为某时期某地区的专利授权量;u_i 为个体特定效应,不随时间变动,体现不同样本在某一年内的区别;γ_t 表示时间特定效应,体现不同样本在不同时间内的差异,不随个体变动;ε_{it} 为随机扰动项。

由于各变量均具有空间效应,因此建立空间计量模型。空间面板滞后模型为:

$$\ln y_{it} = \beta_0 + \rho \sum_{j=1}^{n} W_{ij} \ln y_{jt} + \beta_1 \text{FA}_{it} + \beta_2 \ln \text{RDP}_{it} + \beta_3 \ln \text{RDE}_{it} \\ + \beta_4 \ln \text{FDI}_{it} + \beta_5 \text{SE}_{it} + u_i + \gamma_t + \varepsilon_{it} \tag{3.25}$$

式中,W_{ij} 为 $n \times n$ 维的空间权重矩阵,ρ 为周边区域变量影响本区域的空间相关系数,$W_{ij} \ln y_{jt}$ 为某时期某地区的空间滞后因变量。

空间面板误差模型为:

$$\ln y_{it} = \beta_0 + \beta_1 \text{FA}_{it} + \beta_2 \ln \text{RDP}_{it} + \beta_3 \ln \text{RDE}_{it} + \beta_4 \ln \text{FDI}_{it} + \beta_5 \text{SE}_{it} + u_i + \gamma_t + \phi_{it}$$

$$\phi_{it} = \lambda \sum_{j=1}^{N} W_{ij} \phi_{jt} + \varepsilon_{it} \tag{3.26}$$

式中，λ 为 $n \times 1$ 维的空间误差系数，$W_{ij}\phi_{jt}$ 表示某时期某地区的空间相关性存在于自变量无法解释的因素上，即随机误差项，而不是存在于被解释变量上。

为了对空间面板滞后模型和空间面板误差模型进行选择，需要对 OLS 回归的残差进行 LM 检验和稳健的 LM 检验，若结果为两者中的一个或两个，则应考虑空间面板杜宾模型。

空间面板杜宾模型为：

$$\begin{aligned}\ln y_{it} = & \beta_0 + \rho \sum_{j=1}^{n} W_{ij} \ln y_{jt} + \beta_1 \mathrm{FA}_{it} + \beta_2 \ln \mathrm{RDP}_{it} + \beta_3 \ln \mathrm{RDE}_{it} + \beta_4 \ln \mathrm{FDI}_{it} \\ & + \beta_5 \mathrm{SE}_{it} + \theta_1 \sum_{j=1}^{n} W_{ij} \mathrm{FA}_{it} + \theta_2 \sum_{j=1}^{n} W_{ij} \ln \mathrm{RDP}_{it} + \theta_3 \sum_{j=1}^{n} W_{ij} \ln \mathrm{RDE}_{it} \\ & + \theta_4 \sum_{j=1}^{n} W_{ij} \ln \mathrm{FDI}_{it} + \theta_5 \sum_{j=1}^{n} W_{ij} \mathrm{SE}_{it} + u_i + \gamma_t + \varepsilon_{it} \end{aligned} \quad (3.27)$$

式中，θ 为解释变量的空间回归系数，$W_{ij}\mathrm{FA}_{it}$ 为某时期某地区的空间滞后解释变量，空间面板杜宾模型展示了相邻地区的被解释变量和解释变量对本地区的影响。

3.5 实证结果与分析

3.5.1 变量描述性统计

由于专利授权量 y、人员投入 RDP、经费投入 RDE、外商直接投资 FDI 这四个变量与其他变量相比，均值、标准差存在较大差异，且呈指数级增长趋势，因此对其取对数，然后进行描述性统计。各变量的描述性统计结果如表 3.4 所示，经过对数化处理后，各变量的均值和标准差没有产生大幅度的差异，适合后面的进一步分析。

表 3.4 变量的描述性统计结果

变量	N	Mean	Sd	Min	Max
lny	270	9.643	1.486	5.576	12.715
FA	270	1.031	0.248	0.635	1.843
lnRDP	270	11.054	1.154	8.296	13.245
lnRDE	270	14.461	1.322	10.965	16.970
lnFDI	270	17.366	1.373	14.279	20.918
SE	270	0.719	0.108	0.440	0.899

从表 3.4 中可以看出，专利授权量 lny 的均值为 9.643，表明我国 30 个省份的创新能力普遍较强，其标准差为 1.486，说明不同地区的创新能力有较大差异；金融集聚的区位熵 FA 的均值为 1.031，表明金融业在各地区都比较重要，其最大值为 1.843，表明该地区的金融业占据非常重要的地位；人员投入 lnRDP 以及经费投入 lnRDE 的均值分别为 11.054、14.461，说明这些地区对创新的投入较高；外商直接投资 lnFDI 的均值为 17.366，说明各地区吸引的外商投资较充足；制度环境 SE 的均值为 0.719，

表明各地区制度创新程度较高。

3.5.2 空间相关性检验

为了判断能否通过空间计量模型对金融集聚与区域创新进行分析,先验证各变量是否存在空间相关性,本章通过将截面空间权重矩阵转化成空间面板权重矩阵,计算各变量的全局莫兰指数,如表3.5所示。

表3.5 各变量的全局莫兰指数

变量	Moran I	$E(I)$	Sd(I)	z	p值
lny	0.346	−0.004	0.041	8.618	0.000
FA	0.103	−0.004	0.040	2.644	0.008
lnRDP	0.244	−0.004	0.041	6.111	0.000
lnRDE	0.263	−0.004	0.041	6.560	0.000
lnFDI	0.414	−0.004	0.041	10.303	0.000
SE	0.506	−0.004	0.041	12.544	0.000

从表3.5中可以看出,专利授权量lny的莫兰指数为0.346,表明我国30个省份的创新能力存在明显的空间正相关;金融集聚的区位熵FA的莫兰指数为0.103;人员投入lnRDP以及经费投入lnRDE的莫兰指数分别为0.244、0.263;外商直接投资lnFDI和制度环境SE的莫兰指数分别为0.414、0.506,表明所有变量都存在正的空间相关性,且在1%水平上显著。

为进一步观察各区域创新能力的空间集聚效应,本章又计算了各年的局部莫兰指数,这里只列出2009年和2017年的莫兰散点图,结果见图3.1。由散点图可以看出,我国大部分地区位于第一、第三象限,只有少部分地区位于第二、第四象限,说明各区域创新能力存在空间上的依赖性和异质性,因此需要考虑空间效应,使用空间计量模型进行分析。

3.5.3 空间模型的选择

根据莫兰指数和莫兰散点图可知,我国区域创新和金融集聚都存在显著的正空间效应,应该构建空间面板模型。首先进行非空间面板模型的回归,包括混合回归以及空间固定效应、时间固定效应、双固定效应、随机效应回归;然后根据Hausman检验、F检验及BP检验在混合回归模型、固定效应模型和随机效应模型之间作出选择。检验结果如表3.6所示。

从表3.6中可以看出,混合回归中,金融集聚的区位熵FA与区域创新能力显著负相关,如果存在空间效应,则OLS回归的估计结果会有偏差;空间固定效应回归中,金融集聚的系数显著为正;时间固定效应回归和双固定效应回归中,金融集聚的系数为负;随机效应回归中,金融集聚的系数为正。

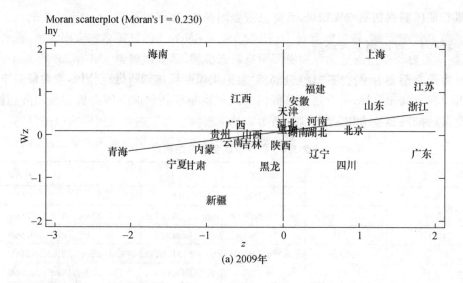

(a) 2009年

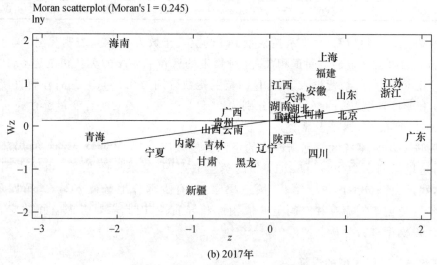

(b) 2017年

图 3.1 区域创新能力的莫兰散点图

表 3.6 非空间面板模型回归结果

变量	(1) 混合	(2) 空间固定	(3) 时间固定	(4) 双固定	(5) 随机效应
FA	−0.433** (−2.34)	0.294** (2.54)	−0.205** (−2.08)	−0.005 (−0.05)	0.107 (0.95)
lnRDP	0.257 (0.87)	−0.395** (−2.15)	1.180*** (8.25)	1.218*** (8.40)	−0.364*** (−3.10)
lnRDE	0.736*** (2.93)	1.299*** (10.31)	−0.110 (−0.84)	−0.102 (−0.77)	1.248*** (12.43)
lnFDI	0.134** (2.32)	0.245*** (4.47)	0.174*** (4.86)	0.195*** (5.58)	0.215*** (4.48)
SE	0.125 (0.24)	−0.368 (−1.02)	−0.790*** (−2.72)	−0.106 (−0.34)	−0.076 (−0.22)

(续表)

变量	(1) 混合	(2) 空间固定	(3) 时间固定	(4) 双固定	(5) 随机效应
_cons	−5.815*** (−9.57)	−9.060*** (−8.97)	−4.042*** (−11.16)	−6.052*** (−15.60)	−8.171*** (−14.64)
R^2	0.923	0.841	0.939	0.947	
Lagl	−142.790	46.833	−97.463	−54.157	
LM-Lag	17.8468***	58.4233***	1.4468	2.8815*	
RLM-Lag	2.8915*	33.7419***	0.0296	3.5323*	
LM-Err	39.6268***	28.8418***	14.4277***	1.8370	
RLM-Err	24.6716***	4.1604**	13.0105***	2.4879	
F 检验		24.91***	12.77***	2.17***	
BP 检验					335.36***
Hausman 检验		32.70***	46.41***	70.46***	

注：括号内为 t 值，下同。

由于 F 检验均拒绝原假设，所以在混合模型和固定效应模型中，应选择后者；而 BP 检验也拒绝了使用混合回归的原假设，所以应使用随机效应模型；同样，Hausman 检验也拒绝了原假设，因此在固定效应模型和随机效应模型中，应选择前者。结合这三个检验可知，应选择固定效应模型。

在固定效应模型中，根据 R^2 和极大似然函数（Lagl）值越大越好的原则，应选择空间固定效应模型。根据 LM 检验和稳健的 LM 检验可知，空间面板滞后模型与空间面板误差模型均成立，所以应进一步考虑空间固定效应下空间面板杜宾模型的可行性。

假设选用空间固定效应下的空间面板杜宾模型，进行 LR 检验和 Wald 检验，判断能否将其转化为空间面板滞后模型或空间面板误差模型的 LR 检验和 Wald 检验结果如表 3.7 所示。

表 3.7 模型的 LR 检验与 Wald 检验结果

变量	(1) SPLM	(2) SPEM	(3) SPDM
FA	0.127 (1.32)	0.171*** (1.75)	0.150 (1.53)
lnRDP	−0.047 (−0.30)	−0.206 (−1.21)	0.059 (0.35)
lnRDE	0.601*** (4.54)	1.077*** (8.41)	0.418*** (2.36)
lnFDI	0.170*** (3.74)	0.259*** (4.96)	0.140*** (2.58)
SE	−0.463 (−1.57)	0.014 (0.05)	−0.639** (−2.04)
w1x_FA			0.368** (2.25)

(续表)

变量	(1) SPLM	(2) SPEM	(3) SPDM
w1x_lnRDP			-0.715^{**} (-2.47)
w1x_lnRDE			0.824^{***} (3.11)
w1x_lnFDI			-0.083 (-0.98)
w1x_SE			-0.939 (-1.39)
Rho	0.465^{***} (8.40)		0.363^{***} (5.26)
Sigma	0.032^{***} (11.44)	0.035^{***} (11.36)	0.031^{***} (11.48)
Lambda		0.434^{***} (5.87)	
R^2	0.834	0.902	0.824
Lagl	75.128	61.820	81.280
LR SLM			12.30^{**}
LR SEM			38.92^{***}
Wald SLM			12.23^{**}
Wald SEM			30.30^{***}

从表3.7可以看出，LR检验和Wald检验都拒绝了$H_0:\rho=0$以及$H_0:\rho+\lambda(\beta_1+\beta_2+\beta_3+\beta_4)=0$的原假设，即空间面板杜宾模型不能转化为空间面板滞后模型和空间面板误差模型，所以选择空间面板杜宾模型更好。

综上所述，本章选择空间固定效应下的空间面板杜宾模型。

3.5.4 模型估计

由非空间面板模型相关检验可知，被解释变量还受到时间因素的影响，因此应考虑时间的滞后项，从而建立动态空间面板杜宾模型：

$$\ln y_{it} = \beta_0 + \alpha \ln y_{it-1} + \rho \sum_{j=1}^{n} W_{ij} \ln y_{jt} + \eta \sum_{j=1}^{n} W_{ij} \ln y_{jt-1} + \beta_1 FA_{it} + \beta_2 \ln RDP_{it}$$
$$+ \beta_3 \ln RDE_{it} + \beta_4 \ln FDI_{it} + \beta_5 SE_{it} + \theta_1 \sum_{j=1}^{n} W_{ij} FA_{it} + \theta_2 \sum_{j=1}^{n} W_{ij} \ln RDP_{it}$$
$$+ \theta_3 \sum_{j=1}^{n} W_{ij} \ln RDE_{it} + \theta_4 \sum_{j=1}^{n} W_{ij} \ln FDI_{it} + \theta_5 \sum_{j=1}^{n} W_{ij} SE_{it}$$
$$+ u_i + \gamma_t + \varepsilon_{it} \tag{3.28}$$

模型(3.28)在空间面板杜宾模型中引入了因变量的一阶滞后项以及时空滞后项，

α 为时间滞后项的回归系数，η 为空间滞后项的相关系数。空间固定效应下，静态和动态的空间面板杜宾模型回归结果如表3.8所示。

表3.8 静态和动态的空间杜宾模型回归结果

变量	(1) 静态空间固定	(2) 动态空间固定
FA	0.150 (1.53)	0.040 (0.52)
lnRDP	0.059 (0.35)	−0.330** (−2.28)
lnRDE	0.418** (2.36)	0.393*** (2.69)
lnFDI	0.140*** (2.58)	0.103** (2.20)
SE	−0.639** (−2.04)	−0.746*** (−3.07)
L.lny		0.750*** (15.38)
L.Wlny		−0.304*** (−3.56)
WFA	0.368** (2.25)	0.136 (1.05)
WlnRDP	−0.715** (−2.47)	0.006 (0.02)
WlnRDE	0.824*** (3.11)	−0.068 (−0.28)
WlnFDI	−0.083 (−0.98)	−0.082 (−1.17)
WSE	−0.939 (−1.39)	−0.793 (−1.52)
rho	0.363*** (5.26)	0.416*** (5.93)
sigma2_e	0.031*** (11.48)	0.018*** (12.13)
R^2	0.824	0.957
Lagl	81.280	148.491

从表3.8可以看出，在静态空间固定效应模型中，区域创新的空间滞后项在5%水平上与被解释变量区域创新能力显著正相关，且回归系数 ρ 在1%水平上显著，R^2 为0.824，拟合效果较好；在动态空间固定效应模型中，区域创新的时间滞后项在1%水平上显著为正，其空间滞后项在1%水平上显著为负，R^2 为0.957，拟合效果较好。

下面从静态和动态空间固定效应两个模型的角度，分析金融集聚对区域创新的直接影响、间接影响和总影响，结果如表3.9所示。

表 3.9 静态和动态空间固定效应模型效应分解

变量	短期					
	静态空间固定效应			动态空间固定效应		
	Direct	Indirect	Total	Direct	Indirect	Total
FA				0.066 (0.82)	0.240 (1.15)	0.306 (1.20)
lnRDP				−0.346** (−2.44)	−0.169 (−0.42)	−0.515 (−1.16)
lnRDE				0.407*** (2.97)	0.126 (0.35)	0.533 (1.35)
lnFDI				0.100** (2.26)	−0.063 (−0.62)	0.038 (0.35)
SE				−0.875*** (−3.35)	−1.720** (−2.09)	−2.594*** (−2.73)

变量	长期					
	静态空间固定效应			动态空间固定效应		
	Direct	Indirect	Total	Direct	Indirect	Total
FA	0.195* (1.83)	0.631*** (2.62)	0.826*** (2.73)	0.512 (0.10)	7.819 (0.06)	8.330 (0.06)
lnRDP	−0.015 (−0.09)	−1.017** (−2.42)	−1.032** (−2.19)	−1.965 (−0.17)	−16.741 (−0.05)	−18.706 (−0.06)
lnRDE	0.529*** (3.17)	1.412*** (4.64)	1.941*** (6.02)	2.125 (0.22)	14.216 (0.05)	16.341 (0.06)
lnFDI	0.137*** (2.64)	−0.040 (−0.36)	0.097 (0.82)	0.363 (0.37)	−1.522 (−0.06)	−1.159 (−0.04)
SE	−0.751** (−2.33)	−1.715* (−1.72)	−2.465** (−2.13)	−4.909 (−0.21)	−44.162 (−0.07)	−49.070 (−0.07)

从表 3.9 可看出，静态模型只报告了长期效应的估计，从直接效应看，金融集聚、经费投入、外商直接投资对区域创新有显著的积极影响；制度环境对区域创新有显著的负向影响，这一现象与理论分析不符，可能原因是制度越严格，越不利于区域创新；而人员投入对区域创新有消极影响，但不显著。从间接效应可以看出，金融集聚、经费投入具有显著的正溢出效应，人员投入和制度环境对邻近地区有显著的负向影响，外商直接投资对邻近地区的负溢出效应不显著。因此，有必要研究动态模型的估计。

动态模型报告了短期效应和长期效应，且短期效应小于长期效应。从直接效应看，金融集聚变量的短期效应和长期效应分别为 0.066 与 0.512，人员投入变量分别为 −0.346 和 −1.965，经费投入变量分别为 0.407 对 2.125，外商直接投资变量分别为 0.100 和 0.363，制度环境变量分别为 −0.875 与 −4.909。此外，动态模型的长期效应大于静态模型的长期效应，动态模型的符号与静态模型基本一致，说明各解释变量对区域创新的直接影响及溢出效应的方向几乎没有误差。

3.6 结论与启示

本章选取2009—2017年我国30个省份的专利授权量和区域熵等数据,通过计算各变量的莫兰指数验证各变量的空间相关性,通过LM检验、Wald检验以及LR检验证实应建立空间面板杜宾模型,最后构建静态和动态空间固定效应模型并进行效应分解,以考察我国金融集聚水平对区域创新能力的影响。

莫兰指数计算结果说明:各区域创新水平具有正的空间依赖性,创新能力强的地区对邻近地区的创新水平有推动作用;金融集聚、人员投入、经费投入、外商直接投资和制度环境均具有正的空间相关性。

静态和动态空间固定效应模型结果说明,本地区的金融集聚程度越高,科研经费支出越多,其创新能力越强,且对邻近地区有正的溢出效应;人员投入及制度环境与本地区和邻近地区的创新水平负相关;外商直接投资具有推动本地区创新能力的提升,抑制邻近地区创新水平提升的作用。因此,各地区应加强金融集聚的形成,发挥金融集聚的空间辐射效应,并与邻近地区加强合作,制定双方均受益的政策,提高各地区的创新能力及水平。

3.7 软件操作指导

3.7.1 研究目的

掌握空间面板模型的相关检验、动态空间面板杜宾模型及其效应分解的基本原理和操作方法。

3.7.2 研究原理

通过检验2009—2017年我国30个省份(不包括西藏)的金融集聚和区域创新的空间效应,构建静态和动态的空间面板杜宾模型,并对其空间固定效应模型进行效应分解,判断我国金融集聚水平对区域创新能力是否有明显的促进作用和溢出效应。

3.7.3 样本选择与数据收集

本章选取2009—2017年我国30个省份(不包括西藏)的数据,对一些指标进行对数化处理。所有数据来自国家统计局网站和中国外汇交易中心网站。

3.7.4 软件应用与分析指导

利用Stata软件编写的程序代码及实验结果如下:

1. 读入数据

```
cd "F:\研究生\研一\研一下\空间计量\实验报告\空间面板模型"
use dq.dta,clear
```

2. 描述性统计

```
sum y FA RDP RDE FDI SE              % 对变量进行描述统计
g lny = log(y)                       % 对有关变量取对数
g lnRDP = log(RDP)
g lnRDE = log(RDE)
g lnFDI = log(FDI)
sum lny FA lnRDP lnRDE lnFDI SE      % 对变量进行描述统计
```

描述性统计结果如图 3.2 所示。

```
. sum lny FA lnRDP lnRDE FDI SE
```

Variable	Obs	Mean	Std. Dev.	Min	Max
lny	270	9.642862	1.486263	5.575949	12.71485
FA	270	1.031354	.2476132	.634901	1.84296
lnRDP	270	11.05395	1.154056	8.296047	13.24509
lnRDE	270	14.4607	1.322191	10.96485	16.9698
FDI	270	8.37e+07	1.34e+08	1590156	1.22e+09
SE	270	.7186233	.1078988	.440101	.899005

图 3.2 变量的描述性统计结果

3. 读取空间权重矩阵

```
ssc install spcs2xt                  % 安装 spcs2xt
ssc install spatwmat                 % 安装 spatwmat
use W30.dta,clear                    % 读取截面空间权重矩阵
spcs2xt var1 – var30, matrix(W1) time(9)    % 构造空间面板权重矩阵
spatwmat using W1xt.dta,name(Wp)     % 读取权重矩阵 W1,将其命名为 Wp
```

4. 计算面板的全局莫兰指数

```
use dq.dta,clear
spatgsa lny FA lnRDP lnRDE lnFDI SE,weights(Wp) m geary two
```

5. 绘制莫兰散点图

```
use dq.dta,clear
drop if year! = 2009        % 计算 2009 年和 2017 年的局部莫兰指数
xtset year id
spatwmat using W30.dta,name(W) standardize
spatlsa lny,weight(W) moran graph (moran) symbol(id) id(district)
```

实验结果如图 3.1 所示。

6. 空间模型的选择

(1) 进行混合回归

```
use dq.dta,clear
```

```
reg lny FA lnRDP lnRDE lnFDI SE,vce(cluster id)
est sto OLS
```

实验结果如图 3.3 所示。

Source	SS	df	MS		Number of obs	=	270
					$F(5, 264)$	=	636.38
Model	548.69071	5	109.738142		Prob > F	=	0.0000
Residual	45.5242204	264	.172440229		R-squared	=	0.9234
					Adj R-squared	=	0.9219
Total	594.214931	269	2.20897744		Root MSE	=	.41526

lny	Coef.	Std. Err.	t	P>|t|	[95% Conf. Interval]	
FA	-.4329834	.1108692	-3.91	0.000	-.6512839	-.2146829
lnRDP	.2567699	.1220361	2.10	0.036	.016482	.4970577
lnRDE	.7364196	.1115861	6.60	0.000	.5167077	.9561315
lnFDI	.1339916	.0400661	3.34	0.001	.0551018	.2128814
SE	.1253135	.314138	0.40	0.690	-.4932213	.7438484
_cons	-5.814961	.3589133	-16.20	0.000	-6.521658	-5.108264

图 3.3 OLS 回归结果

（2）进行个体固定效应回归

```
xtreg lny FA lnRDP lnRDE lnFDI SE,fe
est sto FE
```

实验结果如图 3.4 所示。

Fixed-effects (within) regression   Number of obs = 270
Group variable: id   Number of groups = 30

R-sq:
 within = 0.8408   Obs per group:
 between = 0.9005   min = 9
 overall = 0.8924   avg = 9.0
                  max = 9

                 $F(5,235)$ = 248.20
corr(u_i, Xb) = -0.3352   Prob > F = 0.0000

lny	Coef.	Std. Err.	t	P>|t|	[95% Conf. Interval]	
FA	.2937355	.1156493	2.54	0.012	.0658936	.5215774
lnRDP	-.3946183	.1837642	-2.15	0.033	-.756654	-.0325826
lnRDE	1.298566	.125975	10.31	0.000	1.050381	1.54675
lnFDI	.2446289	.0547006	4.47	0.000	.1368627	.3523951
SE	-.3680467	.360932	-1.02	0.309	-1.079122	.3430291
_cons	-9.059839	1.009952	-8.97	0.000	-11.04955	-7.070123

sigma_u	.47729059	
sigma_e	.21806565	
rho	.82730676	(fraction of variance due to u_i)

F test that all u_i=0: $F(29, 235)$ = 24.91   Prob > F = 0.0000

图 3.4 个体固定效应回归结果

(3) 进行时间固定效应回归

```
tab year,gen(year)           %定义年份为虚拟变量
xtreg lny FA lnRDP lnRDE lnFDI SE,fe i(year)
est sto FE_TW                %时间固定效应回归
test year2 year3 year4 year5 year6 year7 year8 year9   %检验所有年度虚拟变量的联合显著性
```

实验结果如图 3.5 所示。

```
Fixed-effects (within) regression              Number of obs    =        270
Group variable: year                           Number of groups =          9

R-sq:                                          Obs per group:
     within  = 0.9390                                       min =         30
     between = 0.9784                                       avg =       30.0
     overall = 0.9030                                       max =         30

                                               F(5,256)         =     787.77
corr(u_i, Xb) = 0.1214                         Prob > F         =     0.0000

─────────────────────────────────────────────────────────────────────────────
         lny │      Coef.   Std. Err.      t    P>|t|     [95% Conf. Interval]
─────────────┼───────────────────────────────────────────────────────────────
          FA │  -.2053239   .0985466    -2.08   0.038    -.3993891   -.0112587
       lnRDP │   1.180288   .1431319     8.25   0.000     .8984226    1.462154
       lnRDE │  -.1103997   .1306911    -0.84   0.399    -.3677662    .1469669
       lnFDI │   .173581    .0357331     4.86   0.000     .1032126    .2439493
          SE │  -.7904972   .2910521    -2.72   0.007    -1.363659   -.2173358
       _cons │  -4.042057   .3621847   -11.16   0.000    -4.755298   -3.328816
─────────────┼───────────────────────────────────────────────────────────────
     sigma_u │  .32578621
     sigma_e │  .35652834
         rho │  .45503562   (fraction of variance due to u_i)
─────────────────────────────────────────────────────────────────────────────
F test that all u_i=0: F(8, 256) = 12.77                   Prob > F = 0.0000

. test year2 year3 year4 year5 year6 year7 year8 year9

 ( 1)  year2 = 0
 ( 2)  year3 = 0
 ( 3)  year4 = 0
 ( 4)  year5 = 0
 ( 5)  year6 = 0
 ( 6)  year7 = 0
 ( 7)  year8 = 0
 ( 8)  year9 = 0

       F(  8,    29) =   42.05
            Prob > F =    0.0000
```

图 3.5 时间固定效应回归结果

（4）进行时空双固定效应回归

```
tsset id year              % 声明空间面板
gen code = year + id
tsset code year
xi:xtreg lny FA lnRDP lnRDE lnFDI SE i.year,fe     % 双固定效应回归
est sto FE_D              % 保留结果
```

实验结果如图 3.6 所示。

```
i.year            _Iyear_2009-2017    (naturally coded; _Iyear_2009 omitted)

Fixed-effects (within) regression               Number of obs     =        270
Group variable: code                            Number of groups  =         39

R-sq:                                           Obs per group:
     within  = 0.9473                                  min =          1
     between = 0.9168                                  avg =        6.9
     overall = 0.9371                                  max =          9

                                                F(13,218)         =     301.25
corr(u_i, Xb)  = -0.4059                        Prob > F          =     0.0000

------------------------------------------------------------------------------
         lny |      Coef.   Std. Err.      t    P>|t|     [95% Conf. Interval]
------------------------------------------------------------------------------
          FA |  -.0053976   .1037195    -0.05   0.959    -.2098188    .1990237
       lnRDP |   1.218102     .14506     8.40   0.000     .9322025    1.504002
       lnRDE |  -.1019359   .1324306    -0.77   0.442    -.3629441    .1590723
       lnFDI |   .1950511   .0349676     5.58   0.000     .1261334    .2639689
          SE |  -.1055569   .3068117    -0.34   0.731    -.7102538    .4991399
 _Iyear_2010 |   .2277396   .0871267     2.61   0.010      .056021    .3994581
 _Iyear_2011 |   .2620728   .0928297     2.82   0.005     .0791142    .4450313
 _Iyear_2012 |   .4191173    .097409     4.30   0.000     .2271332    .6111013
 _Iyear_2013 |   .4502998   .1011925     4.45   0.000     .2508588    .6497407
 _Iyear_2014 |   .4040239   .1038147     3.89   0.000     .1994149    .6086329
 _Iyear_2015 |   .6539925   .1064526     6.14   0.000     .4441846    .8638005
 _Iyear_2016 |   .6101014   .1169455     5.22   0.000     .3796129    .8405898
 _Iyear_2017 |   .5576701   .1231308     4.53   0.000      .314991    .8003492
       _cons |  -6.052029   .3879983   -15.60   0.000    -6.816737   -5.287321
------------------------------------------------------------------------------
     sigma_u |  .35036435
     sigma_e |   .3291004
         rho |  .53126454   (fraction of variance due to u_i)
------------------------------------------------------------------------------
F test that all u_i=0: F(38, 218) = 2.17                 Prob > F = 0.0003
```

图 3.6 双固定效应回归结果

（5）进行随机效应回归

```
tsset id year
xtreg lny FA lnRDP lnRDE lnFDI SE,re
est sto RE
```

实验结果如图 3.7 所示。

```
Random-effects GLS regression              Number of obs      =        270
Group variable: id                         Number of groups   =         30

R-sq:                                      Obs per group:
     within  = 0.8388                                 min =          9
     between = 0.9103                                 avg =        9.0
     overall = 0.9009                                 max =          9

                                           Wald chi2(5)       =    1580.17
corr(u_i, X)   = 0 (assumed)               Prob > chi2        =     0.0000

        lny |      Coef.   Std. Err.       z     P>|z|     [95% Conf. Interval]
         FA |   .1067932   .1119697      0.95    0.340    -.1126634    .3262498
      lnRDP |  -.364244    .1175979     -3.10    0.002    -.5947315   -.1337564
      lnRDE |  1.247665    .1003899     12.43    0.000     1.050904    1.444426
      lnFDI |   .2154869   .0481515      4.48    0.000     .1211117    .3098621
         SE |  -.0757103   .3386807     -0.22    0.823    -.7395123    .5880917
      _cons |  -8.170741   .5579755    -14.64    0.000    -9.264353   -7.077129

    sigma_u |   .30589397
    sigma_e |   .21806565
        rho |   .66304306   (fraction of variance due to u_i)
```

图 3.7 随机效应回归结果

(6) 混合回归、随机效应回归与固定效应回归的选择

```
xttest0                                    %选择使用混合回归还是随机效应
hausman FE RE,constant sigmamore           %选择使用固定效应还是随机效应,豪斯曼检验
hausman FE_TW RE,constant sigmamore
hausman FE_D RE,constant sigmamore
```

实验结果如图 3.8 所示。由 F 检验、BP 检验和 Hausman 检验可知,检验结果拒绝了混合回归和随机效应回归的原假设,应选择固定效应模型。在固定效应模型中,根据 R^2 和极大似然函数(Lagl)值越大越好的原则,应选择空间固定效应模型。

7. 进行 LM 检验

LM 检验也是在非空间面板模型的基础上进行的,由于 Stata 软件无法达到目标效果,因此下面使用 MATLAB 软件进行 LM 检验和稳健的 LM 检验。

(1) OLS 回归及其 LM 检验

```
[A,name] = xlsread('dq');                  %读取数据
W1 = xlsread('w30jm');                     %读取权重矩阵
T = 9;                                     %设定时间
N = 30;                                    %设定个数
W = normw(W1);                             %矩阵标准化
y = A(:,[14]);                             %设定被解释变量
```

```
Breusch and Pagan Lagrangian multiplier test for random effects

    lny[id,t] = Xb + u[id] + e[id,t]

    Estimated results:
                 |      Var         sd = sqrt(Var)
             ----+--------------------------------
             lny |   2.208977         1.486263
               e |    .0475526         .2180656
               u |    .0935711         .305894

    Test:   Var(u) = 0
                         chibar2(01) =   335.36
                         Prob > chibar2 = 0.0000
```

	---- Coefficients ----			
	(b)	(B)	(b-B)	sqrt(diag(V_b-V_B))
	FE	RE	Difference	S.E.
FA	.2937355	.1067932	.1869423	.0493877
lnRDP	-.3946183	-.364244	-.0303743	.1548671
lnRDE	1.298566	1.247665	.0509006	.0877037
lnFDI	.2446289	.2154869	.0291419	.0321231
SE	-.3680467	-.0757103	-.2923363	.1765419
_cons	-9.059839	-8.170741	-.889098	.9114869

```
            b = consistent under Ho and Ha; obtained from xtreg
     B = inconsistent under Ha, efficient under Ho; obtained from xtreg

   Test:  Ho:  difference in coefficients not systematic

              chi2(6) = (b-B)'[(V_b-V_B)^(-1)](b-B)
                     =    32.70
              Prob>chi2 =   0.0000
              (V_b-V_B is not positive definite)

. hausman FE_TW RE,constant sigmamore
```

	---- Coefficients ----			
	(b)	(B)	(b-B)	sqrt(diag(V_b-V_B))
	FE_TW	RE	Difference	S.E.
FA	-.2053239	-.3492711	.1439472	.
lnRDP	1.180288	.3243129	.8559755	.103498
lnRDE	-.1103997	.6868757	-.7972754	.0947401
lnFDI	.173581	.1366817	.0368993	.007687
SE	-.7904972	.1603354	-.9508326	.0977733
_cons	-4.042057	-6.004569	1.962512	.1905696

```
            b = consistent under Ho and Ha; obtained from xtreg
     B = inconsistent under Ha, efficient under Ho; obtained from xtreg

   Test:  Ho:  difference in coefficients not systematic

              chi2(6) = (b-B)'[(V_b-V_B)^(-1)](b-B)
                     =    46.41
              Prob>chi2 =   0.0000
              (V_b-V_B is not positive definite)
```

```
hausman  FE_D RE,constant sigmamore
```

	Coefficients		(b-B)	sqrt(diag(V_b-V_B))
	(b)	(B)		
	FE_D	RE	Difference	S.E.
FA	-.0053976	-.3492711	.3438735	.0556554
lnRDP	1.218102	.3243129	.8937892	.1261231
lnRDE	-.1019359	.6868757	-.7888116	.115321
lnFDI	.1950511	.1366817	.0583695	.0159472
SE	-.1055569	.1603354	-.2658924	.2033748
_cons	-6.052029	-6.004569	-.0474598	.3041032

```
              b = consistent under Ho and Ha; obtained from xtreg
              B = inconsistent under Ha, efficient under Ho; obtained from xtreg

    Test:  Ho:  difference in coefficients not systematic

              chi2(6) = (b-B)'[(V_b-V_B)^(-1)](b-B)
                      =     70.46
              Prob>chi2 =     0.0000
```

图 3.8 F 检验、BP 检验和 Hausman 检验结果

```
x = A(:,[5,11,12,13,9]);              % 设定解释变量
xconstant = ones(N*T,1);              % 设定常数项
[nobs K] = size(x);                   % 解释变量的大小
% ols estimation
results = ols(y,[xconstant x]);       % ols 回归
vnames = strvcat('lny','intercept','FA','lnRDP','lnRDE','lnFDI','SE');   % 定义变量名
prt_reg(results,vnames,1);            % 输出 ols 回归结果
sige = results.sige*((nobs-K)/nobs);  % 计算似然比
loglikols = -nobs/2*log(2*pi*sige)-1/(2*sige)*results.resid'*results.resid
LMsarsem_panel(results,W,y,[xconstant x]);  % LM 及 RLM 检验
```

实验结果如图 3.9 所示。

(2) 空间固定效应模型及其 LM 检验

```
model = 1;          % 空间固定模型
[ywith,xwith,meanny,meannx,meanty,meantx] = demean(y,x,N,T,model);
results = ols(ywith,xwith);
vnames = strvcat('lny','FA','lnRDP','lnRDE','lnFDI','SE');
prt_reg(results,vnames);     % 输出结果
FE = meanny-meannx*results.beta;
yme = y-mean(y);
ee = ones(T,1);
error = y-kron(ee,FE) - x*results.beta;
rsqr1 = error'*error;
rsqr2 = yme'*yme;
FE_rsqr2 = 1.0 - rsqr1/rsqr2
sige = results.sige*((nobs-K)/nobs);
```

```
Ordinary Least-squares Estimates
Dependent Variable =          lny
R-squared          =      0.9234
Rbar-squared       =      0.9219
sigma^2            =      0.1724
Durbin-Watson      =      0.9662
Nobs, Nvars        =      270,         6
*************************************************************
Variable        Coefficient       t-statistic      t-probability
intercept       -5.814960        -16.201533        0.000000
FA              -0.432985         -3.905359        0.000120
lnRDP            0.256758          2.103942        0.036329
lnRDE            0.736432          6.599595        0.000000
lnFDI            0.133988          3.344169        0.000945
SE               0.125315          0.398919        0.690276

loglikols =

-142.7900


LM test no spatial lag, probability              =     17.8468,   0.0000
robust LM test no spatial lag, probability       =      2.8915,   0.0890
LM test no spatial error, probability            =     39.6268,   0.0000
robust LM test no spatial error, probability     =     24.6716,   0.0000
```

图 3.9　OLS 回归及其 LM 检验结果

```
loglikfe = -nobs/2 * log(2 * pi * sige) - 1/(2 * sige) * results.resid´ * results.resid   %
计算似然比
    LMsarsem_panel(results,W,ywith,xwith);        % LM 及 RLM 检验
```

实验结果如图 3.10 所示。

(3) 时间固定效应模型及其 LM 检验

```
model = 2;          % 时间固定模型
[ywith,xwith,meanny,meannx,meanty,meantx] = demean(y,x,N,T,model);
results = ols(ywith,xwith);
vnames = strvcat('lny','FA','lnRDP','lnRDE','lnFDI','SE');
prt_reg(results,vnames);
LMsarsem_panel(results,W,ywith,xwith);          % LM 及 RLM 检验
```

```
Ordinary Least-squares Estimates
Dependent Variable =            lny
R-squared        =    0.8408
Rbar-squared     =    0.8384
sigma^2          =    0.0422
Durbin-Watson    =    1.5539
Nobs, Nvars      =    270,      5
***************************************************************
Variable       Coefficient      t-statistic      t-probability
FA             0.293729         2.697110         0.007443
lnRDP         -0.394698        -2.280788         0.023355
lnRDE          1.298623        10.946762         0.000000
lnFDI          0.244620         4.748927         0.000003
SE            -0.368056        -1.082896         0.279839

FE_rsqr2 =

   0.9812


loglikfe =

   46.8325

LM test no spatial lag, probability            =   58.4233,   0.0000
robust LM test no spatial lag, probability     =   33.7419,   0.0000
LM test no spatial error, probability          =   28.8418,   0.0000
robust LM test no spatial error, probability   =    4.1604,   0.0414
```

图 3.10　空间固定效应模型及其 LM 检验结果

实验结果如图 3.11 所示。

(4) 双固定效应模型及其 LM 检验

```
model = 3;        %  双固定模型
[ywith,xwith,meanny,meannx,meanty,meantx] = demean(y,x,N,T,model);
results = ols(ywith,xwith);
vnames = strvcat('lny','FA','lnRDP','lnRDE','lnFDI','SE');    % should be changed if x is changed
prt_reg(results,vnames);
```

```
Ordinary Least-squares Estimates
Dependent Variable =           lny
R-squared         =    0.9390
Rbar-squared      =    0.9381
sigma^2           =    0.1228
Durbin-Watson     =    1.2207
Nobs, Nvars       =    270,    5
*****************************************************************
Variable    Coefficient      t-statistic      t-probability
FA          -0.205320        -2.119787        0.034954
lnRDP        1.180277         8.389767        0.000000
lnRDE       -0.110392        -0.859390        0.390902
lnFDI        0.173579         4.942291        0.000001
SE          -0.790468        -2.763237        0.006124

LM test no spatial lag, probability           =    1.4468,   0.2290
robust LM test no spatial lag, probability    =    0.0296,   0.8634
LM test no spatial error, probability         =   14.4277,   0.0001
robust LM test no spatial error, probability  =   13.0105,   0.0003
```

图 3.11 时间固定效应模型及其 LM 检验

```
LMsarsem_panel(results,W,ywith,xwith);        % LM 及 RLM 检验
```

实验结果如图 3.12 所示。

```
Ordinary Least-squares Estimates
Dependent Variable =           lny
R-squared         =    0.1273
Rbar-squared      =    0.1142
sigma^2           =    0.0303
Durbin-Watson     =    1.7816
Nobs, Nvars       =    270,    5
*****************************************************************
Variable    Coefficient      t-statistic      t-probability
FA           0.088205         0.910595        0.363337
lnRDP        0.047611         0.291425        0.770954
lnRDE        0.267289         1.584720        0.114223
lnFDI        0.241289         4.391354        0.000016
SE          -0.707722        -2.288053        0.022922

LM test no spatial lag, probability           =    2.8815,   0.0896
robust LM test no spatial lag, probability    =    3.5323,   0.0602
LM test no spatial error, probability         =    1.8370,   0.1753
robust LM test no spatial error, probability  =    2.4879,   0.1147
```

图 3.12 双固定效应模型及其 LM 检验

从图 3.9 至图 3.12 可以看出，空间固定效应模型的 LM 检验和稳健的 LM 检验均显著，时间固定效应模型的 LM-Error、RLM-Error 检验均显著，双固定效应模型的 LM-Lag 和 RLM-Lag 检验均显著，因此选择空间面板滞后模型或空间面板误差模型，由于应选择空间固定效应模型，因此应考虑空间固定效应下空间面板杜宾模型的可能性。

假设选用空间固定效应下的空间面板杜宾模型，进行 Wald 检验和 LR 检验，判断能否将其转化为空间面板滞后模型或空间面板误差模型。

8. 进行 Wald 和 LR 检验

(1) 固定效应下 LR 检验

```
xsmle lny FA lnRDP lnRDE lnFDI SE,fe wmat(W) model(sdm) nolog
est sto sdmlrfe           % sdm 固定效应
xsmle lny FA lnRDP lnRDE lnFDI SE, fe wmat(W) model(sar) nolog
est sto sarlrfe           % sar 固定效应
xsmle lny FA lnRDP lnRDE lnFDI SE, fe model(sem) emat(W) nolog
est sto semlrfe           % sem 固定效应
lrtest sdmlrfe sarlrfe    % LR for sar
lrtest sdmlrfe semlrfe    % LR for sem
```

实验结果如图 3.13 所示，拒绝原假设，表明空间面板杜宾模型不能转化为空间面板滞后模型或空间面板误差模型。

```
Likelihood-ratio test                         LR chi2(5)   =      12.30
(Assumption: sarlr nested in sdmlr)           Prob > chi2  =     0.0308

Likelihood-ratio test                         LR chi2(5)   =      38.92
(Assumption: semlr nested in sdmlr)           Prob > chi2  =     0.0000
```

图 3.13 LR 检验结果

(2) Wald 检验

```
% Wald for sar
xsmle lny FA lnRDP lnRDE lnFDI SE,fe wmat(W) model(sdm) nolog
test [Wx]FA = [Wx]lnRDP = [Wx]lnRDE = [Wx]lnFDI = [Wx]SE = 0
% Wald for sem
testnl ([Wx]FA = -[Spatial]rho * [Main]FA)([Wx]lnRDP = -[Spatial]rho * [Main]lnRDP) ///
    ([Wx]lnRDE = -[Spatial]rho * [Main]lnRDE)([Wx]lnFDI = -[Spatial]rho * [Main]lnFDI) ///
    ([Wx]SE = -[Spatial]rho * [Main]SE)
```

实验结果如图 3.14 所示，拒绝原假设，结合 LR 检验也拒绝原假设的结果可知，空间面板杜宾模型不能转化为空间面板滞后模型或空间面板误差模型，所以选择空间面板杜宾模型更好。

```
test [Wx]FA =[Wx]lnRDP =[Wx]lnRDE =[Wx]lnFDI =[Wx]SE =0

 ( 1)  [Wx]FA - [Wx]lnRDP = 0
 ( 2)  [Wx]FA - [Wx]lnRDE = 0
 ( 3)  [Wx]FA - [Wx]lnFDI = 0
 ( 4)  [Wx]FA - [Wx]SE = 0
 ( 5)  [Wx]FA = 0

           chi2( 5) =    12.23
         Prob > chi2 =    0.0318

testnl ([Wx]FA =-[Spatial]rho*[Main]FA )([Wx]lnRDP =-[Spatial]rho*[Main]lnRDP )
 ///
([Wx]lnRDE =-[Spatial]rho*[Main]lnRDE)([Wx]lnFDI =-[Spatial]rho*[Main]lnFDI )
 ///
([Wx]SE =-[Spatial]rho*[Main]SE )

(1)  [Wx]FA = -[Spatial]rho*[Main]FA
(2)  [Wx]lnRDP = -[Spatial]rho*[Main]lnRDP
(3)  [Wx]lnRDE = -[Spatial]rho*[Main]lnRDE
(4)  [Wx]lnFDI = -[Spatial]rho*[Main]lnFDI
(5)  [Wx]SE = -[Spatial]rho*[Main]SE

           chi2(5) =       30.30
         Prob > chi2 =      0.0000
```

图 3.14 Wald 检验结果

```
//hausman 检验
xsmle lny FA lnRDP lnRDE lnFDI SE, fe wmat(W) model(sdm) nolog
est sto fe
xsmle lny FA lnRDP lnRDE lnFDI SE, re wmat(W) model(sdm) nolog
est sto re
hausman fe re
```

结果也拒绝原假设,应选择空间面板杜宾模型。

空间面板模型回归主要采用 xsmle 函数,其主要形式为:

xsmle y x1 x2, wmat(name) emat(name) dmat (name) durbin (varlist) model(sar) model(sem) model(sdm) type(ind) type(time) type(both) fe re robust nolog

xsmle 命令的主要参数解释如表 3.10 所示。

表 3.10 xsmle 命令的主要参数解释

参数	解释
wmat（name）	空间权重矩阵
emat（name）	扰动项空间权重矩阵
dmat（name）	解释变量空间权重矩阵
durbin（varlist）	保留空间滞后变量
model（sar）	指定估计的模型

(续表)

参数	解释
type(ind)	个体固定
type(time)	时间固定
type(both)	个体、时间都固定
fe	固定效应
re	随机效应
robust	稳健性检验

9. 静态和动态空间固定效应、时间固定效应及双固定效应回归

```
xsmle lny FA lnRDP lnRDE lnFDI SE, fe wmat(W) model(sdm) type(ind) nolog
est sto indfe              %静态空间固定
xsmle lny FA lnRDP lnRDE lnFDI SE, fe wmat(W) model(sdm) type(time) nolog
est sto timefe             %静态时间固定
xsmle lny FA lnRDP lnRDE lnFDI SE, fe wmat(W) model(sdm) type(both) nolog
est sto bothfe             %静态时空固定
xsmle lny FA lnRDP lnRDE lnFDI SE, wmat(W) model(sdm) fe dlag(3) nsim(500) nolog
est sto dife               %动态空间固定
xsmle lny FA lnRDP lnRDE lnFDI SE, wmat(W) model(sdm) fe dlag(3) type(time) nsim(500) nolog
est sto dtfe               %动态时间固定
xsmle lny FA lnRDP lnRDE lnFDI SE, wmat(W) model(sdm) fe dlag(3) type(both) nsim(500) nolog
est sto dbfe               %动态时空固定
```

静态和动态空间固定效应回归的实验结果如图 3.15、图 3.16 所示。

```
SDM with spatial fixed-effects                  Number of obs   =      270
Group variable: id                              Number of groups =      30
Time variable: year                             Panel length    =        9

R-sq:    within  = 0.8663
         between = 0.8373
         overall = 0.8238

Mean of fixed-effects = -5.0285

Log-likelihood =     81.2799
```

lny	Coef.	Std. Err.	z	P>|z|	[95% Conf. Interval]
Main					
FA	.1496036	.0980636	1.53	0.127	-.0425974 .3418047
lnRDP	.0591789	.167935	0.35	0.725	-.2699676 .3883254
lnRDE	.4176229	.1769934	2.36	0.018	.0707222 .7645236
lnFDI	.1402369	.0543853	2.58	0.010	.0336437 .2468301
SE	-.6394736	.314147	-2.04	0.042	-1.25519 -.0237568
Wx					
FA	.3677317	.1636922	2.25	0.025	.0469008 .6885626
lnRDP	-.7149017	.2889708	-2.47	0.013	-1.281274 -.1485294
lnRDE	.8236938	.264707	3.11	0.002	.3048776 1.34251
lnFDI	-.0826295	.0844808	-0.98	0.328	-.2482089 .0829499
SE	-.9387826	.6767698	-1.39	0.165	-2.265227 .3876618
Spatial					
rho	.3625192	.0689155	5.26	0.000	.2274474 .4975911
Variance					
sigma2_e	.0310086	.0027023	11.48	0.000	.0257123 .036305

图 3.15 静态空间固定效应回归结果

```
Dynamic SDM with spatial fixed-effects       Number of obs  =      240
Group variable: id                           Number of groups =      30
Time variable: year                          Panel length   =       8

R-sq:    within  = 0.8882
         between = 0.9665
         overall = 0.9566

Mean of fixed-effects =   0.8784

Log-likelihood =    142.2289

         lny  |    Coef.    Std. Err.      z     P>|z|    [95% Conf. Interval]
Main
         lny
         L1. |  .7496826    .048751     15.38    0.000    .6541324    .8452329
        Wlny
         L1. | -.3037171    .085391     -3.56    0.000   -.4710805   -.1363538
          FA |  .040417     .0778839     0.52    0.604   -.1122327    .1930668
       lnRDP | -.3302105    .1449453    -2.28    0.023   -.6142651   -.0461229
       lnRDE |  .392538     .1460535     2.69    0.007    .1062785    .6787975
       lnFDI |  .1030466    .0467405     2.20    0.027    .0114369    .1946563
          SE | -.7456872    .2425734    -3.07    0.002   -1.221122   -.270252
Wx
          FA |  .1359073    .1293489     1.05    0.293   -.1176117    .3894264
       lnRDP |  .0056676    .2657794     0.02    0.983   -.5152505    .5265857
       lnRDE | -.0679467    .2427335    -0.28    0.780   -.5436956    .4078022
       lnFDI | -.0822386    .0701732    -1.17    0.241   -.2197755    .0552983
          SE | -.7930233    .5204143    -1.52    0.128   -1.813017    .2269699
Spatial
         rho |  .4158397    .0701345     5.93    0.000    .2783785    .5533009
Variance
     sigma2_e|  .0182669    .0015065    12.13    0.000    .0153142    .0212197
```

图 3.16 动态空间固定效应回归结果

10. 基于静态和动态空间固定效应两个模型，进行金融集聚对区域创新的直接效应、间接效应和总效应的分解

xsmle lny FA lnRDP lnRDE lnFDI SE, fe wmat(W) model(sdm) type(ind) nolog effects   % 静态 SPDM 空间固定模型的效应分解

est sto ife

xsmle lny FA lnRDP lnRDE lnFDI SE, wmat(W) model(sdm) fe dlag(3) type(ind) nsim(500) nolog effects   % 动态 SPDM 空间固定模型的效应分解

est sto dfe

效应分解的实验结果如图 3.17 和图 3.18 所示。

```
SDM with spatial fixed-effects              Number of obs    =    270
Group variable: id                          Number of groups =     30
Time variable: year                         Panel length     =      9

R-sq:    within  = 0.8663
         between = 0.8373
         overall = 0.8238

Mean of fixed-effects = -5.0285

Log-likelihood =     92.4656

LR_Direct
          FA |  .1948602    .1064358     1.83    0.067   -.0137502    .4034706
       lnRDP | -.0154217    .1628676    -0.09    0.925   -.3346251    .3037818
       lnRDE |  .5294317    .1667953     3.17    0.002    .2025189    .8563446
       lnFDI |  .1370464    .0519184     2.64    0.008    .0352882    .2388046
          SE | -.7505441    .3223454    -2.33    0.020   -1.38233    -.1187587
LR_Indirect
          FA |  .6306728    .2409627     2.62    0.009    .1583947    1.102951
       lnRDP | -1.016856    .4210012    -2.42    0.016   -1.842004   -.1917093
       lnRDE |  1.41196     .3041572     4.64    0.000    .8158226   2.008097
       lnFDI | -.0403203    .1106744    -0.36    0.716   -.2572381    .1765975
          SE | -1.714686    .9972693    -1.72    0.086   -3.669297    .2399264
LR_Total
          FA |  .825533     .3029345     2.73    0.006    .2317923    1.419274
       lnRDP | -1.032278    .4716648    -2.19    0.029   -1.956724   -.1078321
       lnRDE |  1.941391    .3226058     6.02    0.000    1.309096    2.573687
       lnFDI |  .0967261    .1181632     0.82    0.413   -.1348696    .3283218
          SE | -2.46523     1.157336    -2.13    0.033   -4.733567   -.1968921
```

图 3.17 静态空间固定效应模型的效应分解

```
Dynamic SDM with spatial fixed-effects              Number of obs  =       240
Group variable: id                                  Number of groups =       30
Time variable: year                                 Panel length   =        8

R-sq:    within  = 0.8882
         between = 0.9665
         overall = 0.9566

Mean of fixed-effects =   0.8784

Log-likelihood =    142.2289
```

SR_Direct						
FA	.0657952	.0802252	0.82	0.412	-.0914433	.2230337
lnRDP	-.3458891	.1417023	-2.44	0.015	-.6236206	-.0681577
lnRDE	.4066973	.1368366	2.97	0.003	.1385025	.6748921
lnFDI	.1004258	.0444592	2.26	0.024	.0132873	.1875643
SE	-.8748021	.261391	-3.35	0.001	-1.387119	-.3624851
SR_Indirect						
FA	.2403338	.2084982	1.15	0.249	-.1683151	.6489828
lnRDP	-.1687092	.4020082	-0.42	0.675	-.9566308	.6192124
lnRDE	.1261346	.36174	0.35	0.727	-.5828628	.835132
lnFDI	-.062893	.1010884	-0.62	0.534	-.2610226	.1352366
SE	-1.719693	.8221516	-2.09	0.036	-3.331081	-.1083055
SR_Total						
FA	.306129	.2551986	1.20	0.230	-.194051	.8063091
lnRDP	-.5145984	.4445644	-1.16	0.247	-1.385929	.3567318
lnRDE	.5328319	.3939521	1.35	0.176	-.2393001	1.304964
lnFDI	.0375328	.1064292	0.35	0.724	-.1710646	.2461302
SE	-2.594495	.9496	-2.73	0.006	-4.455677	-.7333134
LR_Direct						
FA	.5116164	4.875504	0.10	0.916	-9.044197	10.06743
lnRDP	-1.965036	11.32797	-0.17	0.862	-24.16745	20.23738
lnRDE	2.125038	9.56691	0.22	0.824	-16.62576	20.87584
lnFDI	.3634076	.984593	0.37	0.712	-1.566359	2.293174
SE	-4.908527	23.18079	-0.21	0.832	-50.34205	40.525
LR_Indirect						
FA	7.818619	140.6711	0.06	0.956	-267.8916	283.5289
lnRDP	-16.74127	326.1923	-0.05	0.959	-656.0665	622.5839
lnRDE	14.21642	274.9618	0.05	0.959	-524.6988	553.1316
lnFDI	-1.522212	27.37298	-0.06	0.956	-55.17227	52.12785
SE	-44.16159	668.6623	-0.07	0.947	-1354.716	1266.392
LR_Total						
FA	8.330236	145.535	0.06	0.954	-276.913	293.5735
lnRDP	-18.7063	337.5055	-0.06	0.956	-680.205	642.7924
lnRDE	16.34145	284.5124	0.06	0.956	-541.2927	573.9756
lnFDI	-1.158805	28.34076	-0.04	0.967	-56.70568	54.38807
SE	-49.07011	691.8122	-0.07	0.943	-1404.997	1306.857

图 3.18 动态空间固定效应模型的效应分解

参考文献

[1] Belotti F, Hughes G, Mortari A P. Spatial Panel-data Models Using Stata[J]. *Stata Journal*, 2017, 17(1).

[2] Pandit N R, Cook G, Swann P. The Dynamics of Industrial Clustering in British Financial Services[J]. *Service Industries Journal*, 2001, 21(4).

[3] Tschoegl A E. International Banking Centers, Geography, and Foreign Banks[J]. *Financial Markets, Institutions and Instruments*, 2000, 9(1).

[4] 保罗·埃尔霍斯特. 空间计量经济学:从横截面数据到空间面板[M]. 北京:中国人民大学出版社, 2015.

[5] 曹霞, 张路蓬. 金融支持对技术创新的直接影响及空间溢出效应——基于中国 2003—2013

年省际空间面板杜宾模型[J].管理评论,2017,29(7).

[6] 高小龙,杨建昌.开放经济下金融集聚对技术创新的影响[J].首都经济贸易大学学报,2017,19(1).

[7] 黎杰生,胡颖.金融集聚对技术创新的影响——来自中国省级层面的证据[J].金融论坛,2017,22(7).

[8] 李婧,管莉花.区域创新效率的空间集聚及其地区差异——来自中国的实证[J].管理评论,2014,26(8).

[9] 李林,丁艺,刘志华.金融集聚对区域经济增长溢出作用的空间计量分析[J].金融研究,2011,(5).

[10] 刘军,李廉水,王忠.产业聚集对区域创新能力的影响及其行业差异[J].科研管理,2010,31(6).

[11] 刘乃全,陈晔,仇晋文.金融实力对区域自主创新能力的影响分析——分地区视角[J].科技管理研究,2014,34(1).

[12] 任英华,徐玲,游万海.金融集聚影响因素空间计量模型及其应用[J].数量经济技术经济研究,2010,27(5).

[13] 孙伍琴.论不同金融结构对技术创新的影响[J].经济地理,2004,(2).

[14] 汤清,李晓霞.金融中介的发展对技术创新促进作用的实证分析——基于广东省的面板数据[J].科技进步与对策,2010,27(10).

[15] 万坤扬,陆文聪.中国技术创新区域变化及其成因分析——基于面板数据的空间计量经济学模型[J].科学学研究,2010,28(10).

[16] 王仁祥,白旻.金融集聚能够提升科技创新效率么?——来自中国的经验证据[J].经济问题探索,2017,(1).

[17] 王周伟,崔百胜.空间计量经济学——现代模型与方法[M].北京:北京大学出版社,2017.

[18] 张彩江,李艺芳.金融集聚对区域创新能力的影响及地区差异——基于广东省21个地级市的空间计量分析[J].科技管理研究,2017,37(7).

[19] 张虎,韩爱华.金融集聚、创新空间效应与区域协调机制研究——基于省级面板数据的空间计量分析[J].中南财经政法大学学报,2017,(1).

[20] 张辉,石琳.人力资本与区域创新研究——基于空间面板模型的分析[J].湖南大学学报(社会科学版),2018,32(5).

[21] 赵增耀,周晶晶,沈能.金融发展与区域创新效率影响的实证研究——基于开放度的中介效应[J].科学学研究,2016,34(9).

[22] 朱玉杰,倪骁然.金融规模如何影响产业升级:促进还是抑制?——基于空间面板Durbin模型(SDM)的研究:直接影响与空间溢出[J].中国软科学,2014,(4).

第 4 章　中国上市银行股价崩盘风险传染的宏观压力测试研究
——基于空间排序 SAR-Probit 模型

摘　要：股票市场风险是典型的系统传染性风险。本章选取综合股价崩盘风险测度股票市场风险,运用空间排序 SAR-Probit 模型,总体拟合个体风险形成和风险系统性传染,建立风险压力生成模型,并依据宏观经济因素的间接效应,构建宏观经济传递回归模型,与宏观经济系统 VAR 模型联合组成压力情景生成模型。随后设定宏观经济压力情景,对中国上市银行股价崩盘风险作宏观审慎压力测试。研究表明:上市银行的股价崩盘风险具有显著的"空间正相关"集聚效应;空间排序 SAR-Probit 模型能够同时考虑风险因素的直接效应与传染效应;宏观经济变量影响股价崩盘风险具有显著直接效应,也有以微观指标为中介的显著间接效应;宏观经济冲击力度不同,上市银行股价崩盘风险等级及其概率的弹性恢复速度也不同,轻度冲击最快,中度冲击次之,极端冲击最慢。本章结论为治理中国银行业资本市场风险提供了重要参考。

关键词：股价崩盘风险；SAR-Probit 模型；宏观压力测试；间接效应；最小生成树

4.1　引　言

2007 年,美国发生次贷危机,后引发全球金融危机,导致全球经济进入长期的深度调整,这促使国际监管部门和各国政府再次改善传统的微观审慎监管模式。2009 年 7 月,巴塞尔银行监管委员会启动修订 2004 年 6 月发布的老版《新资本协议》,2017 年 12 月 7 日发布正式的《巴塞尔协议Ⅲ》,从跨机构和跨周期两个维度实施全面风险管理,从资本充足、流动性、报备率和杠杆率四个方面加强银行资本监管,于 2023 年 1 月 1 日起执行。这标志着为避免个体安全理性的"合成谬误"问题,银行监管重心由微观审慎监管转为宏观审慎监管,金融调控范式也由单纯的经济调控转向统筹考虑经济发展和金融稳定的"货币金融政策+宏观审慎政策"协调配合的双支柱调控框架体系。作为极端风险防控的必要方法,监管部门规范的商业银行压力测试重点也由以往的微观压力测试转变为同时包括微观机构稳健、宏观金融稳定及宏观经济安全的宏观压力测试。风险压力测试方法也演变为多因子前瞻性的、自上而下的宏观经济压力情景测试。

宏观审慎监管的目标是防控系统性金融风险,维护金融系统稳定。作为宏观审慎监管的重要措施,压力测试应该是宏观审慎的系统性金融风险压力测试。系统性金融风险的核心特征在于其传染性,往往是由具有较大的潜在范围负外部性的脆弱性金融资产或金融机构先爆发风险,随后通过关联传染或共同联动机制把风险传染给其他金融机构,从而引发系统性金融危机。因此,把银行风险之间的传染效应整合到压力测试中,进行风险传染压力测试,是宏观审慎压力测试的核心要义。宏观审慎压力测试应当具有全局性、关联性和反馈性三个重要特征。

2015 年牛市后的中国股灾期间,股市暴跌传染,60 天内 17 次千股跌停,千股停牌躲股灾,导致大量机构和散户爆仓。2016 年年初,股市震荡下行,4 天 4 次触发熔断,多次再现千股跌停。2020 年,新冠肺炎疫情暴发并席卷全球,中美贸易摩擦持续,导致产生黑天鹅效应,国际大宗商品市场及金融市场波动异常,欧美股市纷纷持续下跌,多国股市熔断,油价暴跌。受此影响,2020 年,中国上市银行展现出足够的韧性,净利润合计增速 0.1%,加权平均净资产收益率和平均总资产收益率分别下降 1.28% 和 0.07%。可以预计,在未来较长的后疫情时代,这些潜在不稳定宏观因素会依然活跃,中国银行业的宏观金融风险压力依然巨大。这些都一再警示我们,维护金融稳定要前瞻性地监管金融市场风险,尤其是股价崩盘风险;要守住不发生系统性金融风险底线,实现高质量经济发展的关键是先做好股市风险防控。因此,本章选取中国各上市银行的股价崩盘风险作为风险承担压力指标,在考虑个体风险传染性的总体框架内对其风险等级及概率进行宏观压力测试。

4.2 研究假设

宏观压力测试主要用于分析宏观经济风险因素对系统性风险的极端影响,已经成为维护金融体系稳定的常用工具之一。徐明东和刘晓星(2008)较早地分析了宏观压力测试模型的构建方法,比较分析了三个国家的宏观压力测试系统;Kok 等(2013)介绍了欧洲央行实施的宏观压力测试框架,即自上而下的卫星模型。

早期的宏观压力测试研究文献主要是参考 CPV(credit portfolio views)模型,以贷款违约率为被解释变量,经过 Logit 变换后用回归模型构建信用风险压力传导方程,并认为名义国内生产总值、消费者价格指数、真实房地产价格指数和名义流动贷款利率是银行体系贷款违约率的显著影响因素;同时利用假设情景法,以名义国内生产总值和通货膨胀等宏观经济变量为情景变量,设置极端情景,量化分析宏观经济因素对银行信用风险的极端影响。(华晓龙,2009;李江和刘丽平,2008)之后的信用风险宏观压力测试文献主要在建模方面作了一些拓展。宏观经济变量之间是相互作用的,具有长期协整关系,臧敦刚和马德功(2013)用贷款违约率测度银行系统性风险,用 Logit 模型和宏观经济变量构建宏观经济风险压力生成模型,随后用敏感性分析作短期压力测试,用 VAR 模型拟合宏观经济变量的协整关系,设置压力情景,作长期情景压力分析。宏观经济变量之间以及宏观经济变量与信用风险之间具有复杂的互为因果关系。王天宇和杨勇(2017)用不良贷款率测度信用风险,作 Logit 变换后用回归模型构建信用风险压力传导方程,用 VAR 模型构建压力情景生成方程,然后用似不相关回归(SUR)估计联立方程模型,系统考虑宏观经济变量对不良贷款率的动态因果作用关系。宏观经济变量对信用风险的影响具有滞后效应,熊一鹏等(2020)选取 GDP、CPI、HPI 三个宏观经济指标作为内生变量构建宏观经济变量预测模型和 VAR 模型,再将其作为解释变量,对住房抵押贷款违约率作 Logit 变换后构建宏观经济高阶动态预测回归模型,对住房抵押贷款违约率作自上而下的压力测试。Fang 和 Yeager(2020)利用自上而下的历史损失法,测试了社区银行抵御高信用损失的能力。

流动性要求、资本充足要求、杠杆率和拨备率为后危机时代的四大审慎资本监管工具,流动性风险压力测试也已成为常规防控风险工作之一。周凯和袁媛(2014)选取流动性缺口和净现金流覆盖率作为承压指标,以历史情景法设置压力情景,执行了银行动态现金流压力测试。杨胜刚和刘亚之(2015)选取超额存款准备金率作为被解释变量,存贷比、法定超额存款准备金率和银行同业拆借利率作为解释变量,用动态固定效应变截距模型构建压力生成模型;用超额准备金缺口作为流动性风险压力指标,讨论了假设情景下样本银行的流动性风险承担情况。高士英等(2016)则选取流动性比例作为流动性风险代理指标,用面板数据模型验证其影响因素,用历史情景法设定压力情景,测试了银行流动性风险承担情况。

宏观压力测试分析中,情景设置是很关键的环节。其方法主要有历史情景设置法、假设情景法和专家判断设置虚拟情景法等。情景驱动变量合理选取与情景变量作用关系拟合成为压力测试相关研究文献的一个重要主题。宏观经济变量是压力情景生成的重要因素。宏观经济变量之间具有多重共线性,同期冲击作用显著,于是,何志权(2017)选取不良贷款率测度信用风险,选取房价、M2、CPI 和 PMI 作为宏观经济风险因子,构建 SVAR 模型拟合同期独立的结构冲击,运用累积脉冲响应函数作长短期压力测试。宏观情景分析需要考虑的风险因子数量较多,关联度较强,而以 VAR 模型、SVAR 模型、VECM 模型和面板模型为主的分段法及以 DSGE 模型为主的综合法都存在维数限制。因此,潘岳汉和易晓溦(2018)选取 68 个经济变量,利用因子增广向量自回归模型(FAVAR 模型)生成压力情景。动态压力测试资本模型结果表明,政策不确定性也是银行风险压力测试中应当考虑的重要因素。(Kupiec,2020)目前,多数文献选择压力情景,这会导致错选情景和产生安全幻觉,因此,需要综合考虑模型风险,Breuer 和 Summer(2020)建议在不同压力情景下合理选用银行业的一般系统情景。

在系统性风险压力测试方面,系统性金融风险具有顺周期性、风险关联传染性和风险因素内在性等特征,彭建刚等(2015)把行业相关性和 t 分布特征融入多因子回归模型,消除信用风险顺周期性后设置压力情景,在压力测试过程中反映系统性风险因素和作用机理。方意(2017)依据同业拆借矩阵构建银行资产负债关联网络模型,引入去杠杆—降价抛售机制,测试了房地产行业贷款违约和地方政府融资平台违约两个潜在宏观经济风险冲击对银行违约和倒闭的极端影响,发现房地产贷款违约是系统性金融风险的主要来源,中国金融体系中的系统重要性和系统脆弱性错配对于维护金融体系稳定具有关键作用。李伟(2018)选取银行的资本充足率和贷款违约率作为承压指标,用 Logit 模型构建压力生成模型,用 VAR 模型构建宏观经济压力情景生成模型,测试了银行资本充足率的承压水平以及资本充足率不达标的银行家数,讨论了系统性金融风险的大小。流动性波动使银行系统性风险连续累积,童中文等(2018)构建加权综合流动性指数反映系统流动性风险,利用 VECM 模型拟合加权综合流动性指数、GDP 同比增长率、1 年期贷款基准利率和人民币汇率中间价等宏观经济因子,利用 ARIMA 模型和宏观因素指数模型设置压力强度,分析了银行业系统性风险集聚等严重问题。董申等(2019)考虑了集团成员之间信用风险高度关联及其相关性,并用蒙特卡罗模拟法估算额外的关联风险损失,由下至上地测试了大型集团客户的信用风险。而 Apergis 等(2019)估算了风险价值(VaR)和期望损失(ES),考虑了国际财务报告准则(IFRS9)及新监管方法,把微观压力测试延伸为考虑宏观审慎监管政策和测试经济系统安全的宏观系统压力测试。

综上所述,现有文献主要集中于利用回归和 VAR 模型等方法,压力测试个体的信用风险和流动性风险及行业总体风险,其自上而下的建模过程简便易行、结果直观,但分析对象多为整个银行或某个业务板块的总体不良率或流动性风险指标,无法关注到每个个体的风险及其关联情况,因此在维护金融稳定方面不是非常适用。(王周伟等,2019)本章选用能够描述个体风险自相关、相互关联和联动的空间排序 SAR-Probit 模型,构建个体风险和关联风险的综合拟合模型,利用宏观经济变量的直接效应和间接效应,生成情景变量系,对中国银行业的系统性金融市场风险进行审慎压力测试。

为研究宏观经济压力对上市银行股价崩盘风险的影响,本章提出两个假设。由于商业银行的资产状况与宏观经济状况联系紧密,当宏观经济高涨时,银行的盈利水平会随之上升,股票崩盘风险降低,反之亦然。因此有假设 1:

H1:银行业作为金融系统的核心,其股价崩盘风险与宏观经济状况显著相关。

由于各上市银行业务具有相似性,使得各上市银行面临较多的共同风险敞口,因此,其股价也表现为较高的同步性。当一家上市银行的股价崩盘风险上升时,其他上市银行的股价崩盘风险也会受到风险溢出的影响。基于此,提出假设 2:

H2:中国上市银行的股价崩盘风险在上市银行之间存在着显著的传染、扩散效应。

4.3 风险指标与压力测试模型

4.3.1 股价崩盘风险的度量与等级划分

股价崩盘风险属于典型的极端市场风险。为守住不发生系统性金融风险底线,本章旨在探讨防控股灾与金融市场危机之类的极端市场风险事件,于是选用股价崩盘风险作为市场风险宏观压力测试指标。常用的股价崩盘风险测度包括负收益偏态系数

(NCSKEW)和收益率上下波动比率(DUVOL)两个指标。参考 Chen 等(2001),先对收益率作市场趋势调整,分别算出 NCSKEW 和 DUVOL,再聚类为不同的风险等级,综合评价各上市银行的股价崩盘风险严重程度。具体步骤如下:

第一步,用五项中心化移动平均法,估算上市银行股票收益率的趋势循环成分:

$$r_{i,t} = \alpha + \beta_{1,i}r_{m,t-2} + \beta_{2,i}r_{m,t-1} + \beta_{3,i}r_{m,t} + \beta_{4,i}r_{m,t+1} + \beta_{1,i}r_{m,t+2} + \varepsilon_{i,t} \quad (4.1)$$

其中,$r_{i,t}$ 表示股票 i 在第 t 日的收益率;$r_{m,t}$ 表示股票市场在第 t 日的收益率;$\varepsilon_{i,t}$ 表示回归的残差。则股票 i 在第 t 日经趋势循环成分调整后的收益率为:

$$w_{i,t} = \ln(1 + \varepsilon_{i,t}) \quad (4.2)$$

第二步,利用式(4.2)结果,计算调整后收益率的 NCSKEW:

$$\text{NCSKEW}_{i,t} = -\left[n(n-1)^{3/2}\sum w_{i,k}^3\right] \bigg/ \left[(n-1)(n-2)\left(\sum w_{i,k}^2\right)^{3/2}\right] \quad (4.3)$$

其中,t 表示第 t 个季度;k 表示第 t 个季度的第 k 个交易日;n 表示交易日数。

第三步,利用式(4.2)结果,计算调整后收益率的 DUVOL:

$$\text{DUVOL}_{i,t} = \log\left\{\left[(n_u - 1)\sum_{\text{down}} w_{i,t}^2\right] \bigg/ \left[(n_d - 1)\sum_{\text{up}} w_{i,t}^2\right]\right\} \quad (4.4)$$

其中,n_u 表示收益率高于平均收益率的交易日数;n_d 表示收益率低于平均收益率的交易日数。

第四步,聚类综合评价。参考 Chen 等(2001)的研究,NCSKEW 与 DUVOL 均为风险的正向指标,数值越大表示股价的崩盘风险越高。$w_{i,t}$ 反映了资产价格偏离市场的程度,当取负值时,其绝对值越大表明负向偏离市场的程度越大。如果股票收益率对数正态分布,则基于对数变化的 NCSKEW 度量的平均值应为零,NCSKEW 的增加对应于股票更"容易崩溃",即具有更左偏的分布。DUVOL 反映了股价上升段与下降段波动率的差异,该度量值越高,对应的分布越左偏。两个股价崩盘风险指标反映的分别是极端风险情况和总体风险情况的股价崩盘风险。K-mean 聚类方法是根据距离质心的距离进行分类,NCSKEW 和 DUVOL 指标越相似,越可能被划分为同一风险等级。在 K 值的选择上,本章从两个方面进行考量:其一,选择较小的 K 值会导致自变量损失较多的信息;其二,选择较大的 K 值会使得压力测试模型过于复杂,对实证应用的贡献有限。于是使用 K-mean 聚类方法综合评价股价崩盘风险相对严重程度。本章把 NCSKEW 和 DUVOL 测度的股价崩盘风险综合分为 5 类——低风险区域、中低风险区域、中风险区域、中高风险区域和高风险区域。与其他聚类方法类似,K-mean 聚类方法也具有一定的优势和不足,但从后文图 4.1 来看,聚类效果较为理想。

4.3.2 宏观压力测试模型设定

宏观压力测试模型可以分为风险承担压力生成模型和宏观压力情景生成模型。而宏观经济风险因素变量对股价崩盘风险的作用路径有直接效应和间接效应两个方面,其中直接效应就是宏观经济风险因素变量直接作用形成股价崩盘风险,而间接效应则是宏观经济风险因素变量先作用于微观经济风险因素变量,再由微观经济风险因素变量作用形成股价崩盘风险。因此,不同于以往文献,为全面反映宏观经济风险因素的作用,本章的宏观情景生成模型包括宏观经济系统生成模型和宏观经济传递模型。将宏观经济风险因素作为解释变量直接引入风险承担压力生成模型,反映其直接效应;并按照间接中介效应模型构造原理,先构建宏观经济传递模型,反映宏观经济风险因素对微观经济风险因素的作用;再将微观经济风险因素作为解释变量纳入风险承担压力生成模型,反映宏观经济风险因素的间接效应。

(1)风险承担压力生成模型

风险压力因素传导模型的被解释变量为股价崩盘风险,为了使股价崩盘风险聚类反映不同程度的五个等级的顺序变量,本章选用空间排序 SAR-Probit 模型作为构建风险承担压力的基本模型,与一般回归模型相比,空间排序 SAR-Probit 模型不仅适合离散被解释变量,而且可以预测不同等级的发生概率。

系统性风险是由银行内在风险和联动传染风险引起的。(Song and Zhang,2021)在股价波动的惯性与集聚性作用下,同一公司股票的股价崩盘风险具有序列自相关性;另外,在股价同步联动、投资者情绪、羊群效应、同群效应、资产价格波动与共同风险敞口、股市及其周期性因素等共同作用下,不同上市公司股票的股价崩盘风险之间具有联动传染性(王占浩等,2016),特别是在新冠肺炎疫情等重大极端公共事件冲击下,各种风险共振会大幅度增加(方意等,2020;杨子晖等,2020)。

由于银行同业拆借业务关联、股市信息传染等交互关联作用机制下,不同上市公司股票的股价崩盘风险具有交互传染性(Covi et al.,2021)),而且银行间债务网络流动性差异比"规模大"和"联系多"更重要,流动性需求较强的大银行的潜在风险传染破坏性远高于同类银行(隋聪等,2020),导致同一公司股票的股价崩盘风险具有空间自相关性,而且不同上市公司股票的股价崩盘风险之间也具有空间相关传染性,进而导致股价崩盘风险具有系统传染性。这使得银行股价崩盘风险既有来自自身风险因素的个体风险,也有来自行业股价关联的传染风险,而空间计量模型的解释变量项包括空间相关的解释变量项和非空间解释变量项,可以同时较好地拟合不同银行股价崩盘风险压力之间的相关性和自身风险因素作用,因此本章选用空间排序 SAR-Probit 模型构建银行股价崩盘风险压力生成模型,同时分析不同宏观压力情景下的股价崩盘风险等级及其发生概率。

空间排序 SAR-Probit 模型的一般形式如下:

$$z_t = \rho W z_t + X_t \beta + \varepsilon_t \tag{4.5}$$

$$y_{it} = \begin{cases} 1 & z_{it} < \theta_1 \\ 2 & \theta_1 \leq z_{it} < \theta_2 \\ 3 & \theta_2 \leq z_{it} < \theta_3 \\ 4 & \theta_3 \leq z_{it} < \theta_4 \\ 5 & \theta_4 \leq z_{it} \end{cases} \tag{4.6}$$

其中，$z_t = (z_{1t} \quad z_{2t} \quad \cdots \quad z_{nt})^T$ 为 n 维行向量；n 为上市银行样本个数；z_{it} 为上市银行 i 在 t 时刻所对应的潜变量；W 为 $n \times n$ 维的空间权重矩阵；X_t 为股价崩盘风险的影响因素（即解释变量）矩阵，既包含宏观经济变量 $ma_t^a(a=1,2,\cdots,p)$，又包含各银行所对应的微观指标变量 $mi_{i,t}^b(b=1,2,\cdots,q)$，公式如下：

$$X_t = \begin{pmatrix} ma_t^1 & ma_t^2 & \cdots & ma_t^p & mi_{1,t}^1 & mi_{1,t}^2 & \cdots & mi_{1,t}^q \\ ma_t^1 & ma_t^2 & \cdots & ma_t^p & mi_{2,t}^1 & mi_{2,t}^2 & \cdots & mi_{2,t}^q \\ \vdots & \vdots & \ddots & \vdots & \vdots & \vdots & \ddots & \vdots \\ ma_t^1 & ma_t^2 & \cdots & ma_t^p & mi_{n,t}^1 & mi_{n,t}^2 & \cdots & mi_{n,t}^q \end{pmatrix} \tag{4.7}$$

β 为待估参数向量；$\varepsilon_t = (\varepsilon_{1t} \quad \varepsilon_{2t} \quad \cdots \quad \varepsilon_{nt})^T$，$\varepsilon_{it} \sim N(0,1)$；$y_{it}$ 为表示股价崩盘风险等级的有序变量，取值为 1,2,3,4,5，其中 1 表示低风险区域，2 表示中低风险区域，3 表示中风险区域，4 表示中高风险区域，5 表示高风险区域。

空间计量模型用空间相关矩阵描述空间相关变量之间的交互作用关系，本章用于反映上市银行股价崩盘风险之间的传染性。上市银行股价崩盘风险是指股价的负向波动频发而且加剧，其关联传染源于股价收益率的相关关联性。另外，股价崩盘风险是基于股价收益率的三阶矩指标（负偏态系数）和二阶矩指标（波动率）构造的测度指标，用股价收益率的相关系数测度股价崩盘风险的相关传染性可以获得更高的敏感性。所以，本章使用收益率相关距离矩阵作为描述上市银行股价崩盘风险关联传染的空间权重矩阵。

假设 $i,j(i,j=1,2,\cdots,n)$ 两只上市银行股票，记第 t 期第 k 个时点的对数收益率分别为 $r_{k,t}^i, r_{k,t}^j$，则两上市银行股票收益率的第 t 期的序时 Pearson 相关系数为：

$$\rho_t^{i,j} = \frac{E(r_{k,t}^i r_{k,t}^j) - E(r_{k,t}^i)E(r_{k,t}^j)}{\sqrt{E(r_{k,t}^{i2}) - (E(r_{k,t}^i))^2} \sqrt{E(r_{k,t}^{j2}) - (E(r_{k,t}^j))^2}} \tag{4.8}$$

基于序时 Pearson 相关系数，将序时相关系数矩阵转换为两个金融机构之间的"相关距离"矩阵，转换计算公式为：

$$d_t^{i,j} = \sqrt{2(1-\rho_t^{i,j})} \tag{4.9}$$

基于相关距离矩阵，利用最小生成树算法，即可得到上市银行间的收益率相关距离网络关联矩阵，即 $W = (d_t^{i,j})_{n \times n}$。

（2）宏观经济系统模型

各宏观经济变量之间是相互关联的，在宏观压力情景的生成上采用较多的是 VAR 模型，但也有学者采用 SVAR 模型（何志权，2017）和 VEC 模型（孙玉莹等，2014）来生成压力情景。一方面，宏观冲击的时滞都大于 1 个月，因此，本章不考虑同期相关性；另一方面，Johansen 协整检验结果表明，在 0.05 显著性水平下，本章选取的宏观经济数据之间不存在协整关系（见后文表 4.6）。由于本章的创新点不在于此，因此采用传统的做法，使用 VAR 模型来构建压力情景。VAR 模型表达式为：

$$x_t' = c + \sum_{i=1}^{K} A_{t-1} x_{t-1}' + u_t \tag{4.10}$$

其中，$x_t' = (ma_t^1 \quad ma_t^2 \quad \cdots \quad ma_t^p)^T$ 为 p 维列向量，p 为宏观经济变量的个数；c 为常数项列向量；ma_t^i 表示第 t 期的第 i 个宏观经济变量；A_{t-1} 为参数矩阵；$u_t = (u_{1t} \quad u_{2t} \quad \cdots \quad u_{nt})^T$，$u_{it} \sim N(0,1)$；$K$ 为自回归的阶数。

(3) 宏观经济传递模型

宏观经济的直接作用表现为，宏观经济指标的变化会影响投资者对上市银行未来盈利的预期、投资者收入等，从而直接影响上市银行的股价崩盘风险（周泽将等，2021）；而宏观经济的间接作用则表现为，宏观经济状况的恶化或繁荣会对银行的资产收益率（ROA）等微观财务状况产生冲击，从而影响微观主体的价值，并进一步影响上市银行的股价崩盘风险（李栋栋，2016；周爱民和遥远，2018）。考虑到不同银行的微观经济指标对于宏观经济的敏感性存在差异，本书以各银行的微观经济指标为被解释变量，以宏观经济指标为解释变量，进行多元线性回归，建立宏观经济传递模型；然后将生成的宏观压力情景代入回归结果，得到各银行在压力情景下的微观经济指标数据。

宏观经济传递模型如下：

$$mi_{i,t}^b = c_i + \alpha x_t' + v_{it}^b \tag{4.11}$$

其中，$mi_{i,t}^b$ 为银行 i 的第 b 个微观个体指标，$b=1,2,\cdots,q$；α 为 q 维的参数行向量；v_{it}^b 为回归残差，$v_{it}^b \sim N(0,1)$。

4.3.3 上市银行股价崩盘风险等级的概率估算

在空间排序 SAR-Probit 模型中，给定一个样本，它处于不同风险等级的等级概率估算公式为：

$$P(y_{i,t} = 1) = F(\hat{\theta} - \hat{z}_{i,t}) \tag{4.12}$$

$$P(y_{i,t} = 2) = F(\hat{\theta}_2 - \hat{z}_{i,t}) - F(\hat{\theta}_1 - \hat{z}_{i,t}) \tag{4.13}$$

$$P(y_{i,t} = 3) = F(\hat{\theta}_3 - \hat{z}_{i,t}) - F(\hat{\theta}_2 - \hat{z}_{i,t}) \tag{4.14}$$

$$P(y_{i,t} = 4) = F(\hat{\theta}_4 - \hat{z}_{i,t}) - F(\hat{\theta}_3 - \hat{z}_{i,t}) \tag{4.15}$$

$$P(y_{i,t} = 5) = 1 - F(\hat{\theta}_4 - \hat{z}_{i,t}) \tag{4.16}$$

其中，i 表示银行；t 表示时间；$F(x)$ 为正态分布的累计分布函数。

4.4 数据描述

4.4.1 模型变量选择

在模型变量选择上，综合参考相关研究文献，本书共选取 15 个解释变量。在宏观经济层面，选取实际 GDP 指数、PPI、IP 同比增长率、M2 增长率、CPI 和贷款利率 6 个变量指标；在微观个体层面，选取市值账面价值比、换手率、市值规模、非流动性、银行性质、资产负债率、资产收益率、十大股东持股比例和点度中心度 9 个变量指标，如表 4.1 所示。

表 4.1 模型变量选用及说明

变量类型	变量名称	符号表示	变量说明	参考文献
被解释变量	股价崩盘风险等级	Y	取值为1—5的有序变量,取值越大,崩盘风险等级越高	——
宏观经济指标	实际GDP指数	GDP	一定时期内国内生产总值变动趋势和程度的相对数,按不变价格计算的同比指数	王天宇和杨勇(2017)
	PPI	PPI	一定时期内全部工业产品出厂价格总水平的变动趋势和程度的相对数	潘岳汉和易晓溦(2018)
	IP同比增长率	IP	工业增加值相对于上年同期的变动趋势和程度,按不变价格计算	余秋玲和朱宏泉(2014)
	M2增长率	M2	货币和准货币(M2)供应量的同比增长率	王天宇和杨勇(2017)
	CPI	CPI	反映一般消费品和服务项目价格水平变化的指标	潘岳汉和易晓溦(2018)
	贷款利率	LR	一年期银行间同业拆借利率	王天宇和杨勇(2017)
微观个体指标	市值账面价值比	MB	股票市值除以其账面价值,单位为1000	许年行等(2013)
	换手率	TR	季度日均换手率减上季日均换手率的均值	熊家财(2015)
	市值规模	LS	总市值的自然对数	赵汝为等(2019)
	非流动性	ILLIQ	反映股票流动性的指标	熊家财(2015)
	银行性质	NB	是否为国有银行,1表示是,0表示否	熊家财(2015)
	资产负债率	ALR	总负债与总资产的比率	赵汝为等(2019)
	资产收益率	ROA	净利润除以总资产	赵汝为等(2019)
	十大股东持股比例	SRTTS	反映股权集中度的指标	苏坤(2020)
	点度中心度	PD	双向关联网络中,与该节点相连的节点数	陈健和王鑫(2019)

对于点度中心度(PD)的计算,这里首先根据公式(4.8)计算出每个季度上市银行收益率之间的 Pearson 相关系数,以其均值作为阈值,构造出各季度上市银行之间的关联网络,再计算季度内各上市银行的 PD 指标。

4.4.2 样本数据的描述性统计与预处理

本章宏观经济指标方面选取 2006 年 10 月至 2020 年 9 月共 56 个季度的数据,数据来源于 Wind 数据库。各宏观经济指标变量的描述性统计如表 4.2 所示。

表 4.2 宏观经济指标变量的描述性统计

变量	均值	标准差	最小值	最大值	偏度	峰度
IP	9.561	5.162	−10.427	20.033	−0.454	2.284
PPI	0.927	4.424	−7.683	9.740	0.050	−1.100
M2	14.277	5.044	8.033	28.947	1.080	1.027
GDP	8.125	3.182	−6.800	15.000	−1.266	7.012
CPI	2.786	1.915	−1.533	8.033	0.661	0.781
LR	4.148	1.028	1.738	6.265	−0.298	−0.624

上市银行是中国银行业的排头兵,是中国金融稳定的重心。上市银行总资产占中国商业银行总资产的82.04%,是中国银行业支持实体经济发展的主体。因此,本章微观经济主体样本选取数据收集期间的所有上市银行,共16家,这些样本银行中,包含6家大型银行、7家股份制银行和3家城商行,其中4家为全球系统重要性银行,其余12家均入选全球金融500强。微观经济指标方面选取2011年3月至2020年9月共计38个季度的数据,数据来源于Wind数据库。所有16家上市银行的各微观指标变量的描述性统计如表4.3所示。

表 4.3 微观个体指标变量的描述性统计

变量	均值	标准差	最小值	最大值	偏度	峰度
MB	0.679	0.194	0.323	1.458	1.255	1.920
TR	−0.939	39.807	−191.808	273.706	1.354	12.343
LS	26.324	1.119	23.872	28.501	−0.037	−0.726
ILLIQ	0.030	0.028	0.003	0.182	1.939	4.176
NB	0.313	0.464	0.000	1.000	0.807	−1.351
ALR	0.933	0.010	0.911	0.967	−0.057	−0.636
ROA	0.262	0.066	0.110	0.430	0.047	−0.524
SRTTS	0.722	0.189	0.377	0.981	0.038	−1.377
PD	0.680	0.241	0.000	1.000	−1.217	0.762

本章所需的各上市银行的股票收盘价、沪深300指数来源于网易财经,选取的时间范围为2011年3月至2020年9月。首先,通过公式(4.1)、公式(4.2)将上市银行的股票收益率根据沪深300指数收益率进行调整,得到调整后的收益率w;其次,根据公式(4.3)、公式(4.4)计算出各季度的 NCSKEW 和 DUVOL;最后,利用 K-mean 聚类方法,将上市银行各季度的股价崩盘风险,由低到高聚类为五个等级:低风险区域、中低风险区域、中风险区域、中高风险区域和高风险区域,得到模型的多元排序被解释变量Y。聚类结果如图4.1所示。

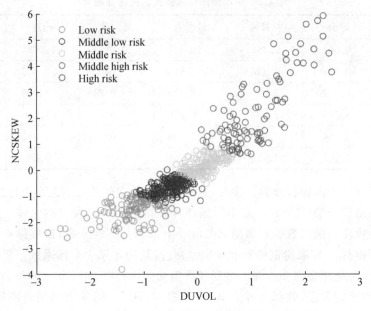

图 4.1 银行股价崩盘风险等级的聚类结果

由图 4.1 可以发现，NCSKEW 和 DUVOL 大多集中分布于 −1 至 1 区间内，具有右偏特征。由于 NCSKEW 和 DUVOL 均为风险的正向指标，指标值越大，聚类组合的风险等级越高，股价崩盘风险也越高。通过聚类方法可以将两种风险指标的信息相结合，从而综合度量股价崩盘风险的相对大小等级。

4.5 实证结果

4.5.1 基本结果

利用相关距离矩阵和最小生成树法，构造出空间权重矩阵，如图 4.2 所示。由图 4.2 可知，5 家国有银行之间的关联性较强，而国有银行与非国有银行之间的关联性较弱；光大银行、华夏银行、兴业银行 3 家股份制银行与其他银行之间的关联性普遍较高，是空间关联网络中心级的节点。

本章使用贝叶斯 MCMC 抽样法对空间排序 SAR-Probit 模型进行参数估计，该估计方法的优势在于将假设的先验分布信息与数据信息相结合形成后验分布，然后通过抽样的方法使抽出的样本分布无限逼近参数的真实分布，在理论上是一种较优的估计方法。本章共计抽取 60000 个参数样本，考虑到马氏链的收敛需要一个过程，舍弃前 10000 个样本，得到空间排序 SAR-Probit 模型的参数估计结果，如表 4.4 中的模型 1 所示。另外，为验证股价崩盘风险聚类分析的有效性和偏误程度，也为检验模型参数回归结果的相对有效性和稳健性，本章分别以 DUVOL 和 NCSKEW 作为被解释变量，使用贝叶斯 MCMC 抽样法，估计 SAR 模型的参数，参数估计结果如表 4.4 中的模型 2 和模型 3 所示。同时为进一步比较验证银行股价崩盘风险关联传染的显著性，本

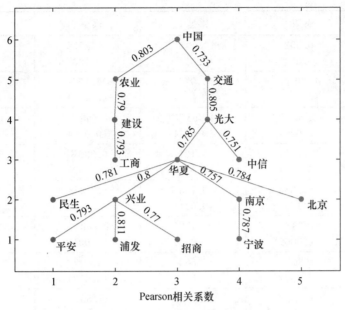

图 4.2　空间权重矩阵网络图

章也估计了不考虑上市银行股价崩盘风险之间交互传染性的非空间 Probit 模型,估计结果如表 4.4 中的模型 4 所示。

表 4.4　股价崩盘风险生成模型的参数估计结果

参数	模型 1	模型 2	模型 3	模型 4
ρ	0.159*** (0.000)	0.288*** (0.000)	0.175*** (0.000)	
c	7.839 (0.153)	7.780** (0.048)	12.854* (0.055)	6.538
GDP	−0.251*** (0.001)	−0.150*** (0.002)	−0.125* (0.077)	−0.331*** (0.000)
PPI	0.043*** (0.004)	0.027*** (0.003)	0.024* (0.075)	0.052*** (0.001)
IP	0.168*** (0.002)	0.104*** (0.003)	0.103* (0.053)	0.227*** (0.001)
M2	−0.089*** (0.006)	−0.044** (0.023)	−0.075** (0.023)	−0.117*** (0.001)
CPI	−0.079* (0.094)	−0.046 (0.112)	−0.006 (0.463)	−0.080 (0.193)
LR	−0.276*** (0.000)	−0.137*** (0.002)	−0.261*** (0.001)	−0.379*** (0.000)
MB	−1.130*** (0.000)	−0.871*** (0.000)	−1.746*** (0.000)	−1.632*** (0.000)

(续表)

参数	模型1	模型2	模型3	模型4
TR	−0.002** (0.028)	−0.002*** (0.001)	−0.002 (0.103)	−0.003** (0.020)
LS	0.225*** (0.006)	0.076* (0.080)	0.108 (0.125)	0.184** (0.041)
ILLIQ	10.761*** (0.000)	4.791*** (0.001)	7.590*** (0.002)	10.620*** (0.000)
NB	0.329** (0.026)	0.121 (0.121)	0.330** (0.032)	0.405** (0.017)
ALR	−8.888 (0.125)	−8.193** (0.041)	−12.353* (0.063)	−8.475 (0.273)
ROA	2.263*** (0.006)	1.785*** (0.000)	2.903*** (0.001)	2.875*** (0.001)
SRTTS	−1.801*** (0.000)	−0.563** (0.020)	−1.077** (0.012)	−1.594*** (0.001)
PD	−1.085*** (0.000)	−0.660*** (0.000)	−1.851*** (0.000)	−1.143*** (0.000)
θ_1	0.000 (1.000)	—	—	−3.183
θ_2	1.092*** (0.000)	—	—	−2.112
θ_3	2.205*** (0.000)	—	—	−1.029
θ_4	2.994*** (0.000)	—	—	−0.2141

由表4.4可知，在模型1、模型2和模型3中，空间相关系数都是在1%的显著性水平下显著为正；模型1中，CPI的参数估计结果在10%的显著性水平下显著为负。宏观经济变量的参数估计结果显著说明假设1成立，即银行业作为金融系统的核心，其股价崩盘风险与宏观经济状况显著相关。此外，参数ρ显著说明假设2成立，即中国上市银行的股价崩盘风险在上市银行之间存在着显著的传染、扩散效应。如果忽略此效应，就会严重低估系统性金融风险。股价崩盘风险的宏观压力测试需要同时考虑宏观经济因素的直接效应、间接中介传染效应、溢出传染效应和反馈传染效应。

对比模型1与模型4可以看出，模型4中宏观经济变量参数估计结果的绝对值要大于模型1中宏观经济变量参数估计结果的绝对值，即当遭受宏观冲击时，模型4中单个上市银行的股价崩盘风险的波动更大。原因在于模型1分解测度了股价崩盘风险的宏观因素的直接效应和间接中介传染效应、溢出传染效应和反馈传染效应，而模型4则比较粗略笼统。即如果发生宏观经济冲击，在模型1中宏观经济冲击会直接生成股价崩盘风险，同时该股价崩盘风险会随着图4.2中的关联网络向"邻近"的银行扩散，溢出和反馈传染部分风险。

各宏微观指标在四个模型中具有相同的正负号,且除模型 1 中的指标 ALR,模型 2 中的指标 CPI 和 NB,模型 3 中的指标 CPI、TR 和 LS,模型 4 中的指标 CPI、ALR 外,其余各指标的估计结果均显著,这表明模型 1 的估计结果稳健。

表 4.4 中宏观经济指标 GDP 的参数估计结果显著为负,这是由于当经济景气时,上市银行的盈利能力会随着经济增长率的上升而上升,资产质量的上升降低了银行的股价崩盘风险。指标 PPI 的参数结果显著为正,表明工业生产者出厂价格指数对股价崩盘风险具有显著的正向影响。指标 IP 的参数估计结果显著为正,这可能是由于工业企业的繁荣程度对上市银行的股价崩盘风险具有正负两方面的影响,一方面,工业增加值增长率的提高对上市银行盈利能力具有正向影响;另一方面,由于更多的资金进入工业企业,使得金融市场中的股价崩盘风险上升,当负向作用大于正向作用时,IP 指标的上升会导致上市银行的股价崩盘风险显著提高。指标 M2 的参数估计结果显著为负,表明货币和准货币增长率的上升有利于降低上市银行的股价崩盘风险。CPI 的参数估计结果表明其对上市银行的股价崩盘风险有负向影响。LR 的参数估计结果显著为负,这是由于 LR 反映上市银行的融资成本,融资成本的上升有利于抑制杠杆率的增加,从而降低银行的股价崩盘风险。此外,参数 ρ 显著为正,表明上市银行的股价崩盘风险具有显著的空间集聚效应。

在使用 VAR 模型构建回归压力情景前,首先检验宏观经济变量的平稳性。与 DP 检验和 ADF 检验相比,PP 检验可以允许扰动项存在异方差或自相关。因此,这里使用 PP 检验方法来检验宏观经济变量的平稳性,检验结果如表 4.5 所示。

表 4.5 宏观经济变量平稳性 PP 检验结果

变量	检验统计量	1%临界值	5%临界值	10%临界值	p 值
GDP	−2.804	−3.573	−2.926	−2.598	0.058
PPI	−2.673	−3.573	−2.926	−2.598	0.079
IP	−2.497	−3.573	−2.926	−2.598	0.116
M2	−1.521	−3.573	−2.926	−2.598	0.523
CPI	−2.884	−3.573	−2.926	−2.598	0.047
LR	−2.736	−3.573	−2.926	−2.598	0.068
$D(GDP)$	−11.001	−3.574	−2.927	−2.598	0.000
$D(PPI)$	−4.291	−3.574	−2.927	−2.598	0.001
$D(IP)$	−9.965	−3.574	−2.927	−2.598	0.000
$D(M2)$	−4.336	−3.574	−2.927	−2.598	0.000
$D(CPI)$	−4.120	−3.574	−2.927	−2.598	0.001
$D(LR)$	−6.674	−3.574	−2.927	−2.598	0.000

其中,$D(\cdot)$ 表示各变量的一阶差分。表 4.5 中的单位根检验结果表明,GDP、PPI、IP、M2、CPI、LR 在 5%的显著性水平下均无法拒绝存在单位根的原假设,检验结果不平稳。一阶差分后,GDP、PPI、IP、M2、CPI、LR 均在 5%的显著性水平下拒绝存在单位根的原假设。

对宏观经济数据进行Johansen协整检验,检验结果如表4.6所示。

表4.6 Johansen协整检验结果

秩	检验统计量	1%临界值	5%临界值	10%临界值
$r\leq 5$	0.30	11.65	8.18	6.50
$r\leq 4$	3.77	19.19	14.90	12.91
$r\leq 3$	8.45	25.75	21.07	18.90
$r\leq 2$	12.75	32.14	27.14	24.78
$r\leq 1$	23.01	38.78	33.32	30.84
$r=0$	36.83	44.59	39.43	36.25

由表4.6可以看出,$r=0$时,统计量为36.83,5%分位数为39.43,在5%的显著性水平下仍无法拒绝原假设,因此,不存在协整关系,不能选用VEC模型,而应选用VAR模型。

考虑到样本的有限性,这里利用AIC、HQ、SC、FPE等信息准则,从1—5阶中选择最优滞后阶数,最终选择的滞后阶数均为一阶滞后。6个变量的1—5阶的信息准则值如表4.7所示。

表4.7 信息准则值

阶数 n	AIC(n)	HQ(n)	SC(n)	FPE(n)
1	0.446	1.058*	2.052*	1.580
2	0.341	1.477	3.324	1.514*
3	0.435	2.096	4.795	1.966
4	0.340	2.524	6.076	2.539
5	−0.817*	1.891	6.295	1.557

从信息准则值来看,可以选择一阶滞后的VAR(1)模型,对其进行格兰杰因果关系检验,结果如表4.8所示。

表4.8 格兰杰因果关系检验结果

p 值	D(GDP)	D(PPI)	D(IP)	D(M2)	D(CPI)	D(LR)	All
D(GDP)	—	0.789	0.157	0.448	0.103	0.756	0.121
D(PPI)	0.524	—	0.650	0.001	0.393	0.358	0.000
D(IP)	0.402	0.238	—	0.087	0.602	0.702	0.012
D(M2)	0.126	0.011	0.008	—	0.526	0.209	0.000
D(CPI)	0.129	0.001	0.456	0.048	—	0.010	0.000
D(LR)	0.845	0.305	0.564	0.806	0.306	—	0.000

表4.8中的数值表示列变量为行变量的格兰杰原因的显著性水平,All所在列表示其余所有变量是行变量的格兰杰原因的显著性水平。例如,D(PPI)所在行与D

(M2)所在列的数值 0.001 表示 $D(M2)$ 为 $D(PPI)$ 的格兰杰原因的检验 p 值,即在 5% 的水平上 $D(M2)$ 为 $D(PPI)$ 的格兰杰原因。$D(PPI)$ 所在行与 All 所在列的数值 0.000 表示 $D(GDP)$、$D(IP)$、$D(M2)$、$D(CPI)$ 和 $D(LR)$ 一起为 $D(PPI)$ 的格兰杰原因的检验 p 值,即在 5% 的水平上 $D(GDP)$、$D(IP)$、$D(M2)$、$D(CPI)$ 和 $D(LR)$ 一起构成了 $D(PPI)$ 的格兰杰原因。表 4.8 中的格兰杰因果关系检验结果表明,一阶差分后的宏观经济变量之间存在格兰杰因果关系。

将宏观经济变量的一阶差分代入

$$x_t' = (\Delta GDP \quad \Delta PPI \quad \Delta IP \quad \Delta M2 \quad \Delta CPI \quad \Delta LR)^T$$

中,再估计参数,得到参数矩阵 A_{t-1} 与常数项 C 的估计结果,见表 4.9。

表 4.9 VAR(1)模型参数估计结果

变量	GDP_t	PPI_t	IP_t	$M2_t$	CPI_t	LR_t
C	−0.188 (0.510)	0.024 (0.916)	−0.233 (0.569)	−0.135 (0.302)	0.021 (0.837)	0.030 (0.686)
GDP_{t-1}	−0.806 (0.115)	0.116 (0.789)	0.295 (0.157)	0.354 (0.448)	−0.549 (0.103)	−0.104 (0.756)
PPI_{t-1}	−0.109 (0.524)	0.284** (0.048)	0.328 (0.650)	0.465*** (0.001)	0.909 (0.393)	0.431 (0.358)
IP_{t-1}	−1.036 (0.401)	0.118 (0.238)	0.324 (0.520)	0.884* (0.087)	−0.385 (0.602)	0.438 (0.702)
$M2_{t-1}$	0.177 (0.126)	−0.268*** (0.011)	−0.275*** (0.008)	0.290*** (0.006)	−0.326 (0.526)	0.060 (0.209)
CPI_{t-1}	0.296 (0.128)	−0.055*** (0.001)	−0.065 (0.456)	0.052** (0.048)	0.684*** (0.000)	0.193*** (0.010)
LR_{t-1}	0.041 (0.845)	0.043 (0.304)	0.035 (0.563)	0.075 (0.806)	0.238 (0.306)	−0.054 (0.690)

表 4.9 中的第三行第四列,PPI_{t-1} 的参数估计结果为 0.465,显著性水平为 1%,在 95% 的置信水平下可以认为,当第 $t-1$ 期的 PPI 相对于上期增加一个百分点时,会导致第 t 期的实际 M2 增长率比第 $t-1$ 期的 M2 增长率增加 0.456 个百分点。因此,按照后文表 4.11 中的实际 GDP 面临冲击时的压力情景,以 2019 年第四季度作为基准情景,根据公式(4.10)可计算得到 2020 年和 2021 年各季度的宏观经济压力情景。

4.5.2 宏观经济传递模型的估计结果与分析

将 16 家上市银行除银行性质外的其余 8 个微观经济指标,分别与宏观经济变量之间建立 128(16×8)个多元回归方程,估计宏观经济传递模型解释变量参数。由于参数回归结果较多,限于篇幅,难以一一展示。表 4.10 仅给出了各银行的微观经济指标所对应的宏观传递模型的宏观经济变量的参数统计值的均值和显著数。

表 4.10 宏观传递模型的宏观经济变量的参数统计值的均值和显著数

	被解释变量							
	MB	TR	LS	ILLIQ	ALR	ROA	SRTTS	PD
C	0.233	62.722	27.395	0.003	0.891	0.055	0.881	0.494
n(C)	4	0	16	1	16	2	16	6
GDP	0.062	−13.989	0.089	−0.007	0.001	0.001	−0.003	0.020
n(GDP)	11	0	9	4	4	1	8	3
PPI	0.004	0.001	0.008	−0.001	0.000	−0.001	0.001	−0.005
n(PPI)	4	0	4	0	4	1	6	1
IP	−0.034	9.719	−0.073	0.006	−0.000	−0.000	0.000	−0.016
n(IP)	8	0	9	4	5	1	7	3
M2	0.012	−3.215	−0.060	0.001	0.002	0.010	−0.007	−0.002
n(M2)	10	0	12	3	14	7	10	0
CPI	0.061	−9.700	0.017	0.001	−0.001	0.004	−0.004	0.014
n(CPI)	13	1	0	0	3	0	4	0
LR	−0.005	5.019	−0.109	0.004	0.003	0.018	−0.011	0.035
n(LR)	3	0	9	4	12	4	7	2

注：表中 $n(\cdot)$ 表示 16 家银行中估计参数显著的个数。

由表 4.10 可以看出，个别银行的微观指标 TR 与宏观经济变量 CPI 之间有显著相关关系，少数银行的 ILLIQ、ROA、PD 指标与各宏观经济变量之间存在显著的相关关系，大多数银行的 MB、LS、ALR、SRTTS 指标与各宏观经济变量之间存在显著的相关关系。因此，根据压力情景的变化，通过宏观经济传递模型对各银行的微观指标进行调整是必要且合适的。

4.5.3 宏观压力测试的情景综合设定

本章参考《中国金融稳定报告 2020》中关于宏观经济压力测试的设定，分别设置了轻度、中度和极端三种压力情景。三种压力情景下，2020—2022 年的 GDP 同比增长率如表 4.11 所示。由于本章使用季度数据，因此以 2019 年第四季度（GDP 同比增长率为 6.00%）作为基准宏观情景，在每年的第一季度与上年的第四季度之间施加一个宏观经济冲击，三种力度冲击的大小为每年 GDP 同比增长率相比上一年度的变化，见表 4.11 中增速变化所在列。

表 4.11 宏观压力测试情景下 GDP 同比增长率的设定

年份	轻度冲击		中度冲击		极端冲击	
	同比增速	增速变化	同比增速	增速变化	同比增速	增速变化
2020	1.59%	−4.41%	−0.24%	−6.24%	−2.89%	−8.89%
2021	7.80%	6.21%	6.81%	7.05%	4.75%	7.64%
2022	5.91%	−1.89%	5.36%	−1.45%	4.26%	−0.49%

利用表 4.11 中的实际 GDP 指数同比增长率压力情景值,再由宏观经济系统模型(公式(4.10))预测生成三种力度冲击后每年的其余宏观经济变量值。由已知 t 期的宏观经济指标 x'_t,计算出 Ax'_t 后,从经验残差中抽取 ε_t,以 $Ax'_t+\varepsilon_t$ 作为第 $t+1$ 期的宏观经济情景。使用蒙特卡罗模拟法模拟出 10000 条宏观压力情景路径,将压力情景路径演变的均值作为 2020 年至 2022 年的宏观经济变量压力情景下的取值,使用宏观经济传递模型(公式(4.11))计算出各银行微观经济指标在不同时期不同压力情景下的取值。

4.5.4 压力测试结果与分析

将不同时期三种压力情景下宏观经济指标和微观经济指标的取值,分别代入 Probit 模型和空间排序 SAR-Probit 模型,可得到在宏观经济轻度、中度和极端冲击下,不同时期各上市银行股价崩盘风险在各季度的潜变量 z 的取值,如图 4.3、图 4.4、图 4.5 所示。不同压力冲击下不同风险等级银行数量汇总结果如表 4.12、表 4.13、表 4.14 所示。

在轻度冲击情景下,利用 Probit 模型和空间排序 SAR-Probit 模型测度的不同时期各上市银行股价崩盘风险 z 值如图 4.3 所示。

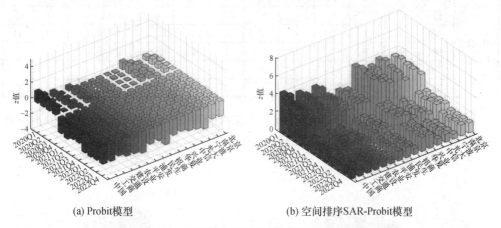

(a) Probit 模型　　　　　　(b) 空间排序 SAR-Probit 模型

图 4.3　轻度冲击下不同时期不同银行的股价崩盘风险 z 值

Probit 模型与空间排序 SAR-Probit 模型临界值不同,无法直接将两个模型的 z 值进行对比,但从图 4.3 中仍能发现一些共同的特征。由图 4.3 可知,当 2020 年上市银行开始遭受轻度冲击时,各上市银行股价崩盘风险处于很高的水平;在宏观压力测试的第二年,随着经济增长率的反弹,各上市银行的股价崩盘风险开始大幅下降;在宏观压力测试的第三年,随着 GDP 增长率的小幅调整并开始趋稳,各上市银行的股价崩盘风险开始进一步下降。

表 4.12 给出了上市银行在轻度冲击下两种模型测度的不同时期处于不同风险等级的银行数量。以 2019 年第一季度为例,在上市银行刚遭受宏观冲击时,空间排序

SAR-Probit 模型的压力测试结果表明，有 11 家上市银行的股价崩盘风险处于高风险区域，3 家上市银行处于中高风险区域，2 家上市银行处于中风险区域。对比两种模型的测度结果可以看出，在轻度冲击下空间排序 SAR-Probit 模型度量的总体风险等级较低。这是由于 Probit 模型没有考虑股价崩盘风险的传染效应，上市银行的全部股价崩盘风险都由宏观经济变量和银行本身的微观指标来解释，因此，其模型中宏观指标的系数绝对值更大，在进行压力测试时，风险等级要略高于空间排序 SAR-Probit 模型的测试结果。从时间维度来看，两模型具有相同的变化趋势。在压力测试的第二年，随着宏观经济的反弹，大多数银行处于中风险区域，小部分银行处于中低风险区域。在压力测试的第三年，随着宏观经济企稳，大部分上市银行的股价崩盘风险处于中低风险区域，小部分银行处于中风险区域。

表 4.12 轻度冲击下不同时期处于不同风险等级的银行数量(个)

模型	风险	19Q1	19Q2	19Q3	19Q4	20Q1	20Q2	20Q3	20Q4	21Q1	21Q2	21Q3	21Q4
Probit	低	0	0	0	0	0	0	0	0	0	0	0	0
	中低	0	0	0	0	5	7	3	3	10	10	9	9
	中	1	1	1	1	11	9	13	13	6	6	7	7
	中高	4	3	5	5	0	0	0	0	0	0	0	0
	高	11	12	10	10	0	0	0	0	0	0	0	0
SAR-Probit	低	0	0	0	0	0	0	0	0	0	0	0	0
	中低	0	0	0	0	6	9	3	3	12	12	11	11
	中	2	1	1	1	10	7	13	13	4	4	5	5
	中高	3	4	6	6	0	0	0	0	0	0	0	0
	高	11	11	9	9	0	0	0	0	0	0	0	0

在中度冲击情景下，基于 Probit 模型和空间排序 SAR-Probit 模型测度的不同时期各上市银行股价崩盘风险 z 值如图 4.4 所示。

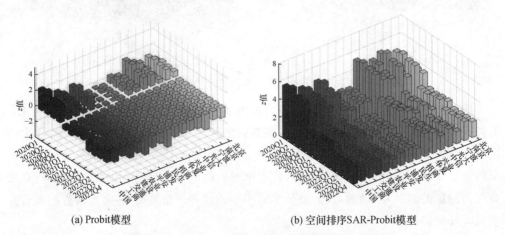

(a) Probit模型　　　　　　　　(b) 空间排序SAR-Probit模型

图 4.4　中度冲击下不同时期银行股价崩盘风险 z 值

由图 4.4 可知，在上市银行遭受中度宏观经济冲击的第一年，绝大多数上市银行的股价崩盘风险急剧上升,与图4.3类似,股价崩盘风险随着第二年宏观经济反弹开始大幅下降,并随着第三年宏观经济进一步调整和企稳而小幅下降,但整个压力测试期间的股价崩盘风险水平明显要高于轻度冲击时。

在中度冲击下,两种模型测度的不同时期处于不同风险等级的上市银行数量如表4.13所示。可以看出,在压力测试的第一年,基于空间排序SAR-Probit模型测度的股价崩盘风险中平均有13家上市银行处于高风险区域,平均有3家上市银行处于中高风险区域。而基于Probit模型的测度结果中,有14—15家银行处于高风险区域,其余处于中高风险区域。与轻度冲击类似,在压力测试的第二年、第三年,随着GDP增长率的回升和趋于稳定,股价崩盘风险的压力得到缓解,上市银行的股价崩盘风险等级下降。对比表4.13中的两模型压力测试结果,在考虑到风险传染效应的情况下,空间排序SAR-Probit模型测度的上市银行所处的风险等级较为分散。这是由于在空间排序SAR-Probit模型中,对宏观经济冲击敏感程度相近的银行之间"距离"也相近,对宏观经济敏感性高的银行更易受到其他敏感性较高的银行风险溢出的影响,敏感性较低的银行主要受到其他敏感性较低的银行风险溢出的影响,由此导致空间排序SAR-Probit模型与Probit模型的宏观压力测试结果存在一定的差异。

表 4.13 中度冲击下不同时期处于不同风险等级的银行数量(个)

模型	风险	19Q1	19Q2	19Q3	19Q4	20Q1	20Q2	20Q3	20Q4	21Q1	21Q2	21Q3	21Q4
Probit	低	0	0	0	0	0	0	0	0	0	0	0	0
	中低	0	0	0	0	0	0	0	0	2	2	2	2
	中	0	0	0	0	8	10	6	6	14	14	14	14
	中高	2	1	1	2	8	6	10	10	0	0	0	0
	高	14	15	15	14	0	0	0	0	0	0	0	0
SAR-Probit	低	0	0	0	0	0	0	0	0	0	0	0	0
	中低	0	0	0	0	0	0	0	0	1	1	1	1
	中	0	0	0	0	9	9	9	8	13	14	13	13
	中高	3	2	3	4	6	7	6	7	2	1	2	2
	高	13	14	13	12	1	0	1	1	0	0	0	0

在极端冲击情景下,基于Probit模型和空间排序SAR-Probit模型测度的不同时期各上市银行股价崩盘风险z值如图4.5所示。

由图4.5可知,与遭受轻度冲击和中度冲击的情形类似,在压力测试的第一年,经济增长大幅下挫,导致崩盘风险急剧上升,并随着第二年经济反弹和第三年经济企稳而逐步下降。

在极端冲击下,不同时期处于不同风险等级的银行数量如表4.14所示。由表4.14可知,与轻度冲击和中度冲击类似,SAR-Probit模型压力测试下的整体风险等级略低于Probit模型,且SAR-Probit模型测度的上市银行所处的风险等级较为分散,其原因与轻度冲击和中度冲击压力测试分析相同。

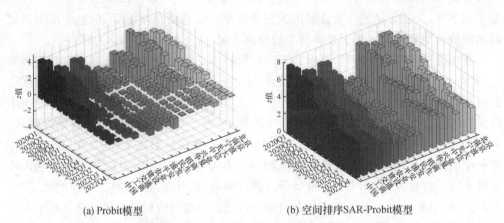

(a) Probit模型　　　　　　　(b) 空间排序SAR-Probit模型

图 4.5　极端冲击下不同时期银行股价崩盘风险 z 值

表 4.14　极端冲击下不同时期处于不同风险等级的银行数量(个)

模型	风险	19Q1	19Q2	19Q3	19Q4	20Q1	20Q2	20Q3	20Q4	21Q1	21Q2	21Q3	21Q4
Probit	低	0	0	0	0	0	0	0	0	0	0	0	0
	中低	0	0	0	0	0	0	0	0	0	0	0	0
	中	0	0	0	0	0	0	0	0	1	1	1	1
	中高	0	0	0	0	3	3	3	2	5	5	5	5
	高	16	16	16	16	13	13	13	14	10	10	10	10
SAR-Probit	低	0	0	0	0	0	0	0	0	0	0	0	0
	中低	0	0	0	0	0	0	0	0	0	0	0	0
	中	0	0	0	0	0	0	0	0	3	3	3	3
	中高	0	0	0	0	4	4	4	4	5	5	5	5
	高	16	16	16	16	12	12	12	12	8	8	8	8

通过对比图 4.3、图 4.4、图 4.5 不难看出，中度冲击下的股价崩盘风险水平要明显高于轻度冲击，极端冲击下的股价崩盘风险水平又明显高于中度冲击。此外，从整个压力测试时间维度来看，宏观压力测试的第一年，由于宏观经济的冲击，在三种压力情景下都伴随着股价崩盘风险的大幅上升，第二年开始回落，第三年开始稳步下降。随着宏观压力冲击加剧，上市银行股价崩盘风险的调整周期也有所不同，在轻度冲击下的第三年，大部分上市银行的股价崩盘风险已经回落至中等风险区域，但在极端冲击下的第三年，大部分上市银行的股价崩盘风险仍然处于中高风险或高风险区域。

4.5.5　宏观压力情景下的等级概率分析

由于随机因素的干扰，对于上市银行股价崩盘风险的预测存在着误判的可能性，因此为考察在不同程度宏观经济压力冲击下各上市银行股价崩盘风险处于不同等级的概率，本章利用 Probit 模型和空间排序 SAR-Probit 模型的概率估算公式，即公式 (4.12) 至 (4.16)，测算出不同宏观经济压力冲击下不同时期各上市银行股价崩盘风险的等级概率。描述性统计结果汇总如表 4.15 和表 4.16 所示。

表 4.15 利用 Probit 模型估算的银行股价崩盘风险等级概率汇总

	风险等级	均值	标准差	最小值	最大值	偏度	峰度
轻度冲击 （总体风险 等级期望： 3.140）	1	0.109	0.108	0.000	0.396	0.913	0.039
	2	0.239	0.156	0.000	0.408	−0.529	−1.434
	3	0.277	0.125	0.004	0.412	−0.717	−0.794
	4	0.153	0.083	0.026	0.316	0.462	−0.737
	5	0.222	0.293	0.003	0.964	1.151	−0.251
中度冲击 （总体风险 等级期望： 3.779）	1	0.029	0.041	0.000	0.198	2.185	4.858
	2	0.126	0.112	0.000	0.39	0.533	−0.75
	3	0.262	0.157	0.000	0.412	−0.663	−1.261
	4	0.204	0.095	0.001	0.316	−0.658	−0.781
	5	0.379	0.333	0.017	0.999	0.752	−1.031
极端冲击 （总体风险 等级期望： 4.606）	1	0.002	0.004	0.000	0.028	4.237	19.751
	2	0.018	0.032	0.000	0.173	2.737	8.168
	3	0.091	0.105	0.000	0.396	1.173	0.358
	4	0.153	0.116	0.000	0.316	0.004	−1.547
	5	0.737	0.243	0.144	1.000	−0.661	−0.715

表 4.16 利用空间排序 SAR-Probit 模型估算的银行股价崩盘风险等级概率汇总

	风险等级	均值	标准差	最小值	最大值	偏度	峰度
轻度冲击 （总体风险 等级期望： 3.141）	1	0.106	0.100	0.000	0.354	0.615	−0.746
	2	0.244	0.160	0.000	0.415	−0.491	−1.449
	3	0.281	0.130	0.005	0.422	−0.893	−0.498
	4	0.139	0.082	0.029	0.306	0.678	−0.733
	5	0.229	0.312	0.004	0.964	1.243	−0.067
中度冲击 （总体风险 等级期望： 3.782）	1	0.027	0.036	0.000	0.168	1.634	2.440
	2	0.127	0.115	0.000	0.384	0.462	−1.123
	3	0.268	0.161	0.000	0.422	−0.649	−1.206
	4	0.193	0.098	0.001	0.307	−0.634	−0.823
	5	0.385	0.339	0.021	0.999	0.754	−0.964
极端冲击 （总体风险 等级期望： 4.591）	1	0.002	0.004	0.000	0.02	2.776	6.925
	2	0.020	0.036	0.000	0.146	2.049	3.344
	3	0.099	0.120	0.000	0.391	1.081	−0.193
	4	0.143	0.117	0.000	0.307	0.103	−1.582
	5	0.736	0.264	0.176	1.000	−0.700	−0.885

由表 4.15 和表 4.16 可知，在轻度冲击下，中风险的等级概率最大，其次为中低风险和高风险，且等级概率相差不大。在中度冲击下，高风险的等级概率最大，其次为中风险和中高风险，且高风险的等级概率要明显高于中风险和中高风险，这说明与轻度冲击相比，中度冲击下银行业的风险等级有着明显的提升趋势。而在极端冲击下，使用两种模型测度的高风险等级概率的均值为 0.74 左右，远高于其余风险等级概率之和，其方差小于中度冲击下的方差，这表明极端冲击下银行业在测试期间的股价崩盘

风险都处于高风险区域是稳定的大概率事件。

表 4.15 和表 4.16 反映的是不同程度宏观经济冲击对风险等级概率总体水平的影响。为从时间序列变化角度考察整个银行业的股价崩盘风险等级概率的时变趋势，本章将进一步把各上市银行不同股价崩盘风险等级概率的均值作为该时期银行业在该风险等级的概率，画出银行业股价崩盘风险等级概率序列图，如图 4.6 所示。

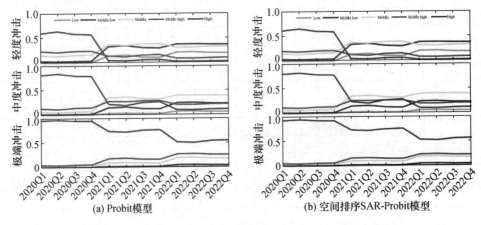

图 4.6　银行业股价崩盘风险等级概率的时变趋势

从图 4.6 来看，使用 Probit 模型与空间排序 SAR-Probit 模型测度的银行业风险等级概率的时变特征并无太大差异，这与表 4.15 和表 4.16 的分析结果一致。

从等级概率的时变趋势来看，伴随着宏观经济冲击，2020 年各上市银行股价崩盘风险处于高风险区域的概率显著上升，随着经济反弹和调整，银行业股价崩盘风险处于高风险等级的概率不断下降，处于低风险等级的概率不断上升。

在三种不同程度的压力冲击下，等级概率的时变特征也存在着很大的差异。当面临轻度冲击时，2020 年高风险等级概率大幅上升，到 2021 年回落到正常水平，上市银行整体处于股价崩盘风险的中风险和中低风险区域；当面临中度冲击时，直到 2022 年，整体崩盘风险才回落至中风险区域；当面临极端风险冲击时，上市银行在 2020 年至 2022 年的股价崩盘风险处于高风险的等级概率一直都维持在 0.5 以上。此外，在中度冲击下的 2021 年，各风险等级概率基本相同，这反映了在面临中度冲击下的第二年是风险水平变化的转折点，也是逐步化解股价崩盘风险的关键。

4.6　结论和启示

金融市场风险都是具有系统传染性的。本章选取股价崩盘风险为承压指标，利用空间排序自回归 Probit 模型，同时拟合风险传染和因素直接作用机理，构建风险压力生成模型；依据宏观经济变量的直接和间接作用路径，构建压力情景生成的直接模型和间接模型，并在不同压力情景下分析不同银行股价崩盘风险等级及其概率。根据宏观压力情景分析得出如下结论：

第一,上市银行的股价崩盘风险普遍具有显著稳健的"空间正相关"集聚传染效应,一家上市银行股价崩盘风险的提高会导致与其相"近"的其他上市银行股价崩盘风险的上升;需要选用能够同时拟合因素直接作用和风险传染效应的空间计量模型,构建风险压力生成模型。

第二,对于各银行的股价崩盘风险及其传染,宏观经济因素具有显著的直接作用和间接作用。GDP、M2、CPI、LR 对上市银行的股价崩盘风险有显著的负向影响,IP、PPI 则对股价崩盘风险有显著的正向影响;而且宏观经济因素的间接效应也是比较显著的,即通过影响市净率、市值规模、非流动性、资产负债率、资产收益率和十大股东持股比例等银行微观财务指标,显著间接作用于各银行股价崩盘风险。

第三,宏观经济冲击对各银行股价崩盘风险都具有显著持续的正向影响,银行系统具有弹性恢复机制,冲击压力程度越大,冲击生成的风险等级越高,冲击风险恢复时间越长,较高冲击风险等级的银行越多,同一风险等级的概率越高,其恢复速度越慢,而极端冲击情况下,高风险等级概率一直都维持在 0.5 以上。

根据上述分析结论,我们作宏观审慎监管的压力测试时,应该测试全面风险压力,既要考虑个体市场风险,也要考虑传染市场风险,同时还要综合考虑宏观经济变量的直接风险效应和间接风险效应;作情景设定要系统分析,既要考虑宏观经济变量对系统性金融市场风险的直接作用,也要考虑其微观中介的间接作用。应当立足经济金融体系,纳入系统性金融风险宏微观压力测试,构建基于金融稳定的宏观审慎评估体系;经济、金融和安全是金融体系稳定的铁三角,金融市场风险不仅仅是金融审慎监管问题,应该继续加强政策体系协调配合,优化完善"货币政策+宏观审慎监管政策"的双支柱调控框架,加快建设现代金融的宏观审慎管理体系。

4.7 软件操作指导

4.7.1 空间权重矩阵的构建

本章空间权重矩阵的构建主要使用 MATLAB 软件完成。

1. 构建距离矩阵

首先,读入所选取的样本期间内的 16 家上市银行的收盘价数据,计算出日对数收益率后并检查和处理异常值,考虑到篇幅的问题,这一部分数据处理的内容可参考本书附带教学资料第 4 章中的"Spatial_weight_matrix.mlx"文件;其次,计算出样本期间内各上市银行两两之间的 Pearson 相关系数矩阵。代码如下:

```
%%%%%%%%%%%%%%%%%%%%%%%%%%%%%%%%%%%%%%%%%%%%%%%%%
%%%   基于全样本的 Pearson 相关系数
%%%%%%%%%%%%%%%%%%%%%%%%%%%%%%%%%%%%%%%%%%%%%%%%%
Pearson_Cor_A = zeros(16,16);
for i = 1:16
    for j = 1:16
```

```
          Pearson_Cor_A(i,j) = Pearson_fun(Log_rate(:,i),Log_rate(:,j));
    end
end
Pearson_Cor_A    % 上市银行两两之间的 pearson 相关系数矩阵
```

2. 生成空间权重矩阵

首先，根据相关系数矩阵计算出距离矩阵；其次，使用最小生成树算法得到截面上的空间权重矩阵 W；最后，根据时间长度，将单位阵与 W 做克罗内克积，得到按时间、样本顺序堆叠后数据所对应的空间权重矩阵。代码如下：

```
%%%%%%%%%%%%%%%%%%%%%%%%%%%%%%%%%%%%%%%
%%%%    基于最小生成树的空间权重矩阵
%%%%%%%%%%%%%%%%%%%%%%%%%%%%%%%%%%%%%%%
% 将相关系数矩阵转化为距离矩阵
Pearson_Cor_A(logical(eye(size(Pearson_Cor_A)))) = 1;
Distance_M = (2 * (1 - Pearson_Cor_A)).^(1/2)
% 计算最小生成树
B = repmat((1:16)',[1,16]);
s = triu(B',1);
s(s = = 0) = [ ]
t = triu(B,1)
t(t = = 0) = [ ]
weights = triu(Distance_M,1)
weights(weights = = 0) = [ ];
weights
G = graph(s,t,weights);
p = plot(G,'EdgeLabel',G.Edges.Weight);
[T,pred] = minspantree(G,'Method','sparse');
T.Edges
T.Edges.EndNodes
T.Edges.Weight
W = zeros(16,16);
Wei = zeros(15,1);
% 将相应的边替换为对应的相关系数
for i = 1:15 W(T.Edges.EndNodes(i,1),T.Edges.EndNodes(i,2)) = Pearson_Cor_A(T.Edges.
EndNodes(i,1),T.Edges.EndNodes(i,2)); W(T.Edges.EndNodes(i,2),T.Edges.EndNodes(i,1)) =
Pearson_Cor_A(T.Edges.EndNodes(i,2),T.Edges.EndNodes(i,1));
    Wei(i,1) = roundn(Pearson_Cor_A(T.Edges.EndNodes(i,2),T.Edges.EndNodes(i,1)), - 3);
end
W             % 在某一时期的空间权重矩阵
kron(eye(39),W)     % 将单位阵与 W 做克罗内克积，得到按时间、样本顺序堆叠后数据所对应的空间权重矩阵
```

4.7.2 SAR-Probit 模型的估计

SAR-Probit 模型的估计使用 R 软件完成,具体可参考本书附带教学资料第 4 章中的"Spatial_Ordered_Probit_datanet.R"文件。

首先,载入相应的安装包并读入解释变量数据(包括宏观经济指标和微观经济指标,在同一时期各上市银行所对应的宏观经济指标是一致的)、被解释变量数据和空间权重矩阵;其次,根据空间权重矩阵计算相应的网络特征指标,作为解释变量;最后,使用 MCMC 方法,估计得到模型的待估参数。代码如下:

```
library(parallel)
library(Matrix)
library(spdep)
library(spatialreg)
library(sp)
library(spatialprobit)
library(igraph)
library(readxl)
library(psych)
Net <- read_xlsx("C:/Users/wei-pengfei/Desktop/空间金融论文/3 代码 V3/输出/网络.xlsx",col_names = FALSE)
P_De <- c(1:(16*39))    #点度中心度
#App_ce <- c(1:(16*39))    #接近中心度
In_ce <- c(1:(16*39))    #中间中心度
Ce_ei <- c(1:(16*39))    #特征向量中心度#
#Net_de <- c(1:(16*39))    #网络密度
Pa_ra <- c(1:(16*39))    #page.rank
for (i in 1:39)
{
  N1 = Net[(16*(i-1)+1):(16*i),]
  N1 <- data.matrix(N1)
  l <- as.character(c(1:16))
  g <- graph.adjacency(N1,mode="undirected")
  P_De[(16*(i-1)+1):(16*i)] = degree(g,mode="total",normalized = T)
  In_ce[(16*(i-1)+1):(16*i)] = betweenness(g,normalized = T)
  Ce_ei[(16*(i-1)+1):(16*i)] = evcent(g,scale = T)$vector
  Pa_ra[(16*(i-1)+1):(16*i)] = page.rank(g)$vector
  #transitivity(g,type='local') #网络聚类系数 一个网络一个值
}
#X1 <- data.frame(P_De=P_De,In_ce=In_ce,Ce_ei=Ce_ei,Pa_ra=Pa_ra)
X1 <- data.frame(PD=P_De)
head(X1)
```

```r
Y <- read_xlsx("C:/Users/wei-pengfei/Desktop/空间金融论文/3 代码 V3/输出/被解释变量.xlsx")
head(Y)
W <- read_xlsx("C:/Users/wei-pengfei/Desktop/空间金融论文/3 代码 V3/输出/权重矩阵.xlsx", col_names = FALSE)
head(W)
X2 <- read_xlsx("C:/Users/wei-pengfei/Desktop/空间金融论文/3 代码 V3/输出/解释变量.xlsx")
head(X2)
X <- cbind(X2, X1)
write.csv(X, "C:/Users/wei-pengfei/Desktop/空间金融论文/3 代码 V3/输出/Variables.csv", row.names = FALSE)
head(X)

W <- data.matrix(W)
Y <- data.matrix(Y)
X <- data.matrix(X)

Ws = Matrix(W, sparse = T)
#describe(X)

ndraw <- 50000
burn.in <- 10000

mc <- 1 # number of cores; set as appropriate to your hardware

##### 核心解释变量的选取(宏观经济变量)
run3 <- function(...) sar_ordered_probit_mcmc(Y, X, Ws, ndraw, burn.in, thinning = 1, computeMarginalEffects = TRUE)
system.time({
    ## To make this reproducible:
    set.seed(123, "L'Ecuyer")
    sarprobit.res3 <- do.call(c, mclapply(seq_len(mc), run3))
})
summary(sarprobit.res3)
```

4.7.3 压力情景构建与风险等级概率的计算

1. 压力情景构建

考虑到篇幅的限制,对于宏观经济数据的读取和整理这里不再详述,可以参考本书附带教学资料第 4 章中的"Macro_VAR_condition.mlx"文件。压力情景构建的具体过程及代码如下:

```matlab
%%%%%%%%%%%%%%%%%%%%%%%%%%%%%%%%%%%%
%%%%    建立VAR模型
%%%%%%%%%%%%%%%%%%%%%%%%%%%%%%%%%%%%
% M_sea 表示宏观经济变量所组成矩阵,每i列代表第i个宏观经济指标,第j行代表第j期
的宏观经济变量。
    L_M_sea = M_sea(2:end,:) - M_sea(1:end-1,:);
    Md1 = varm(6,1); %VAR(1)模型
    [EstMd1,EstSE,logL,Re] = estimate(Md1,L_M_sea);
    summarize(EstMd1)
    Re = Re´;
    format long
    AR = EstMd1.AR{1}
    C = EstMd1.Constant

%%%%%%%%%%%%%%%%%%%%%%%%%%%%%%%%%%%%
%%%%    构建宏观压力情景 normcdf
%%%%%%%%%%%%%%%%%%%%%%%%%%%%%%%%%%%%
    format short
    start = M_sea(end-3,:)
    impulse = [1.59,7.80,5.91;-0.24,6.81,5.36;-2.89,4.75,4.26]; %参考《中国金融稳定报
告2020》中宏观经济压力测试的设定,分别设置了轻度、中度和极端压力三种情景。
    rng(1)
    Ra1 = ceil(rand(12,10000)*54); %设定随机数从VAR模型历史残差中抽取残差做蒙特卡罗
模型(10000次),以得到更为客观的压力情景设定。
    rng(2)
    Ra2 = ceil(rand(12,10000)*54);
    rng(3)
    Ra3 = ceil(rand(12,10000)*54);
    % Pre1,Pre2,Pre3 为轻度、中度和极端压力三种情景下宏观经济变量的取值。
    A1 = zeros(6,12,10000);
    for i = 1:10000
    A1(:,:,i) = Ma_Condition(AR,C,start´,impulse(1,:),Re,Ra1(:,i));
    end
    Pre1 = mean(A1,3)
    A2 = zeros(6,12,10000);
    for i = 1:10000
    A2(:,:,i) = Ma_Condition(AR,C,start´,impulse(2,:),Re,Ra2(:,i));
    end
    Pre2 = mean(A2,3)
    A3 = zeros(6,12,10000);
    for i = 1:10000
    A3(:,:,i) = Ma_Condition(AR,C,start´,impulse(3,:),Re,Ra3(:,i));
```

```
end
Pre3 = mean(A3,3)
```

上述代码为宏观经济变量在三种压力情景下的取值,但考虑到上市银行的各微观指标也会受到宏观经济状况的影响,因此,这里使用宏观经济传递模型,对各宏观经济变量与各上市银行微观指标分别作回归,对上市银行的微观经济指标进行调整。

回归经济传递模型对于微观变量的影响,代码如下:

```
Variables = xlsread('C:\Users\wei-pengfei\Desktop\空间金融论文\3 代码 V3\输出\Variables.csv');
X = Variables((1:39) * 16,1:7);
Y = Variables(:,[8:11,13:16]);
[b,bint,r,rint,stats] = regress(Y((1:39) * 16,1),X);
B = zeros(16,8 * 7);
F = zeros(16,8);
R = zeros(16,8);
P = zeros(7,8,16);
BB = zeros(7,8,16);
for i = 1:16
    y = Y((0:38) * 16 + i,:);
    for j = 1:8
        [b,bint,r,rint,stats] = regress(y(:,j),X);
        R(i,j) = stats(1,1);
        F(i,j) = stats(1,3);
        B(i,(j-1) * 7 + 1:j * 7) = b';
        for d1 = 1:7
            if (bint(d1,2) * bint(d1,1)) >= 0
                P(d1,j,i) = 1;
            end
        end
        for k = 1:7
            BB(k,j,i) = b(k);
        end
    end
end
format long
sum(P,3)
mean(BB,3)
F
xlswrite('C:\Users\wei-pengfei\Desktop\空间金融论文\3 代码 V3\输出\F.xlsx', roundn(F,-3), 'sheet1','B2');

% Pre_X 为微观指标的取值
```

```
% Pre_X 1-16 行为 16 家银行,1-12 期的第 1 个变量的取值
% Pre_X 17-32 行为 16 家银行,1-12 期的第 2 个变量的取值
Pre_X10 = zeros(16 * 8,12);
Pre_X20 = zeros(16 * 8,12);
Pre_X30 = zeros(16 * 8,12);
for i = 1:8
    Pre_X10((i-1) * 16 + 1:i * 16,:) = B(:,(i-1) * 7 + 1:i * 7) * [ones(1,12);Pre1];
    Pre_X20((i-1) * 16 + 1:i * 16,:) = B(:,(i-1) * 7 + 1:i * 7) * [ones(1,12);Pre2];
    Pre_X30((i-1) * 16 + 1:i * 16,:) = B(:,(i-1) * 7 + 1:i * 7) * [ones(1,12);Pre3];
end
Pre_X10
Pre_X20
Pre_X30
```

2. 风险等级概率的计算

潜变量 z 值及风险等级概率的计算过程及代码如下:

```
%%%%%%%%%%%%%%%%%%%%%%%%%%%%%%%%%%%%%
%%%%   计算潜变量 z 值   空间排序 Probit 模型
%%%%%%%%%%%%%%%%%%%%%%%%%%%%%%%%%%%%%
W = xlsread('C:\Users\wei-pengfei\Desktop\空间金融论文\3 代码 V3\输出\权重矩阵.xlsx');
W = W(1:16,1:16)    % 空间权重矩阵
beta0 = xlsread('C:\Users\wei-pengfei\Desktop\空间金融论文\3 代码 V3\输出\Coefficients.csv');
beta = beta0(1:17,2)    % 空间排序 Probit 模型的回归系数。
% Z1,Z2,Z3 分别表示轻度、中度和极端压力三种情景下的 16 家上市银行在各时期的潜变量 z 值。
Z1 = zeros(16,12);
Z2 = zeros(16,12);
Z3 = zeros(16,12);
for i = 1:12
    X10 = reshape(Pre_X10(:,i),16,8);
    X11 = [X10(:,1:4),[ones(5,1);zeros(11,1)],X10(:,5:8)];
    X12 = [ones(16,1),repmat(Pre1(:,i)',16,1),X11];
    Z1(:,i) = (eye(16) - beta(17,1) * W)\(X12 * beta(1:16,1));

    X20 = reshape(Pre_X20(:,i),16,8);
    X21 = [X20(:,1:4),[ones(5,1);zeros(11,1)],X20(:,5:8)];
    X22 = [ones(16,1),repmat(Pre2(:,i)',16,1),X21];
    Z2(:,i) = (eye(16) - beta(17,1) * W)\(X22 * beta(1:16,1));

    X30 = reshape(Pre_X30(:,i),16,8);
    X31 = [X30(:,1:4),[ones(5,1);zeros(11,1)],X30(:,5:8)];
```

```
            X32 = [ones(16,1),repmat(Pre3(:,i)´,16,1),X31];
            Z3(:,i) = (eye(16) - beta(17,1) * W)\(X32 * beta(1:16,1));
    end


    %%%%%%%%%%%%%%%%%%%%%%%%%%%%%%%%%%%%%%%%
    %%%%   计算各银行不同风险等级的等级概率
    %%%%%%%%%%%%%%%%%%%%%%%%%%%%%%%%%%%%%%%%
    %P1,P2,P3 分别表示轻度、中度和极端压力三种情景下,16 家上市银行 5 类风险等级在各时
    期的风险等级概率。
    % 第 1—5 行为第 1 家银行,1—5 等级的等级概率
    P1 = zeros(16 * 5,12);
    P2 = zeros(16 * 5,12);
    P3 = zeros(16 * 5,12);
    for i = 1:16
        for j = 1:12
            P1((i-1) * 5 + 1,j) = normcdf(beta0(18,2) - Z1(i,j));
            P1((i-1) * 5 + 2,j) = normcdf(beta0(19,2) - Z1(i,j)) - normcdf(beta0(18,2) - Z1(i,j));
            P1((i-1) * 5 + 3,j) = normcdf(beta0(20,2) - Z1(i,j)) - normcdf(beta0(19,2) - Z1(i,j));
            P1((i-1) * 5 + 4,j) = normcdf(beta0(21,2) - Z1(i,j)) - normcdf(beta0(20,2) - Z1(i,j));
            P1((i-1) * 5 + 5,j) = 1 - normcdf(beta0(21,2) - Z1(i,j));

            P2((i-1) * 5 + 1,j) = normcdf(beta0(18,2) - Z2(i,j));
            P2((i-1) * 5 + 2,j) = normcdf(beta0(19,2) - Z2(i,j)) - normcdf(beta0(18,2) - Z2(i,j));
            P2((i-1) * 5 + 3,j) = normcdf(beta0(20,2) - Z2(i,j)) - normcdf(beta0(19,2) - Z2(i,j));
            P2((i-1) * 5 + 4,j) = normcdf(beta0(21,2) - Z2(i,j)) - normcdf(beta0(20,2) - Z2(i,j));
            P2((i-1) * 5 + 5,j) = 1 - normcdf(beta0(21,2) - Z2(i,j));

            P3((i-1) * 5 + 1,j) = normcdf(beta0(18,2) - Z3(i,j));
            P3((i-1) * 5 + 2,j) = normcdf(beta0(19,2) - Z3(i,j)) - normcdf(beta0(18,2) - Z3(i,j));
            P3((i-1) * 5 + 3,j) = normcdf(beta0(20,2) - Z3(i,j)) - normcdf(beta0(19,2) - Z3(i,j));
            P3((i-1) * 5 + 4,j) = normcdf(beta0(21,2) - Z3(i,j)) - normcdf(beta0(20,2) - Z3(i,j));
            P3((i-1) * 5 + 5,j) = 1 - normcdf(beta0(21,2) - Z3(i,j));
        end
    end
```

参 考 文 献

[1] Apergis E, Apergis I, Apergis N. A New Macro Stress Testing Approach for Financial Realignment in the Eurozone[J]. *Journal of International Financial Markets, Institutions and Money*, 2019, 61(7).

[2] Breuer T, Summer M. Systematic Stress Tests on Public Data[J]. *Journal of Banking & Finance*, 2020, 118(9).

[3] Chen J, Hong H, Stein J C. Forecasting Crashes: Trading Volume, Past Returns, and Conditional Skewness in Stock Prices[J]. *Journal of Financial Economics*, 2001, 61(3).

[4] Covi G, Gorpe M Z, Kok C. CoMap: Mapping Contagion in the Euro Area Banking Sector[J]. *Journal of Financial Stability*, 2021, 53(4).

[5] Fang C, Yeager T J. A Historical Loss Approach to Community Bank Stress Testing[J]. *Journal of Banking & Finance*, 2020, 118(9).

[6] Kok C, Henry J, et al., A Macro Stress Testing Framework for Assessing Systemic Risks in the Banking Sector[R]. ECB Occasional Paper, 2013, (152).

[7] Kupiec P H. Policy Uncertainty and Bank Stress Testing[J]. *Journal of Financial Stability*, 2020, 51(12).

[8] Song L, Zhang Y. Banking Network Structure and Transnational Systemic Risk Contagion—The Case of the European Union[J]. *Finance Research Letters*, 2021, 39(3).

[9] 陈健,王鑫. 商业银行风险溢出的网络关联效应研究[J]. 金融经济学研究,2019,34(4).

[10] 董申,王金玲,陶然,孙硕,谭士杰. 商业银行大型集团客户信用风险压力测试——基于蒙特卡洛模拟方法[J]. 金融监管研究,2019,(5).

[11] 方意,于渤,王炜. 新冠疫情影响下的中国金融市场风险度量与防控研究[J]. 中央财经大学学报,2020,(8).

[12] 方意. 中国银行业系统性风险研究——宏观审慎视角下的三个压力测试[J]. 经济理论与经济管理,2017,(2).

[13] 高士英,许青,沈娜. 经济"新常态"下的商业银行流动性研究与压力测试[J]. 现代财经(天津财经大学学报),2016,36(2).

[14] 何志权. 基于SVAR模型的商业银行压力测试研究[J]. 系统科学与数学,2017,37(7).

[15] 华晓龙. 基于宏观压力测试方法的商业银行体系信用风险评估[J]. 数量经济技术经济研究,2009,26(4).

[16] 李栋栋. 公司债务期限结构与股价崩盘风险——基于中国A股上市公司的实证证据[J]. 经济理论与经济管理,2016,(11).

[17] 李江,刘丽平. 中国商业银行体系信用风险评估——基于宏观压力测试的研究[J]. 当代经济科学,2008,(6).

[18] 李伟. 商业银行系统性金融风险压力测试模拟研究[J]. 财经问题研究,2018,(6).

[19] 潘岳汉,易晓溦. 商业银行压力测试宏观情景构建及应用——基于FAVAR模型[J]. 金融论坛,2018,23(11).

[20] 彭建刚,易昊,潘凌遥. 基于行业相关性的银行业信用风险宏观压力测试研究[J]. 中国管理科学,2015,23(4).

[21] 苏坤. 董事会异质性对公司股价崩盘风险的影响研究[J]. 当代经济管理,2020,42(10).

[22] 隋聪,王宪峰,王宗尧. 银行间债务网络流动性差异对风险传染的影响[J]. 管理科学学报,2020,23(3).

[23] 孙玉莹,闫妍. 基于压力测试的我国某商业银行房贷违约率评估[J]. 系统工程理论与实践,2014,34(9).

[24] 童中文,解晓洋,邓熳利. 中国银行业系统性风险的"社会性消化"机制研究[J]. 经济研究,2018,53(2).

[25] 王天宇,杨勇.商业银行信用风险宏观压力测试研究[J].商业经济与管理,2017,(5).

[26] 王占浩,郭菊娥,薛勇.资产负债表关联、价格关联与银行间风险传染[J].管理工程学报,2016,30(2).

[27] 王周伟,赵启程,李方方.地方政府债务风险价值估算及其空间效应分解应用[J].中国软科学,2019,(12).

[28] 熊家财.产权性质、股票流动性与股价崩盘风险[J].当代经济科学,2015,37(1).

[29] 熊一鹏,熊正德,姚柱.宏观压力测试下商业银行零售信贷产品PD模型预测研究[J].中国管理科学,2020,28(7).

[30] 徐明东,刘晓星.金融系统稳定性评估:基于宏观压力测试方法的国际比较[J].国际金融研究,2008,(2).

[31] 许年行,于上尧,伊志宏.机构投资者羊群行为与股价崩盘风险[J].管理世界,2013,(7).

[32] 杨胜刚,刘亚之.我国商业银行流动性风险压力测试[J].吉首大学学报(社会科学版),2015,36(3).

[33] 杨子晖,陈雨恬,张平淼.重大突发公共事件下的宏观经济冲击、金融风险传导与治理应对[J].管理世界,2020,36(5).

[34] 余秋玲,朱宏泉.宏观经济信息与股价联动——基于中国市场的实证分析[J].管理科学学报,2014,17(3).

[35] 臧敦刚,马德功.基于宏观压力测试的我国商业银行系统性风险的度量[J].上海金融,2013,(12).

[36] 赵汝为,熊熊,沈德华.投资者情绪与股价崩盘风险:来自中国市场的经验证据[J].管理评论,2019,31(3).

[37] 周爱民,遥远.真实盈余管理、监督压力与股价崩盘风险[J].上海金融,2018,(7).

[38] 周凯,袁媛.商业银行动态流动性风险压力测试应用研究[J].审计与经济研究,2014,29(3).

[39] 周泽将,汪帅,王彪华.经济周期与金融风险防范——基于股价崩盘视角的分析[J].财经研究,2021,47(6).

第5章 地方政府竞争、政府主导与财政科技投入效率

——基于空间 Tobit 模型

摘　要：本章基于中国式财政分权下的科技投入体制背景，选取 2010—2017 年中国 30 个省份的面板数据，构建空间 Tobit 模型实证检验地方政府竞争、政府主导对财政科技投入效率的影响。实证结果表明：财政科技投入效率具有空间集聚和溢出效应，地方政府竞争对财政科技投入效率和效率溢出具有正向的促进作用，并且这种促进作用具有区域异质性；地方政府主导对财政科技投入效率和效率溢出具有反向的促进作用，并且这种促进作用具有区域异质性。因此，在政府主导的国家科技创新体系下，地方政府应该充分发挥在区域科技发展中的重要作用。同时，地方政府间的区域竞争策略性互动对财政科技投入效率的空间分布格局也有重要影响。

关键词：政府竞争；政府主导；空间 Tobit 模型

5.1　引　言

效率变化是科学技术发展的内在要求和强大动力。作为科技投入大国之一的中国，2014 年，研发经费投入总额达到 13015.6 亿元，居世界第二，2017 年达到 17500 亿元，投入规模庞大，但技术原创性不足，原创成果寥寥无几，核心技术也不足，130 余种关键基础材料中，32% 仍为空白，科技投入效率有待提升。以体现创新成果的重要载体科技论文为例，从 2007 年 1 月到 2017 年 10 月，中国科学家和技术人员发表的国际论文总数位居世界第二，但平均引用次数（9.4 次）未达到世界平均水平。同时，论文质量不高，其影响低于全球平均水平。2018 年发生的美国封杀中兴通讯事件在激发国人对"无心之痛"担忧的同时，也引发国人对财政科技投入效率的担忧，甚至有人断言：相比中兴，华为的成功源于民营体制，而非财政投入机制。

国内围绕财政科技投入效率或绩效议题的文献主要包括两类：一是运用实证方法对地方财政科技投入效率进行测度和分析，主要是基于数据包络分析法（DEA）的效率测度和评价，研究对象为中国各省份或某一具体省份；二是构建地方政府金融技术

投资绩效评价模型和指标体系。上述研究多为单纯的效率定性或定量分析,而对于财政科技投入中蕴含的政府意志鲜有关注。在政府主导的国家科技创新体系下,地方政府在区域科技发展中发挥着重要作用,地方政府间的区域竞争策略性互动对财政科技投入效率的空间分布格局具有较大影响,因此从地方政府竞争视角研究财政科技投入效率问题也就显得尤为重要。

5.2 文献综述

贺宝成等(2019)基于中国式财政分权下的科技投入体制背景,构建空间 Tobit 模型实证检验地方政府竞争对财政科技投入效率的影响以及法制环境的调节效应,结果发现财政科技投入效率具有空间集聚和溢出效应,地方政府竞争对财政科技投入效率和效率溢出具有显著的促进作用,并且这种促进作用具有区域异质性;进一步研究发现,地方政府竞争带来的科技投入效率提升具有较强的环境依赖特征,法制环境越好的地区,政府竞争对财政科技投入效率和效率溢出的促进作用越显著。田红宇等(2019)从理论和实证层面分析了政府主导、地方政府竞争对科技创新效率的影响,研究发现政府主导对科技创新效率具有显著的正向促进作用,其影响轨迹呈倒"U"形变化;中国式分权体制下,地方政府竞争不利于科技创新效率的提升,其影响呈"U"形变化;地方政府竞争会削弱政府主导对科技创新效率正向促进的边际贡献,以至于二者协同效应不利于科技创新效率的提升。张文兵(2017)利用空间 Tobit 模型对地方政府投资效率的影响因素进行实证分析,发现地方政府投资效率主要受技术进步、地区产业结构、地区市场特征三个方面的影响;同时,他对空间 Tobit 模型进行了详细的阐述,为后续研究提供了强有力的论证。车国庆(2018)主要对近年在 Malmquist-DEA 模型基础上所提出的生态效率动态分解方法进行分析和阐述,并通过实证分析力图揭示中国地区生态效率的地区差距、动态演变、空间相关、收敛状态;利用差异性检验的现代统计分析工具、非参数核密度方法、全局空间相关性检验方法以及静态和动态空间面板计量模型对中国地区生态效率的动态演变和空间影响机制进行分析和探讨。该文首次尝试利用空间 Tobit 模型识别科技投入效率影响因素,其检验结论对于理解中国地区科技投入效率的决定过程以及方向与特征都具有一定的价值。

5.3 主要贡献

本章的主要贡献在于:第一,基于财政科技投入中蕴含的政府意志,从地方政府竞争视角探究财政科技投入效率问题,为打开其内在影响机制的"黑箱"提供新视角。第二,将空间计量模型引入政府竞争、政府主导下财政科技投入效率的研究框架中,验证政府竞争和政府主导带来的效率空间溢出效应,为促进溢出效应的释放提供经验证据。第三,发挥控制变量的调节作用,揭示政府竞争和政府主导作用于财政科技投入效率的外部环境影响机制,为科技投入效率的改进提供新的解释和路径。

本章结构安排如下:一是介绍文章背景,对所研究的问题进行概述,并阐述研究意义;二是对国内外相关文献进行总结和评价,给出研究主题的理论基础和实证经验数据,总结前人经验;三是阐述本章所运用的实证方法和步骤,给出实证数据;四是进行实证研究并对结果进行讨论;五是对实证结论进行总结评述,并指出相关的不足之处。

5.4 理论模型、估计方法介绍

5.4.1 数据包络法模型

数据包络分析(DEA)模型是一种线性规划模型,表示为输出与输入的比率。通过比较一个特定单元的效率和一组提供相同服务的类似单元的效率,试图最大限度地提高服务单元的效率。在这个过程中,一些效率得分达到100%的单位被称为相对有效的单位,而低于100%的单位被称为低效单位。

DEA模型采用非参数法计算决策单元(DMU)的效率。在测量过程中,DMU的输入和输出不能改变,然后用数学求解方法获得相对有效的生产前沿面;再比较DMU投影到生产前沿面的偏差程度;接着根据偏差程度衡量每个DMU的有效性;最后基于DMU的有效性获得金融技术输入效率的相对值。

假设有n个待评价的对象,每个DMU有m种不同类型的输入和s种不同类型的输出,其相应的权重向量记录如下:

$$V = (v_1, v_2, v_3, \cdots, v_i)^T, \quad U = (u_1, u_2, u_3, \cdots, u_r)^T$$

此DMU中的第j个输入和输出向量记录为:

$$X_j = (x_{1j}, x_{2j}, x_{3j}, \cdots, x_{ij})^T, \quad Y_j = (y_{1j}, y_{2j}, y_{3j}, \cdots, y_{rj})^T \quad (5.1)$$

其中,x_{ij}是第j个DMU对第i种投入类型的总投入;y_{rj}是第j个决策单元对第r种产出类型的总产出;v_i为第i种输入指标的权重系数;u_r为第r种产出指标的权重系数。各DMU投入产出比的相对效率评价指标如下:

$$h_j = \frac{\sum_{r=1}^{s} u_r y_{rj}}{\sum_{i=1}^{m} v_i x_{ij}} \quad (5.2)$$

可以得到一般的DEA优化模型:

$$\max = \frac{U^T Y_0}{V^T X_0}$$

$$\begin{cases} \frac{U^T Y_0}{V^T X_0} = h_j \\ V \geq 0, \quad U \geq 0 \end{cases} \quad (5.3)$$

上面的模型是分式规划问题模型。通过适当选取权重向量U和V的值,使对每个j,均满足$h_j \leq 1$。

5.4.2 空间自相关分析

空间相关性检验对于经济研究意义重大。目前最受推崇的空间相关性检验标准是莫兰指数,由 Moran(1950)、Cliff 和 Ord(1981)提出和完善。莫兰指数基于回归模型的估计残差如下:

$$I = \frac{\sum_{i=1}^{n}\sum_{j=1}^{n}w_{ij}(x_i-\bar{x})(x_j-\bar{x})}{\sum_{i=1}^{n}(x_i-\bar{x})^2} \tag{5.4}$$

其中,w_{ij} 为空间权重矩阵元素,$\bar{x}$ 为均值,$I \subseteq (0,1)$。当 $I<0$ 时,存在负的空间自相关;当 $I>0$ 时,存在正的空间自相关;当 $I=0$ 时,不存在空间自相关性。(陈强,2010)

定义相邻关系的另一方法是基于区域间的距离。记区域 i 与区域 j 之间的距离为 d_{ij},可定义空间权重如下:

$$w_{ij} = \begin{cases} 1 & \text{若 } d_{ij} < d \\ 0 & \text{若 } d_{ij} \geqslant d \end{cases} \tag{5.5}$$

其中,d_{ij} 为事先给定的距离特定值。另外,也可以直接用距离的倒数作为空间权重:

$$w_{ij} = \frac{1}{d_{ij}} \tag{5.6}$$

空间相关性的度量分为全局相关性与局部相关性两个方面。全局相关性是用来考察整个区域整体的空间相关性程度,而局部相关性可以单独考察各个局部区域与周围区域的相关关系,并且通过画出局部散点图也可以发现全局的情况,若散点多集中在第一和第三象限说明有显著的正向相关关系,若散点多集中在第二和第四象限说明整体存在显著的负向相关关系。(王周伟等,2017)

5.4.3 空间 Tobit 模型

自从 Tobin(1958)研究解释变量具有上限、下限或极值等问题以来,这类问题引起了许多学者的关注。为了纪念 Tobin 对这类模型的贡献,人们称之为 Tobit 模型,它受解释变量值的限制,具有选择性行为。(王周伟等,2017)在计量经济学中,Tobit 模型是一种分析截尾数据的标准工具,在空间集中,如果因变量不是连续的,存在删截值,则因变量服从截尾的分布。Heckman(1979)研究了妇女工资率问题。他对女性是否选择工作不感兴趣,但对影响女性工资率变化的因素感兴趣。然而,只有当女性选择工作时,人们才能观察她们的工资信息。如果一个女性选择工作,薪水 y 不等于 0;如果女性不工作,y 只能是 0,这意味着只有潜变量 $y^* > 0$,才可以用来观察她的工资信息,所以工资变量实际上是一个受限的因变量。(王周伟等,2017)当潜变量具有空间上的相关性或依赖性时,模型就应该扩展为空间 Tobit 模型。

5.4.4 空间 Tobit 模型的分类

空间经济计量模型主要分为以下两种:第一种是空间自回归模型,其空间依赖性体现在变量中;第二种是空间误差模型,其空间依赖性体现在误差项中。空间 Tobit 模型可以分为 SAR-Tobit 模型和 SEM-Tobit 模型。(王周伟等,2017)

1. SAR-Tobit 模型

该模型适用于研究截尾数据的情形,当一个地区或机构的经济行为受到另一个地

区或机构经济行为溢出的影响时,其模型设定形式如下:

$$y = \max(y^*, 0), \quad y^* = \rho Wy^* + X\beta + u \tag{5.7}$$

2. SEM-Tobit 模型

该模型适用于研究受邻近地区或机构经济行为溢出影响的地区或机构的经济行为的截尾数据。模型形式如下:

$$y = \max(y^*, 0), \quad y^* = X\beta + u \tag{5.8}$$

在公式(5.7)和公式(5.8)中,y 是 $N \times 1$ 维的因变量向量,其元素为截尾数据,y^* 为潜变量,表示影响因变量选择的潜在因素,X 是 $N \times K$ 维的外生变量矩阵,β 是自变量系数矩阵,W 是 $N \times N$ 维的空间权重矩阵,N 是观测点数目,ρ 是空间相关系数,u 是满足正态独立同分布的随机扰动项,$u \sim N(0, \sigma^2 I_n)$。(王周伟等,2017)

5.4.5 空间 Tobit 模型识别检验

根据以上论述,当需要研究的某个经济变量受到某个潜在因素的影响,同时这个变量只有在潜在因素达到一定范围才会出现非零的状况时,所建立的模型就是 Tobit 模型。如果这个潜在因素基于地理距离或者经济距离会产生相互影响的效应,那么为了更好地说明这种空间效应,需要建立空间 Tobit 模型。(王周伟等,2017)

具体的空间 Tobit 模型的识别,按以下步骤进行:

1. 测度是否存在整体、局部空间自相关

为检验整体空间自相关的存在性,需要使用莫兰指数,具体形式如下:

$$I = \sum_{i=1}^{n}\sum_{j=1}^{n} w_{ij}(Y_i - \bar{Y})^2 / S^2 \sum_{i=1}^{n}\sum_{j=1}^{n} W_{ij} \tag{5.9}$$

其中,

$$S^2 = \frac{1}{n}\sum_{i=1}^{n}(Y_i - \bar{Y}), \quad \bar{Y} = \frac{1}{n}\sum_{i=1}^{n} Y_i$$

且莫兰指数近似服从期望为 $E(I)$、方差为 $V(I)$ 的正态分布 $\frac{I - E(I)}{\sqrt{V(I)}} \sim N(0,1)$。

莫兰指数反映了相邻区域或相邻区域单元属性值的相似程度。它可以测试模型是否存在空间自相关,如前文所述,当 $I<0$ 时,表明存在负的空间自相关;当 $I>0$ 时,表明存在正的空间自相关;当 $I=0$ 时,表明不存在空间自相关;当 $I=-1$ 时,表明存在完全空间负相关;当 $I=1$ 时,表明存在完全空间正相关。(王周伟等,2017)

2. LM 检验

(1) LM-Error 统计量——空间自回归不存在时空间残差相关的 LM 检验

原假设:$Y = X\beta + \varepsilon, \varepsilon \sim N(0, \sigma^2 I)$

备择假设:$Y = X\beta + \varepsilon, \varepsilon = \lambda W\varepsilon + u$

(2) LM-Lag 统计量——空间残差相关不存在时空间自回归效应的 LM 检验

原假设:$Y = X\beta + \varepsilon, \varepsilon \sim N(0, \sigma^2 I)$

备择假设:$Y = \rho WY + X\beta + \varepsilon, \varepsilon \sim N(0, \sigma^2 I)$

(3) 稳健的 LM-Error 统计量——空间自回归存在时空间残差相关的 LM 检验

原假设：$Y=\rho WY+X\beta+\varepsilon,\varepsilon\sim N(0,\sigma^2 I)$

备择假设：$\varepsilon=\lambda W\varepsilon+u\varepsilon=\lambda W\varepsilon+u$

（4）稳健的 LM-Lag 统计量——空间残差相关存在时空间自回归效应的 LM 检验

原假设：$Y=X\beta+\lambda W\varepsilon+u,u\sim N(0,\sigma^2 I)$

备择假设：$Y=\rho WY+X\beta+\lambda W\varepsilon+u$

当 LM-Error 统计量显著时，选择空间 SEM-Tobit 模型；当 LM-Lag 统计量显著时，选择空间 SAR-Tobit 模型；当二者都不显著时，进行稳健的 LM 检验。当稳健的 LM-Error 统计量显著时，选择 SEM-Tobit 模型；当稳健的 LM-Lag 统计量显著时，选择空间 SAR-Tobit 模型。（王周伟等，2017）

5.4.6 空间 Tobit 模型的参数估计

最小二乘法不适用于估计空间计量经济模型，这是因为运用最小二乘法估计空间滞后相关变量模型的回归参数、空间参数和标准误差时可能产生不一致。

在模型包含空间滞后误差项的情况下，尽管 OLS 估计器是无偏的，但它也不再有效；在模型包含空间滞后解释变量的情况下，OLS 估计器不仅有偏差，而且会产生不一致，但对这些模型的极大似然估计量却是一致的，因此，空间计量经济模型的估计一般采用 MLE 方法。对于空间 Tobit 模型，最大似然估计法和贝叶斯马尔可夫链蒙特卡罗估计法都是可行的（王周伟等，2017），本章空间 Tobit 模型使用极大似然估计法。

极大似然估计法是空间计量经济模型参数估计的常用方法，其基本原理是，在误差项正态分布假设下，导出因变量的联合密度函数，然后通过最大化对数似然函数，得到模型的参数估计值，最重要的是求对数似然函数。

1. SAR-Tobit 模型

SAR-Tobit 模型的数据生成过程如下：

$$y=\max[y^*=(I_n-\rho W)^{-1}(X\beta+u),0] \quad (5.10)$$

对于非截尾部分观测值，y 的密度函数为：

$$f_1=\frac{(1-\rho W)}{\sigma}f\left\{\frac{(1-\rho W)[y-(1-\rho W)^{-1}X\beta]}{\sigma}\right\} \quad (5.11)$$

对于截尾部分的观测值，y 的密度函数为：

$$f_2=\phi\left\{-\frac{X\beta}{\sigma}\right\} \quad (5.12)$$

因此，y 的联合密度函数可以写成：

$$f=f_1^{1-D_i}f_2^{D_i} \quad (5.13)$$

当 $y\leqslant 0$ 时，$D_i=0$；当 $y>0$ 时，$D_i=1$。

对于这个 Tobit 模型，所得的对数似然函数为：

$$\log L=\sum_{i=1}^n(1-D_i)\log f_1+\sum_{i=1}^n\log f_2 \quad (5.14)$$

2. SEM-Tobit 模型

SEM-Tobit 模型的数据生成过程如下：

$$y = \max[y^* = (I_n - \rho W)^{-1}(X\beta + u), 0] \tag{5.15}$$

对于非截尾部分观测值,y 的密度函数为:

$$f_1 = \frac{(1-\lambda W)}{\sigma}\phi\left\{\frac{(1-\lambda W)[y-X\beta]}{\sigma}\right\} \tag{5.16}$$

对于截尾部分的观测值,y 的密度函数为:

$$f_2 = \phi\left\{-\frac{(1-\lambda W)X\beta}{\sigma}\right\} \tag{5.17}$$

因此,y 的联合密度函数可以写成:

$$f = f_1^{1-D_i} f_2^{D_i} \tag{5.18}$$

当 $y \leq 0$ 时,$D_i = 0$;当 $y > 0$ 时,$D_i = 1$。

对于这个 Tobit 模型,所得的对数似然函数为:

$$\log L = \sum_{i=1}^{n}(1-D_i)\log f_1 + \sum_{i=1}^{n}\log f_2 \tag{5.19}$$

在得到对数似然函数之后,就可以通过求解偏导数得到各个参数的估计值。

5.5 实证分析

5.5.1 财政科技投入指标的选取

表 5.1 和表 5.2 阐述了财政科技投入效率指标的类型和变量说明以及描述性统计分析,其中描述性统计分析部分主要包括样本观测值、均值以及标准差。

表 5.1 财政科技投入效率指标

指标类型	变量
投入指标	R&D 人员
	R&D 经费
产出指标	技术市场成交额
	专利数

表 5.2 财政科技投入效率指标的描述性统计分析

变量名	频数	均值	标准差	最小值	最大值
R&D 人员	240	107693.01	115861	4009	543438
R&D 经费	240	2822980	3702634	18333.8	1.87e+07
技术市场成交额	240	2597767	5750341	5666	4.49e+07
专利数	240	36670.35	54991.84	264	269944

5.5.2 财政科技投入效率的测度

这里运用 DEA 方法中的 CCR 模型测度得到 2010—2017 年我国 30 个省份(西藏相关数据缺失严重,故删去)的财政科技投入效率值,如表 5.3 所示。

表 5.3 财政科技投入效率测度结果

省份	2010年	2011年	2012年	2013年	2014年	2015年	2016年	2017年
北京	0.5778	0.5438	0.5543	0.6343	0.7181	0.8183	0.9872	1.0000
天津	0.1423	0.1397	0.1462	0.1764	0.2060	0.1999	0.2855	0.4408
河北	0.1696	0.2324	0.2091	0.2505	0.2644	0.2652	0.3692	0.3501
山西	0.1278	0.1419	0.1244	0.1555	0.1838	0.2220	0.2746	0.2399
内蒙古	0.0843	0.0799	0.0705	0.0821	0.1344	0.1321	0.1688	0.2017
辽宁	0.1706	0.1665	0.1772	0.1704	0.1787	0.2160	0.2783	0.2443
吉林	0.2465	0.2377	0.2178	0.2272	0.2108	0.2079	0.2614	0.3566
黑龙江	0.1865	0.2164	0.3613	0.5706	0.5547	0.4683	0.5727	0.5846
上海	0.3929	0.3752	0.3454	0.3404	0.2899	0.2848	0.3309	0.3182
江苏	0.4236	0.5799	0.7141	0.8367	0.6621	0.5077	0.5844	0.4937
浙江	0.9015	0.8344	0.7902	1.0000	0.9575	0.8075	0.9221	0.8025
安徽	0.2210	0.2631	0.5749	0.6310	0.459	0.4018	0.5964	0.5421
福建	0.2599	0.3400	0.3332	0.3957	0.4371	0.4001	0.7184	0.7497
江西	0.1323	0.1511	0.1604	0.1931	0.2076	0.3679	0.5414	0.5851
山东	0.2538	0.2797	0.2630	0.4386	0.2680	0.2335	0.2896	0.2657
河南	0.2057	0.2687	0.2687	0.3233	0.3082	0.3218	0.4287	0.3921
湖北	0.2126	0.2204	0.1934	0.2100	0.2120	0.1858	0.2327	0.2368
湖南	0.1954	0.2784	0.2602	0.3195	0.3003	0.2943	0.3408	0.2971
广东	0.4699	0.4894	0.4400	0.4533	0.4628	0.4518	0.5627	0.5522
广西	0.2014	0.2023	0.2050	0.2460	0.3217	0.4200	0.5742	0.5689
海南	0.9193	0.3307	0.2989	0.3125	0.3795	0.382	0.6908	0.6934
重庆	0.2984	0.3424	0.5011	0.5604	0.3990	0.4786	0.6599	0.9267
四川	0.6651	0.8249	0.5351	0.6688	0.6302	0.5633	0.6755	0.5549
贵州	0.2560	0.3000	0.2875	0.4732	0.5163	0.5913	0.9106	0.4300
云南	0.4328	0.3418	0.2922	0.3447	0.3524	0.3508	0.4204	0.3635
陕西	0.2293	0.2777	0.2616	0.2846	0.3469	0.3538	0.4838	0.6602
甘肃	0.1634	0.1938	0.1887	0.2445	0.2729	0.2805	0.3631	0.4570
青海	0.1635	0.0862	0.1710	0.1575	0.1452	0.2547	0.4178	0.4360
宁夏	0.3334	0.2433	0.1141	0.1742	0.2304	0.2468	0.2865	0.3571
新疆	0.2985	0.3069	0.2585	0.3743	0.4954	0.5122	0.7993	0.6381

通过测度结果可知，基本上每年每个省份的财政科技投入效率都会发生变化，综合效率得分值等于1的省份比较少，说明政府的投入和产出不相匹配。

接下来选取这30个省份为研究样本。财政科技投入效率的计量数据主要来源于历年《中国科技统计年鉴》，其他指标来源于历年《中国统计年鉴》。

如表5.4所示，本章以财政科技投入效率为被解释变量。核心解释变量包括两个:一是地方政府竞争。地方政府竞争是财政分权的产物,其实质是财政资源支配与运用能力的竞争,借鉴贺宝成等(2019)的研究,本章采用地方财政支出占全国财政支出的比重来反映地方政府竞争程度。二是地方政府主导。政府主导反映科技创新中政府角色占比大小,用各省份内部R&D经费中政府资金的比重来表示。(田红宇等,2019)控制变量包括四个:一是经济发展水平(lngdp),用各省份人均GDP的对数形式表示;二是人力资本培养(lncgn),用本专科学校数目表示,科技创新的发展有赖于受高等教育人才,所以这一指标更能反映人力资本质量对科技创新效率的影响;三是进出口水平(lniet),用各省份进出口总额的对数表示;四是支持力度(lnitp),用各省份投资总额的对数形式表示。

表 5.4 变量定义表

	变量名称	变量代码	变量说明
被解释变量	财政科技投入效率	y_est	用数据包络分析技术测度
解释变量	地方政府竞争	x1_lgc	地方财政支出/全国财政支出
	地方政府主导	x2_lge	各省份内部R&D经费中政府资金的比重
控制变量	经济发展水平	lngdp	各省份人均GDP的对数形式
	进出口水平	lniet	各省份进出口总额的对数形式
	支持力度	lnitp	各省份投资总额的对数形式
	人力资本培养	lncgn	本专科学校数目

表5.5为变量的描述性统计分析结果,主要包括样本观测值、均值以及标准差。

表 5.5 描述性统计分析结果

	名称	均值	最小值	最大值	观测数	标准差
被解释变量	y_est	0.3804	0.0705	1	240	0.2081
解释变量	x1_lgc	0.0330	0.0071	0.0868	240	0.0153
	x2_lge	8.1244	−0.104282	0.095310	240	0.014691
控制变量	Lngdp	10.6914	−0.105766	0.095661	240	0.017211
	lniet	17.5758	−0.104233	0.096414	240	0.015107
	lnitp	5.2075	−0.105599	0.095653	240	0.027992
	lncgn	4.2501	−0.105439	0.095259	240	0.022105

5.5.3 空间相关性

全局空间相关性分析可以通过局部莫兰指数及其 z 值、p 值进行判断,被解释变量 y_est 的局部自相关指标及相应检验结果如表 5.6 所示。

表 5.6　莫兰指数空间相关性检验

变量名	Moran's I	E(Moran's I)	sd(Moran's I)	z	p-value*
y_est2010	0.145	−0.034	0.115	1.568	0.058
y-est2011	0.072	−0.034	0.115	0.927	0.117
y-est2012	0.215	−0.034	0.118	2.109	0.017
y-est2013	0.167	−0.034	0.118	1.711	0.044
y-est2014	−0.010	−0.034	0.118	0.110	0.456
y-est2015	−0.021	−0.034	0.106	2.956	0.003
y-est2016	0.044	−0.034	0.121	0.647	0.259
y-est2017	0.008	−0.034	0.120	0.355	0.361

从表 5.6 可以看出,大部分年份财政科技投入效率在 1% 的显著性水平下都通过了局部莫兰指数检验,且都在空间上存在正相关性,因此在分析财政科技投入效率时不能忽略空间效应。

通过莫兰指数散点图可以直观地进行空间相关性和空间集聚特征的判断,根据以财政科技投入效率为指标衡量的莫兰散点图,可以发现大多数省份位于第一、第三象限,说明中国财政科技投入效率具有显著的正向空间相关关系,同时在空间上集聚。

5.5.4　模型的识别

本章运用莫兰指数验证财政科技投入效率的空间效应,建立一阶邻近空间权重矩阵 W,如果 i 省份与 j 省份有相邻边界,则二者的空间权重系数 w_{ij} 为 1,否则为 0。由于使用 DEA 方法测度的财政科技投入效率值位于 $[0,1]$ 区间,因此本章采用受限因变量模型即 Tobit 模型进行回归。

根据表 5.7 的检验结果,本章选择 SEM-Tobit 模型,因此建立 Tobit 空间误差模型(TSEM)。

表 5.7　LM 检验及稳健的 LM 检验结果

检验方法	统计量	p 值
LM-Lag	53.9749	0.0000
LM-Error	65.5351	0.0000
Robust LM-Lag	0.1547	0.6941
Robust LM-Error	11.7149	0.0006

5.5.5　模型估计结果的分析

如前文所述,财政科技投入效率值位于 $[0,1]$ 区间,在受限的情况下存在地域的集聚性,所以这里先选择用一般 Tobit 模型来研究地方政府竞争、政府主导与财政科技投入效率之间的关系,接着再考虑用具有空间效应的 Tobit 模型来研究上述问题。一一般 Tobit 模型和 SEM-Tobit 模型参数估计结果如表 5.8 和表 5.9 所示。

表 5.8　一般 Tobit 模型参数估计结果

变量	Coef.	Std. Err.	z	p>z
x1_lgc	0.3696	2.9002	0.13	0.052
x2_lge	−0.0330	0.0309	−1.07	0.023
lngdp	−0.0044	0.0963	−0.46	0.158
lniet	0.0688	0.0454	1.51	0.131
lnitp	0.0184	0.0524	0.35	0.726
lncgn	−0.0827	0.0565	−1.46	0.145
_cons	−0.1038	1.1369	−0.09	0.927

表 5.9　SEM-Tobit 模型参数估计结果

变量	Coef.	Std. Err.	z	p>z
x1_lgc	1.3838	1.5481	0.89	0.031
x2_lge	−0.0311	0.0495	−0.63	0.019
lngdp	−0.0723	0.0520	−1.39	0.165
lniet	0.0843	0.0264	3.19	0.001
lnitp	0.0071	0.0278	0.26	0.799
lncgn	−0.1069	0.0374	−2.85	0.004
_cons	0.0642	0.4949	0.13	0.897
Lambda	0.1438	0.0956	1.50	0.133
Sigma	0.1866	0.0085	21.86	0.00

在不考虑空间因素的影响时,其他影响财政科技投入效率因素的影响效果各不相同。具体结论如下:

(1) 在政府主导的国家科技创新体系下,地方政府在区域科技发展中发挥着重要作用,地方政府间的竞争策略性互动对财政科技投入效率的空间分布格局具有显著的促进作用。

(2) 在不考虑空间因素的影响时,政府分权对财政科技投入效率的空间分布格局具有抑制作用,可能的原因是政府在创新方面的支持力度过大,R&D 经费投入过大,反而不利于地区自身的发展。

(3) 在控制变量方面,提高进出口水平、刺激外贸、政府和社会加大支持力度均对财政科技投入效率有正向的促进作用。

从分析结果可以清晰地看到,对比使用一般 Tobit 模型的结果,在空间地理因素的影响下,估计结果的 p 值更为显著,回归系数对财政科技投入效率的影响也更为合理,说明考虑空间因素能得到更为准确的结果。

由表 5.10 可知,解释变量的间接效应绝对值全部大于直接效应绝对值,说明在财政科技投入效率的影响因素方面,间接效应的作用明显强过直接效应,表明各相邻地区之间科技投入效率确实互相产生影响。

表 5.10　SEM-Tobit 模型参数估计效应分解

变量值	变量估计值	直接效应	间接效应	总效应
x1_lgc	1.3838	1.2051	3.350	4.735
x2_lge	−0.0311	−0.0018	−0.0072	−0.0091
lngdp	−0.0723	−0.3101	−0.1362	−0.4463
lniet	0.0843	0.2540	0.1492	0.4032
lnitp	0.0071	1.4534	4.2650	6.7184
lncgn	−0.1069	−1.3346	−3.9090	−5.2440

5.6　结论和启示

本章基于中国式财政分权下的科技投入体制背景,利用中国 30 个省份 2010—2017 年的面板数据,构建具有调节效应的空间 Tobit 模型,实证检验地方政府竞争、政府主导对财政科技投入效率的影响机制,得到如下结论:在政府主导的国家科技创新体系下,地方政府在区域科技发展中发挥着重要作用,地方政府间的竞争策略性互动对财政科技投入效率的空间分布格局具有显著的促进作用;政府分权对财政科技投入效率的空间分布格局具有抑制作用,可能的原因是政府在创新方面的支持力度过大,R&D 经费投入过大,反而不利于地区自身的发展。

本章虽然考虑了空间相关性对财政科技投入效率的影响,使用了空间模型研究全国 30 个省份地方政府的财政科技投入效率的影响因素,但是仍然存在不完善之处,主要在于:(1) 使用 DEA 模型时可以考虑采用一些更深层次的 DEA 方法;(2) 科技投入效率影响因素的指标选取应更加严谨,以确保实证分析结果更加科学;(3) 空间计量模型的使用还不够熟练,对原理的掌握程度还有待提高。

5.7　空间 Tobit 模型一般估计的 Stata 软件操作指导

5.7.1　研究目的

(1) 掌握运用 Stata 软件进行空间 Tobit 模型选择和估计的基本原理与操作方法。

(2) 掌握 LM 检验、对数极大似然法(ML)的基本原理和操作方法。

5.7.2　研究原理

本章借用 DEA 模型构建中国各省份财政科技投入模型,从而对财政科技投入效率情况进行判断。

5.7.3 样本选择与数据收集

本章选取 2010—2017 年中国 30 个省份为研究样本。财政科技投入效率的计量数据主要来源于历年《中国科技统计年鉴》，其他指标来源于历年《中国统计年鉴》。

5.7.4 代码实现

1. 基于 DEA 方法的财政科技投入效率测度

（1）读取数据以及提取数据

```
data = xlsread('财政科技');
X = data(:,[2:3]);
X = X';
Y = data(:,[4:5]);
Y = Y';
```

（2）数据的处理

```
n = size(X',1);m = size(X,1);s = size(Y,1);
A = [-X' Y'];
b = zeros(n,1);
LB = zeros(m+s,1);UB = [];
    for i = 1:n
f = [zeros(1,m); -Y(:,i)'];
Aeq = [X(:,i)',zeros(1,s)];beq = 1;
w(:,i) = linprog(f,A,b,Aeq,beq,LB,UB);
E(i,i) = Y(:,i)' * w(m+1:m+s,i);
end
```

（3）计算不同目标的 theta 值

```
theta = diag(E)';
fprintf('用 DEA 方法对此的相对评价结果为:\n');
disp(theta);
omega = w(1:m,:);
mu = w(m+1:m+s,:);
```

实验结果如图 5.1 所示。

用DEA方法对此的相对评价结果为:

1 至 17 列

| 0.5778 | 0.5438 | 0.5543 | 0.6343 | 0.7181 | 0.8183 | 0.9872 | 1.0000 | 0.1423 | 0.1397 |

18 至 34 列

| 0.2324 | 0.2091 | 0.2505 | 0.2644 | 0.2652 | 0.3692 | 0.3501 | 0.1278 | 0.1419 | 0.1244 |

35 至 51 列

| 0.0705 | 0.0821 | 0.1344 | 0.1321 | 0.1688 | 0.2017 | 0.1706 | 0.1665 | 0.1772 | 0.1704 |

52 至 68 列

| 0.2272 | 0.2108 | 0.2079 | 0.2614 | 0.3566 | 0.1865 | 0.2164 | 0.3613 | 0.5706 | 0.5547 |

69 至 85 列

| 0.2899 | 0.2848 | 0.3309 | 0.3182 | 0.4236 | 0.5799 | 0.7141 | 0.8367 | 0.6621 | 0.5077 |

86 至 102 列

| 0.8075 | 0.9221 | 0.8025 | 0.2210 | 0.2631 | 0.5749 | 0.6310 | 0.4590 | 0.4018 | 0.5964 |

图 5.1　财政科技投入效率测度结果

2. 空间权重矩阵的生成

(1) 将 shp 文件转换为 dta 文件

```
ssc install spmap
ssc install shp2dta
ssc install mif2dta
```

(2) 设置当前路径

```
cd "C:\Users\Administrator\Desktop\空间实验报告"
```

(3) 生成逆距离空间权重矩阵(标准化)

```
use W.dta,clear
spatwmat using W.dta,name(W1)standardize
```

(4) 展示矩阵 $W1$

```
matrix list W1
```

(5) 保存权重矩阵 $W1$

```
svmat W1
```

3. 空间自相关性检验(以 2012 年数据为例)

```
use 数据—2012.dta,clear
```

(1) 计算全局莫兰指数

spatgsa y_est x1_lgc x2_lge lngdp lniet lnitp lncgn, weights(W) moran

(2) 计算局部莫兰指数

spatgsa y_est,weights(W) moran twotail

(3) 绘制莫兰散点图

spatlsa y_est,w(W)moran graph(moran)symbol(n)

莫兰散点图如图 5.2 所示。

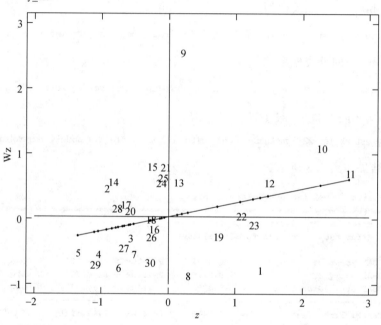

图 5.2　莫兰散点图

4. 模型的识别检验

这里采用 LM 检验。

(1) 诊断空间效应，先进行 OLS 回归

reg y_est x1_lgc x2_lge lngdp lniet lnitp lncgn

ssc install spregsarxt

spregsarxt y_est x1_lgc x2_lge lngdp lniet lnitp lncgn, wmfile(W1.dta) nc(30) lmspac tests

(2) 建立空间模型

① MLE Spatial Lag Model (SAR)

spautoreg y_est x1_lgc x2_lge lngdp lniet lnitp lncgn, wmfile(W1) model(sar) mfx(lin) test

② MLE Spatial Lag Model (SEM)

spautoreg y_est x1_lgc x2_lge lngdp lniet lnitp lncgn, wmfile(W1) model(sem) mfx(lin) test

③ 空间 Tobit 模型

1) Tobit 空间误差模型

sptobitsemxt y_est x1_lgc x2_lge lngdp lniet lnitp lncgn, nc(30) wmfile(W1.dta) ll(0)

2) Tobit 空间滞后模型

sptobitsarxt y_est x1_lgc x2_lge lngdp lniet lnitp lncgn, nc(30) wmfile(W1.dta) ll(0)

3) Tobit 空间自相关模型

sptobitsacxt y_est x1_lgc x2_lge lngdp lniet lnitp lncgn, nc(30) wmfile(W1.dta) ll(0)

4) Tobit 空间杜宾模型

sptobitsdmxt y_est x1_lgc x2_lge lngdp lniet lnitp lncgn, nc(30) wmfile(W1.dta) ll(0)

5. 空间 SEM-Tobit 模型的效应分解

xsmle y_est x1_lgc x2_lge lngdp lniet lnitp lncgn, wmfile(W1) model(sem) robust nolog

实验结果如图 5.3 所示。

```
*** Spatial Panel Aautocorrelation Tests
============================================================
  Ho: Error has No Spatial AutoCorrelation
  Ha: Error has    Spatial AutoCorrelation

 - GLOBAL Moran MI         =   0.4391    P-Value > Z( 9.737)   0.0000
 - GLOBAL Geary GC         =   0.5228    P-Value > Z(-8.797)   0.0000
 - GLOBAL Getis-Ords GO    =  -0.4391    P-Value > Z(-9.737)   0.0000

 - Moran MI Error Test     =   9.7475    P-Value > Z(214.180)  0.0000

 - LM Error (Burridge)     =  65.5351    P-Value > Chi2(1)     0.0000
 - LM Error (Robust)       =  11.7149    P-Value > Chi2(1)     0.0006
------------------------------------------------------------
  Ho: Spatial Lagged Dependent Variable has No Spatial AutoCorrelation
  Ha: Spatial Lagged Dependent Variable has    Spatial AutoCorrelation

 - LM Lag (Anselin)        =  53.9749    P-Value > Chi2(1)     0.0000
 - LM Lag (Robust)         =   0.1547    P-Value > Chi2(1)     0.6941
------------------------------------------------------------
  Ho: No General Spatial AutoCorrelation
  Ha:    General Spatial AutoCorrelation

 - LM SAC (LMErr+LMLag_R)  =  65.6898    P-Value > Chi2(2)     0.0000
 - LM SAC (LMLag+LMErr_R)  =  65.6898    P-Value > Chi2(2)     0.0000
```

图 5.3 LM 检验结果

当 LM-Error 统计量显著时，选择 SEM-Tobit 模型；当 LM-Lag 统计量显著时，选择 SAR-Tobit 模型；当二者都不显著时，进行稳健的 LM 检验。由图 5.4 的检验结果可知,选择 SEM-Tobit 模型。

```
* Tobit MLE Spatial Error Panel Normal Model (SEM)

y_est = x1_lgc + x2_lge + lngdp + lniet + lnitp + lncgn

  Sample Size          =      240    |  Cross Sections Number   =       30
  Wald Test            = 421.6572    |  P-Value > Chi2(6)       =   0.0000
  F-Test               =  70.2762    |  P-Value > F(6 , 204)    =   0.0000
  (Buse 1973) R2       =   0.6441    |  Raw Moments R2          =   0.9183
  (Buse 1973) R2 Adj   =   0.5830    |  Raw Moments R2 Adj      =   0.9043
  Root MSE (Sigma)     =   0.1344    |  Log Likelihood Function =  61.7490

- R2h= 0.1757   R2h Adj= 0.0343   F-Test =    8.28  P-Value > F(6 , 204) 0.0000
- R2v= 0.2049   R2v Adj= 0.0685   F-Test =   10.01  P-Value > F(6 , 204) 0.0000

                Coef.     Std. Err.      z      P>|z|     [95% Conf. Interval]
y_est
     x1_lgc   1.383821   1.548092     0.89    0.371    -1.650384    4.418025
     x2_lge   -.0311064   .04947     -0.63    0.529    -.1280658    .065853
      lngdp   -.0722707   .0520247   -1.39    0.165    -.1742372    .0296957
      lniet    .0842737   .0263864    3.19    0.001     .0325572    .1359902
      lnitp    .0070883   .0277813    0.26    0.799    -.0473621    .0615387
      lncgn   -.1069434   .037479    -2.85    0.004    -.1804009   -.033486
      _cons    .0642477   .4949096    0.13    0.897    -.9057573   1.034253

    /Lambda    .143801    .0956199    1.50    0.133    -.0436105    .3312126
    /Sigma     .1866449   .0085394   21.86    0.000     .1699081    .2033817

LR Test SEM vs. OLS (Lambda=0):     2.2617    P-Value > Chi2(1)   0.1326
Acceptable Range for Lambda:       -1.7349 < Lambda < 1.0000
```

图 5.4　TSEM 模型回归结果

参 考 文 献

[1] Cliff A D, Ord J K. *Spatial Processes: Models & Applications* [M]. Taylor & Francis, 1981.

[2] Grossman G M and Krueger A B. Environmental Impacts of a North American Free Trade Agreement[C]. National Bureau of Economic Research Working Paper, 1991, (3914).

[3] Heckman, J. Sample Selection Bias as a Specification Error[J]. *Econometrica*, 1979, 47(1).

[4] Moran A P. Notes on Continuous Stochastic Phenomena[J]. *Biometrika*, 1950, 37(1).

[5] Stern D. The Rise and Fall of the Environmental Kuznets Curve[J]. *World Development*, 2004, (32).

[6] Tobin J. Estimation of Relationships for Limited Dependent Variables[J]. *Econometrica*, 1958, 26(1).

[7] Xintao Li, Zaisheng Zhang, Kauko Leivisk. Research on Local Government Governance and

Enterprise Social Responsibility Behaviors under the Perspective of Cournot Duopoly Competition: Analyzing Taxi Companies and Online Car-Hailing Service Companies[J]. *Mathematical Problems in Engineering*,2018,(9).

[8] 车国庆.中国地区生态效率研究——测算方法、时空演变及影响因素[D].吉林大学,2018.

[9] 陈强.高级计量经济学及 Stata 应用[M].北京:高等教育出版社,2010.

[10] 韩国圣,李辉,Alan Lew.成长型旅游目的地星级饭店经营效率空间分布特征及影响因素——基于 DEA 与 Tobit 模型的实证分析[J].旅游科学,2015,29(5).

[11] 贺宝成,王家伟,王娇杨.地方政府竞争、法制环境与财政科技投入效率——基于 2008—2016 年省际面板数据的空间计量分析[J].南京审计大学学报,2019,16(3).

[12] 罗贵明.转移支付下地方政府科技投入空间效应研究——基于 1997—2014 年省级面板数据的实证分析[J].科技进步与对策,2017,34(15).

[13] 孙国锋,张婵.财政分权、地方政府竞争与生态效率——基于空间 SDM 模型的实证研究[J].产业经济评论(山东大学),2017,16(2).

[14] 田红宇,祝志勇,刘魏.政府主导、地方政府竞争与科技创新效率[J].软科学,2019,33(2).

[15] 王周伟,崔百胜,张元庆.空间计量经济学:现代模型与方法[M].北京:北京大学出版社,2017.

[16] 张璐,吴义根.基于 Tobit 的财政分权、政府竞争对支出效率影响及演化规律研究[J].宿州学院学报,2018,33(11).

[17] 张文兵.空间经济视角的地方政府投资效率影响因素研究[D].上海师范大学,2017.

第6章 区域金融发展水平对FDI的影响
——基于空间分位数回归模型

摘　要：本章选取全国31个省份2010—2017年的相关数据,利用空间分位数回归模型探究区域金融发展水平对FDI的影响。同时,将空间分位数回归模型与混合OLS模型、固定效应模型和面板分位数回归模型进行对比,考察不同模型下区域金融发展水平与FDI之间关系的差异性。结果发现:不同模型下的区域金融发展水平都对FDI具有积极的促进作用,但作用程度有所不同,地区经济发展水平越高的地区,FDI总额越大。此外,各地区FDI存在一定的空间相关性,即本地区的FDI会受到相邻地区FDI的影响。

关键词：区域金融发展水平;FDI;空间分位数回归模型

6.1 引　言

我国改革开放一直坚持"走出去"和"引进来"相结合的原则。对外开放程度不断提高的过程,也是外商直接投资(FDI)不断涌入的过程。FDI对区域发展的作用不容小觑,它为地区的经济发展注入资金,能有效缓解资金紧缺引起的发展动力不足问题;同时,外商在国内投资办厂,劳动力需求增加,有助于提高就业率、改善人们的生活水平以及促进社会的稳定;此外,外部竞争压力的增加会在一定程度上激励本土企业加强创新、提高技术水平以形成独特的竞争优势,从而在激烈的市场竞争中取胜。

近年来,我国FDI总额不断提高的同时,也呈现出较大的地区差异性。以2013—2017年部分地区外商投资企业投资总额为例(如图6.1所示),各地区外商投资企业投资总额均有所上升;但是,从投资额的流入地区来看,东部地区的投资总额远远高于中西部地区,地区差距较大。那么,外商进行区位选择时所考虑的因素是什么?

资本的逐利性使得外商倾向于选择经济发展水平更高、盈利性更大的地区。作为地区经济发展水平的重要指标,区域金融发展水平是否会对FDI产生影响?不同地区的金融发展水平对 FDI 的影响程度是否存在差异？本章基于我国 31 个省份 2010—2017 年的实际数据，探究不同模型下区域金融发展水平对 FDI 的影响，并就地方政府吸引外资提出建议。

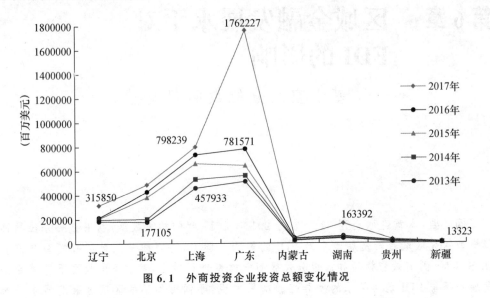

图 6.1 外商投资企业投资总额变化情况

6.2 文献综述

FDI 不仅会影响地区的投资水平（谭之博等，2014），还会对城乡收入差距产生影响（戴枫等，2018），最终作用于地区的创新效率（钱雪松等，2017）和经济发展（霍杰，2017）。作为地区经济发展水平的重要表现因素，金融发展水平与 FDI 之间的关系一直都备受关注，根据已有文献可以得出以下两种主要结论：

（1）区域金融发展水平对 FDI 的正向作用。田素华等（2018）认为，金融发展水平如金融市场结构、金融服务效率等均能对我国从吸引外资到对外投资的转变产生影响；张安达（2018）发现，金融市场与 FDI 经济增长效应之间的关系存在地区差异，其中，东部地区表现为强化作用，而西部地区体现为削弱作用；Ezeoha 和 Cattaneo（2012）发现，金融发展水平对 FDI 的促进作用在资源禀赋不足的地区更大；吕朝凤等（2020）指出，金融发展水平能够显著影响 FDI 的区位选择，二者呈现同方向变动的关系，且这种关系会随着行业契约密集度的提高而加强；文淑惠等（2019）则认为，金融发展水平会对中国 FDI 产生积极的促进作用，且两者的正向变动关系受到东道国制度环境的影响；张坤等（2019）指出，放松对金融行业的约束，有助于降低 FDI 对象国收益率的收敛速度，从而增加 FDI 总额；杨傲然（2014）认为，东道国的金融发展水平可以在不同机制下作用于 FDI，且作用方向相同，具体来说，高金融发展水平所带来的低成本优势会带动 FDI 的增加，低金融发展水平所引起的低融资效率、不完善的资本市场等问题反而促进了 FDI 的流入；李波等（2012）运用省际面板数据模型进行实证检验，结果显示地区可以通过提高金融发展水平来吸引外资，即区域金融发展水平可以在一定程度上解释我国FDI的区域分布差异。

（2）区域金融发展水平对FDI的阻碍作用。杨尚君（2014）指出，我国金融体制的缺失使得FDI流入量随着金融发展水平的提高而下降；冼国明等（2016）发现，金融发展水平越高的地区FDI总额越低，且西部地区金融发展水平对FDI的反向作用最大；潘海峰等（2018）发现，金融发展水平和效率与区域经济发展水平负相关，但这种负向关系能够在FDI的作用下得以改善，即FDI有助于金融发展对经济增长促进作用的发挥；尹华等（2013）指出，FDI的出口增长效应不会随着金融市场规模的扩大而提高，但FDI技术溢出的吸收能力会因金融市场效率的提高而增强；陈万灵等（2013）发现，区域金融发展水平对FDI流入规模具有负向作用；王建增（2011）将研究重心放在中部地区，发现受自身金融发展水平和投资需求的制约，金融发展不能成为FDI的有利条件；胡婉婷（2016）则重点关注安徽省FDI与金融发展水平的关系，结果显示因果关系确实存在于金融规模和FDI之间，但不存在于金融发展效率与FDI之间。

综上，已有关于金融发展水平与FDI之间关系的文献大多使用面板数据模型，忽略了城市之间经济发展的关联性；同时，大多只选择一种指标描述区域金融发展水平，指标选择相对单一。本章引入空间计量模型，探究金融发展水平和FDI的空间相关性；同时，考虑到金融发展水平对FDI影响的不确定性，需要探究不同地区FDI流入效应的差异性，本章采用不受极端值影响的分位数回归模型以考察FDI条件分布的全貌。最终，本章利用空间分位数回归模型来探究区域金融发展水平与FDI之间的关系。

6.3 经济理论、模型设定与估计方法

6.3.1 理论分析与假设提出

（1）金融发展水平与FDI的关系。FDI从本质上来说就是跨国公司的投资决策，是跨国公司对目标行业、目标地区的选择。作为理性的"经济人"，跨国公司的投资决策者需要实现自身及公司的利益最大化，FDI的区位选择就是跨国公司根据投资决策的成本和收益所作出的最优决策。从成本角度来讲，跨国公司所面临的首要问题就是筹措公司日常运行所需资金的成本即融资成本以及评估融资的难易性，交通运输、产品研发成本等也是企业日常生产经营的必要支出；在与本地企业进行竞争时，还需要考虑政策方面的因素以及产品在当地的销售前景。相对来说，金融发展水平较高的地区企业成本较低，收益相对较高。首先，金融发展水平是地区经济发展的重要体现，金融发展水平越高的地区区位优势越明显，可选择的机会越多；其次，金融发展水平高的地区金融市场相对更完善，资金融通更便捷；再次，为促进金融发展水平较高地区的进一步发展，政府会采取一系列政策吸引外资或给予一定的政策优惠，即金融发展水平高的地区更具政策优势；最后，金融发展水平高的地区基础设施建设更完善，交通运输也更加便利。同时，金融发展水平还有助于降低由金融摩擦所引起的交易成本，提高外来投资者的收益（吕朝凤等，2018），吸引越来越多的资金流入本地。由此提出假设1：FDI更易流入金融发展水平较高的地区，即区域金融发展水平和经济规模会促进该

地区 FDI 的增加。

(2) FDI 的空间相关性。较近的地理距离使得相邻地区的经济交流和往来更频繁，彼此之间的经济联系也更密切。在经济交往的过程中，两地的发展重心会相互影响。经济发展水平和金融发展水平较高的地区，在自身经济发展的同时，也会给相邻地区经济的发展提供便利，推动本地和相邻地区 FDI 总额的增加。由此提出假设 2：FDI 存在空间相关性，即某地区的 FDI 总额会给相邻地区的 FDI 总额带来影响。

6.3.2 模型的设定与估计

1978 年，Koenker 和 Bassett 对 OLS 回归进行延伸，提出将解释变量与不同分位点上的被解释变量进行拟合即分位数回归的方法，并进一步将分位数回归与面板数据相结合。分位数回归是根据被解释变量的条件分位数对解释变量进行回归，得到不同分位数下的回归模型，受极端值影响较小，较 OLS 回归来说更为稳健。（赵佩佩等，2016；陈强，2014）分位数回归使因变量与自变量的线性表达式小于等于 $Q(\tau)$ 的概率为 τ，并通过最小化残差绝对值的加权平均实现对未知参数的估计。（李群峰，2011）

在分位数回归模型中引入空间滞后项，即可得到空间分位数回归模型。以空间面板滞后模型为例（Koenker，2005），其一般表达式为：

$$y_{it} = \lambda \sum_{j \neq i} W_{ij} y_{jt} + X'_{it}\beta + \varepsilon_{it} \tag{6.1}$$

其中，$i=1,\cdots,n$，$t=1,\cdots,T$；X'_{it} 为解释变量向量，W_{ij} 为空间权重矩阵，β 为待估系数向量，ε_{it} 为随机误差项。令 $d_{it} = \sum_{j \neq i} W_{ij} y_{jt}$，则式（6.1）可以转化成：

$$y_{it} = \lambda d_{it} + X'_{it}\beta + \varepsilon_{it} \tag{6.2}$$

进一步，对（6.1）式进行分位数约束：

$$\Pr(\varepsilon_i \leqslant 0 \mid X_i) = \tau(X_i = (X'_{i1}, X'_{i2}, \cdots, X'_{iT})' \tau \in (0,1))$$

即可得到空间滞后分位数模型：

$$\Pr(y_{it} - \lambda d_{it} - X'_{it}\beta(\tau) \leqslant 0 \mid X_i) = \Pr(y_{it} \leqslant \lambda d_{it} + X'_{it}\beta(\tau) \mid X_i) = \tau \tag{6.3}$$

式（6.2）中的 d_{it} 可以被看成内生性变量，Chernozhukvo 和 Hansen（2006）提出用工具变量法来解决模型中的内生性问题。参考周涛（2016），假设工具变量为 $H_i = (H'_{i1}, H'_{i2}, \cdots, H'_{iT})'$，那么

$$\Pr(y_{it} \leqslant \lambda d_{it} + X'_{it}\beta(\tau) \mid X_i, H_i) = \tau \tag{6.4}$$

令 $\widetilde{W} = I_T \otimes W$，采用 $l_{it}^{(1)} = \sum_{j=1}^{n} \widetilde{w}_{ijt}^1 X_{jt}$ 和 $l_{it}^{(2)} = \sum_{j=1}^{n} \widetilde{w}_{ijt}^2 X_{jt}$ 作为工具变量，其中，I_T 为 $T \times T$ 的单位阵，$\widetilde{w}_{ijt}$ 是 $\widetilde{W}$ 中的元素。在 (X_i, H_i) 的条件下对 $y_{it} - \lambda d_{it} - X'_{it}\beta(\tau)$ 做普通的分位数回归：

$$0 \in \underset{g \in G}{\mathrm{argmin}} E[\rho_\tau(y_{it} - \lambda d_{it} - X'_{it}\beta(\tau) - g(X_{it}, H_{it}))] \tag{6.5}$$

其中，$\rho_\tau(\mu) \triangleq \lceil \tau - 1(\mu \leqslant 0) \rceil \mu$，$1(\cdot)$ 为示性函数，G 是关于 (X_{it}, H_{it}) 的函数，且限制 G 函数满足 $G = \{g(X_{it}, H_{it}) = H'_{it}\gamma : \gamma \in \Gamma\}$ $(\Gamma \in R^q)$。那么，可以通过下列函数式求得目标函数式（6.5）：

$$Q_T(\lambda,\beta,\gamma) \triangleq \frac{1}{nT}\sum_{i=1}^{n}\sum_{t=1}^{T}\rho_\tau(y_{it}-\lambda d_{it}-X'_{it}\beta-H'_{it}\gamma) \tag{6.6}$$

参数估计流程为:首先,给定参数 λ,对(6.6)式进行普通分位数回归,得到

$$(\hat{\beta}_\tau(\lambda),\hat{\gamma}_\tau(\lambda)) \triangleq \underset{(\beta,\gamma)}{\arg\min}\, Q_T(\lambda,\beta,\gamma) \tag{6.7}$$

其次,最小化 $\hat{\gamma}_\tau(\lambda)$,得到 λ 的一致估计量 $\hat{\lambda}_\tau = \underset{\lambda}{\arg\min}\,\hat{\gamma}_\tau(\lambda)'\hat{A}\hat{\gamma}_\tau(\lambda)$,其中: $\hat{A}=A+o_p(1)$,A 为正定矩阵;

最后,对(6.7)式进行加权分位数回归,得到 $\hat{\beta}\triangleq\hat{\beta}_\tau(\hat{\lambda}_\tau)$。

6.4 实证分析

6.4.1 变量选取与数据来源

本章以 2010—2017 年全国 31 个省份作为研究对象,参考郑志刚等(2010)和李政等(2017)的做法,选取相关变量对区域金融发展水平和 FDI 进行刻画,具体变量及其计算情况见表 6.1。

表 6.1 变量选择及其计算情况

变量类型	指标名称	计算公式	表示形式
被解释变量	FDI	ln 外商投资企业投资总额	lnfdi
解释变量:区域金融发展水平	金融相关度	银行全部贷款余额/省份 GDP	lg
		银行全部存款余额/省份 GDP	dg
	股票市场发展情况	境内上市公司数量/年末常住人口(百万人)	gssl
控制变量	对外开放度	进出口总额/省份 GDP	jckg
	经济规模	ln 省份 GDP	lngdp
	劳动力素质	本科学历人数(万人)/年末常住人口(百万人)	xsrs
	人力资本	6×A1+9×A2+12×A3+15×A4+16×A5,其中 A1—A5 分别为小学、初中、普通高中、大学专科和本科学历的人数占地区总人数的比重	jynx
	基础设施建设情况	铁路与公路里程之和(公里)/区域面积(平方公里)	lc

(1) 被解释变量:FDI。本章选用外商投资企业投资总额(lnfdi)来衡量各地区的 FDI 水平,并对其取自然对数,数据来自国家统计局官网。

(2) 解释变量:区域金融发展水平。参考已有文献的做法,本章分别从金融相关度和股票市场发展情况两个角度描述区域金融发展水平。将银行全部贷款余额占省份 GDP 的比重(lg)、银行全部存款余额占省份 GDP 的比重(dg)和境内上市公司数量

占年末常住人口(百万人)的比重(gssl)纳入模型进行估计。数据来源于 Wind 数据库和中经网统计数据库。

(3)控制变量:除区域金融发展水平外,其他因素也可能对 FDI 产生影响,为此,本章对 FDI 的潜在影响变量进行控制,包括对外开放度(jckg)、经济规模(lngdp)、劳动力素质(xsrs)、人力资本(jynx)以及基础设施建设情况(lc)。数据来自 CSMAR 数据库、国家统计局官网和历年《中国劳动统计年鉴》。

6.4.2 变量的描述性统计

表 6.2 显示了变量的描述性统计分析结果,其中变量 lnfdi 的均值为 10.8258,最小值和最大值分别为 6.2804 和 14.3821,标准差为 1.4996,表明各省份之间的外商直接投资总额相差较小;变量 gssl 差距较大,最小值仅为 2.3817,而最大值却高达95.2027,标准差也高于 15;变量 dg 和 lg 的均值分别为 20.6426、14.6267,说明各省份银行全部存款余额在 GDP 中所占比重要高于贷款余额所占比重;此外,变量 lngdp的均值为 9.5791,标准差为 0.9888,差距相对较小;变量 jynx 的平均值为 9.3149,说明各省份居民平均受教育年限约为 9 年;变量 xsrs 的最大值为 2.3853,均值为1.1460,表明各省份本科学历人数占比相对较低,人才稀缺;变量 jckg 和 lc 的均值分别为 0.2795 和 0.9070,表示进出口总额对 GDP 的拉动作用较小,基础设施建设也需进一步完善。

表 6.2 变量描述性统计分析结果

变量	样本量	均值	标准差	最小值	最大值
lnfdi	248	10.8258	1.4996	6.2804	14.3821
lg	248	14.6267	5.1712	5.6266	32.6648
dg	248	20.6426	9.1914	7.3505	64.8576
gssl	248	12.0590	15.8543	2.3817	95.2027
lngdp	248	9.5791	0.9888	6.2294	11.4043
jckg	248	0.2795	0.3256	0.0169	1.5482
xsrs	248	1.1460	0.4205	0.4991	2.3853
jynx	248	9.3149	0.9593	5.0960	12.0410
lc	248	0.9070	0.5187	0.0499	2.1746

6.4.3 模型构建

为研究区域金融发展水平对 FDI 的影响,本章利用空间分位数回归模型进行估计,并将其与混合 OLS 回归模型、固定效应模型和面板分位数回归模型进行比较,观察不同模型下区域金融发展水平与 FDI 之间关系的差别。

(1) 基准模型。利用相关数据,建立面板数据模型,具体模型设定形式如下:[①]

$$\ln fdi_{it} = \alpha_0 + \alpha_1 \text{Finance}_{it} + \alpha_2 jckg_{it} + \alpha_3 \ln gdp_{it}$$
$$+ \alpha_4 xsrs_{it} + \alpha_5 jynx_{it} + \alpha_6 lc_{it} + u_i + \lambda_t + \varepsilon_{it} \quad (6.8)$$

其中,i 是代表截面维度的空间单位,$i=1,2,\cdots,N$;t 代表时间维度,$t=1,2,\cdots,T$;$\ln fdi_{it}$ 为被解释变量,表示各省份的外商投资企业投资总额;Finance_{it} 表示解释变量即各区域的金融发展水平,包括存、贷款总额占 GDP 的比重以及境内上市公司数量占年末常住人口(百万人)比重;α_0 为截距项,α_1 至 α_6 为相应变量的系数;u_i 和 λ_t 分别表示个体和时间固定效应;ε_{it} 为随机扰动项。

(2) 扩展模型。在式(6.8)的基础上,对模型进行延伸。一方面,考虑自变量与因变量不同分位点下的线性关系,采用面板分位数回归模型;另一方面,考虑到 FDI 显著的空间相关性,同时为验证假设 2,本章在面板分位数回归模型中引入空间滞后项,建立空间分位数回归模型,模型设定如下:

$$\ln fdi_{it} = \lambda \sum_{j \neq i} W_{ij} \ln fdi_{jt} + X_{it}^T \beta(\tau) + \varepsilon_{it} \quad (6.9)$$

其中,X_{it} 为自变量向量集(包括解释变量和控制变量),ε_{it} 为随机误差项。

6.4.4 模型估计及结果分析

(1) 基准模型。为探究区域金融发展水平对 FDI 的影响,本章先对式(6.8)进行估计。具体估计步骤如下:首先,利用 F 检验和 LM 检验,完成对混合 OLS 回归、固定效应和随机效应模型的取舍,结果显示区域金融发展水平不同表示指标下,面板数据模型均优于混合 OLS 回归模型;然后,对模型进行 Hausman 检验,观察固定效应模型与随机效应模型之间最优的模型,结果显示除变量 dg 外,固定效应模型均优于随机效应模型;最后,对相应模型进行估计,估计结果见表 6.3。其中,列(1)—(3)对应混合 OLS 回归模型的估计结果,列(4)—(6)则为固定效应模型或随机效应模型的估计结果。

表 6.3 基准模型估计结果

	(1) lg	(2) dg	(3) gssl	(4) lg	(5) dg	(6) gssl
lg	0.0265*** (0.00722)			0.0305*** (0.00756)		
dg		−0.00312 (0.0044)			0.0343*** (0.0044)	
gssl			−0.00130 (0.00294)			0.0072 (0.00709)
lngdp	1.042*** (0.0516)	0.980*** (0.0545)	0.982*** (0.0621)	0.919*** (0.159)	1.054*** (0.103)	1.166*** (0.1899)

---

① 由于模型识别结果显示固定效应模型更优,此处只建立固定效应模型。

(续表)

	(1) lg	(2) dg	(3) gssl	(4) lg	(5) dg	(6) gssl
jckg	1.054*** (0.160)	1.364*** (0.155)	1.344*** (0.191)	−0.366 (0.337)	0.243 (0.301)	−0.222 (0.288)
xsrs	0.322*** (0.091)	0.442*** (0.096)	0.425*** (0.100)	0.0359 (0.191)	0.069 (0.182)	0.162 (0.275)
jynx	−0.0174 (0.0400)	−0.0524 (0.0460)	−0.0436 (0.0447)	−0.0733* (0.0390)	−0.0655** (0.0311)	−0.1334*** (0.0357)
lc	0.439*** (0.0899)	0.434*** (0.0920)	0.443*** (0.0955)	0.834** (0.358)	0.674*** (0.211)	0.494 (0.374)
常数项	−0.441 (0.416)	0.710 (0.534)	0.580 (0.479)	1.567 (1.242)	−0.124 (0.967)	0.240 (1.593)
F 值				43.56***	47.57***	40.74***
LM 统计量				506.94***	409.23***	419.88***
Hausman 检验				31.10***	8.47	22.16***
R^2	0.8995	0.8948	0.8947	0.8043	0.8551	0.7963

由表 6.3 可知,尽管混合 OLS 回归模型的拟合优度均高于固定效应或随机效应模型,但从主要关注变量即区域金融发展水平的系数来看,前者的系数有正有负,在一定程度上表明了模型的非稳健性;后者的系数均为正,表明某地区的 FDI 总额与该地区的金融发展水平同方向变动,即可以通过提高区域金融发展水平带动当地 FDI 总额的增加。此外,变量 lngdp 的系数也显著为正,说明地区较发达的经济可以成为 FDI 总额增长的有利条件。

(2) 面板分位数模型。以解释变量 lg 和 dg 为例,考察分位数 τ 的不同取值(τ = 0.1、0.3、0.5、0.7 和 0.9)对模型估计结果的影响。估计结果见表 6.4。

由表 6.4 可知,不同分位数情况下,区域金融发展水平的系数均为正,且随着分位数的增加逐渐上升,说明 FDI 总额的变动与区域金融发展水平正相关,且区域金融发展水平越高,对该地区 FDI 总额的促进作用越大;同时,变量 lngdp 的系数在不同分位数下也都显著为正,且与分位数同方向变动,系数均高于 0.85,表明区域经济发展水平对 FDI 总额具有不可忽视的带动作用。此外,当自变量为 gssl 时,系数为正,但不显著(估计结果见表 6.7 的列(1)—(5)),表明地区的人均上市公司数不能对 FDI 总额起到显著的促进作用。

(3) 空间分位数回归模型。空间相关性是空间计量经济模型得以运用的前提,空间相关性的常用测度指标为莫兰指数,全局莫兰指数计算公式(Moran,1950)为:

$$I = \frac{\sum_{i=1}^{n}\sum_{j=1}^{n} w_{ij}(x_i - \bar{x})(x_j - \bar{x})}{S^2 \sum_{i=1}^{n}\sum_{j=1}^{n} w_{ij}} \quad (6.10)$$

莫兰指数在 −1~1 之间取值,绝对值越大意味着空间相关性越强。本章利用 31 个省份的地理位置(相邻与否)构建邻接矩阵(相邻省份对应元素为 1,不相邻则为 0),对变

表 6.4 面板分位数模型回归结果

	(1) τ=0.1		(2) τ=0.3		(3) τ=0.5		(4) τ=0.7		(5) τ=0.9	
	lg	dg	lg	dg	lg	dg	lg	dg	lg	dg
Finance	0.0249**	0.0305	0.0274***	0.0343*	0.0297***	0.0387***	0.0336*	0.0431***	0.0378	0.0491**
	(0.0121)	(0.0244)	(0.0082)	(0.0178)	(0.0103)	(0.0128)	(0.0202)	(0.0140)	(0.0329)	(0.0232)
lngdp	0.877***	0.972**	0.896***	1.002***	0.913***	1.036***	0.942***	1.071***	0.974*	1.118***
	(0.198)	(0.399)	(0.135)	(0.290)	(0.167)	(0.209)	(0.330)	(0.228)	(0.539)	(0.378)
jckg	−0.377	0.0205	−0.372*	0.0393	−0.367	0.0610	−0.360	0.0830	−0.351	0.113
	(0.284)	(0.617)	(0.194)	(0.449)	(0.240)	(0.323)	(0.475)	(0.353)	(0.775)	(0.584)
xsrs	0.151	0.0856	0.0990	−0.0014	0.0523	−0.102	−0.0284	−0.203	−0.117	−0.340
	(0.348)	(0.747)	(0.237)	(0.544)	(0.295)	(0.391)	(0.581)	(0.428)	(0.949)	(0.708)
jynx	−0.0401	−0.0483	−0.0551	−0.0602	−0.0686	−0.0739	−0.0919	−0.0878	−0.117	−0.107
	(0.0496)	(0.0962)	(0.0338)	(0.0700)	(0.0421)	(0.0504)	(0.0828)	(0.0550)	(0.135)	(0.0912)
lc	0.606	0.283	0.709**	0.410	0.802**	0.555	0.962	0.703	1.138	0.903
	(0.433)	(0.954)	(0.295)	(0.694)	(0.367)	(0.500)	(0.723)	(0.546)	(1.181)	(0.904)

量 lnfdi 进行空间相关性检验,计算其对应的莫兰指数,结果见表 6.5。

表 6.5 2010—2017 年 lnfdi 的全局莫兰指数

年份	I	$E(I)$	$sd(I)$	z	p-value
2010—2017	0.483	−0.004	0.042	11.586	0.000
2017	0.516	−0.033	0.118	4.660	0.000
2016	0.593	−0.033	0.119	5.289	0.000
2015	0.563	−0.033	0.119	5.033	0.000
2014	0.558	−0.033	0.118	5.004	0.000
2013	0.559	−0.033	0.118	5.004	0.000
2012	0.544	−0.033	0.118	4.881	0.000
2011	0.536	−0.033	0.118	4.750	0.000
2010	0.530	−0.033	0.117	4.798	0.000

由表 6.5 可知,2010—2017 年各年变量 lnfdi 的莫兰指数均高于 0.5,且在 1% 的显著性水平下显著。同时,整个面板的莫兰统计量为 0.483,p 值小于显著性水平 1%,说明我国各省份 FDI 在空间上存在正相关性,分析时应予以考虑。这一点在莫兰散点图(见图 6.2)中也可以看出来,莫兰散点图中的点集中分布于第一和第三象限,表明数据在空间上具有正相关性,即在不同地区呈现高 FDI 与高 FDI、低 FDI 与低 FDI 分别相邻的局面。

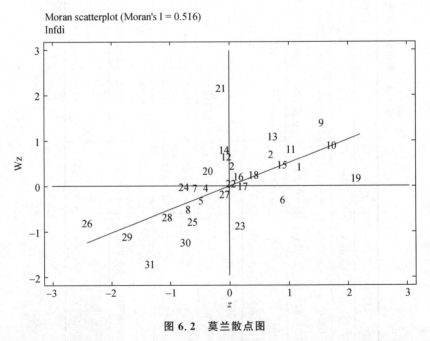

图 6.2 莫兰散点图

在此基础上,对自变量为 lg 和 dg 时的空间分位数回归模型(混合 OLS 回归下)进行估计,结果见表 6.6。①

---

① 由于自身水平有限,这里仅考虑混合回归下的空间分位数回归模型。

表 6.6 空间分位数回归模型结果

	(1) τ=0.1		(2) τ=0.3		(3) τ=0.5		(4) τ=0.7		(5) τ=0.9	
	lg	dg	lg	dg	lg	dg	lg	dg	lg	dg
wy	0.00254	0.00567***	−0.0000393	0.000412	−0.00160	0.00148	−0.0109***	−0.00924***	−0.0157***	−0.017***
	(0.00286)	(0.00214)	(0.00187)	(0.00144)	(0.00176)	(0.00139)	(0.00190)	(0.00144)	(0.00256)	(0.002)
Finance	0.00405	−0.0245**	0.0345***	0.00784	0.0367***	0.00776	0.0271**	−0.00149	−0.00218	−0.002
	(0.0164)	(0.0104)	(0.0107)	(0.00700)	(0.0101)	(0.00675)	(0.0109)	(0.00699)	(0.0147)	(0.009)
lngdp	1.339***	1.157***	1.158***	1.118***	1.074***	1.058***	1.206***	1.156***	1.104***	1.09***
	(0.104)	(0.103)	(0.0677)	(0.0695)	(0.0638)	(0.0670)	(0.0689)	(0.0694)	(0.0927)	(0.092)
jckg	1.284***	1.789***	1.219***	1.415***	1.178***	1.593***	1.139***	1.624***	0.522*	0.519*
	(0.311)	(0.352)	(0.203)	(0.236)	(0.191)	(0.228)	(0.206)	(0.236)	(0.278)	(0.313)
xsrs	0.610***	0.679***	0.379***	0.504***	0.257**	0.428***	0.410***	0.497***	0.0645	0.0509
	(0.209)	(0.217)	(0.136)	(0.146)	(0.128)	(0.141)	(0.139)	(0.146)	(0.186)	(0.193)
jynx	−0.271***	−0.204**	−0.0697	−0.0874	0.0161	−0.0410	−0.0203	−0.0770	0.0185	0.0263
	(0.102)	(0.103)	(0.0668)	(0.0691)	(0.0630)	(0.0666)	(0.0681)	(0.0691)	(0.0916)	(0.09)
lc	0.0642	0.144	0.266**	0.284**	0.274**	0.190	0.0928	0.0844	0.514***	0.52***
	(0.183)	(0.183)	(0.119)	(0.123)	(0.113)	(0.119)	(0.122)	(0.123)	(0.164)	(0.163)
常数项	−1.370	−0.150	−1.340*	−0.727	−0.969	−0.281	−1.076	0.0659	0.743	0.807
	(1.069)	(1.098)	(0.697)	(0.738)	(0.658)	(0.712)	(0.710)	(0.738)	(0.955)	(0.979)

表 6.6 显示,空间分位数回归模型中,对于解释变量,lg 的系数为正($\tau=0.9$ 时除外),但在 0.1 分位点上不显著,说明在外资流入较少的地区,金融发展水平并不是 FDI 的唯一促进因素;同时,分位数从 0.3 变为 0.7 的过程中,lg 的系数先增后减,表明区域金融发展水平对 FDI 的作用程度受地区初始金融发展水平的影响,在金融发展水平较高和较低的地区,金融发展水平对 FDI 的带动作用较小。变量 lngdp 在空间分位数回归模型的不同分位点下均显著为正,与面板分位数回归模型相一致,进一步证明了地区经济发展对 FDI 的重要推动作用。变量 jckg 和 xsrs 的系数也均为正,与面板分位数回归模型有所不同,表明两者与 FDI 的变动方向具有不确定性。同时,FDI 的空间滞后项在多个分位数下为负,且在 $\tau=0.7$ 和 0.9 时显著,存在一定的空间相关性。当自变量由 dg 表示时,lngdp 的系数依然显著为正,dg 和空间滞后项的系数在不同的分位点下差异较大。此外,用变量 gssl 表示区域金融发展水平时(估计结果见表 6.7 的列(6)—(10)),空间滞后项和 lngdp 的系数均显著为正,且 lngdp 的系数随分位数的增加而下降,说明对于经济发展水平高的地区来说,上市公司数量越多越不利于 FDI 总额的增加,这可能是由较多上市公司引致的激烈竞争所致。

对比不同模型的估计结果,发现面板分位数回归模型中主要解释变量的系数大多为正,而空间分位数模型中的系数有正有负,即空间分位数模型中区域金融发展水平对 FDI 的作用随分位点的变动而变动,而且分位点居中即为 0.5 时区域金融发展水平的作用程度较大。

6.5 结论和建议

本章利用空间分位数回归模型,对我国 31 个省份 2010—2017 年的 FDI 进行实证检验,结果发现:

(1) 不同模型下,地区经济发展水平均与 FDI 显著正相关,且系数高于 0.7,充分展现了地区经济规模对 FDI 的吸引作用,即 FDI 总额会随着地区经济的发展而逐渐上升。

(2) 固定效应模型下,表示区域金融发展水平的不同变量的系数均显著为正,且系数位于 0.0174 和 0.0388 之间。即区域金融发展水平每提高 1%,引起 FDI 总额朝相同的方向变动 1.74%—3.88%;面板分位数回归模型中,表示区域金融发展水平的变量在不同的分位点下有所区别,但总体体现为正数。因此,总体来说,区域金融发展水平的提高,对该地区 FDI 起到积极的促进作用。

(3) 相邻地区的 FDI 具有空间相关性,即本地区的 FDI 总额除了受本地区经济、金融发展水平影响外,还受相邻地区 FDI 总额的影响,存在空间集聚性。

基于研究结论,对于各省份吸引更多的 FDI,本章提出以下建议:

一方面,应始终牢记内因是事物发展的主要原因。应该集中精力谋发展,充分发

表 6.7 自变量为 gssl 的模型估计结果

	(1)	(2)	(3)	(4)	(5)	(6)	(7)	(8)	(9)	(10)
	τ=0.1	τ=0.3	τ=0.5	τ=0.7	τ=0.9	τ=0.1	τ=0.3	τ=0.5	τ=0.7	τ=0.9
wy						0.0136***	0.00972***	0.0178***	0.00865***	0.0122***
						(0.00292)	(0.00192)	(0.00197)	(0.00188)	(0.00308)
gssl	0.00346	0.00501	0.00710	0.00914	0.0122	0.0174**	0.00701	0.00208	−0.00458	−0.0136*
	(0.00959)	(0.00689)	(0.00932)	(0.0154)	(0.0257)	(0.00783)	(0.00515)	(0.00527)	(0.00503)	(0.00826)
lngdp	1.149***	1.156***	1.166***	1.175***	1.189*	1.306***	1.129***	0.872***	0.846***	0.609***
	(0.230)	(0.165)	(0.224)	(0.369)	(0.617)	(0.120)	(0.0792)	(0.0809)	(0.0773)	(0.127)
jckg	−0.220	−0.221	−0.222	−0.223	−0.225	1.292***	1.606***	1.776***	2.148***	2.983***
	(0.307)	(0.220)	(0.298)	(0.491)	(0.822)	(0.395)	(0.260)	(0.266)	(0.254)	(0.416)
xsrs	0.0877	0.119	0.160	0.200	0.261	0.350	0.625***	0.644***	0.628***	1.284***
	(0.384)	(0.276)	(0.373)	(0.614)	(1.028)	(0.235)	(0.154)	(0.158)	(0.151)	(0.247)
jynx	−0.0636	−0.0925***	−0.131***	−0.170**	−0.226*	−0.264**	−0.161**	0.0176	−0.0169	−0.0636
	(0.0491)	(0.0356)	(0.0483)	(0.0786)	(0.132)	(0.115)	(0.0758)	(0.0775)	(0.0740)	(0.121)
lc	0.325	0.395	0.489	0.582	0.719	−0.0271	0.150	0.264*	0.299**	0.169
	(0.480)	(0.345)	(0.466)	(0.768)	(1.285)	(0.216)	(0.142)	(0.145)	(0.139)	(0.228)
常数项						−1.500	−0.646	−0.0339	1.175*	3.463***
						(1.109)	(0.730)	(0.747)	(0.713)	(1.170)

挥地区经济发展水平和金融发展水平对 FDI 的促进作用，给予金融机构政策支持，推动本地区经济和金融的发展。

另一方面，不应忽视 FDI 的空间相关性。应加强交通基础设施建设，缩短与相邻地区的经济和地理距离，加强与相邻地区的交流与合作，实现共同发展。

6.6 空间分位数回归模型估计的软件操作说明

6.6.1 研究目的

（1）掌握面板分位数回归、空间分位数回归的基本原理。

（2）掌握运用 Stata 软件进行面板数据回归、面板分位数回归和空间分位数回归模型的操作方法。

6.6.2 研究原理

本章利用空间分位数模型探究区域金融发展水平对 FDI 的影响，并将其与普通面板分位数回归下的结果进行比较，观察不同模型下的估计结果。

6.6.3 样本选择与数据收集

本章所使用的数据来自本书附带教学资料第 6 章中的"金融发展水平与 FDI.xlsx"文件，选择 2010—2017 年间我国 31 个省份的 FDI 总额（lnfdi）、银行全部存、贷款余额占省份 GDP 比重（dg、lg）、境内上市公司数量占年末常住人口（百万人）比重（gssl）等数据，数据来自国家统计局官网、CSMAR 数据库、中经网统计数据库、Wind 数据库和历年《中国劳动统计年鉴》。

6.6.4 软件应用与分析指导

1. 数据导入与描述性统计

打开 Stata 软件，输入以下命令（以解释变量 lg 为例）：

```
import excel "C:\Users\Administrator\Desktop\金融发展水平与 FDI.xlsx", sheet("Sheet1") firstrow          %数据导入
    sum lnfdi lg dg sg gssl lngdp jckg xsrs jynx lc          %描述性统计
```

变量描述性统计结果如图 6.3 所示。

```
. sum lnfdi lg dg gssl lngdp jckg xsrs jynx lc      //描述性统计
```

Variable	Obs	Mean	Std. Dev.	Min	Max
lnfdi	248	10.82575	1.49955	6.280396	14.38209
lg	248	14.62673	5.171213	5.626585	32.66477
dg	248	20.64259	9.191446	7.350497	64.8576
gssl	248	12.05897	15.85427	2.381712	95.20265
lngdp	248	9.579143	.9887625	6.229418	11.40428
jckg	248	.2795396	.3255904	.016869	1.548163
xsrs	248	1.145961	.4205185	.4991119	2.385321
jynx	248	9.314925	.9593355	5.095954	12.041
lc	248	.906978	.5187368	.0499361	2.174619

图 6.3 变量描述性统计结果

2. 混合回归和面板数据模型估计

```
xtset id year          %面板设定
reg lnfdi lg lngdp jckg xsrs jynx lc,r      %混合回归
```

混合 OLS 回归结果如图 6.4 所示。

```
. reg lnfdi lg lngdp jckg xsrs jynx lc      //普通最小二乘回归
```

Source	SS	df	MS		
Model	499.587975	6	83.2646625		
Residual	55.8288347	241	.231654916		
Total	555.41681	247	2.24865105		

Number of obs = 248
F(6, 241) = 359.43
Prob > F = 0.0000
R-squared = 0.8995
Adj R-squared = 0.8970
Root MSE = .48131

lnfdi	Coef.	Std. Err.	t	P>|t|	[95% Conf. Interval]	
lg	.0264537	.0077557	3.41	0.001	.0111762	.0417313
lngdp	1.041939	.045133	23.09	0.000	.9530337	1.130845
jckg	1.05397	.1468668	7.18	0.000	.7646639	1.343277
xsrs	.3216427	.1015533	3.17	0.002	.1215972	.5216881
jynx	-.0174266	.0489285	-0.36	0.722	-.1138087	.0789556
lc	.4389704	.088863	4.94	0.000	.263923	.6140177
_cons	-.4410887	.5245856	-0.84	0.401	-1.474447	.5922696

图 6.4 混合 OLS 回归结果

```
xtreg lnfdi lg lngdp jckg xsrs jynx lc,fe         %F 检验
xtreg lnfdi lg lngdp jckg xsrs jynx lc,re r
xttest0        %LM 检验
xtreg lnfdi lg lngdp jckg xsrs jynx lc,fe
est sto fe
xtreg lnfdi lg lngdp jckg xsrs jynx lc,re
est sto re
hausman fe re      %豪斯曼检验
xtreg lnfdi lg lngdp jckg xsrs jynx lc,fe r       %固定效应模型估计
```

各检验和模型估计结果如图 6.5、图 6.6、图 6.7、图 6.8 所示。

lnfdi	Coef.	Std. Err.	t	P>|t|	[95% Conf. Interval]	
lg	.0304733	.0062165	4.90	0.000	.0182189	.0427277
lngdp	.9186863	.141815	6.48	0.000	.6391306	1.198242
jckg	-.3658556	.1882465	-1.94	0.053	-.7369404	.0052291
xsrs	.0359092	.2754023	0.13	0.896	-.5069832	.5788016
jynx	-.0733048	.0360547	-2.03	0.043	-.1443784	-.0022311
lc	.834457	.3352551	2.49	0.014	.1735783	1.495336
_cons	1.566914	.9997105	1.57	0.119	-.4037857	3.537614
sigma_u	.67963331					
sigma_e	.19179159					
rho	.92623804	(fraction of variance due to u_i)				

F test that all u_i=0: F(30, 211) = 43.56   Prob > F = 0.0000

图 6.5　F 检验结果

Breusch and Pagan Lagrangian multiplier test for random effects

lnfdi[id,t] = Xb + u[id] + e[id,t]

Estimated results:

	Var	sd = sqrt(Var)
lnfdi	2.248651	1.49955
e	.036784	.1917916
u	.2122462	.4607019

Test: Var(u) = 0

chibar2(01) =   506.94
Prob > chibar2 =   0.0000

图 6.6　LM 检验结果

	Coefficients			
	(b) fe	(B) re	(b-B) Difference	sqrt(diag(V_b-V_B)) S.E.
lg	.0304733	.031228	-.0007547	.0024656
lngdp	.9186863	.957199	-.0385127	.1147388
jckg	-.3658556	.0167157	-.3825714	.1031577
xsrs	.0359092	.1561645	-.1202553	.2126926
jynx	-.0733048	-.0634438	-.009861	.0048894
lc	.834457	.8955753	-.0611184	.2751211

b = consistent under Ho and Ha; obtained from xtreg
B = inconsistent under Ha, efficient under Ho; obtained from xtreg

Test: Ho: difference in coefficients not systematic

chi2(6) = (b-B)'[(V_b-V_B)^(-1)](b-B)
        =   31.10
Prob>chi2 =   0.0000
(V_b-V_B is not positive definite)

图 6.7　Hausman 检验结果

```
Fixed-effects (within) regression          Number of obs    =      248
Group variable: id                         Number of groups =       31

R-sq:                                      Obs per group:
     within  = 0.7701                                min =        8
     between = 0.8082                                avg =      8.0
     overall = 0.8043                                max =        8

                                           F(6,30)          =    58.37
     corr(u_i, Xb)  = 0.2995               Prob > F         =   0.0000

                        (Std. Err. adjusted for 31 clusters in id)
                     Robust
       lnfdi |   Coef.    Std. Err.     t    P>|t|    [95% Conf. Interval]
          lg |  .0304733   .0075599    4.03   0.000    .0150339    .0459127
       lngdp |  .9186863   .158593     5.79   0.000    .5947962   1.242576
        jckg | -.3658556   .3366674   -1.09   0.286   -1.053422    .3217109
        xsrs |  .0359092   .1912173    0.19   0.852   -.3546086    .426427
        jynx | -.0733048   .0389723   -1.88   0.070   -.1528968    .0062872
          lc |  .834457    .3577308    2.33   0.027    .1038733   1.565041
       _cons |  1.566914  1.241621     1.26   0.217   -.9688133   4.102642

     sigma_u |  .67963331
     sigma_e |  .19179159
         rho |  .92623804   (fraction of variance due to u_i)
```

图 6.8 固定效应模型估计结果

3. 面板分位数模型估计

ssc install xtqreg

xtqreg lnfdi lg lngdp jckg xsrs jynx lc,quantile(0.1 0.3 0.5 0.7 0.9)   % 面板分位数模型

模型估计结果如图 6.9 所示。

```
                    MM-QR regression results
Number of obs = 248
.1 Quantile regression

             |   Coef.    Std. Err.     z    P>|z|    [95% Conf. Interval]
          lg |  .0249417   .0120869    2.06   0.039    .0012518    .0486315
       lngdp |  .8773416   .1977534    4.44   0.000    .4897521   1.264931
        jckg | -.3768168   .2841923   -1.33   0.185   -.9338236    .1801899
        xsrs |  .1508309   .3482349    0.43   0.665   -.5316969    .8333587
        jynx | -.0400739   .0495986   -0.81   0.419   -.1372853    .0571376
          lc |  .6061736   .4332248    1.40   0.162   -.2429314   1.455279

.3 Quantile regression

             |   Coef.    Std. Err.     z    P>|z|    [95% Conf. Interval]
          lg |  .0274369   .0082416    3.33   0.001    .0112837    .04359
       lngdp |  .8959914   .1347704    6.65   0.000    .6318462   1.160136
        jckg | -.3718725   .1936744   -1.92   0.055   -.7514672    .0077223
        xsrs |  .0989921   .2373324    0.42   0.677   -.3661709    .564155
        jynx | -.0550636   .0337971   -1.63   0.103   -.1213048    .0111775
          lc |  .7091475   .2951431    2.40   0.016    .1306777   1.287517
```

图 6.9 面板分位数模型估计结果

4. 空间相关性检验和空间分位数回归模型估计

```
drop if year! = 2017
spatwmat using kjjz.dta,name(W) standardize
spatgsa lnfdi,weight(W) moran twotail        %2017年的全局莫兰指数
spatlsa lnfdi,weight(W) moran graph(moran) symbol(n)    %莫兰散点图
```

2017年全局莫兰指数如图 6.10 所示。

```
Weights matrix
─────────────────────────────────
Name: W
Type: Imported (binary)
Row-standardized: Yes
─────────────────────────────────

Moran's I
```

Variables	I	E(I)	sd(I)	z	p-value*
lnfdi	0.516	-0.033	0.118	4.660	0.000

*2-tail test

图 6.10　2017 年全局莫兰指数

```
use kjjz.dta,clear
set matsize 1000
spcs2xt a1—a31,time(8) matrix(W3)
spatwmat using W3xt.dta,name(wpanel)    %矩阵转化
import excel "C:\Users\Administrator\Desktop\数据.xlsx", sheet("Sheet1") firstrow clear
spatgsa lnfdi,weight(wpanel) moran twotail    %面板的莫兰指数
```

面板的莫兰指数如图 6.11 所示。

```
Weights matrix
─────────────────────────────────
Name: wpanel
Type: Imported (binary)
Row-standardized: No
─────────────────────────────────

Moran's I
```

Variables	I	E(I)	sd(I)	z	p-value*
lnfdi	0.483	-0.004	0.042	11.586	0.000

*2-tail test

图 6.11　面板的莫兰指数

```
ivqreg lnfdi lg lngdp jckg xsrs jynx lc(wy = wlg),q(0.1)    % 空间分位数模型(混合回归)
```

空间分位数回归模型估计结果如图 6.12 所示。

```
Initial Estimation: .1th Two Stage Quantile Regression      Number of obs = 248

   lnfdi |      Coef.   Std. Err.       z    P>|z|     [95% Conf. Interval]
      wy |   .0020837   .0027244     0.76   0.444    -.003256    .0074235
      lg |   .0045444    .009365     0.49   0.627   -.0138107    .0228996
   lngdp |   1.311915   .0463029    28.33   0.000    1.221163    1.402667
    jckg |   1.189074   .2157735     5.51   0.000     .766166    1.611983
    xsrs |   .6603556   .1281507     5.15   0.000    .4091848    .9115263
    jynx |  -.2619546   .0465518    -5.63   0.000   -.3531945   -.1707148
      lc |   .1260546   .1513001     0.83   0.405    -.170488    .4225973
   _cons |  -1.266113   .4818908    -2.63   0.009   -2.210602   -.3216248

Grid search is in progress (200)
.................................................    50
.................................................   100
.................................................   150
.................................................   200

.1th Instrumental Variable Quantile Regression             Number of obs = 248

   lnfdi |      Coef.   Std. Err.       z    P>|z|     [95% Conf. Interval]
      wy |    .002537   .0028633     0.89   0.376    -.003075    .0081489
      lg |   .0040544   .0164021     0.25   0.805   -.0280931     .036202
   lngdp |   1.339336   .1037718    12.91   0.000    1.135947    1.542725
    jckg |   1.283934   .3107977     4.13   0.000    .6747814    1.893086
    xsrs |   .6102111   .2087247     2.92   0.003    .2011183    1.019304
    jynx |  -.2711806   .1024823    -2.65   0.008   -.4720421    -.070319
      lc |   .0642235   .1832081     0.35   0.726   -.2948578    .4233047
   _cons |  -1.369594   1.069183    -1.28   0.200   -3.465154    .7259671
```

图 6.12　空间分位数回归模型估计结果(0.1 分位点下)

参 考 文 献

[1] Chernozhukov V, Hansen C. Instrumental Quantile Regression Inference for Structural and Treatment Effect Models [J]. *Journal of Econometrics*, 2006, 132(2).

[2] Ezeoha A E and Cattaneo N. FDI Flows to Sub Saharan Africa[J]. *Comparative Economic Studies*, 2012, 54(3).

[3] Koenker R. *Quantile Regression*[M]. New York: Cambridge University Press, 2005.

[4] Moran P. Notes on Continuous Stochastic Phenomena[J]. *Biometrika*, 1950, (37).

[5] 陈强. 高级计量经济学及 Stata 应用(第二版)[M]. 北京: 高等教育出版社, 2014.

[6] 陈万灵, 杨永聪. 区域金融发展与 FDI 流入规模的实证研究——基于省际面板数据的分析[J]. 国际经贸探索, 2013, 29(4).

[7] 戴枫,吕晓一.外商直接投资对中国城乡收入差距的影响研究——基于空间杜宾模型的实证分析[J].南京财经大学学报,2018,(5).

[8] 胡婉婷.安徽省 FDI 与金融发展关系的实证分析[J].赤峰学院学报(自然科学版),2016,32(11).

[9] 霍杰.外商直接投资、聚集经济和地区经济增长的空间计量研究[J].统计与决策,2017,(1).

[10] 李波,舒莉.地区金融发展对 FDI 引进影响的实证研究[J].统计与管理,2012,(4).

[11] 李群峰.基于分位数回归的面板数据模型估计方法[J].统计与决策,2011,(17).

[12] 李政,杨思莹,何彬.FDI 抑制还是提升了中国区域创新效率?——基于省际空间面板模型的分析[J].经济管理,2017,39(4).

[13] 吕朝凤,毛霞.金融发展能够影响 FDI 的区位选择吗?[J].金融研究,2020,(3).

[14] 潘海峰,魏宏杰.金融发展、FDI 与经济增长关联性的空间效应特征识别[J].统计与决策,2018,34(22).

[15] 钱雪松,谢晓芬,杜立.金融发展、影子银行区域流动和反哺效应——基于中国委托贷款数据的经验分析[J].中国工业经济,2017,(6).

[16] 谭之博,赵岳.外商直接投资的挤入挤出效应:金融发展的影响[J].金融研究,2014,(9).

[17] 田素华,史晋星,窦菲菲.金融在中国双向直接投资中的作用与影响机制分析[J].复旦学报(社会科学版),2018,60(6).

[18] 王建增.金融发展对 FDI 区位分布的影响——基于中部地区的实证研究[J].经济问题,2011,(8).

[19] 文淑惠,胡琼,程先楠."一带一路"国家金融发展、制度环境与中国 OFDI[J].华东经济管理,2019,33(5).

[20] 冼国明,冷艳丽.地方政府债务、金融发展与 FDI——基于空间计量经济模型的实证分析[J].南开经济研究,2016,(3).

[21] 杨傲然.东道国金融发展水平对 FDI 流入量的影响机制研究[J].特区经济,2014,(10).

[22] 杨尚君.区域金融发展对 FDI 流入的影响分析——来自中国省际动态面板数据的证据[J].国际商务(对外经济贸易大学学报),2014,(5).

[23] 尹华,胡星.我国金融发展促进 FDI 的出口增长效应实证研究[J].财务与金融,2013,(4).

[24] 张安达.中国省际 FDI、金融市场发展与经济增长——基于空间面板杜宾模型的再检验[J].金融教育研究,2018,31(4).

[25] 张坤,李巍.贸易保护主义新趋势下金融约束与外商直接投资研究——基于我国行业数据的面板门限模型分析[J].审计与经济研究,2019,34(4).

[26] 赵佩佩,袁永生,吴楠楠.基于空间 Panel data 分位数回归的粮食产量分析[J].江西农业学报,2016,28(8).

[27] 郑志刚,邓贺斐.法律环境差异和区域金融发展——金融发展决定因素基于我国省级面板数据的考察[J].管理世界,2010,(6).

[28] 周涛.空间面板分位数回归的经验似然推断[D].浙江财经大学,2016.

第7章 高管特征与网贷平台经营风险
——基于空间久期模型

摘 要：网络借贷是近十多年来快速发展的新兴金融模式，为社会提供了新的投资、融资渠道，但网贷平台风险事件频发也反映了网贷市场的高风险特征。本章研究了高管特征对网贷平台经营风险的影响和传导路径。研究结果发现：高管具有银行工作背景、互联网工作背景和两职合一工作背景能够显著降低网贷平台经营风险，政治关联的直接影响不显著表明政府是中性的监管者；此外，高管的高学历教育背景能够通过影响高管风险偏好间接降低网贷平台经营风险，高管具有政治关联也能够降低机会主义倾向，起到避免网贷平台发生恶性事件的作用。本章对政府监管和投资者决策具有指导意义。

关键词：网络借贷；经营风险；高管特征

7.1 引 言

得益于互联网产业的快速发展，数字金融成为结合互联网和传统金融的产物，而网络借贷市场则是数字金融中近几年广受关注的重要组成部分。网络借贷以短期、小额借贷为主，具有无抵押、高利率、放款快等特点，能够使融资者快速解决短期的小额资金需求，为个人和小微企业提供了新的融资选择。对投资者而言，网贷市场具有高风险、高收益的特征，投资门槛低，为个人和金融机构提供了新的理财产品。P2P网贷平台最早于2005年出现于欧洲，于2007年在国内出现，监管层将其定位为连接借款者与投资者的信息中介。由于交易成本相对于传统金融机构更低，P2P网贷能够提供给投资者更高的收益，并降低借款者的借款成本，因此P2P网贷成为普惠金融的一种重要方式，曾经得到爆发性增长。尽管P2P网贷对普惠金融具有重要推动作用，但其风险不容小觑。据"网贷之家"公布的数据，仅2018年一年就出现了669家问题平台，665家平台转型或者停业，行业风险陡增。截至2019年10月，有超过90%的P2P网贷平台出现停业、经营困难、跑路等问题。2020年11月，P2P网贷平台完全归零。网贷平台风险频发不仅造成投资者重大损失，还加剧了中国的系统性金融风险，而根据高阶理论，高管特征对企业经营管理行为具有重要影响，因此研究高管特征对网贷平台风险的影响具有重要现实意义。

最初针对网贷的研究集中于网贷市场的存在价值。Hulme 和 Wright(2006)最早对 P2P 网贷进行研究,通过对 Zopa 的问卷调查发现,54%的贷款人和 85%的借款人认为 P2P 网贷透明度非常高,远远超过传统的金融服务;另外,P2P 网贷能提供更低的利率差价,使投资者、借款人获得更多的利益,而且借贷双方的更直接对接也使金融服务增加了情感色彩。2007 年起,对 P2P 网贷的研究越发丰富,通过谷歌学术进行"P2P Lending"或"Peer-to-Peer Lending"的检索发现,2007 年至 2010 年分别有 6、13、15、8 篇学术论文对此进行研究,关注该市场的学者越来越多。(Bachmann et al., 2011)由于国外监管严格,P2P 网贷平台出现恶性事件较少,因此国外已有研究主要集中于个人借款成功率、违约率等方面。Ravina(2008)发现借款者和贷款者之间的相似性能够提高贷款申请获得通过的可能性,如居住在相同的城市、属于同一个种族、性别相同等。"prosper.com"平台提供了关于借款人的额外财务信息,如当前的开放信用额度或银行卡使用情况,能够帮助投资者了解违约风险。(Klafft, 2008)。Pope 和 Sydnor(2011)发现,非裔美国人比白种美国人的借款成功率低 25%至 34%,年龄超过 60 岁将使借款成功率降低 1.1%至 2.3%。Duarte 等(2012)发现,长相看起来更加诚实的人具有更低的违约风险。国内学者对 P2P 网贷平台的研究大多集中于对借款者特征的分析,对平台特征与风险的研究较少。廖理等(2015)发现,借款人的教育背景有助于预测违约率。与上述研究不同,本章聚焦于网贷平台的经营风险。

根据文献中所探讨的风险因素将已有研究分为两类:第一类为针对网贷平台经营风险的研究,为所有潜在因素建模,找出对经营风险最重要的因素。王修华等(2016)发现,信息披露、利率、银行存管对网贷平台风险影响显著。何光辉等(2017)发现,背景为民营、股东少、利率高的网贷平台风险高,道德风险及公司治理、信用管理和营运风险越高的网贷平台风险越高。巴曙松等(2018)发现,注册资本、注册地、平台背景、业务模式会显著影响网贷平台死亡率。田杰等(2019)发现,平台实力、风控能力、业务模式及行业监管等因素显著影响网贷平台风险。第二类为针对单一影响因素进行分析,得到单一因素对网贷平台经营风险的影响路径。方兴(2018)研究了行业协会对网贷平台风险的影响,发现行业协会的存在有利于暴露问题网贷平台,有助于淘汰劣质网贷平台和提高投资者信心。巴曙松等(2019)基于债权转让视角,发现债权转让制度的设定有利于减少由挤兑风险带来的网贷平台风险。李苍舒和沈艳(2018)着重分析信息披露程度对网贷平台风险的影响,发现信息披露程度越高,平台出现问题的可能性越低,抗风险能力越强。向虹宇等(2019)发现,利率处于行业较低、较高水平时对平台风险的影响分别为负相关、正相关,处于行业中等水平时不显著相关。本章研究属于第二类,研究高管特征对网贷平台经营风险的影响。

尽管针对网贷平台风险的研究已揭示出平台风险的影响因素或者复杂的影响关系,但已有研究存在变量较少、样本量较小、模型对遗漏变量敏感等问题,尤其是针对高管特征的研究较少且不够全面。为了更好地理解网贷平台经营风险形成机制,本章从高管特征介入,研究高管特征与网贷平台风险之间的关系。聚焦于高管特征的原因主要有两个:第一,网贷平台的一系列经营决策由高管作出,高管的能力和持久经营意愿的差异会导致高管作出截然不同的决策,高管特征对网贷平台风险更具有可解释性,因果关系清晰,影响路径容易理解;第二,如果网贷平台经营不善,高管社会关联度的差异可能会导致网贷平台产生不一样的结局,如具有较多社会任职的高管更不愿意作出跑路等决策,他们相比社会关联度较低的高管会更在意个人名誉。

不同区域针对互联网金融的约束政策具有较大差异,这会导致同一区域内网贷平台受到相同的政策限制。如果使用的计量模型不能够考虑到政策因素导致的空间相关性,则会使估计结果与真实情况产生较大偏差,而且一旦样本量不够大,偏差会更大,本章通过空间久期模型考虑网贷平台经营风险的空间相关性,而且该模型能减弱遗漏变量问题的影响。

本章贡献为,一方面研究了高管不同特征对网贷平台经营风险的影响;另一方面探究了高管特征对网贷平台经营风险的传导机制。

7.2 研究假设

网贷平台的合规业务为借贷双方的信息中介业务,具有低成本、低收益的特点,其盈利依赖于巨大的用户基数。由于网贷平台以中小企业为主,因此高管对公司业务的决策权较大,决策对公司发展方向、利润的影响也较大。高管自身特征能反映高管的认知和价值观等(Hambrick et al.,1984),会影响其对公司现阶段状态以及市场变化的把握,从而影响网贷平台的经营决策和利润。综上,高管特征会影响网贷平台经营风险。

教育背景能够反映高管的认知水平、学习能力、知识积累和理性思维等,教育水平高的高管在决策时会综合更多的因素,运用科学的方法进行分析和预测,充分考虑不同决策的结果,倾向于规避风险,作出最优决策。(Flood et al.,1997)较高的教育水平意味着具有较高的认知能力,具有更强的学习能力和更广阔的视野,更容易把握市场动态机遇和发展趋势,这些特点对于网贷平台的健康经营具有重要价值。据此,提出假设1。

假设1:高管受教育程度与经营风险显著负相关。

网络借贷是互联网和金融的结合,具有互联网工作背景或者银行工作背景的高管可能更擅长处理企业遇到的问题,因为高管对于信息往往按照以往的工作经验进行分析和解读。由于银行相对其他金融机构更厌恶风险,高管的银行工作经验有助于其形成对风险敏感的意识,从而作出风险更低的经营决策,尤其是会有更低的流动性风险。互联网企业需要对市场变化非常敏感,围绕市场需求快速布局、快速调整,积极拓展新的市场和新的经营模式,高管的互联网工作背景有助于其形成依据市场变化快速反应的能力,从而一定程度上降低网贷平台的经营风险。据此,提出假设2。

假设2:高管具有相关工作背景会显著降低经营风险。

高管的政治关联近些年广受关注,政治关联是企业有价值的资源,会对其绩效产生影响,尤其对于非国有企业价值更大。(胡旭阳,2006)网络借贷属于近十多年来比较热门的金融创新,由于缺乏监管经验,政府制定的相关政策可能对网贷平台具有较大影响。熟悉政府监管特点的高管能够减少监管不确定性对企业的影响,而具有政治关联的高管能更好地了解政府监管的特点。另外,高管的政治关联还能给企业带来财政补贴(陈冬华,2003)和融资优势(Claessens *et al.*,2008)。同时根据马斯洛需求理论,高管的政治关联也是高管个人的社会资本,具有政治关联的高管更可能不仅追求物质富足,而且注重更高层次的自我价值的实现和社会认同,高管一旦疏忽大意或者违法乱纪便要付出非常高的机会成本,因此会更加勤勉认真经营。据此,提出假设3。

假设3:高管政治关联能显著降低经营风险。

董事会受股东大会委托,是公司所有者的代表,总经理受聘于董事会,属于公司职员。董事长与总经理两职合一是公司治理领域的重要议题,已有研究主要通过代理理论和管家理论解释两职合一对企业的影响。代理理论认为,由于企业所有者和经营者之间存在信息不对称,为防止经营者追求个人利益最大化而采取损害股东利益的机会主义行为,就需要一个强有力的监督机制,两职合一意味着总经理要自己监督自己,削弱了董事会监督经营者的有效性,对企业长久发展不利;管家理论认为,两职合一有利于公司长久发展,因为两职合一有利于企业创新和适应市场环境,从而有利于企业提高经营绩效。(吴淑琨等,1998)网贷属于互联网技术与金融结合的一种创新,企业发展对创新能力的要求比较高,管家理论更适合分析网贷行业。政府对互联网金融的监管变化以及网贷行业新企业的涌入会使市场竞争格局产生快速变化,两职合一有助于企业节省信息成本和快速作出决策。(Yang and Zhao,2014)据此,提出假设4。

假设4:高管两职合一能显著降低经营风险。

7.3 空间久期模型

为检验上文提出的假设,本章采用空间久期模型进行检验,这是因为尽管网贷平台业务通过线上完成,但线下营销决定了同一个区域的网贷平台可能具有相似性,而且网贷平台的营销战略会依据其他平台的策略以及该地区的监管政策而调整。中国疆域广阔,南北方、东西部地区经济发展程度具有较大的差异,因此相距较远的网贷平台可能会存在较大的差异。对于网贷平台经营风险的建模,可能存在遗漏变量问题,采用空间计量模型能够减少由于遗漏变量导致的偏误。网贷平台从注册至经营失败会间隔一段时间,已有研究中广泛采用的离散选择模型仅考虑平台是否发生风险事件,没有充分利用时间长度这个信息。因此,本章使用空间久期模型,用于反映网贷平台的异质性以及避免遗漏变量导致的偏误,并充分利用已有信息。

比例风险(PH)模型的风险函数 $\lambda(t;x)$ 和生存函数 $S(t;x)$ 为:

$$\lambda(t;x) = \lambda_0(t)h(x) \tag{7.1}$$

$$S(t;x) = S_0(t)^{h(x)} \tag{7.2}$$

风险函数 $\lambda(t;x)$ 为基准风险 $\lambda_0(t)$ 与比例风险 $h(x)$ 的乘积,基准风险 $\lambda_0(t)$ 对任一个体均相同,仅依赖于时间 t,比例风险 $h(x)$ 依赖于网贷平台的高管特征变量和控制变量 x。$S_0(t)$ 为基准生存函数。一般令 $h(x) = e^{x'\beta}$,从而生存函数为:

$$S(t;x) = S_0(t)^{e^{x'\beta}} \tag{7.3}$$

半参数模型和参数模型的差异在于对基准风险的处理。参数模型对基准风险的分布进行拟合,应用较多的为冈珀茨分布、威布尔分布、对数逻辑分布、对数正态分布等;半参数模型通过风险函数比值的形式进行拟合,不需要指定基准风险的分布,因此基准风险部分不含有未知参数。

不同于比例风险模型,另一类久期模型针对生存时间建模,称为加速失效(AFT)模型,模型形式为:

$$\ln T = x'\beta + u \tag{7.4}$$

$$S(t;x) = S_0(e^{x'\beta}t) \tag{7.5}$$

其中,u 为扰动项。由于 $\ln T$ 在 $(-\infty,+\infty)$ 区间取值,所以 u 服从于取值在 $(-\infty,+\infty)$ 区间的连续型分布。类似于比例风险模型,久期模型根据对 u 的处理方式也分为半参数模型和参数模型。

解决遗漏变量问题对久期模型影响的最初办法是在模型中引入随机效应异质性,包括个体异质性和分类异质性,这可以解释某些网贷平台在具有相同的特征时更可能发生风险。以比例风险模型为例,假设共有 k 个样本,引入随机效应异质性的模型形式为:

$$\ln \lambda(t;x) = x'\beta + v + \ln \lambda_0(t) \tag{7.6}$$

$$v_1, v_2, \cdots, v_k \stackrel{iid}{\sim} N(0, \tau^2) \tag{7.7}$$

其中,v 为随机效应异质性项。在模型中引入随机效应异质性,需要一个重要的假设。随机效应异质性之间相互独立,常假设其服从正态分布,如式(7.7)所示。但是这个假设对于网贷平台而言具有不符合实际情况的特点,因为距离较近的网贷平台相似性更强,距离较远的平台相似性更弱。空间久期模型通过引入能够反映相邻样本间影响的异质性解决这个问题:

$$v_i \mid \{v_j\}_{j \neq i} \sim N\left(\sum_{j=1}^{k} e_{ij}v_j/e_{i+}, \tau^2/e_{i+}\right), \quad i=1,\cdots,k \tag{7.8}$$

其中,e_{i+} 为第 i 个样本的邻居数量,e_{ij} 为空间权重矩阵 E 中的元素,e_{ij} 的计算方法为:如果第 i 个网贷平台和第 j 个网贷平台位于相同的省份,取值为 1,否则为 0。定义第 i 个网贷平台观测到的生存时间为 t_i,如果在观测时未发生风险,称其自注册至观测时的时间长度为归并时间,记为 T_i,似然函数为:

$$\mathcal{L}(w_L, \theta, \beta, v) = \prod_{i=1}^{k} \left[S(t_i) - S(T_i)\right]^{I(t_i < T_i)} f(t_i)^{I(t_i = T_i)} \tag{7.9}$$

其中,$f(t_i)$ 为密度函数,通过设定 $S_0(t)$ 的 TBP 先验分布,使用马尔可夫链蒙特卡罗法可以对参数进行求解。(Zhou et al.,2018)为了对不同的久期模型进行对比,本章使用两个受欢迎的模型选择标准:偏差信息准则 DIC(Spiegelhalter et al.,2002)和对数伪边缘似然法(LPML)(Geisser and Eddy,1979),其中,DIC 值越小越好,强调模型拟合相对质量;LPML 值越大越好,关注预测性能。

用 $\mathcal{D}$ 表示观测数据集,用 $\mathcal{D}_i$ 表示第 i 个数据点,用 $\mathcal{D}_{-i}$ 表示去掉 $\mathcal{D}_i$ 的数据集,$i=1,\cdots,n$,用 Ω 表示特定模型下模型参数的整个集合,$L(\mathcal{D}|\Omega)$ 是基于观测数据 $\mathcal{D}$ 的似然函数,$L_i(\cdot|\Omega)$ 是基于 $\mathcal{D}_i$ 的似然贡献。假设 $\{\Omega^{(1)},\cdots,\Omega^{(\mathcal{L})}\}$ 是从完整的后验信息

$p_{\text{post}}(\Omega|\mathcal{D})$ 中随机抽取的，设 $\hat{\Omega} = \sum_{l=1}^{\mathcal{L}} \Omega^{(l)}/\mathcal{L}$ 为 Ω 的后验平均估计值。

DIC 是赤池信息准则（AIC）的一个推广，通常用于比较复杂的层次模型，此类模型中 AIC 的渐进合理性不再成立。DIC 公式为：

$$\text{DIC} = -2\log L(\mathcal{D}'|\hat{\Omega}) + 2p_{\mathcal{D}} \quad (7.10)$$

$$p_{\mathcal{D}} = 2\left(\log L(\mathcal{D}|\hat{\Omega}) - \frac{1}{\mathcal{L}}\sum_{l=1}^{\mathcal{L}}\log L(\mathcal{D}'|\Omega^{(l)})\right) \quad (7.11)$$

$p_{\mathcal{D}}$ 是指测量模型复杂度的有效参数个数。与 AIC 类似，DIC 值越小表示模型越适合。LPML 的定义基于条件预测坐标（CPO）统计量。数据点 $\mathcal{D}_i$ 的 CPO 由以下公式给出：

$$\text{CPO}_i = f(\mathcal{D}_i|\mathcal{D}_{-i}) = \int L_i(\mathcal{D}_i|\Omega)p_{\text{post}}(\Omega|\mathcal{D}_{-i})\mathrm{d}\Omega \quad (7.12)$$

其中，$p_{\text{post}}(\Omega|\mathcal{D}_{-i})$ 是在给定 $\mathcal{D}_{-i}$ 时 Ω 的后验密度。令 $\text{CPO}_{i,1}$ 和 $\text{CPO}_{i,2}$ 分别表示模型 1 和模型 2 下第 i 个数据点的 CPO。CPO 的稳定估计量为（Verdinelli and Wasserman，1995）：

$$\widehat{\text{CPO}}_i = \frac{\sum_{l=1}^{\mathcal{L}} L_i(\mathcal{D}_i'|\Omega^{(l)})\widetilde{\omega}_{i,l}}{\sum_{l=1}^{\mathcal{L}} \widetilde{\omega}_{i,l}} \quad (7.13)$$

最后，LPML 被定义为（Zhou et al.，2018）：

$$\text{LPML} = \sum_{i=1}^{n} \log \widehat{\text{CPO}}_i \quad (7.14)$$

LPML 可以被看作一种预测性措施，它将遗漏一个交叉验证的预测误差，从而更严重地惩罚"错误的预测"。LPML 既能考虑到偏差，又能考虑到方差，更适用久期模型。

7.4 数据描述

本章共获得至 2018 年 11 月 1 日的国内 6435 个网贷平台的相关数据，去除缺失数据和极端数据，将剩下的 2064 家平台数据作为建模样本。

因变量为网贷平台的生存时间和是否发生风险事件，生存时间以天为单位，是否发生风险事件为虚拟变量，如果截至观测日期 2018 年 11 月 1 日网贷平台未发生风险事件，则生存时间为归并数据，计算方式为网贷平台自注册日至 2018 年 11 月 1 日的天数；如果网贷平台发生风险事件，则该网贷平台的生存时间被完整观测，生存时间为注册日至发生风险事件日之间的天数。与 Logit 模型和 Probit 模型相比，久期模型能够更充分地利用已知信息，从而更具有稳健性。

自变量为高管特征。高管教育背景通过高管是否获得硕士及以上学历衡量，如果高管拥有硕士及以上学历则得 1 分，通过前三位高管的总得分得到每个网贷平台的高管教育背景得分。类似地，高管的银行工作背景、互联网工作背景也通过上述打分方法得到。高管的两职合一指标通过高管是否存在董事长与总经理(或 CEO)兼任的情况计算,如果存在则该变量记为 1,否则为 0。高管的政治关联指标计算方法为,如果高管具有中国共产党党员身份或者人大代表身份,则得 1 分,采用三位高管总得分衡量政治关联程度。总之,反映高管特征的每个变量计算方式为前三位高管的特征虚拟变量之和。

控制变量为已有研究中包含的对网贷平台风险有重要影响的变量,包括平台是否有民营背景、注册资本、是否有银行存管、是否允许债权转让、是否加入互联网金融行业协会、注册地是否位于(新)一线城市、是否可以自动投标、是否有投标保障、是否有 ICP 证、利率、注册时间距 2005 年年数。由于市场饱和程度会随时间发生变化,本章使用网贷平台注册时间距 2005 年(第一家网贷平台出现的时间)的年数来反映市场变化对网贷平台风险的影响。

通过方差膨胀因子对自变量的共线性程度进行检验,发现方差膨胀因子最大值小于 1.5,因此共线性问题不严重。变量的描述性统计结果如表 7.1 所示。截至 2018 年 11 月 1 日,样本中已经有 66% 的平台经营失败,市场整体风险较大。具有民营背景的网贷平台占比达到 86.3%,有 ICP 证和加入行业协会的平台比例分别仅为 6.3% 和 2.2%,反映出网贷市场的新兴特点,即进入门槛低、规范化企业少。

表 7.1 变量描述性统计结果

变量类型	变量名称	样本量	均值	标准差	最小值	最大值
因变量	生存时间(天)	2064	965.325	533.151	1	4155
	经营失败	2064	0.66	0.474	0	1
自变量:高管特征	高管教育背景	2064	0.605	0.822	0	3
	高管银行工作背景	2064	0.613	0.747	0	3
	高管互联网工作背景	2064	0.983	0.926	0	3
	高管政治关联	2064	0.027	0.196	0	3
	高管两职合一	2064	0.032	0.176	0	1
控制变量	距 2005 年年数(年)	2064	9.5	0.941	2	12
	民营背景	2064	0.863	0.344	0	1
	银行存管	2064	0.158	0.365	0	1
	ICP 证	2064	0.063	0.242	0	1
	加入行业协会	2064	0.022	0.146	0	1
	(新)一线城市	2064	0.651	0.477	0	1
	注册资本	2064	53.853	109.966	0	3158.04
	自动投标	2064	0.501	0.5	0	1
	债权转让	2064	0.429	0.495	0	1
	投标保障	2064	0.452	0.498	0	1
	利率(%)	2064	13.382	4.961	4.75	42

7.5 实证结果

7.5.1 基本结果

空间权重矩阵用于反映异质性之间的空间相关方式,不同网贷平台之间经营模式相互影响的程度会随着距离变远而变小,已有空间久期模型中采用最多的便是邻接权重矩阵和距离权重矩阵。鉴于政策在同一区域的稳定性,可以采用邻接权重矩阵对网贷平台的生存特征建模,邻接权重矩阵元素的计算方式为:如果两家网贷平台位于同一省份,那么权重矩阵对应元素取值为 1,否则为 0,该权重矩阵记为 W_1。以省份为单位的空间权重矩阵使空间久期模型考虑到同一省份网贷平台之间的相互影响,由于中国多数省份面积较大,省份内部不同市之间具有较大差异,因此,网贷平台的异质性以市为单位足以反映绝大部分空间相关性。所以,本章通过以市为单位的空间权重矩阵进行稳健性检验。市权重矩阵的设定与省权重矩阵的计算有一些差异,由于部分市只有一家网贷平台,如果两家网贷平台位于同一市,那么权重矩阵对应元素取值为 1,对角线元素也取值为 1,以避免产生奇异矩阵问题,其他值为 0,该权重矩阵记为 W_2。

对空间久期模型进行参数估计时需要设定 TBP 先验分布,模型有参数模型和半参数模型两种形式,根据异质性项的计算方式不同又分为空间久期模型和非空间久期模型。由于不能从理论上断定哪种模型更适合针对网贷平台的建模,因此使用评价指标 LPML 和 DIC 进行模型间对比。LPML 值综合考虑了模型预测能力和拟合效果,是对久期模型的最佳评判标准,进行比较后发现,带有空间异质性项的模型更优,半参数模型优于参数模型,最优的 TBP 先验分布为威布尔分布,说明空间异质性的引入有助于模型减弱遗漏变量的影响并取得更好的拟合效果和预测效果。DIC 指标下也是空间模型优于非空间模型,印证了上述观点。由于比例风险模型和加速失效模型(AFT)为两类建模思路不同的模型,本章采用每类最佳模型进行分析,即半参数空间比例风险模型和半参数空间加速失效模型,模型的公式表述分别对应公式(7.3)和公式(7.5)。回归结果如表 7.2 所示,以市权重矩阵 W_2 建立的空间久期模型能够更好地拟合数据,并与使用省权重矩阵 W_1 的模型系数显著性几乎相同,仅系数数值上存在较小的差异。

表 7.2 展示了不同模型下高管特征对网贷平台经营风险的影响。高管的教育背景以及政治关联对经营风险的降低效果不显著,高管的银行和互联网工作背景以及两职合一对降低经营风险具有显著效果。对网贷平台而言,一位高管具有银行工作背景会使经营风险降低至原来风险的 $e^{-0.0762}=0.927$,其他高管特征也类似,因此高管特征对网贷平台经营风险具有显著的经济意义。高管工作背景以及两职合一的影响显著且符合预期,但政治关联和教育背景的影响不够显著,究其原因,工作背景和两职合一与高管的经营决策经验、实际控制权密切相关,企业几乎任何决策都依赖于高管的经验丰富程度和控制权大小,但是教育背景在高管经营决策方面的直接贡献不大,而政治关联与政府作为监管者的公正性密切相关,政治关联系数不显著反映了政府在网

贷市场中扮演着一个中性的监管者角色。

表 7.2　空间久期模型回归结果

	(1) PH_W1	(2) AFT_W1	(3) PH_W2	(4) AFT_W2
高管教育背景	−0.0548	−0.0297	−0.0552	−0.0251
	(−1.49)	(−1.39)	(−1.42)	(−1.29)
高管银行工作背景	−0.0762**	−0.0396*	−0.0686*	−0.0343*
	(−1.96)	(−1.77)	(−1.77)	(−1.66)
高管互联网工作背景	−0.0685**	−0.0374**	−0.0622*	−0.0343**
	(−2.36)	(−1.99)	(−1.90)	(−2.01)
高管政治关联	−0.2429	−0.1408	−0.2605	−0.1324
	(−1.49)	(−1.47)	(−1.37)	(−1.49)
高管两职合一	−0.4103**	−0.2208**	−0.2700	−0.2422**
	(−2.16)	(−2.01)	(−1.38)	(−2.39)
距 2005 年年数	0.6457***	0.3341***	0.6943***	0.3362***
	(16.92)	(16.94)	(20.20)	(19.06)
民营背景	0.5836***	0.3438***	0.6207***	0.2974***
	(5.54)	(5.95)	(5.79)	(5.31)
注册资本	−0.0002	−0.0001	−0.0001	−0.0001
	(−0.60)	(−0.45)	(−0.38)	(−0.37)
利率	0.1236***	0.0741***	0.1366***	0.0771***
	(23.83)	(25.50)	(26.98)	(27.73)
ICP 证	0.0066	−0.0185	−0.0169	0.0309
	(0.06)	(−0.27)	(−0.15)	(0.47)
加入行业协会	−0.7639**	−0.4207***	−0.7920***	−0.3861**
	(−2.31)	(−2.79)	(−2.66)	(−2.34)
投标保障	0.0928*	0.0515	0.1259**	0.0671**
	(1.70)	(1.48)	(2.38)	(2.32)
银行存管	−0.1390	−0.0772	−0.1470*	−0.1077**
	(−1.63)	(−1.55)	(−1.76)	(−2.27)
（新）一线城市	−0.0453	0.0920***	0.0981*	0.0827**
	(−0.79)	(2.56)	(1.71)	(2.46)
自动投标	−0.1573***	−0.0778***	−0.1807***	−0.0915***
	(−2.72)	(−2.58)	(−3.21)	(−2.92)
债权转让	0.0356	0.0167	0.0354	0.0076
	(0.64)	(0.52)	(0.63)	(0.28)
LPML	−10773.47	−10804.13	−10707.46	−10722.86
DIC	21541.58	21607.05	21410.04	21444.49
样本量	2064	2064	2064	2064

对控制变量而言，回归结果显示，成立时间晚、平台背景为民营、利率高、未加入行业协会、位于（新）一线城市、不允许自动投标的网贷平台具有显著高风险，是否有投标保障、注册资本、是否有银行存管、是否有 ICP 证、是否允许债权转让等的影响不显著，这与已有研究结论具有一定差异。由于部分网贷平台的注册资本未足额缴纳，注

册资本的实际意义大打折扣,影响不显著也合理。银行存管的显著性也与已有研究存在差异,由于银行存管有助于降低资金挪用的风险,但是对经营利润的影响几乎没有甚至具有负向影响,银行存管会增加网贷平台的经营成本,综合考虑经营失败的所有类型的网贷平台时,银行存管的影响不显著说明两个方向的影响几乎相互抵消。

网贷市场在初期快速发展,网贷平台数量快速增加,平台可以比较容易针对特定群体找到适合自身的盈利模式,平台之间的竞争关系接近于垄断竞争;当网贷市场规模增速变慢时,蓝海市场转变为红海市场,平台之间竞争充分,网贷市场接近完全竞争市场,获得经济利润非常困难。2015 年以来,国家对网贷的监管趋于严格,"爆雷"潮频繁出现,网贷市场处于收缩过程。网贷平台成立年份距 2005 年年数反映了网贷平台成立时所处的网贷市场发展阶段。距离 2005 年年数越大(即成立时间越晚)的网贷平台具有越高的风险,这反映了网贷市场趋于饱和,越晚进入行业意味着成本越高、利润越薄、风险越大。

债权转让的影响与已有研究也存在一定差异,本章发现债权转让的影响不显著,而已有研究认为债权转让有利于降低网贷平台经营失败的风险。(巴曙松等,2019)由于本章考虑了更广泛的影响因素,而且影响因素之间共线性不严重(方差膨胀因子均小于 1.5);同时由于模型中空间异质性的存在,也考虑了不可观测因素的影响,因此认为债权转让的影响不显著是更合理的结果。原因可能为,允许债权转让一方面增加了网贷平台的流动性,另一方面也增加了网贷平台受到的由于行业负面新闻导致抛售的"羊群效应"冲击的影响,两方面影响程度差异不大导致产生不显著的结果。

7.5.2 影响机制检验

上文研究假设部分提出,高管特征通过影响高管的风险厌恶程度来影响网贷平台的经营风险,下文将检验高管特征对风险偏好、机会主义行为的影响。从经营过程看,风险厌恶程度高的高管作出经营决策时会谨慎,倾向于具有低风险的经营过程;从经营结果看,机会主义行为倾向强的高管会为了个人利益无视他人的正当权益和法律的权威。首先分析经营过程中的高管风险偏好,我们需要选择合适的变量作为高管风险厌恶程度的代理变量。由于利率对无风险利率的偏离与借款者的违约风险正相关,因此网贷平台利率高低能够反映该平台发生的借贷业务平均风险程度。如果网贷平台上每一笔业务普遍风险比较低,那么该网贷平台发生大量借款人违约事件的概率就比较小,从而会有更多的投资者和借款者选择该网贷平台,使该网贷平台收益增加,经营风险降低。而较高的利率意味着网贷平台可能为了快速抢占市场而补贴投资者,一旦营销不顺,利润不足,网贷平台就会发生大额亏损而停业,或者继续维持高利率以"庞氏骗局"等途径违法犯罪。综上所述,网贷平台利率较低往往反映出高管具有较高的风险厌恶。

接下来分析经营结果,以探究高管特征对机会主义行为的影响。高管作为"理性人",在信息不对称的情况下,监管和约束的弱化可能会使高管作出最大化私人利益的决策。网贷平台经营失败的类型有多种,如果是正常的停业,则不会对社会构成危害,但是如果高管通过构建资金池等方式卷款跑路,则损害了社会众多投资者的利益并造成严重的负面影响。如果网贷平台有动机进行非法或者不合规经营,则属于高管的机会主义行为,高管特征对机会主义行为也可能存在一定程度的抑制作用,尤其高管具有较强的政治关联时。因此对网贷平台经营状态进行分类的结果能够作为高管机会主义行为的代理变量。

表 7.3 展示了经营状态的分类结果,经营状态 1 至 4 是对社会危害递增的过程。对于高管特征对高管风险偏好的影响可通过多元回归模型进行探究,而对于高管特征对高管机会主义行为的影响可通过排序 Logit 模型进行分析,回归结果如表 7.4 所示。

表 7.3 高管机会主义行为的衡量

机会主义行为	网贷平台经营状态
1	正常经营
2	转型、停业
3	提现困难、延期兑付、争议、暂停发标
4	经侦介入、跑路、网站关闭

表 7.4 高管特征的影响机制

变量	(1) 风险偏好	(2) 机会主义行为
高管教育背景	−0.935***	−0.170***
	(0.125)	(0.053)
高管银行工作背景	−0.346**	−0.121**
	(0.136)	(0.057)
高管互联网工作背景	−0.682***	−0.024
	(0.109)	(0.046)
高管政治关联	−0.069	−0.612***
	(0.510)	(0.232)
高管两职合一	−1.223**	−0.555**
	(0.571)	(0.252)
距 2005 年年数	−1.171***	0.058
	(0.108)	(0.048)
民营背景	2.541***	0.231*
	(0.304)	(0.140)
注册资本	−0.004***	0.001**
	(0.001)	(0.000)
ICP 证	0.149	−0.184
	(0.422)	(0.171)
加入行业协会	−0.486	−0.961***
	(0.735)	(0.370)

(续表)

变量	(1) 风险偏好	(2) 机会主义行为
投标保障	0.203	0.101
	(0.201)	(0.083)
银行存管	−0.594**	−0.267**
	(0.301)	(0.127)
(新)一线城市	−0.016	0.099
	(0.214)	(0.088)
自动投标	0.900***	−0.121
	(0.201)	(0.083)
债权转让	−0.285	0.063
	(0.203)	(0.084)
利率	—	0.136***
	—	(0.010)
常数项	23.717***	—
	(1.118)	—
样本量	2064	2064
r^2	0.172	0.069

通过表 7.4 可以看出，高管的教育背景、银行工作背景、互联网工作背景、两职合一均能够显著降低高管的风险偏好，政治关联对高管经营过程中的风险偏好无显著影响。从机会主义倾向角度看，高管的教育背景、银行工作背景、政治关联、两职合一均能够显著降低高管的机会主义倾向，尤其是高管的政治关联对降低高管机会主义倾向具有最大的影响，这也符合直觉，如果一个高管与政府联系比较密切，如高管是一名党员或者人大代表，机会主义行为的成本极高，而且由于政府对该类人群的信息拥有量相对较多，其违法犯罪行为的落网也几乎成为必然。

7.6 结论和启示

高管特征对网贷平台经营风险具有重要影响。本章通过空间久期模型研究了高管特征对网贷平台经营风险的影响方式和影响机制，研究发现：高管具有银行工作背景、互联网工作背景和两职合一特征能够显著降低网贷平台经营风险，政治关联的直接影响不显著表明政府是中性的监管者；此外，高管的高学历教育背景能够通过影响高管风险偏好间接降低网贷平台经营风险，高管具有政治关联也能够减少机会主义行为，起到避免网贷平台发生恶性事件的作用。针对网贷平台生存规律，空间久期模型比非空间久期模型的拟合效果和预测能力更好，市权重矩阵能够比省权重矩阵更好地反映网贷平台的异质性，半参数久期模型的拟合效果优于参数久期模型，TBP 先验分布为威布尔分布时能够取得最优的拟合效果。另外，控制变量的回归系数表明，成立时间晚、民营背景、利率高、未加入行业协会、位于(新)一线城市、不允许自动投标的网贷平台具有更高的风险。

本章结论对政府监管和投资者风控具有重要价值。政府监管应注重风险较大的网贷平台的信息披露和行为审查,根据已有风险规律设定相应的行业准入门槛,及时监控网贷平台的经营动态,作出动态的风险评估。投资者可以依据网贷平台的公开信息预估投资风险,从而构建更合理的投资组合。

7.7 空间久期模型的 R 语言软件操作指导

7.7.1 研究目的

掌握运用 R 语言进行空间久期模型参数估计的基本原理与操作方法;掌握马尔可夫链蒙特卡罗法的基本原理与操作方法。

7.7.2 研究原理

本章利用空间久期模型聚焦高管特征研究网贷平台的经营风险,通过该模型对高管特征的影响进行分析。

7.7.3 样本选择与数据收集

本实验使用的数据为本书附带教学资料第 7 章中的"P2P.csv"文件,空间权重矩阵文件为"W_Province.csv"和"W_City.csv"。本章通过八爪鱼软件从网上共获得至 2018 年 11 月 1 日的国内 6435 个网贷平台的相关数据,去除缺失数据和极端数据,将剩下的 2064 家平台数据作为建模样本。因变量为网贷平台的生存时间和是否发生风险事件,生存时间以天为单位,是否发生风险事件为虚拟变量,如果截至观测日期 2018 年 11 月 1 日网贷平台未发生风险事件,则生存时间为归并数据,计算方式为网贷平台自注册日至 2018 年 11 月 1 日的天数;如果网贷平台发生风险事件,则该网贷平台的生存时间被完整观测,生存时间为注册日至发生风险事件日期之间的天数。各变量说明如表 7.5 所示。

表 7.5 变量说明

变量类型	变量名称	符号
被解释变量	生存时间(天)	lifeday
	经营失败	fail
解释变量 (高管特征)	高管教育背景	m_masteredu
	高管银行工作背景	m_bankexp
	高管互联网工作背景	m_it
	高管政治关联	m_gov
	高管两职合一	m_two

(续表)

变量类型	变量名称	符号
控制变量	距2005年年数(年)	taf
	民营背景	bg_private
	银行存管	bankdep
	ICP证	icp
	加入行业协会	association
	(新)一线城市	firstcity
	注册资本	rcapital
	自动投标	autobidding
	债权转让	debtassign
	投标保障	guarantee
	利率(%)	rate

7.7.4 软件应用内容

导入数据和空间权重矩阵,分别进行不同形式空间久期模型的估计,并对不同模型的拟合效果进行对比,选出最优模型。

7.7.5 软件应用与分析指导

R语言有许多程序包可以用于空间久期分析,空间久期模型建模常用程序包包括"spBayesSurv""BayesX""R2BayesX""spatsurv""mgcv"等,本章采用"spBayesSurv"程序包建模。在建模前需要做如下准备工作:

```
setwd("D:/paper") #设定工作目录,引号内路径自定义
Sys.setlocale("LC_ALL","Chinese") #保证中文的正常显示
rm(list = ls()) #清空运行环境
install.packages("survival") #安装必需的包
install.packages("spBayesSurv")
library("survival")
library(spBayesSurv) #加载包,这个包可以计算空间久期模型
```

1. 数据读入

首先读入数据和空间权重矩阵(以省权重矩阵为例),代码如下:

```
P2Pdata = read.csv("P2P.csv") #读入数据文件
Wdata = read.csv("W_Province.csv", header = FALSE) #读入空间权重矩阵
W2 = as.matrix(Wdata) #将权重矩阵转换为矩阵数据类型
```

2. 空间久期模型建模

空间久期模型通过马尔可夫链蒙特卡罗法进行参数估计,需要在估计前进行迭代相关设定,代码如下:

```
set.seed(1) #设置随机数种子,用于保证结果可重复
```

```
mcmc <- list(nburn = 5000, nsave = 2000, nskip = 4, ndisplay = 1000) #迭代设定
prior <- list(maxL = 15)
prior_p <- list(maxL = 15, a0 = -1)
state = list(alpha = Inf);
```

使用"spBayesSurv"程序包进行空间久期模型建模的函数为"survregbayes()",其默认参数以及用法为：

survregbayes(formula, data, na.action, survmodel = "PH", dist = "loglogistic", mcmc = list(nburn = 3000, nsave = 2000, nskip = 0, ndisplay = 500), prior = NULL, state = NULL, selection = FALSE, Proximity = NULL, truncation_time = NULL, subject.num = NULL, Knots = NULL, Coordinates = NULL, DIST = NULL, InitParamMCMC = TRUE, scale.designX = TRUE)

表 7.6 展示了 survregbayes() 函数的简要说明,具体使用方法以及示例可通过"?survregbayes"进行查询。

表 7.6　survregbayes()函数参数说明

参数	作用
formula	利用"survival"包里"Surv()"函数编写的模型表达式
data	保存有回归所需数据的数据框,变量名必须与 formula 中出现的一致
na.action	缺失值过滤函数
survmodel	久期模型类型,包括 PH、PO、AFT
dist	TBP 先验分布,包含"loglogistic""lognormal"和"weibull"
mcmc	List 格式的 MCMC 参数
prior	List 格式的先验信息
state	List 格式的参数初始值
selection	是否进行变量选择
Proximity	邻接权重矩阵
truncation_time	构造长度为 n 的时间向量
subject.num	当考虑与时间相关的协变量时,个体 id 构成的向量
Knots	节点数量
Coordinates	$M*d$ 坐标矩阵,其中 m 是簇/区域的数目,d 是坐标系的维度
DIST	计算距离的方法,默认采用欧氏距离
InitParamMCMC	是否使用参数模型的参数值作为迭代初始值
scale.designX	是否进行标准化

以 TBP 先验分布为 Logistic 分布的半参数空间比例风险模型为例,建模代码为：

```
ptm <- proc.time() #用于计算时间消耗
fpres1 <- survregbayes(formula = Surv(lifeday, fail) ~ m_masteredu + m_bankexp + m_it + m_gov + m_two + taf + bg_private + rcapital + rate + icp + association + guarantee + bankdep + firstcity + autobidding + debtassign + frailtyprior("car", idnum), data = P2Pdata, survmodel = "PH", dist = "loglogistic", mcmc = mcmc, prior = prior, Proximity = W2)
proc.time() - ptm
```

运行上述代码时会出现如图 7.1 所示的结果。

```
Starting initial MCMC based on parametric model:
scan = 1000
scan = 2000
scan = 3000
scan = 4000
scan = 5000
Starting the MCMC for the semiparametric model:
scan = 1000
scan = 2000
> proc.time() - ptm
   用户      系统     流逝
1311.41     1.16   1313.03
```

图 7.1 建模求解计算过程

通过如下一条命令可以查看估计结果(具体见图 7.2):

(sfit1 <- summary(fpres1))   #查看模型的参数估计结果

```
Proportional hazards model:
Call:
survregbayes(formula = Surv(lifeday, fail) ~ m_masteredu + m_bankexp +
    m_it + m_gov + m_two + taf + bg_private + rcapital + rate +
    icp + association + guarantee + bankdep + firstcity + autobidding +
    debtassign + frailtyprior("car", idnum), data = P2Pdata,
    survmodel = "PH", dist = "loglogistic", mcmc = mcmc,
    prior = prior, Proximity = W2)

Posterior inference of regression coefficients
(Adaptive M-H acceptance rate: 0.2603):
               Mean       Median     Std. Dev.  95%CI-Low   95%CI-Upp
m_masteredu   -0.0539403  -0.0550057  0.0370377  -0.1234052   0.0223069
m_bankexp     -0.0780567  -0.0788623  0.0354344  -0.1454809  -0.0044290
m_it          -0.0630937  -0.0621271  0.0308774  -0.1248994  -0.0053463
m_gov         -0.2624516  -0.2455437  0.1851995  -0.6552385   0.0611216
m_two         -0.3581094  -0.3554371  0.1871857  -0.7264720   0.0161024
taf            0.5940391   0.5945629  0.0348715   0.5226053   0.6618885
bg_private     0.5811493   0.5805219  0.0984804   0.3869274   0.7757364
rcapital      -0.0001375  -0.0001264  0.0002819  -0.0007134   0.0003874
rate           0.1222441   0.1222394  0.0051777   0.1122479   0.1330477
icp            0.0117500   0.0155473  0.1099562  -0.2112907   0.2196040
association   -0.7597223  -0.7574963  0.3205673  -1.4260406  -0.1582074
guarantee      0.0878366   0.0889675  0.0550858  -0.0210040   0.1906509
bankdep       -0.1259029  -0.1290035  0.0927681  -0.2964736   0.0573351
firstcity      0.0295791   0.0280669  0.0568786  -0.0833339   0.1383569
autobidding   -0.1541016  -0.1574145  0.0580532  -0.2573983  -0.0382068
debtassign     0.0236527   0.0252553  0.0601822  -0.0976934   0.1418468

Posterior inference of conditional CAR frailty variance
           Mean       Median    Std. Dev.  95%CI-Low  95%CI-Upp
variance  7.408e-05  7.125e-05  1.949e-05  4.504e-05  1.169e-04

Log pseudo marginal likelihood: LPML=-10791.79
Deviance Information Criterion: DIC=21578.15
Watanabe-Akaike information criterion: WAIC=21583.48
Number of subjects: n=2064
```

图 7.2 空间久期模型的参数估计结果

通过整理不同模型的 LPML 值、DIC 值、WAIC 值可以对这些模型的拟合效果进行对比,从而得到最优模型。

参 考 文 献

[1] Bachmann A, et al. Online Peer-to-Peer Lending—A Literature[J]. *Journal of Internet Banking and Commerce*, 2011, 16.

[2] Claessens S, Feijen E, Laeven L. Political Connections and Preferential Access to Finance: The Role of Campaign Contributions[J]. *Journal of Financial Economics*, 2008, (88).

[3] Duarte J, Siegel S, Young L. Trust and Credit: The Role of Appearance in Peer-to-peer Lending[J]. *Review of Financial Studies*, 2012, 25(8).

[4] Geisser S, Eddy W F. A Predictive Approach to Model Selection[J]. *Journal of the American Statistical Association*, 1979, 74(365).

[5] Flood P C, et al. Top Management Teams and Pioneering: A Resource-based View[J]. *International Journal of Human Resource Management*[J], 1997, 8(3).

[6] Hambrick D C, Mason P A. Upper Echelons: The Organization as a Reflection of Its Top Managers[J]. *The Academy of Management Review*, 1984, 9(2).

[7] Hulme M K & Wright C. Internet Based Social Lending: Past, Present and Future? [J]. *Social Futures Observatory*, 2006, (10).

[8] Klafft M. Peer-to-peer-lending: Auctioning Microcredits over the Internet[C]. *Social Science Electronic Publishing*, 2008.

[9] Pope D G, Sydnor J R. What's in a Picture?: Evidence of Discrimination from Prosper.com [J]. *Journal of Human Resources*, 2011, 46(1).

[10] Ravina E. Beauty, Personal Characteristics, and Trust in Credit Markets[C]. American Law and Economics Association Annual Meetings, 2008.

[11] Spiegelhalter D J, Best N G, Carlin B P, Van Der Linde A. Bayesian Measures of Model Complexity and Fit[J]. *Journal of the Royal Statistical Society B*, 2002, 64(4).

[12] Verdinelli I, Wasserman L. Computing Bayes Factors Using a Generalization of the Savage-Dickey Density Ratio[J]. *Journal of the American Statistical Association*, 1995, 90(430).

[13] Yang T. and Zhao S., CEO Duality and Firm Performance: Evidence from an Exogenous Shock to the Competitive Environment[J]. *Journal of Banking & Finance*, 2014, 49.

[14] Zhou H., Hanson T., and Zhang J. spBayesSurv: Fitting Bayesian Spatial Survival Models Using R[J]. *Journal of Statistical Software*, 2018, (4).

[15] 巴曙松,白海峰,李羽翔. P2P 网贷平台挤兑风险:基于债权转让的视角[J]. 财经问题研究, 2019, 422(1).

[16] 巴曙松,侯鑫彧,张帅. 基于生存模型的 P2P 平台生存规律与政策模拟研究[J]. 当代财经, 2018, (1).

[17] 陈冬华. 地方政府、公司治理与补贴收入——来自我国证券市场的经验数据[J]. 财经研究, 2003, (9).

[18] 方兴. 行业协会能够促进 P2P 网贷健康发展吗?[J]. 当代财经, 2018, 404(7).

[19] 何光辉,杨咸月,蒲嘉杰. 中国 P2P 网络借贷平台风险及其决定因素研究[J]. 数量经济

技术经济研究,2017,(11).

[20] 胡旭阳.民营企业家的政治身份与民营企业的融资便利——以浙江省民营百强企业为例.管理世界,2006,(5).

[21] 李苍舒,沈艳.风险传染的信息识别——基于网络借贷市场的实证[J].金融研究,2018,(11).

[22] 廖理,吉霖、张伟强.借贷市场能准确识别学历的价值吗?——来自P2P平台的经验证据[J].金融研究,2015,(3).

[23] 田杰,郭紫嫣,靳景玉.我国P2P网贷平台生存状况影响因素研究——基于3842家P2P网贷平台数据的实证分析[J].西部论坛,2019,(4).

[24] 王修华,孟路,欧阳辉.P2P网络借贷问题平台特征分析及投资者识别——来自222家平台的证据[J].财贸经济,2016,(12).

[25] 吴淑琨,柏杰,席酉民.董事长与总经理两职的分离与合一——中国上市公司实证分析[J].经济研究,1998,(8).

[26] 向虹宇,王正位,江静琳.网贷平台的利率究竟代表了什么?[J].经济研究,2019,(5).

第8章 "一带一路"政策对国内经济的影响

——基于空间双重差分模型

摘 要：本章尝试使用空间双重差分模型评估"一带一路"相关政策对国内经济的影响。运用普通面板双重差分方法研究发现："一带一路"政策促进了地区经济的发展；运用空间面板双重差分方法发现："一带一路"政策在短期内抑制了地区经济的发展。"一带一路"政策属于长远策略，虽然牺牲了短期利益，但是能够通过增加地区经济联系获得长期发展的潜力。

关键词："一带一路"；空间双重差分模型；空间杜宾模型

8.1 引 言

2013年，习近平主席提出共建"一带一路"倡议。2015年，《推动共建丝绸之路经济带和21世纪海上丝绸之路的愿景与行动》正式发布。共建"一带一路"是一个合作倡议，表明中国进一步扩大开放的决心。当前国内经济发展进入新常态，经济下行压力巨大，扩大对外合作有助于促进国内经济增长；同时，中国作为一个大国，主动构建合作框架，让全世界国家共同参与，对各国经济发展也有重要作用。此外，由于中国产业结构不尽合理，区域发展差距较大，"一带一路"建设有助于中国沿海地区过剩产能向中西部地区乃至国外转移，优化产业结构，缩小区域差距。"一带一路"沿线各国投资环境有其特殊性，多为发展中国家和新兴国家，发展潜力未能得到充分释放。"一带一路"建设有别于中国既有的开放政策和投资布局，国内企业应当找准利益契合点，积极到"一带一路"沿线国家开展投资合作。

当前，中国经济正处于转型升级关键时期，在产业结构调整和供给侧改革背景下，大力发展同"一带一路"沿线国家的经贸合作，特别是通过对外投资，开拓出口市场，进而最大限度地扩大出口贸易规模和提升出口贸易质量，转移处于比较劣势的产业，消化过剩产能具有重要意义。

"一带一路"建设旨在实现互惠互利、互联互通的目的。一方面，中国通过"一带一路"建设进行基础设施投资,不仅能够满足东道国基础设施发展需求,而且有利于资本形成,补充资本供给用于增加出口贸易,拉动对东道国人力资源和自然资源的需求,在提高资源利用率的基础上提高生产能力,从而实现国民收入增长。另一方面,"一带一路"建设为中国原本闲置的产能和资金完成从低效益向高效益转变以及解决能源需求提供了平台。同时,东道国国民收入的提高能够带动进口增加,在"一带一路"背景下,中国与东道国贸易合作更紧密,意味着中国的出口将会扩大,在乘数机制作用下,中国国民收入水平可能会进一步提高。

本章以"一带一路"建设沿线省份为研究对象,通过空间双重差分模型实证检验"一带一路"相关政策的实施是否影响国内经济的发展。

8.2 文献综述

8.2.1 "一带一路"相关文献

邹嘉龄等(2015)经实证表明,中国与"一带一路"沿线国家间的贸易依赖程度不断加深,同时呈现出不对称性;进一步从省域层面看,沿海省份对"一带一路"沿线国家的出口对其 GDP 增长的贡献较大;新疆与中亚五国的贸易对新疆 GDP 增长的贡献非常大,对与中亚五国的贸易有着很强的依赖性。彭澎等(2018)证明,中国的先进技术会溢出到"一带一路"沿线国家,这在提高东道国技术水平的同时也促使其在全球价值链中升级。消费者不断增长的需求也会强化现有的生产模式,使得东道国的价值链地位得到进一步提高。程中海等(2017)通过研究表明,"一带一路"背景下中国对外直接投资存在"非效率"的情况,对大多数国家的投资效率较低,投资潜力巨大。林乐芬(2016)经实证表明,中国已有对外直接投资对东道国经济产生正的溢出效应,格兰杰因果关系检验验证了中国与东道国经济存在共赢溢出效应。王江和王壮(2018)经实证表明,中国对"一带一路"沿线国家投资具有显著的"第三国效应",直接投资的第三国挤出效应将会限制中国对该国的出口贸易。

8.2.2 空间双重差分模型相关文献

Dubé等(2014)运用空间双重差分模型评估公共设施对周边房价的影响,分离出房价的空间效应。Chagas等(2016)运用空间双重差分模型研究甘蔗生产对呼吸道疾病的影响,该文在双重差分推导的基础上添加空间因素,下文将给出推导过程;同时也将效应分为政策地对政策地、政策地对非政策地、非政策地对非政策地等方面来考虑。Delgado等(2015)在双重差分模型中考虑空间数据的影响,即政策地产出不仅受当地因素影响,还受邻近地区影响,并用蒙特卡罗方法进行模拟。

范巧(2018)经实证表明,双重差分空间自回归模型在评估保税港区贸易发展效应时最为优良;保税港区的建设从总体上促进了属地省份贸易的发展,但更有利于属地省份进口贸易的发展;不同省份保税港区对属地省份贸易发展的影响有较大的差异。俞路等(2019)运用空间双重差分模型证明,京沪高铁显著促进了沿线开通高铁的城市经济的增长，这些高铁城市经济的增长也带动了其他相邻城市经济的发展；同时，京沪高铁的开通也显著促进了京沪高铁经济带的地区间溢出效应。王芬(2018)运用空间双重差分模型研究轨道交通对周边住房价格的时空效应，研究表明轨道交通对周边住房价格的影响最先开始于规划阶段，不同阶段影响程度不同。

"一带一路"建设不仅会对其他国家产生影响，也会对国内沿线省份产生影响。本章着眼于"一带一路"相关政策是促进还是抑制国内沿线省份经济发展。在研究评估一项政策的优劣时，我们常使用双重差分模型来消除内生性问题。邻近地区之间的经济要素流动比非邻近地区之间的经济要素流动更加频繁，因而经济发展受空间因素影响，本章尝试使用空间双重差分模型来评估"一带一路"相关政策。

8.3 研究设计

8.3.1 双重差分模型

一般使用双重差分(DID)模型评估政策的效果。其思路是设置两个对照组，一组是实验组(受政策影响地区 a)，另一组是对照组(不受政策影响地区 b)。双重差分的前提是，对照组和实验组之间存在平行假设，即实验组和对照组发展趋势相同。这里可通过以下方程来解释双重差分原理(Chagas et al.，2016)，y_{it} 代表被解释变量，x_{it} 代表解释变量，φ_i 指固定效应，θ_t 指时间效应，ε_{it} 代表残差。

$$y_{it,0}^b = \varphi_i + \theta_t + \mu(x_{it}) + \varepsilon_{it} \tag{8.1}$$

$$y_{it,1}^b = y_{it,0}^b \tag{8.2}$$

以上为对照组的变量特征。其中，下标 1 代表政策已经实施，下标 0 代表政策尚未实施。实验组的变量特征如下：

$$y_{it,0}^a = y_{it,0}^b \tag{8.3}$$

$$y_{it,1}^a = y_{it,0}^a + \alpha \tag{8.4}$$

其中，参数 α 表示政策对政策地区的直接影响。设置虚拟变量 D_{it}，在 t 时刻，政策地区的值为 1，非政策地区的值为 0。

$$y_{it} = (1 - D_{it})y_{it,0} + D_{it}y_{it,1} \tag{8.5}$$

$$y_{it} = \varphi_i + \theta_t + \alpha D_{it} + \mu(x_{it}) + \varepsilon_{it} \tag{8.6}$$

双重差分模型可用于测算平均政策影响(ATE)，方程为：

$$\text{ATE} = E[y_{it,1}^a - y_{it,1}^b] - E[y_{it,0}^a - y_{it,0}^b] = \alpha \tag{8.7}$$

8.3.2 空间双重差分模型

考虑到空间之间的相关性，在政策分析中需要加入空间因素，对方程(8.2)进行适当修改：

$$y_{it,1}^b = y_{it,0}^b + w_i' d_{it} \beta \tag{8.8}$$

其中，w_i' 为 $1 \times n$ 向量(空间邻接向量)，d_{it} 为 $n \times 1$ 政策变量。

结合方程(8.1)(8.3)(8.5)得到计量模型：
$$Y_t = \phi_i + \theta_t + \mu(X_t) + (\alpha + W\beta)D_t + \Xi_t \tag{8.9}$$
双重差分模型的核心是设置两个虚拟变量（政策地区虚拟变量和政策时间虚拟变量）及其交叉项，并通过考察交叉项的系数评价政策的影响。

8.4 实证分析

8.4.1 数据

取全国 30 个省份（西藏由于主要数据缺失，故不包括在内）2007—2017 年年度数据。其中 18 个省份为"一带一路"沿线省份，包括新疆、重庆、陕西、甘肃、宁夏、青海、内蒙古、黑龙江、吉林、辽宁、广西、云南、西藏、上海、福建、广东、浙江、海南，设置为实验组（政策地区虚拟变量设为 1）。其余设置为对照组（政策地区虚拟变量设为 0）。"一带一路"相关政策实施时间为 2014 年，2014 年以后的政策时间虚拟变量设置为 1，其余设置为 0。变量说明见表 8.1。

表 8.1 变量说明

	指标	变量解释
被解释变量	gdp	国内生产总值
解释变量	d	政策地区虚拟变量
	t	政策时间虚拟变量
	$d \times t$	$d \times t$
控制变量	com	总消费
	i	总投资
	m	货币供应量
	cpi	价格指数
	open	开放程度
	pop	人口
	wcpi	工资水平

空间计量模型需要平衡面板，针对客观缺失的数据，采用线性插值法补全。数据描述性统计见表 8.2。

从表 8.2 中可以看出，实施"一带一路"政策的省份约占 57%，实施的时间跨度约占样本总时间跨度的 13%，这是因为中国实施"一带一路"相关政策的时间还不长。各省份国内生产总值、投资方面的差异较大，可以初步看出经济发展存在空间异质性。

表8.2 数据描述性统计

Variables	(1) N	(2) mean	(3) sd	(4) min	(5) max
gdp	930	8689	11597	162.4	79945
i	930	4502	5879	0	35777
m	930	2231	4202	7.851	25576
ncpi	930	84.44	82.65	21.83	1285
open	930	25.44	44.11	0.395	695.7
pop	930	4133	2649	427.9	11430
wcpi	930	82.30	24.52	0.184	165.2
d	930	0.567	0.496	0	1
t	930	0.129	0.335	0	1
dt	930	0.0731	0.260	0	1
Number of id	30	30	30	30	30

8.4.2 面板双重差分回归

首先不考虑空间因素,运用面板双重差分回归判断"一带一路"相关政策是否会对地区经济产生影响。对变量进行对数化处理,一方面是消除异方差的影响,另一方面是考虑到政策对变量增长率的影响。分别添加不同的控制变量,得到如表8.3所示的结果。

从表8.3可以看出,政策虚拟变量的系数显著为正。在实施"一带一路"相关政策后,地区经济得到显著增长。当控制变量只考虑存量经济要素如消费,而不考虑增量经济要素如CPI时,"一带一路"政策对国内生产总值的影响不显著。从其他变量结果来看,地区经济显著受到总投资、人口、货币供应量等其他因素影响,这也与实际情况相吻合。

表8.3 面板双重差分回归结果

	(1) lngdp	(2) lngdp	(3) lngdp
dt	0.0491*	0.0251	0.0370*
	(0.049)	(0.181)	(0.048)
lni	0.880***	0.579***	0.568***
	(0.000)	(0.000)	(0.000)
lnpop	0.140***	0.0636***	0.0647***
	(0.000)	(0.001)	(0.001)
lncom		0.229***	0.209***
		(0.000)	(0.000)
lnm		0.281***	0.307***
		(0.000)	(0.000)
lnopen		0.0261**	0.0202*
		(0.005)	(0.028)

(续表)

	(1) lngdp	(2) lngdp	(3) lngdp
lnncpi			0.0763***
			(0.000)
lnwcpi			−0.0213*
			(0.018)
_CONS	0.473*	−0.227	−0.388
	(0.029)	(0.284)	(0.076)
N	930	930	930
ADJ. R-SQ	0.968	0.986	0.987

8.4.3 空间相关性检验

首先采用一般的莫兰指数对地区经济的空间相关性进行检验,结果见表8.4。

表8.4 莫兰指数计算

Variables	year	Moran's I	z	p-value
gdp	2017	0.095	1.702	0.089
gdp	2016	0.094	1.687	0.092
gdp	2015	0.094	1.686	0.092
gdp	2014	0.095	1.696	0.090
gdp	2013	0.094	1.686	0.092
gdp	2012	0.094	1.679	0.093
gdp	2011	0.092	1.655	0.098
gdp	2010	0.090	1.636	0.102
gdp	2009	0.089	1.622	0.105
gdp	2008	0.086	1.585	0.113
gdp	2007	0.085	1.564	0.118
gdp	2006	0.087	1.588	0.112

从表8.4可以看出,从2007年到2014年,莫兰指数为正,总体呈上升趋势,说明各地区之间的经济联系越来越紧密。在此背景下提出"一带一路"相关政策,顺应了经济发展趋势,利用了经济联动发展优势。2015年之后,莫兰指数显著为正,地区之间的经济联系也没有削弱。

然后绘制2017年各省份国内生产总值莫兰散点图,结果见图8.1。

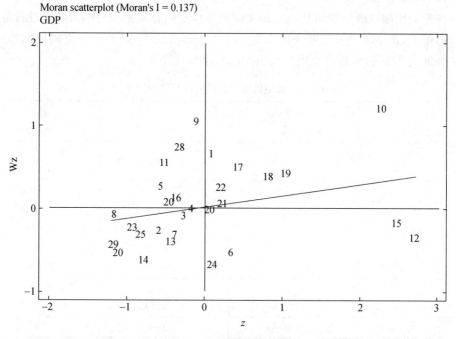

图 8.1　2017 年莫兰散点图

从图 8.1 可以看出,绝大部分省份都落在第一和第三象限,拟合线穿过第一和第三象限,说明地区经济存在空间集聚性,GDP 高的省份临近 GDP 高的省份,GDP 低的省份临近 GDP 低的省份。由此可以看出,地区经济发展确实存在空间相关性。

一般的空间计量方法包括空间滞后模型和空间误差模型。

8.4.4　空间双重差分模型

(1) 空间事前检验

这里运用 LM 方法检验是采用空间滞后模型还是空间误差模型,结果见表 8.5。

从表 8.5 可以看出,空间滞后模型和空间误差模型检验结果都显著,表明变量存在空间依赖性,因此将本章的模型预设为空间杜宾模型符合现实情况。

表 8.5　LM 事前检验结果

Test	Statistic	p-value
Spatial error:		
Lagrange multiplier	5.387	0.020
Robust Lagrange multiplier	4.675	0.031
Spatial lag:		
Lagrange multiplier	81.056	0.000
Robust Lagrange multiplier	80.344	0.000

（2）空间杜宾模型

首先运用随机效应空间杜宾模型和固定效应空间杜宾模型分别对数据进行分析，然后运用 Hausman 检验判断采用固定效应还是随机效应，固定效应空间杜宾模型回归结果见表8.6，随机效应空间杜宾模型回归结果见表8.7。

表8.6 固定效应空间杜宾模型回归结果

	(1) lngdp	(2) lngdp	(3) lngdp
Main dt	−0.0492	−0.0565*	−0.0494*
controls	部分控制	部分控制	完全控制
Wx dt	0.0527 (0.255)	0.0819* (0.048)	0.0883* (0.014)
Spatial rho	0.656*** (0.000)	0.422*** (0.000)	0.403*** (0.000)
Variance sigma2_e	0.0106** (0.004)	0.00978* (0.017)	0.00971* (0.016)
N	930	930	930

表8.7 随机效应空间杜宾模型回归结果

	(1) lngdp	(2) lngdp	(3) lngdp
Main dt	−0.0155 (0.341)	−0.00500 (0.792)	−0.00513 (0.796)
controls	部分控制	部分控制	完全控制
Wx dt	0.0400* (0.026)	0.0648* (0.025)	0.0636* (0.032)
Spatial rho	0.707*** (0.000)	0.486*** (0.000)	0.482*** (0.000)
lgt_theta	−3.788*** (0.000)	−2.874*** (0.000)	−2.876*** (0.000)
Variance sigma2_e	0.00159*** (0.000)	0.00161*** (0.000)	0.00158*** (0.000)
N	330	330	330

Hausman 统计量为 47.66，在 1% 显著性水平下显著，因此采用固定效应空间杜宾模型。由表 8.6 可知，在固定效应空间杜宾模型下，"一带一路"相关政策变量的系数基本上显著为负，表示当前条件下，"一带一路"相关政策降低了国内生产总值。

(3) 事后检验

这里采用 Wald 检验方法进行事后检验,结果见图 8.2。

```
 ( 1)  [Wx]dt - [Wx]lncom = 0
 ( 2)  [Wx]dt - [Wx]lni = 0
 ( 3)  [Wx]dt - [Wx]lnm = 0
 ( 4)  [Wx]dt - [Wx]lnncpi = 0
 ( 5)  [Wx]dt - [Wx]lnopen = 0
 ( 6)  [Wx]dt - [Wx]lnpop = 0
 ( 7)  [Wx]dt - [Wx]lnwcpi = 0
 ( 8)  [Wx]dt = 0

           chi2(  8) = 3.8e+10
         Prob > chi2 =    0.0000

. testnl ([Wx]dt=-[Spatial]rho*[Main]dt) ([Wx]lncom=-[Spatial]rho*[Ma
> in]lncom) ([Wx]lni=-[Spatial]rho*[Main]lni) ([Wx]lnm=-[Spatial]rho*[
> Main]lnm) ([Wx]lnncpi=-[Spatial]rho*[Main]lnncpi) ([Wx]lnopen=-[Spat
> ial]rho*[Main]lnopen) ([Wx]lnpop=-[Spatial]rho*[Main]lnpop) ([Wx]lnw
> cpi=-[Spatial]rho*[Main]lnwcpi)

 (1)  [Wx]dt = -[Spatial]rho*[Main]dt
 (2)  [Wx]lncom = -[Spatial]rho*[Main]lncom
 (3)  [Wx]lni = -[Spatial]rho*[Main]lni
 (4)  [Wx]lnm = -[Spatial]rho*[Main]lnm
 (5)  [Wx]lnncpi = -[Spatial]rho*[Main]lnncpi
 (6)  [Wx]lnopen = -[Spatial]rho*[Main]lnopen
 (7)  [Wx]lnpop = -[Spatial]rho*[Main]lnpop
 (8)  [Wx]lnwcpi = -[Spatial]rho*[Main]lnwcpi

           chi2(8) =        40.65
         Prob > chi2 =      0.0000
```

图 8.2 事后检验结果

由图 8.2 可知,事后检验拒绝原假设,即空间杜宾模型可以退化为空间滞后模型或空间误差模型,因此,本章采用空间杜宾模型,下面检验空间自回归模型和空间误差模型是否符合选择标准。

(4) 空间自回归模型

空间自回归模型的设定方式为:在 y 上加入空间权重矩阵,不在解释变量上加入空间权重矩阵,即被解释变量存在空间滞后性。空间自回归模型的回归结果见表 8.8,同样采用逐步控制变量法。

由表 8.8 可以看出,被解释变量的空间相关性显著,而政策虚拟变量不显著,与面板回归结果不一致。

表 8.8 空间自回归模型回归结果

	(1) lngdp	(2) lngdp	(3) lngdp
Main dt	−0.0286 (0.346)	−0.0345 (0.221)	(0.276) −0.0271
ln$i$	0.318*** (0.000)	0.391*** (0.000)	0.393*** (0.000)
lnpop	0.0725 (0.160)	0.0639 (0.105)	(0.100) 0.0635
lncom		0.113** (0.008)	0.109* (0.015)
lnm		0.0222 (0.576)	0.0415 (0.407)
lnopen		0.00702 (0.605)	0.00492 (0.727)
lnncpi			0.0348 (0.282)
lnwcpi			−0.0155 (0.465)
Spatial rho	0.658*** (0.000)	0.445*** (0.000)	0.00978* (0.014)
Variance sigma2_e	0.0106** (0.003)	0.00985* (0.015)	0.00978* (0.014)
N	930	930	930

(5) 空间误差模型

空间误差模型的设定方式为:解释变量和被解释变量都不添加空间权重矩阵,在扰动项中添加空间权重矩阵。空间误差模型的结果见表 8.9 中的前三列。

表 8.9 空间误差模型与空间动态杜宾模型回归结果

	空间误差模型			空间动态杜宾模型
	(1) lngdp	(2) lngdp	(3) lngdp	(4) lngdp
Main dt				
L. lngdp				0.918*** (0.000)
L. Wlngdp				−0.114 (0.257)
dt	−0.0473 (0.172)	−0.0343 (0.407)	−0.0238 (0.580)	−0.00652 (0.194)

(续表)

	空间误差模型			空间动态杜宾模型
	(1) lngdp	(2) lngdp	(3) lngdp	(4) lngdp
ln$i$	0.312*** (0.000)	0.396*** (0.000)	0.407*** (0.000)	0.0107 (0.757)
lnpop	0.0844 (0.052)	0.0675 (0.119)	0.0638 (0.137)	0.0164 (0.792)
lncom		0.116 (0.091)	0.117 (0.118)	(0.003) 0.0336**
lnm		1.216* (0.027)	1.122 (0.064)	0.0526 (0.080)
lnopen		0.00625 (0.757)	0.00633 (0.767)	0.00277 (0.219)
lnncpi			0.0657 (0.106)	−0.000665 (0.804)
lnwcpi			−0.0195 (0.439)	−0.0392 (0.062)
Spatial rho				0.0966 (0.290)
Spatial lamda	0.974*** (0.000)	0.776*** (0.000)	0.748*** (0.000)	
Wx dt				0.00562 (0.389)
Variance sigma2_e	0.0114** (0.006)	0.0107* (0.010)	0.0106* (0.011)	0.000371 (0.081)
N	930	930	930	300

从表8.9中的前三列可以看出,在空间误差模型中,"一带一路"相关政策变量系数为负,且均不显著,表明政策对国内生产总值影响不大,与面板双重差分结果也不一致。

鉴于空间误差模型和空间滞后模型的模拟效果均不好,因此本章采用空间杜宾模型,在前文基础上考虑空间动态杜宾模型。

(6)空间动态杜宾模型

空间动态杜宾模型是在空间杜宾模型的基础上添加时间滞后项。空间动态杜宾模型有两种形式,一种是单纯添加时间滞后项,另一种是在时间滞后项基础上添加空间权重矩阵。本章将时间滞后项和空间权重矩阵都添加至模型中,空间动态杜宾模型结果见表8.9中的第四列。

在引入时间滞后项后,控制变量大多不显著,与面板双重差分模型的估计结果不相同,也与实际情况不符合,说明引入时间滞后项干扰了解释变量对被解释变量的解释。

综上所述,本章采用空间杜宾双重差分模型,接下来进行效应分解。

(7) 空间杜宾双重差分模型效应分解

对空间杜宾双重差分模型进行效应分解,结果见图 8.3。从图 8.3 可以看出,直接效应不显著,间接效应显著。

```
LR_Direct
     dt      -.0125982   .0188794   -0.67   0.505   -.0496012   .0244048
     lncom    .0990917   .0287508    3.45   0.001    .0427411   .1554423
     lni      .2542445    .04065     6.25   0.000    .174572    .3339171
     lnm      .0240104   .0512253    0.47   0.639   -.0763893   .1244102
     lnncpi   .0203561   .0073034    2.79   0.005    .0060417   .0346705
     lnopen   .0163997   .0110303    1.49   0.137   -.0052193   .0380187
     lnpop   -.0101622   .2121274   -0.05   0.962   -.4259242   .4055999
     lnwcpi   .0107575   .0893432    0.12   0.904   -.164352    .1858669

LR_Indirect
     dt       .0861231   .0496927    1.73   0.083   -.0112727   .183519
     lncom    .1423305   .0391993    3.63   0.000    .0655012   .2191597
     lni      .3718074   .0825922    4.50   0.000    .2099297   .5336851
     lnm      .0314015   .0755363    0.42   0.678   -.116647    .17945
     lnncpi   .0299096   .0124389    2.40   0.016    .0055297   .0542894
     lnopen   .0249      .0189938    1.31   0.190   -.0123272   .0621273
     lnpop   -.030613    .3258924   -0.09   0.925   -.6693503   .6081243
     lnwcpi   .0072545   .1466852    0.05   0.961   -.2802433   .2947523

LR_Total
     dt       .0735249   .0525811    1.40   0.162   -.0295321   .176582
     lncom    .2414222   .0619597    3.90   0.000    .1199834   .362861
     lni      .626052    .1010887    6.19   0.000    .4279217   .8241822
     lnm      .0554119   .1257702    0.44   0.660   -.1910932   .301917
     lnncpi   .0502657   .0187954    2.67   0.007    .0134274   .0871039
     lnopen   .0412998   .0295073    1.40   0.162   -.0165335   .099133
     lnpop   -.0407752   .5340582   -0.08   0.939   -1.08751   1.00596
     lnwcpi   .0180119   .2340661    0.08   0.939   -.4407492   .4767731
```

图 8.3 空间杜宾双重差分模型效应分解

8.5 稳健性检验

对空间杜宾双重差分模型进行稳健性检验。原数据样本是 2007—2017 年数据,将数据样本扩展到 1987—2017 年进行稳健性检验,结果见表 8.10。

表 8.10 稳健性检验结果

	(1) lngdp	(2) lngdp	(3) lngdp
Main dt	−0.0175	−0.0159	−0.0163*
controls	部分控制	部分控制	完全控制

(续表)

	(1) lngdp	(2) lngdp	(3) lngdp
W_x $\mathrm{d}t$	0.0401* (0.018)	0.0443 (0.079)	0.0443 (0.086)
Spatial rho	0.744*** (0.000)	0.617*** (0.000)	0.612*** (0.000)
Variance sigma2_e	0.00140*** (0.000)	0.00129*** (0.000)	0.00127*** (0.000)
N	330	330	330

从表8.10可以看出，在控制所有控制变量后，政策变量在10%显著性水平下显著，"一带一路"相关政策变量的系数为负，与空间杜宾双重差分模型结果相同，说明结果总体上是稳健的。

8.6 结 论

最适用于本章的模型是空间双重差分模型，它与普通面板双重差分模型相比有个根本性的变化：在普通面板双重差分模型中，政策变量的系数为正，说明在"一带一路"相关政策实施后，各省份国内生产总值得到显著提高，政策促进了各省份经济发展。然而在考虑空间因素，采用空间杜宾模型后，政策变量的系数为负，表明"一带一路"政策降低了各省份经济发展水平，各省份经济发展主要依赖于地区间的协调发展。

本章结论并非与实际情况相反，反而能更好地说明"一带一路"的政策效果。政策从2014年开始发布并实施到现在不过七八年时间，其政策效应还未显现。中国作为"一带一路"倡议的发起者，在政策实施前期承担着投资国职责。"一带一路"沿线省份作为政策的执行者，需要将省内资金投资转移到国外，自身的经济发展难免受到限制。2013—2017年，中国对沿线各发展中国家的直接投资已经超过了700亿美元，仅2017年一年的直接投资就达到201.7亿美元，占同期中国对外直接投资流量的12.7%，并且中国对"一带一路"沿线国家的投资呈现出逐年增长趋势。

虽然"一带一路"沿线省份在前期牺牲自身经济发展，但是却获得了长期发展的潜力。在实施"一带一路"相关政策后，各省份与"一带一路"沿线国家的经济联系更加紧密。一方面，各省份间的贸易往来增多，同时内陆城市与沿海城市联动发展，达到脱贫的目标。另一方面，"一带一路"相关政策的实施能带动沿线国家经济发展，搞好友邻关系，从而有利于发展国际贸易。"一带一路"沿线国家具有丰富的矿产资源，通过"一带一路"相关政策的实施，国内企业可以在资源地建厂，降低运输成本、资源成本和生产成本，进而实现产业转移和产业升级。

"一带一路"相关政策具有长期性,必要时需牺牲短期利益以获得国家更加长远的发展。

8.7 空间双重差分模型的 Stata 软件操作指导

8.7.1 研究目的

(1)掌握运用 Stata 软件读取数据、进行数据描述性统计、绘制莫兰散点图、设定空间权重矩阵。

(2)掌握运用 Stata 软件估计空间双重差分模型,包括空间杜宾双重差分模型,空间自回归双重差分模型,空间误差双重差分模型、空间动态杜宾双重差分模型。

8.7.2 样本选择与数据收集

本章选取全国 30 个省份 2007—2017 年年度数据。其中 18 个省份为"一带一路"沿线,包括新疆、重庆、陕西、甘肃、宁夏、青海、内蒙古、黑龙江、吉林、辽宁、广西、云南、西藏、上海、福建、广东、浙江、海南,设置为实验组(政策地区虚拟变量设为 1);其余设置为对照组(政策地区虚拟变量设为 0)。"一带一路"相关政策实施时间为 2014 年,2014 年以后的政策时间虚拟变量设置为 1,其余设置为 0。被解释变量为国内生产总值。数据来源于国家统计局。

8.7.3 软件应用内容

(1)建立面板双重差分模型,并进行空间相关性检验
(2)进行空间事前和事后检验
(3)对各类空间双重差分模型进行估计

8.7.4 软件应用与分析指导

打开 Stata 软件,在菜单栏中点击"Window/Do-file Editor/New Do-file Editor",新建一个 Do 文件。

1. 数据读入和描述性统计

数据读入和描述性统计代码如下:

```
use 数据.dta,clear
xtset id year
outreg2 using 描述统计.doc,replace sum(log) keep(gdp i m ncpi open pop wcpi d t dt)
```

运行结果见图 8.4。

```
. use 数据.dta,clear

. xtset id year
       panel variable:  id (strongly balanced)
        time variable:  year, 1987 to 2017
                delta:  1 unit

. outreg2 using 描述统计.doc,replace sum(log) keep(gdp i m ncpi open
> pop wcpi d t dt)
```

Variable	Obs	Mean	Std. Dev.	Min	Max
id	930	15.5	8.660099	1	30
year	930	2002	8.949085	1987	2017
com	930	4663.978	6358.515	0	52912
gdp	930	8689.301	11597.48	162.444	79944.8
i	930	4501.85	5878.662	0	35776.67
m	930	2230.717	4202.235	7.850971	25575.98
ncpi	930	84.44215	82.65401	21.83229	1285.049
open	930	25.44439	44.11065	.3951291	695.6

图 8.4 数据描述性统计结果

2. 面板双重差分回归

面板双重差分回归代码如下：

```
//面板回归//
use 数据.dta,clear
xtset id year
eststo clear
eststo:xtreg lngdp dt lni lnpop,fe
eststo:xtreg lngdp dt lncom lni lnm lnopen lnpop,fe
eststo:xtreg lngdp dt lncom lni lnm lnncpi lnopen lnpop lnwcpi,fe
estimate table *
esttab using 面板 DID.doc, ar2 p
```

运行结果如图 8.4 所示。

```
estimate table *
```

Variable	est1	est2	est3
dt	.04905955	.02510295	.03697179
lni	.87968975	.57904372	.56752172
lnpop	.13957087	.06356985	.064697
lncom		.22896291	.20939322
lnm		.28071372	.30685922
lnopen		.02611888	.02019427
lnncpi			.07632079
lnwcpi			-.02130375
_cons	.47339542	-.22735075	-.38836403

```
esttab using 面板DID.doc, ar2 p
(output written to 面板DID.doc)
```

图 8.5 面板双重差分回归结果

3. 空间自相关检验

进行莫兰指数检验和绘制莫兰散点图代码如下：

```
//全局自相关莫兰指数检验//
use 数据 2007.dta,clear
drop if year ！= 2017
xtset id year
spatgsa gdp,weights(w) moran go twotail
//莫兰散点图//
spatwmat using 邻接矩阵.dta,name(w) standardize
use 数据 2007.dta,clear
drop if year ！= 2017
xtset id year
spatlsa gdp,weights(w) moran graph (moran) symbol(id) id(id))

use 数据.dta,clear
drop if year ！= 2016
xtset id year
spatgsa gdp,weights(w) moran go twotail
use 数据.dta,clear
drop if year ！= 2015
xtset id year
spatgsa gdp,weights(w) moran go twotail
```

```
use 数据.dta,clear
drop if year! = 2014
xtset id year
spatgsa gdp,weights(w) moran go twotail

use 数据.dta,clear
drop if year! = 2013
xtset id year
spatgsa gdp,weights(w) moran go twotail

use 数据.dta,clear
drop if year! = 2012
xtset id year
spatgsa gdp,weights(w) moran go twotail

use 数据.dta,clear
drop if year! = 2011
xtset id year
spatgsa gdp,weights(w) moran go twotail

use 数据.dta,clear
drop if year! = 2010
xtset id year
spatgsa gdp,weights(w) moran go twotail

use 数据.dta,clear
drop if year! = 2009
xtset id year
spatgsa gdp,weights(w) moran go twotail

use 数据.dta,clear
drop if year! = 2008
xtset id year
spatgsa gdp,weights(w) moran go twotail

use 数据.dta,clear
drop if year! = 2007
xtset id year
spatgsa gdp,weights(w) moran go twotail

use 数据.dta,clear
drop if year! = 2006
xtset id year
spatgsa gdp,weights(w) moran go twotail
```

莫兰散点图绘制结果见图8.6。

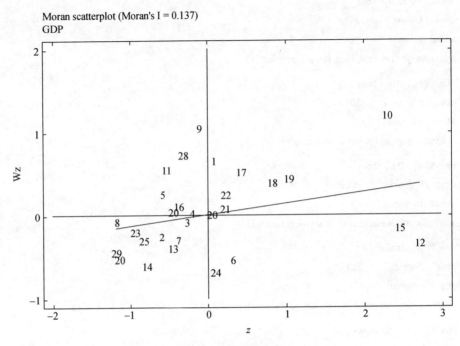

图 8.6 莫兰散点图

4. 事前检验

事前检验代码如下：

```
//事前检验//
use 数据 2007.dta,clear
xtset id year
spcs2xt 安徽省—重庆市,matrix(w) time(11)    //权重矩阵扩大
spatwmat using wxt.dta,name(w1)
reg lngdp dt lncom lni lnm lnncpi lnopen lnpop lnwcpi
spatdiag,weights(w1))
```

运行结果见表 8.11。

表 8.11 事前检验结果

Test	Statistic	p-value
Spatial error:		
Lagrange multiplier	5.387	0.020
Robust Lagrange multiplier	4.675	0.031
Spatial lag:		
Lagrange multiplier	81.056	0.000
Robust Lagrange multiplier	80.344	0.000

5. 空间杜宾双重差分模型

固定效应空间杜宾双重差分模型代码如下：

```
use 数据 2007.dta,clear
xtset id year
spatwmat using 邻接矩阵.dta,name(w) standardize
//空间固定效应 sdmDID//
eststo clear
eststo:xsmle lngdp dt lni lnpop,wmat(w) model(sdm) durbin(dt) fe robust nolog
eststo:xsmle lngdp dt lncom lni lnm lnopen lnpop,wmat(w) model(sdm) durbin(dt) fe robust nolog
eststo:xsmle lngdp dt lncom lni lnm lnncpi lnopen lnpop lnwcpi,wmat(w) model(sdm) durbin(dt) fe robust nolog
estimate table *
esttab using 空间 sdmDID.doc, ar2 p
```

运行结果如图 8.7 所示。

```
. estimate table *
```

Variable	est1	est2	est3
Main			
dt	-.01753362	-.01589472	-.01634186
lni	.23714435	.2405729	.23653252
lnpop	-.06135569	-.02453283	-.00942621
lncom		.09745605	.09543472
lnm		.02155439	.02421977
lnopen		.01475256	.01471052
lnncpi			.01958618
lnwcpi			.01386615
Wx			
dt	.04013967	.04428609	.04427014
Spatial			
rho	.74365033	.61735182	.61212218
Variance			
sigma2_e	.00140367	.0012915	.00127149

```
. esttab using 空间sdmDID.doc, ar2 p
(output written to 空间sdmDID.doc)
```

图 8.7　固定效应空间杜宾双重差分模型运行结果

随机效应空间杜宾双重差分模型代码如下:

eststo clear

eststo:xsmle lngdp dt lni lnpop,wmat(w) model(sdm) durbin(dt) re robust nolog

eststo:xsmle lngdp dt lncom lni lnm lnopen lnpop,wmat(w) model(sdm) durbin(dt) re robust nolog

eststo:xsmle lngdp dt lncom lni lnm lnncpi lnopen lnpop lnwcpi,wmat(w) model(sdm) durbin(dt) re robust nolog

estimate table *

esttab using 空间随机效应 sdmDID.doc, ar2 p

运行结果见图 8.8。

. estimate table *

Variable	est1	est2	est3
Main			
dt	-.01545607	-.00500223	-.00512984
lni	.25602567	.28069832	.27612392
lnpop	.13891102	.30441698	.31082417
lncom		.12915752	.1278318
lnm		.1128787	.11495516
lnopen		.02275298	.02272289
lnncpi			.02329997
lnwcpi			.00529163
_cons	-.653858	-2.1178859	-2.2303974
Wx			
dt	.03998093	.06476376	.06363555
Spatial			
rho	.70741497	.48606342	.48231148
Variance			
lgt_theta	-3.7883554	-2.8741054	-2.8755486
sigma2_e	.00159287	.00161105	.00158196

图 8.8 随机效应空间杜宾双重差分模型运行结果

对空间杜宾双重差分模型进行豪斯曼检验,代码如下:

//豪斯曼检验//

qui xsmle lngdp dt lncom lni lnm lnncpi lnopen lnpop lnwcpi,wmat(w) model(sdm) durbin(dt)

```
    fe nolog
        est sto fe
        qui xsmle lngdp dt lncom lni lnm lnncpi lnopen lnpop lnwcpi,wmat(w) model(sdm) durbin(dt)
re nolog
        est sto re
        hausman fe re
```

运行结果如图 8.9 所示。

	fe	re	Difference	S.E
dt	-.0163419	-.0051298	-.011212	
lncom	.0954347	.1278318	-.0323971	
lni	.2365325	.2761239	-.0395914	
lnm	.0242198	.1149552	-.0907354	.0144395
lnncpi	.0195862	.0233	-.0037138	
lnopen	.0147105	.0227229	-.0080124	
lnpop	-.0094262	.3108242	-.3202504	.0534315
lnwcpi	.0138661	.0052916	.0085745	

```
                    b = consistent under Ho and Ha; obtained
from xsmle
            B = inconsistent under Ha, efficient under Ho; obtained
from xsmle

    Test:  Ho:  difference in coefficients not systematic

                chi2(8) = (b-B)'[(V_b-V_B)^(-1)](b-B)
                    =      47.66
            Prob>chi2 =     0.0000
```

图 8.9 空间杜宾双重差分模型豪斯曼检验结果

6. 事后检验

事后检验代码如下：

```
//事后检验 wald 和 LR 检验//
xsmle lngdp dt lncom lni lnm lnncpi lnopen lnpop lnwcpi,wmat(w) model(sdm) fe robust nolog
test [Wx]dt = [Wx]lncom = [Wx]lni = [Wx]lnm = [Wx]lnncpi = [Wx]lnopen = [Wx]lnpop = [Wx]lnwcpi = 0
testnl ([Wx]dt = -[Spatial]rho * [Main]dt)([Wx]lncom = -[Spatial]rho * [Main]lncom)
```

([Wx]lni = -[Spatial]rho * [Main]lni)([Wx]lnm = -[Spatial]rho * [Main]lnm)([Wx]lnncpi = -[Spatial]rho * [Main]lnncpi)([Wx]lnopen = -[Spatial]rho * [Main]lnopen)([Wx]lnpop = -[Spatial]rho * [Main]lnpop)([Wx]lnwcpi = -[Spatial]rho * [Main]lnwcpi)

运行结果如图 8.10 所示。

```
test [Wx]dt=[Wx]lncom=[Wx]lni=[Wx]lnm=[Wx]lnncpi=[Wx]lnopen=[Wx]lnpop=[Wx]lnwcpi=0

 ( 1)   [Wx]dt - [Wx]lncom = 0
 ( 2)   [Wx]dt - [Wx]lni = 0
 ( 3)   [Wx]dt - [Wx]lnm = 0
 ( 4)   [Wx]dt - [Wx]lnncpi = 0
 ( 5)   [Wx]dt - [Wx]lnopen = 0
 ( 6)   [Wx]dt - [Wx]lnpop = 0
 ( 7)   [Wx]dt - [Wx]lnwcpi = 0
 ( 8)   [Wx]dt = 0

          chi2(  8) =  3.8e+10
        Prob > chi2 =    0.0000

testnl ([Wx]dt=-[Spatial]rho*[Main]dt) ([Wx]lncom=-[Spatial]rho*[Main]lncom) ([Wx]lni=
i=-[Spatial]rho*[Main]lnncpi) ([Wx]lnopen=-[Spatial]rho*[Main]lnopen) ([Wx]lnpop=-[Spa

 (1)   [Wx]dt = -[Spatial]rho*[Main]dt
 (2)   [Wx]lncom = -[Spatial]rho*[Main]lncom
 (3)   [Wx]lni = -[Spatial]rho*[Main]lni
 (4)   [Wx]lnm = -[Spatial]rho*[Main]lnm
 (5)   [Wx]lnncpi = -[Spatial]rho*[Main]lnncpi
 (6)   [Wx]lnopen = -[Spatial]rho*[Main]lnopen
 (7)   [Wx]lnpop = -[Spatial]rho*[Main]lnpop
 (8)   [Wx]lnwcpi = -[Spatial]rho*[Main]lnwcpi

          chi2(8) =      40.65
        Prob > chi2 =    0.0000
```

图 8.10　事后检验结果

7. 空间自回归双重差分模型

空间自回归双重差分模型代码如下：

//空间 sarDID//
eststo clear
eststo:xsmle lngdp dt lni lnpop,wmat(w) model(sar) fe robust nolog
eststo:xsmle lngdp dt lncom lni lnm lnopen lnpop,wmat(w) model(sar) fe robust nolog
eststo:xsmle lngdp dt lncom lni lnm lnncpi lnopen lnpop lnwcpi,wmat(w) model(sar) fe robust nolog
estimate table *
esttab using 空间 sarDID.doc, ar2 p

运行结果如图 8.11 所示。

8. 空间误差双重差分模型

空间误差双重差分模型代码如下：

//空间 semDID//
eststo clear
eststo:xsmle lngdp dt lni lnpop,emat(w) model(sem) fe robust nolog

eststo:xsmle lngdp dt lncom lni lnm lnopen lnpop,emat(w) model(sem) fe robust nolog

eststo:xsmle lngdp dt lncom lni lnm lnncpi lnopen lnpop lnwcpi,emat(w) model(sem) fe robust nolog

estimate table *

esttab using 空间 semDID.doc, ar2 p

运行结果如图 8.12 所示。

. estimate table *

Variable	est1	est2	est3	fe	re
Main					
dt	-.00712238	-.00864777	-.00840281	-.01634186	-.00512984
lni	.2373245	.24521976	.24193629	.23653252	.27612392
lnpop	-.05115698	-.01212849	-.00073149	-.00942621	.31082417
lncom		.09774428	.09784013	.09543472	.1278318
lnm		-.02133686	-.01654088	-.02421977	.11495516
lnopen		.01740295	.01753342	.01471052	.02272289
lnncpi			.02021017	.01958618	.02329997
lnwcpi			-.00141963	.01386615	.00529163
_cons					-2.2303974
Spatial					
rho	.75970728	.63775021	.63220731	.61212218	.48231148
Variance					
sigma2_e	.00144271	.00132931	.00130847	.00127149	.00158196
lgt_theta					-2.8755486
Wx					
dt				.04427014	.06363555

. esttab using 空间sarDID.doc, ar2 p

图 8.11 空间自回归双重差分模型运行结果

. estimate table *

Variable	est1	est2	est3	fe	re
Main					
dt	-.02092936	.02449181	.02485989	-.01634186	-.00512984
lni	.21166876	.52586221	.51659841	.23653252	.27612392
lnpop	-.20047849	.37195652	.38411302	-.00942621	.31082417
lncom		.32266769	.32103417	.09543472	.1278318
lnm		.00172141	.01001717	.02421977	.11495516
lnopen		.053536	.05335927	.01471052	.02272289
lnncpi			.03410012	.01958618	.02329997
lnwcpi			-.01044145	.01386615	.00529163
_cons					-2.2303974
Spatial					
lambda	.97174484	.05028008	.0414832		
rho				.61212218	.48231148
Variance					
sigma2_e	.00148817	.00302704	.00296481	.00127149	.00158196
lgt_theta					-2.8755486
Wx					
dt				.04427014	.06363555

. esttab using 空间semDID.doc, ar2 p
(output written to 空间semDID.doc)

图 8.12 空间误差双重差分模型运行结果

9. 空间动态杜宾双重差分模型

空间动态杜宾双重差分模型代码如下:

```
//空间 semDID//
eststo clear
eststo:xsmle lngdp dt lni lnpop,emat(w) model(sem) fe robust nolog
eststo:xsmle lngdp dt lncom lni lnm lnopen lnpop,emat(w) model(sem) fe robust nolog
eststo:xsmle lngdp dt lncom lni lnm lnncpi lnopen lnpop lnwcpi,emat(w) model(sem) fe robust nolog
estimate table *
esttab using 空间 semDID.doc, ar2 p
```

运行结果如图 8.13 所示。

Variable	est1	fe	re
Main			
lngdp			
L1.	.91766975		
Wlngdp			
L1.	-.11389893		
dt	-.00651921	-.01634186	-.00512984
lncom	.03361264	.09543472	.1278318
lni	.01067688	.23653252	.27612392
lnm	.05259267	.02421977	.11495516
lnncpi	-.00066514	.01958618	.02329997
lnopen	.00276771	.01471052	.02272289
lnpop	.01636448	-.00942621	.31082417
lnwcpi	-.03921799	.01386615	.00529163
_cons			-2.2303974
Wx			
dt	.00561643	.04427014	.06363555
Spatial			
rho	.09657359	.61212218	.48231148
Variance			
sigma2_e	.00037068	.00127149	.00158196
lgt_theta			-2.8755486

. esttab using 空间动态杜宾DID.doc, ar2 p

图 8.13 空间动态杜宾双重差分模型结果

10. 空间杜宾双重差分模型效应分解

空间杜宾双重差分模型效应分解代码如下：

//空间杜宾模型效应分解//

```
eststo clear
eststo:xsmle lngdp dt lncom lni lnm lnncpi lnopen lnpop lnwcpi,wmat(w) model(sdm) durbin
(dt) fe robust nolog effects
estimate table *
esttab using 空间杜宾DID效应分解.doc, ar2 pp
```

运行结果如图8.14所示。

LR_Direct						
dt	-.0125982	.0188794	-0.67	0.505	-.0496012	.0244048
lncom	.0990917	.0287508	3.45	0.001	.0427411	.1554423
lni	.2542445	.04065	6.25	0.000	.174572	.3339171
lnm	.0240104	.0512253	0.47	0.639	-.0763893	.1244102
lnncpi	.0203561	.0073034	2.79	0.005	.0060417	.0346705
lnopen	.0163997	.0110303	1.49	0.137	-.0052193	.0380187
lnpop	-.0101622	.2121274	-0.05	0.962	-.4259242	.4055999
lnwcpi	.0107575	.0893432	0.12	0.904	-.164352	.1858669
LR_Indirect						
dt	.0861231	.0496927	1.73	0.083	-.0112727	.183519
lncom	.1423305	.0391993	3.63	0.000	.0655012	.2191597
lni	.3718074	.0825922	4.50	0.000	.2099297	.5336851
lnm	.0314015	.0755363	0.42	0.678	-.116647	.17945
lnncpi	.0299096	.0124389	2.40	0.016	.0055297	.0542894
lnopen	.0249	.0189938	1.31	0.190	-.0123272	.0621273
lnpop	-.030613	.3258924	-0.09	0.925	-.6693503	.6081243
lnwcpi	.0072545	.1466852	0.05	0.961	-.2802433	.2947523
LR_Total						
dt	.0735249	.0525811	1.40	0.162	-.0295321	.176582
lncom	.2414222	.0619597	3.90	0.000	.1199834	.362861
lni	.626052	.1010887	6.19	0.000	.4279217	.8241822
lnm	.0554119	.1257702	0.44	0.660	-.1910932	.301917
lnncpi	.0502657	.0187954	2.67	0.007	.0134274	.0871039
lnopen	.0412998	.0295073	1.40	0.162	-.0165335	.099133
lnpop	-.0407752	.5340582	-0.08	0.939	-1.08751	1.00596
lnwcpi	.0180119	.2340661	0.08	0.939	-.4407492	.4767731

图8.14 空间杜宾双重差分模型效应分解结果

参 考 文 献

[1] Chagas André L S, Azzoni C R, Almeida A N. A Spatial Difference-in-differences Analysis of the Impact of Sugarcane Production on Respiratory Diseases[J]. *Regional Science and Urban Economics*, 2016, (7).

[2] Chuanglin F, Haimeng L, Guangdong L, *et al*. Estimating the Impact of Urbanization on Air Quality in China Using Spatial Regression Models[J]. *Sustainability*, 2015, 7(11).

[3] Delgado M S, Florax R J G M. Difference-in-differences Techniques for Spatial Data: Local Autocorrelation and Spatial Interaction[J]. *Economics Letters*, 2015, 137.

[4] Dubé J, *et al*. A Spatial Difference-in-differences Estimator to Evaluate the Effect of Change in Public Mass Transit Systems on House Prices[J]. *Transportation Research Part B: Methodological*, 2014, 64.

[5] Elhorst J P. *Spatial Econometrics: From Cross-sectional Data to Spatial Panels*[M]. New York: Springer, 2014.

[6] 程中海,南楠. 中国对"一带一路"国家直接投资的效率及潜力评估[J]. 商业研究,2017(8).

[7] 范巧. 保税港区批设促进了属地省份的贸易发展了吗?——基于双重差分空间计量模型的分析[J]. 海关与经贸研究,2018,39(1).

[8] 林乐芬. 中国对"一带一路"国家直接投资的共赢溢出效应实证分析[C]. 中国新兴经济体研究会(China Society of Emerging Economies)、中国国际文化交流中心(China International Culture Exchange Center)、广东工业大学(Guangdong University of Technology). 新兴经济体发展:创新、活力、联动、包容——中国新兴经济体研究会 2016 年会暨 2016 新兴经济体论坛(国际学术会议)论文集(上),2016.

[9] 刘志民,杨洲. "一带一路"沿线国家来华留学生对我国经济增长的空间溢出效应[J]. 高校教育管理,2018,12(2).

[10] 彭澎,李佳熠. OFDI 与双边国家价值链地位的提升——基于"一带一路"沿线国家的实证研究[J]. 产业经济研究,2018,(6).

[11] 王芬. 轨道交通对周边住宅价格的时空效应研究[D]. 浙江大学,2018.

[12] 王江,王壮. 中国出口贸易的第三国效应研究——基于"一带一路"沿线国家空间面板数据[J]. 价格月刊,2018,(7).

[13] 姚战琪,夏杰长. 中国对外直接投资对"一带一路"沿线国家攀升全球价值链的影响[J]. 南京大学学报(哲学·人文科学·社会科学),2018,55(4).

[14] 俞路,赵佳敏. 京沪高铁对沿线城市地区间溢出效应的研究——基于 2005~2013 年地级市面板数据[J]. 世界地理研究,2019,28(1).

[15] 周德才,贾青,康柳婷,柳媛. "一带一路"沿线国家金融发展对我国对外直接投资的影响——基于动态面板门限模型[J]. 财会月刊,2018,(4).

[16] 邹嘉龄,刘春腊,尹国庆,等. 中国与"一带一路"沿线国家贸易格局及其经济贡献[J]. 地理科学进展,2015,34(5).

第9章 股票收益率影响因素研究
——基于 SAR 和 MESS 模型

摘　要：本章利用空间截面数据对股票收益率的影响因素进行研究，在 S-CAPM 基础上，利用 2019 年第二季度数据，对影响股票收益率的微观因素进行分析。MESS 模型作为空间自回归模型的替代，将 SAR 模型中的几何衰减转化为指数衰减，使得模型求解中不含有任何雅克比不等式，也不需要对空间相关性系数进行特别的限制，因此本章参考有关文献运用 MESS 模型对影响股票收益率的微观因素进行分析，同时与 SAR 模型进行对比。结果表明：股票市场具有显著的空间依赖性，其中，净资产收益率、营业利润增长率以及每股收益率对股票收益率有正向影响，总资产收益率对股票收益率有负向影响。本章最后分析了各个因素影响股票收益率的原因，并据此提出相关建议。

关键词：空间依赖性；SAR 模型；MESS 模型

9.1 引　　言

金融是一个国家的核心竞争力，金融安全是国家安全的重要组成部分，是关系国家经济社会发展全局的一件具有战略性、根本性的大事。金融活，经济活；金融稳，经济稳。党的十八大以来，习近平总书记反复强调要把防控金融风险放到更加重要的位置，牢牢守住不发生系统性风险底线，采取一系列措施加强金融监管，防范和化解金融风险，维护金融安全和稳定，把住发展大势，而股票市场是我国金融体系重要的一部分，正在发挥着越来越重要的作用。我国股票市场越来越完善，2019 年 7 月 22 日，科创板首次登陆上交所，承载着我国科技兴国的战略使命，更好地为科技创新企业服务，因此，股票市场是我国宏观经济的晴雨表，是我国未来经济发展的重要工具，更好地分析股票市场对我国广大股民和政策制定机构有重要的现实意义和实践意义。

基于空间自回归(SAR)模型的空间计量方法目前已经成为一种系统和主流的计量经济学方法。在现实生活中，经济变量不仅体现直接的经济联系，还具有空间相关性，这种空间相关性不仅限于地理位置的空间相关性，还包括经济相关性和社会结构相关性等，因此，我们将空间相关性纳入模型。但是，SAR 模型有其固有的缺点：第一,SAR 模型的空间权重矩阵经过标准化以后,空间相关性的估计被限制在(-1,1)区间,否则模型可能不稳定,因此无法对强空间相关性作出很好的解释;第二,SAR 模型中的空间相应几何衰减过程中的一系列矩阵计算使得模型的求解更为复杂。矩阵指数空间规范(MESS)模型由于将 SAR 模型中的几何衰减替换为指数衰减,可以很好地改善 SAR 模型的弊端。因此,运用 MESS 模型对我国股票市场进行分析可以更好地了解股票市场的相依关系以及变化趋势,以防范金融风险。

9.2 文献综述

目前对股票市场的研究,学术界和金融界主要集中在股票收益率方面,因为股票收益率是广大投资者关注的重点领域,继著名的资本资产定价模型(CAPM)以后,Fama 和 French(1993)提出三因子模型,在此基础上,国内外学者不断对影响投资回报的市场因素从宏观和微观层面进行相应的拓展。

在宏观层面,学术界以我国宏观经济政策以及重大经济事件为视角分析我国股票收益率的影响因素。很多学者发现,我国股票市场和外汇市场之间存在密切联系。例如,江春和万鹏博(2020)发现,我国公司面临着短期外汇风险暴露问题,公司盈利短期受益于人民币贬值,长期受益于人民币升值;张艾莲和靳雨佳(2020)证明,我国股票市场和外汇市场之间存在着很强的尾部相关性;孙显超等(2016)认为,汇率波动对股票市场的影响具有异质性,发达国家汇率和股票收益率同方向变动,发展中国家汇率和股票收益率反方向变动。也有很多学者将我国发生的重大事件作为股票收益率的影响因素进行分析。例如,郑君君和赵成(2020)分析了中美贸易争端对我国股市行业板块的影响,发现电信、卫生和金融地产行业的系统性风险上升,工业行业和原材料行业的系统性风险下降;陈赟等(2020)证明,在面对重大突发公共卫生事件时,防疫能力对上市公司股票收益率无影响,但是复工复产对企业有显著的正向影响,尤其是对于中小企业。还有一些学者分析了我国宏观经济政策对股票收益率的影响,例如,王曦和邹文理(2011)研究表明,我国股市有明显的政策市特征,一般表现为货币供应量上升,股价上升;然而,孙华好和马跃(2003)通过构建广义货币供应量、股价和消费者价格指数的 VAR 模型,发现货币供应量的增减并没有对股票收益率造成影响。

在微观层面,很多研究证实了公司内部指标和股票收益率之间存在着紧密的联系。齐岳等(2020)将公司治理水平作为溢价因子加入 CAPM 模型中,发现公司治理水平对股票收益率影响显著;安彪等(2020)发现,股权集中度较高的 A 股上市公司股票收益率较高,但是对于不同所有制公司影响有所区别;赵胜民等(2016)发现,Fama-French 五因子模型不适合我国股票市场,三因子模型更适合。

通过分析与股票收益率有关的文献发现,国内现有研究只是通过时间序列或者面板数据对股票收益率的影响因素进行分析,很少考虑空间因素,国外已有研究对股票市场之间存在的空间效应进行分析。因此,本章借鉴国内外相关文献对我国股市是否存在空间联动效应进行分析。在实践中,我国股市各个行业板块存在着齐涨齐跌现象,并且由来已久,这违反了高斯—马尔科夫假设,因此,简单地用时间序列对股票收益率进行研究所得出的结论并不准确,但是空间计量模型可以很好地反映这种空间依赖性,因此本章主要用空间计量模型对股票收益率进行分析。

张玉华等(2016)运用空间面板模型发现,沪深 300 股票收益率存在空间效应;Fernand(2011)通过构建资本资产定价模型分析了 126 个拉美国家公司,发现不同国家的公司之间存在着空间溢出效应;潘荣翠等(2012)运用空间计量模型考察了全球 41 个国家和地区股票收益率受宏观因素影响的程度,发现采用空间计量模型可以得到比 OLS 模型更加稳健的结论;Eckel 等(2010)通过空间计量模型发现,距离 50 公里以内的公司之间存在一定的空间相关性,一旦超过 50 公里,空间相关性则只能粗略估计;Asgharian 等(2013)运用空间计量模型将双边贸易额、两国之间的地理距离等五个变量作为空间权重矩阵,发现美国和日本主要通过双边贸易影响其他国家的股票市场,英国主要对周边国家有显著的空间溢出效应;Arnold 等(2013)通过 GMM 方法构建了金融市场的空间自回归模型,与截面数据相比,空间自回归模型估计效果更好。

综上所述,本章根据股票价格的空间依赖性特征对股票的空间相关性进行分析,主要以空间资本资产定价模型(S-CAPM)为基础,在综合考虑影响股票收益率的相关经济因素后,构造空间截面模型,运用 MESS 模型进行相应的实证分析。

9.3 相关理论和模型设定

9.3.1 空间相关性和空间权重矩阵

空间计量经济学是计量经济学一个非常重要的分支,它不再将个体的经济变化或者其他变量割裂开来,而是考虑各个省份之间的经济互动,这与我们之前假设各个省份之间经济变量相互独立存在矛盾,事实上,两个省份之间距离越近,它们之间的技术、经济等各种交流就会越深入,联系就会越紧密,因此,假设各个省份之间经济变量相互独立,不符合现实情况,这使得空间计量经济学成为计量经济学一个非常重要的延伸。

在确定是否使用空间计量方法进行分析之前,首先应该对数据进行空间相关性的检验,如果不存在空间相关性,说明常规回归不会产生估计偏差;如果存在空间相关性,使用常规的回归方法就会产生偏差,因此要用空间计量方法。在检验各个省份之间是否存在空间自相关时,我们一般用莫兰指数进行检验,莫兰指数包括全局莫兰指数和局部莫兰指数两种,前者考察整个空间集聚的情况,后者考查某个区域的空间聚集情况。表达式如下:

$$I = \frac{\sum_{i=1}^{n}\sum_{j=1}^{n}w_{ij}(x_i - \bar{x})(x_j - \bar{x})}{s^2 \sum_{i=1}^{n}\sum_{j=1}^{n}w_{ij}} \tag{9.1}$$

相应的第 i 个区域莫兰指数的表达式为:

$$I_i = \frac{(x_i - \bar{x})}{s^2}\sum_{j=1}^{n}w_{ij}(x_j - x) \tag{9.2}$$

其中，$s^2 = \dfrac{\sum_{i=1}^{n}(x_i - \bar{x})^2}{n}$，为样本方差；$w_{ij}$ 为空间权重矩阵的 (i,j) 元素；$\sum_{i=1}^{n}\sum_{j=1}^{n}w_{ij}$ 为所有空间权重之和。

莫兰指数的取值一般处于 -1 到 1 之间，取值为正表示存在正相关性，取值为负表示存在负相关性，取值接近于 0 表示不存在空间相关性。莫兰指数可以看作观测值和其空间滞后值之间的相关系数。标准化的莫兰指数服从渐近标准正态分布，故可进行空间相关性的检验。

此外，如果要进行空间计量分析，必须对区域之间的距离进行度量。如何确定合适的空间权重矩阵在学术界一直有争议，这也成为限制空间计量经济学发展的一个阻碍，不过一般在实证分析中都采用空间邻接权重矩阵（0—1 权重矩阵）以及空间地理距离权重矩阵和空间经济距离权重矩阵。

空间邻接权重矩阵，是根据两个地区之间是否相邻进行设定，如果地区之间相邻，就赋值 1，不相邻就赋值 0。相邻关系可以进一步分为车相邻、象相邻以及后相邻，矩阵定义为：

$$w_{i,j} = \begin{cases} 1 & \text{地区 } i \text{ 和地区 } j \text{ 相邻} \\ 0 & \text{地区 } i \text{ 和地区 } j \text{ 不相邻} \end{cases} \tag{9.3}$$

空间地理距离权重矩阵，是根据两个地区之间距离的倒数来决定，有时也可以根据距离倒数的平方来决定，我们一般认为两个地区之间的距离越近，应该赋予该地区越大的权重，反之，应该赋予越小的权重，矩阵定义为：

$$w_{i,j} = \begin{cases} \dfrac{1}{d_{i,j}} & i \neq j \\ 0 & i = j \end{cases} \tag{9.4}$$

其中，$d_{i,j}$ 是指地区 i 和地区 j 之间的距离（一般指省会城市）。

空间经济距离权重矩阵，是根据两个地区人均收入水平之差的倒数来决定，两个地区之间收入差距越小，则经济水平越接近，因而应当赋予该地区越大的权重，反之，应该赋予越小的权重，矩阵定义为：

$$w_{i,j} = \begin{cases} \dfrac{1}{|\bar{y}_i - \bar{y}_j|} & i \neq j \\ 0 & i = j \end{cases} \tag{9.5}$$

其中，$\bar{y}_i$ 表示地区 i 人均 GDP 的年平均值，计算公式如下：

$$\bar{y}_i = \dfrac{1}{T - T_0}\sum_{t=T_0}^{T}y_{it} \tag{9.6}$$

其中，$\bar{y}_{it}$ 表示地区 i 在 t 年的人均 GDP。$\bar{y}_j$ 含义与 $\bar{y}_i$ 相同。

另外，空间经济距离权重矩阵也可以以两个地区之间的 GDP 差异以及两个地区之间的距离远近为权重进行计算，具体计算公式如下：

$$W_{i,j} = W_d \operatorname{diag}(\bar{Y}_1/\bar{Y}, \bar{Y}_2/\bar{Y}, L, \bar{Y}_n/\bar{Y}) \tag{9.7}$$

其中，W_d 是空间地理距离权重矩阵；diag 是指主对角矩阵；$\bar{Y}_n$ 是指第 n 个地区在样本期间内 GDP 均值，$\bar{Y}$ 是指所有地区在样本期间内 GDP 均值，用两者的比值代表两个地区之间经济的差别。

9.3.2 矩阵指数和 MESS 模型

1. 矩阵指数

要对 MESS 模型进行深入的了解，首先要了解矩阵指数及其性质。

第一，假设 A_n 为 $n\times n$ 阶矩阵，矩阵指数 e^{A_n} 可以通过级数展开：

$$e^{A_n} = \sum_{k=0}^{\infty} \frac{A_n^k}{k!} = I_n + A_n + \frac{A_n^2}{2!} + \cdots + \frac{A_n^p}{P!} + \cdots \tag{9.8}$$

其中，I_n 为 $n\times n$ 阶单位矩阵，A_n^p 表示矩阵 A_n 的 p 次方，特别地，我们有 $A_n^0 = I_n$。对于 $n\times n$ 阶 **0** 矩阵，有 $e^0 = I_n$，矩阵指数的矩阵级数对任何矩阵都是收敛的。

第二，假设 $n\times n$ 阶矩阵 A_n 和 B_n 是可以交换的，即 $A_nB_n=B_nA_n$，总有 $e^{(A_n+B_n)} = e^{A_n}e^{B_n}$。

第三，对于任意的 $n\times n$ 阶矩阵 A_n，矩阵指数 e^{A_n} 的逆矩阵恒存在，且 $(e^{A_n})^{-1}=e^{-A_n}$。

需要注意的是，本章所用的矩阵指数为 $e^{\alpha W}$ 格式，其中 α 是实数，其所满足的性质和矩阵指数 e^{A_n} 一样。

2. MESS 模型

由 Lasage 和 Pace(2007)年提出的 MESS(matrix exponential spatial specification)模型可以作为建立空间自回归模型的基础，MESS 模型的主要特点是用空间上的指数衰减代替空间自回归过程中的几何衰减，指数衰减可以消除在进行极大似然估计和贝叶斯估计时对行列式估计的要求。同时，MESS 模型还具有理论优势：第一，MESS 模型的协方差矩阵是正定的，因此在优化过程中无需设定参数范围和检验矩阵的正定性；第二，矩阵指数的逆矩阵形式更为简单，使得 MESS 模型有理论和计算上的优势。Lasage 和 Pace(2007)提出的 MESS 模型考虑这样一类估计，其解释变量 y 经过了下式中的线性变换 Sy：

$$Sy = X\beta + \varepsilon \tag{9.9}$$

其中，向量 y 包含被解释变量的 n 个观测量，X 代表关于解释变量观测值的 $n\times k$ 阶矩阵，S 是一个 $n\times n$ 阶的正定矩阵，n 个元素向量构成的 ε 服从 $N(0,\delta^2 I_n)$ 分布，β 为 K 维待估参数向量。令 $S=(I_n-\rho W)$，就可以写出常规的空间自回归模型：

$$y_n = (I_n - \rho W_n)^{-1} X_n\beta + \eta_n$$
$$\eta_n = (I_n - \rho W_n)^{-1}\varepsilon \tag{9.10}$$

其中，W 为 $n\times n$ 阶空间权重矩阵，ρ 表示观测单元之间的空间依赖性，令

$$S_n = e^{\alpha W_n} = \sum_{i=0}^{\infty} \frac{\alpha^i W_n^i}{i!} \tag{9.11}$$

则有

$$y_n = e^{-\alpha W_n} X_n\beta + \eta$$

$$\eta = e^{-aW_n}\varepsilon \tag{9.12}$$

模型(9.12)即为 MESS 模型,其中,α 为实数,$W_{ij} > 0$ 表示观测值 j 是观测值 i 的一个近邻,$W_{ij} = 0$ 表示排除自身依赖。$(W^2)_{ij} > 0$ 表明观测值 j 是观测值 i 的近邻的近邻,类似的关系在确定更高阶近邻 W_n 的高阶幂中也成立,从而与矩阵 W_n 相关的矩阵指数 S_n 对高阶近邻关系施加了衰减影响,MESS 模型就是利用高阶近邻关系影响的指数衰减替代空间自回归过程中高阶近邻关系影响的几何衰减。

9.3.3 空间资本资产定价模型及构建

根据上述分析,本章将 MESS 模型引入股票市场收益率的 S-CAPM 中,该模型由 Fernández-Aviléz 等(2012)首次提出,其主要思想是把空间自回归过程引入威廉·夏普等人提出的 CAPM 中,模型形式如下:

$$r - r_f = \rho W_n(r - r_f) + (r_m - r_f)\beta + \upsilon \tag{9.13}$$

其中,$r - r_f$ 为 $n \times 1$ 维向量,表示超额股票回报;W_n 为 $n \times n$ 阶空间权重矩阵;$W_n(r - r_f)$ 表示空间自回归项;β 表示系统风险大小;υ 是 $n \times 1$ 维误差项。上述模型表明风险溢价和资产收益率之间具有线性联系。另一种形式是将空间误差模型引入 CAPM 中,模型形式如下:

$$r - r_f = (r_m - r_f)\beta + \upsilon, \quad \upsilon = \lambda W_n \upsilon + \mu \tag{9.14}$$

其中,μ 为 $n \times 1$ 维误差项。

实际上,S-CAPM 是一个单因素的资产定价模型,模型中隐含的假设是风险之差的预期收益为 0,为了避免模型中的系统风险单一化问题,张玉华等(2016)将 S-CAPM 扩展为空间无套利的 S-APT 模型,S-APT 模型与 S-CAPM 相比是一个更加广义的模型,考虑多种因素,同时还考虑资产收益率的空间相关性和扰动项的空间相关性,模型主要形式为:

$$r = \rho W_n r + F\beta + \upsilon, \quad \upsilon = \lambda M_n \upsilon + \mu \tag{9.15}$$

其中,r 是 $n \times 1$ 维向量,代表资产收益率;W_n 和 M_n 代表 $n \times n$ 阶空间权重矩阵;F 表示影响风险资产收益率的各种因素,是 $n \times 1$ 维向量;β 表示资产收益率对影响收益率的各种因素的敏感程度,ρ 和 λ 用来衡量空间相关性的大小。通过上述理论分析,我们使用 MESS 过程来代替 SAR 过程,由于我们使用的是截面模型,因此省略 t,得到以下模型:

$$e^{aW_n}r = F\beta + \upsilon$$
$$e^{aM_n}\upsilon = \mu \tag{9.16}$$

此模型表示被解释变量和干扰项中同时存在 MESS 过程,α 是空间相关性系数。为了进行模型的对比,本章同样对 SAR 和 SEM 的回归结果进行分析,空间自回归 SAR 模型的形式为:

$$r = \rho W_n r + F\beta + \upsilon \tag{9.17}$$

相关变量解释和公式(9.15)相同,SEM 的模型设定方法参考张玉华等(2016)。综上所述,本章所采用的模型为 SAR、SEM、MESS。

多因素 SAR 模型形式为:

$$\text{ret}_i = \rho \sum_{j=1}^{n} w_{ij} \text{ret}_i + \beta_1 \text{roa}_i + \beta_2 \text{roe}_i + \beta_3 \text{alr}_i$$
$$+ \beta_4 \text{oir}_i + \beta_5 \text{grd}_i + \beta_6 \text{eps}_i + \vartheta_i \tag{9.18}$$

多因素 SEM 模型形式为：
$$\text{ret}_i = \beta_1 \text{roa}_i + \beta_2 \text{roe}_i + \beta_3 \text{alr}_i + \beta_4 \text{oir}_i + \beta_5 \text{grd}_i + \beta_6 \text{eps}_i + \vartheta_i \tag{9.19}$$
$$\vartheta_i = \lambda \sum_{j=1}^{n} w_{ij} \vartheta_i + \mu_i$$

多因素 MESS 模型形式为：
$$e^{\sigma W_n} \text{ret}_i = \beta_1 \text{roa}_i + \beta_2 \text{roe}_i + \beta_3 \text{alr}_i + \beta_4 \text{oir}_i$$
$$+ \beta_5 \text{grd}_i + \beta_6 \text{eps}_i + \vartheta_i \tag{9.20}$$
$$e^{\tau M} \vartheta_i = \mu_i \tag{9.21}$$

其中，ret 为股票的对数收益率，roa 为总资产收益率，roe 为净资产收益率，alr 为资产负债率，oir 为营业收入同比增长率，grd 为总负债增长率，eps 为每股收益率，$\beta_1 - \beta_6$ 为相应变量的系数，ϑ_i 为相应的误差项。

9.4 实证分析

9.4.1 变量选取和数据来源

本章被解释变量为股票的对数收益率，解释变量主要包括对股票收益率造成影响的微观因素，主要考虑总资产收益率、净资产收益率、资产负债率、营业收入同比增长率、总负债增长率以及每股收益率。

在样本选取上，本章选择沪深 300 指数中所包含的上市公司，并且根据证监会二级行业分类标准对上市公司进行分类，共分为 42 类，包括运输业、保险业、房地产业、批发业和租赁业等；在时间维度上，本章选取 2019 年第二季度的季度数据，对于在此期间经历停盘和 ST 的公司进行剔除处理。本章数据来自于同花顺数据库和中国证监会官网。

9.4.2 描述性统计

本章选取的相关比率指标的单位都是 1，每股收益率由于数据过小，扩大了 100 倍。从表 9.1 可以看出，2019 年第二季度公司财务指标的均值都大于 0，最值差距过大，标准差数值较大，说明整体数据波动较大，其中营业收入同比增长率和总负债增长率波动性最大。资产收益率、净资产收益率、资产负债率数据有中心化特征，其他数据呈现负偏态和正偏态特征，除了资产负债率之外，其他财务指标有尖峰分布特征。

表 9.1 描述性统计结果

变量名称	观测值	均值	标准差	最小值	最大值	偏度	峰度
roa	232	1.49	1.61	−5.57	7.71	0.79	5.56
roe	232	6.59	4.84	−7.34	26.34	0.87	4.35
oir	232	8.72	122.34	−1756.84	274.18	−12.95	188.76
alr	232	56.08	22.24	3.00	93.87	−0.24	2.28
grd	232	97.45	1190.68	−80.99	18144.90	15.11	229.48
eps	232	23.79	32.68	−30.87	356.33	5.17	48.55

表 9.2 是 232 只股票在不同季度收益率的一般描述性统计，可以看出股票收益率的均值有正有负，股票收益率均值为负的季度有 15 个，大约占总季度的 50%，从另一方面验证了股票市场的风险性特征。此外，股票收益率的最大值和最小值之间的差距较大，标准差较大，说明股票收益率具有强烈的波动性，大部分股票的季度收益率呈现正偏态特征，说明总体沪深 300 股票中具有正收益率的股票较多。

表 9.2 股票收益率的描述性统计

年份	观测值	均值	标准差	最小值	最大值	偏度	峰度
2012q1	232	3.15	10.35	−36.73	57.33	0.55	6.73
2012q2	232	−4.21	22.50	−93.08	55.48	−1.18	5.44
2012q3	232	−7.76	15.58	−117.49	36.65	−1.85	14.24
2012q4	232	6.88	14.10	−35.70	47.25	0.26	3.59
2013q1	232	3.38	18.01	−40.35	58.53	0.67	3.55
2013q2	232	−13.88	20.61	−84.55	51.80	−0.36	4.42
2013q3	232	12.97	20.74	−51.37	94.19	0.85	5.28
2013q4	232	−0.13	16.43	−57.09	94.92	0.75	8.08
2014q1	232	−3.15	15.67	−35.76	91.90	1.59	8.97
2014q2	232	−4.21	18.79	−98.33	33.89	−1.86	8.32
2014q3	232	14.60	16.91	−59.99	96.97	−0.40	7.65
2014q4	232	24.97	31.59	−33.73	127.47	0.56	3.03
2015q1	232	21.98	20.43	−15.00	98.12	0.93	4.26
2015q2	232	8.22	33.26	−130.10	199.90	0.54	9.05
2015q3	232	−39.49	29.73	−145.03	53.68	0.87	4.75
2015q4	232	19.31	26.26	−130.70	163.34	−0.03	12.63
2016q1	232	−14.76	13.66	−51.12	61.56	1.02	7.54
2016q2	232	−11.26	27.44	−142.53	55.22	−2.06	8.64
2016q3	232	3.78	18.31	−115.12	90.45	1.57	16.20
2016q4	232	1.46	12.06	−26.39	68.28	1.67	9.87
2017q1	232	5.36	12.91	−73.38	54.92	−0.59	9.40
2017q2	232	0.49	19.55	−121.06	47.31	−1.83	10.66

(续表)

年份	观测值	均值	标准差	最小值	最大值	偏度	峰度
2017q3	232	3.51	16.05	−66.20	76.47	0.33	7.73
2017q4	232	2.30	15.21	−31.53	39.77	0.26	2.58
2018q1	232	−1.34	13.13	−53.67	59.09	0.38	5.76
2018q2	232	−14.01	18.60	−88.12	41.41	−0.63	5.20
2018q3	232	−5.72	17.90	−161.78	33.96	−3.03	26.51
2018q4	232	−13.40	14.54	−89.07	24.53	−0.69	5.61
2019q1	232	24.72	15.10	−11.78	96.95	0.72	4.59
2019q2	232	−8.55	14.71	−60.87	29.86	0.40	4.45
2019q3	232	−1.93	12.18	−26.73	68.18	1.40	7.75

图 9.1 是各个季度股票收益率均值变化的折线图,可以看出股票收益率在不同时期波动的时间变化趋势,可以认为股票收益率没有明显的时间变化趋势。

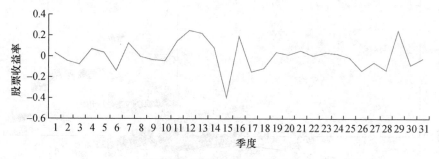

图 9.1 股票收益率的波动性

9.4.3 空间权重矩阵构造

在关于股票市场的相关分析中,很多学者主要根据股票市场的"板块现象"构造空间权重矩阵。(张玉华等,2016;张元庆和陶志鹏,2016;冯树辉,2019)这种构造空间权重矩阵的理论依据主要是"非理性人"假设,很多研究都表明股票市场参与者具有非理性,容易出现"羊群效应",导致某个板块中某只股票股价上涨使得整个股票板块中大多数股票股价上涨。尤其是在我国股票市场中,个人投资者占比高达99%,这些个人投资者由于专业知识有限,往往是非理性的跟风者,因此,这种现象使得我国股票市场呈现更加明显的板块效应,因此本章根据股票的板块现象构造空间权重矩阵。具体构造方法如下:

$$w_{ij} = \begin{cases} 1 & \text{股票 } i \text{ 和 } j \text{ 属于同一板块} \\ 0 & \text{股票 } i \text{ 和 } j \text{ 不属于同一板块} \end{cases} \quad (9.22)$$

关于股票市场行业分类标准,我们采取证监会二级行业分类,将232只股票分成42个行业,根据上述空间权重矩阵的构造,我们得到空间权重矩阵W。

9.4.4 空间相关性检验

为了准确地构建空间计量模型,需要对股票收益率进行空间相关性检验,因此我们对 2019 年第二季度的股票收益率进行莫兰指数检验。本章使用 Stata 软件进行莫兰指数检验,首先对权重矩阵进行标准化处理,检验结果如表 9.3 所示,可以看出 2019 年第二季度股票收益率的莫兰指数检验为正值,并且在 0.01 的显著性水平下成立。232 只股票 2019 年第二季度莫兰散点图如图 9.2 所示。

表 9.3 股票收益率莫兰指数检验

时期	Morna's I	$E(I)$	sd(I)	z	p-value*
2019q2	0.176	−0.004	0.043	4.169	0

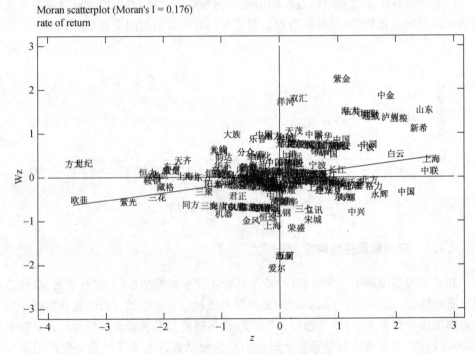

图 9.2 2019 年第二季度莫兰散点图

9.4.5 实证结果分析

(1) SAR 模型检验结果

在进行相应的模型分析之前,我们首先用 LM 检验来判断是使用 SEM 还是 SAR 模型,检验结果如表 9.4 所示。根据 LM 检验结果可以发现,SAR 模型的拟合效果相对较好,因此本章最终选择 SAR 模型作为基本空间模型,MESS 模型作为 SAR 模型的延伸。

表 9.4 LM 和 Robust LM 检验结果

指标	LM-lag	LM-error	Robust LM-lag	Robust LM-error
统计量值	9.0991	6.3845	3.2653	0.5507
p 值	0.003	0.012	0.071	0.458

为了与其他模型检验结果进行比较,我们同时列出了 OLS、FAR(一阶空间自回归)和 SAR 模型的估计结果,其中,FAR 和 SAR 模型都利用上文中所计算出的空间邻接权重矩阵。

表 9.5 模型估计结果

变量	OLS	FAR	SAR
constant	−14.717***		−12.249***
roa	−2.857**		−2.543**
roe	1.372***		1.251***
oir	0.016**		0.016**
alr	−0.012		−0.012
grd	0.00046		0.000466
eps	0.078***		0.066**
ρ		0.527975***	0.217***
R^2	0.1408	0.0052	0.1488

通过 OLS、FAR、SAR 三种模型的对比分析,可以发现,OLS 模型和 SAR 模型回归结果相近,但是 OLS 模型没有考虑空间相关性,而且 SAR 模型的拟合效果高于 OLS 模型;FAR 模型回归结果证明股票收益率确实存在空间自相关,但是模型拟合效果 R^2 为 0.0052,说明模型回归结果较差;SAR 模型空间自回归系数 ρ 显著为正,并且模型拟合效果最好,说明 SAR 模型效果好于不考虑空间相关性的 OLS 模型和仅考虑一阶空间自相关的 FAR 模型。

从本章的 SAR 模型实证检验结果分析来看,多数微观变量对股票收益率影响显著,总资产收益率对股票收益率有负向影响,因为总资产收益率较大的企业一般是中小企业,大企业的总资产收益率不会特别高,但是大企业与中小企业相比资产更加雄厚,而且声誉较好,在股票市场中大多属于蓝筹股,股民对其未来的经营状况有信心,所以会导致股价上升,而中小企业虽说总资产收益率较高,但是股民对其信任不足,导致股票收益率较低;净资产收益率和每股收益率对股票收益率有正向影响,并且非常显著,净资产收益率和每股收益率增加意味着企业经营状况较好,股民对其未来的经营状况有信心,所以会导致股价上升;营业收入同比增长率对股票收益率的影响也显著为正,一般来说,企业的主营业务和其他业务的经营状况良好将会拉动企业整体利润的提高,进而使得股价提高,股票收益率提高;其余微观变量如资产负债率、总负债增长率对股票收益率的影响并不显著。总体来看,股票的投资回报率受微观经济变量影响。此外还可以看出,自相关系数非常显著,说明股票收益率总体之间有显著的空间效应,对股票收益率进行单纯的面板分析并不合适。接下来对 SAR 模型的扩展即

MESS 模型进行分析。

（2）MESS 模型回归结果

MESS 模型回归结果如表 9.6 所示。

表 9.6 MESS 模型回归结果

变量	MESS	z 值
constant	-12.445^{***}	-3.334
roa	-2.570^{**}	-2.136
roe	1.265^{***}	3.712
oir	0.017^{**}	2.223
alr	-0.012	-0.210
grd	0.000467	0.617
eps	0.067^{**}	2.413
α	-0.225^{**}	-2.561
R^2	0.1671	

通过对模型中的回归系数进行分析，MESS 模型中总资产收益率依然对股票收益率有负向影响，但是影响程度有所降低；净资产收益率、营业收入同比增长率、每股收益率对股票收益率仍然有正向影响，并且影响显著；资产负债率和总负债增长率对股票收益率影响仍不显著。总体而言，MESS 模型回归结果与 SAR 模型回归结果类似，但是由于 MESS 模型计算方法上的优势，使得其结果更有信服力。此外，MESS 模型中的空间效应 α 为 -0.225，利用传统的 SAR 模型和 MESS 模型之间的参数转换关系式 $\rho=1-e^{\alpha}$，可得 MESS 模型对应的 ρ 值为 0.2，比 SAR 模型中的 ρ 值小。

9.5 结论和建议

本章主要运用 2019 年第二季度的数据，基于经济理论分析推测股票之间存在比较强的空间相关性，通过莫兰指数检验进一步表明，在相同的行业分类下股票收益率之间存在着强烈的空间相关性，即同一分类下某只股票价格的上涨或下跌会带动同一分类下其他股票价格的上涨或下跌，具有显著的板块联动效应。本章进一步从微观面板出发，选用季度数据，通过 LM 检验最终选择 SAR 模型，接着又将 SAR、OLS 以及 FAR 模型进行对比，认为 SAR 模型显著优异于另外两种模型，接着引入 SAR 模型的进阶模型即 MESS 模型对每股收益率、净资产收益率、总资产收益率、营业收入同比增长率、资产负债率、总负债增长率共 6 个微观经济变量对股票收益率的影响进行分析，主要目的是进行 SAR 模型和 MESS 模型的对比。MESS 模型与 SAR 模型相比具有计算上的优势，不过综合来看，在本次分析中两者差别不是很大，但是 SAR 模型的 ρ 值大于 MESS 模型。

根据模型的估计结果进行分析，公司的微观财务数据会对上市公司的股价造成影响，在考虑空间因素之后，这些微观财务数据对上市公司的股价影响依然显著。净资产收益率、营业收入同比增长率和每股收益率越高，表明公司的业务越有前景，市场越看好个股走势，因而净资产收益率、营业收入同比增长率与股票收益率正相关。上市公司资产负债率和总负债增长率对股票收益率的影响并不显著。在对本章的样本数据进行分析研究时发现,大多数公司的资产负债率都很高,如银行业和房地产业都在80%以上;总负债增长率也很高,甚至达到11888.63,根据《巴塞尔协议》,总资产负债率在92%以下属于正常水平,但是在数据研究上可能导致总负债增长率与股票收益率之间正相关。另外,考虑到中国股票市场的特殊性,总负债增长率不仅不能提醒市场投资者进行有效投资,甚至可能对投资者产生一定的误导作用,例如,给投资者一种企业在强势扩张的假象,因此不能纯粹地根据本章的研究结果推测总负债增长率与股票收益率之间的关系。相关研究也指出,当前中国股市应进一步加强监管,建立完善的内控制度,增加信息透明度,向投资人传递良好的信息,规范市场投资行为。因此,政府应进一步加强公平公开的市场环境建设,确保投资者能合理合适地运用公司的财务信息对股票价值进行估值。

9.6 SAR 和 MESS 模型的 MATLAB 软件操作指导

9.6.1 研究目的

掌握用 MATLAB 软件通过 MESS 模型分析问题的方法。

9.6.2 研究原理

本章借助 APT-CAPM 理论模型,运用 MATLAB 软件通过 MESS 模型判断我国沪深 300 指数中各个股票之间是否存在空间效应,探究影响股票收益率的微观因素,并将其与 SAR 和 FAR 模型进行对比分析。

9.6.3 样本选择与数据收集

本实验所用数据来自本书附带教学资料第 9 章中的"hz.xls"文件,该文件中的数据主要包括股票收益率(ret)、总资产收益率(roa)、净资产收益率(roe)、资产负债率(alr)、营业收入同比增长率(oir)、总负债增长率(grd)以及每股收益率(eps),其中的"2012—2019.9 整理后数据"是笔者整理的 2012 年 1 月 1 日至 2019 年 9 月 30 日的季度面板数据,读者如有需要,可以使用;同时,笔者对 2012 年至 2019 年第三季度的股票收益率进行了描述性统计。此外,本章根据股票是否属于同一板块构建了空间邻接权重矩阵"ww.xls"。

9.6.4 软件应用与分析指导

1. 空间相关性检验

在进行空间相关性莫兰指数检验时,主要使用 Stata 软件,本书附带教学资料第 9 章中的"spatialfinance.dta"和"spatialfinance.do"即是相关数据和代码。

```
**设置工作路径
cd "C:\Users\Administrator\Desktop\stata"
encode name, gen(cname)
```

```
***计算2019年第二季度的全局莫兰指数
**空间邻接矩阵
spatwmat using ww,name(W1) standardize
use spatialfinance.dta,clear
spatgsa rateofreturn,weights(W1) moran twotail
*画莫兰散点图
spatlsa rateofreturn,weight(W1) moran graph (moran) symbol(id) id(cname)
```

全局莫兰指数检验结果如图9.3所示。

```
Measures of global spatial autocorrelation

Weights matrix
─────────────────────────────────────────────
Name: W1
Type: Imported (binary)
Row-standardized: Yes
─────────────────────────────────────────────

Moran's I
─────────────────────────────────────────────
       Variables |    I    E(I)   sd(I)    z   p-value*
─────────────────────────────────────────────
      rateofreturn| 0.176  -0.004  0.043  4.169  0.000

*2-tail test
```

图9.3 全局莫兰指数检验结果

2. SAR 和 FAR 模型检验结果

在进行 SAR 模型分析之前，首先用 LM 检验分析本章数据是适用 SEM 还是 SAR 模型，确定之后再选择相应模型进行分析。本章 LM 检验结果为选择 SAR 模型，代码如下：

```
% LM 检验
% OLS 模型回归
results = ols(y,x);
LMsarsem_panel(results,W,y,x);
prt(results,vnames);
% SAR 模型
result = sar(y,x,W);  % maximum likelihood estimates
prt_sar(result,vnames);
% SEM 模型
result = sem(y,x,W);  % maximum likelihood estimates
prt_sem(result,vnames);
% FAR 模型
result = far(y,W);  % maximum likelihood estimates
prt_far(result,vnames);
```

结果如图9.4、图9.5、图9.6、图9.7所示。

```
>> results=ols(y, x);
LMsarsem_panel(results, W, y, x);
prt(results, vnames);
LM test no spatial lag, probability           =   9.0991,    0.003
robust LM test no spatial lag, probability    =   3.2653,    0.071
LM test no spatial error, probability         =   6.3845,    0.012
robust LM test no spatial error, probability  =   0.5507,    0.458
```

图 9.4　LM 检验结果

```
Ordinary Least-squares Estimates
Dependent Variable = rate of return
R-squared       =    0.1408
Rbar-squared    =    0.1179
sigma^2         =    190.8217
Durbin-Watson   =    1.9492
Nobs, Nvars     =    232,      7
***************************************************************
Variable              Coefficient      t-statistic      t-probability
constant              -14.716690       -3.976918        0.000094
roa                   -2.856623        -2.348128        0.019735
roe                   1.372366         3.990763         0.000089
Operating income rate 0.015782         2.076452         0.038988
AAsset liability ratio -0.011639       -0.200941        0.840926
Growth rate of debt   0.000460         0.599141         0.549681
eps                   0.077685         2.787761         0.005761
```

图 9.5　OLS 估计结果

```
R-squared       =    0.1488
Rbar-squared    =    0.1261
sigma^2         =    177.1307
Nobs, Nvars     =    232,      7
log-likelihood  =    -850.64274
# of iterations =    12
min and max rho =    -1.0000,   1.0000
total time in secs =  0.2720
time for lndet  =    0.0340
time for t-stats =   0.0060
time for x-impacts = 0.0880
# draws x-impacts =  1000
Pace and Barry, 1999 MC lndet approximation used
order for MC appr =  50
iter for MC appr  =  30
***************************************************************
Variable              Coefficient      Asymptot t-stat     z-probability
constant              -12.249114       -3.315307           0.000915
roa                   -2.543274        -2.166696           0.030258
roe                   1.250746         3.749525            0.000177
Operating income rate 0.016304         2.226508            0.025980
AAsset liability ratio -0.011756       -0.210497           0.833280
Growth rate of debt   0.000466         0.630154            0.528594
eps                   0.065851         2.452309            0.014194
rho                   0.216995         2.764166            0.005707
```

图 9.6　SAR 模型估计结果

```
>> %FAR模型
result = far(y,W); % maximum likelihood estimates
prt_far(result,vnames);
Wrong # of variable names in prt_far -- check vnames argument
will use generic variable names

First-order spatial autoregressive model Estimates
R-squared          =        0.0052
sigma^2            =      214.2654
log-likelihood     =       -1887.0826
Nobs, Nvars        =        232,    1
# of iterations    =         13
total time in secs =        0.0660
time for optimiz   =        0.0330
time for lndet     =        0.0170
time for t-stat    =        0.0060
min and max rho    =       -1.0000,   1.0000
Pace and Barry, 1999 MC lndet approximation used
order for MC appr  =         50
iter  for MC appr  =         30
***************************************************************
Variable         Coefficient      Asymptot t-stat    z-probability
rho               0.527975          6.600990          0.000000
```

图 9.7 FAR 模型估计结果

其中,SAR 模型的回归结果中还有直接效应、间接效应以及总效应的回归结果,但是由于篇幅所限,没有在这里呈现,读者可以自行练习。

3. MESS 模型检验结果

用 MATLAB 软件估计 MESS 模型代码如下:

```
clear
cd ("F:\matlab\toolbox\jplv7\spatial\mess_models");
%% 读取数据
A = xlsread("hz1.xls","2019.6.30 数据");
% 读取权重矩阵
weight = xlsread("ww");
% 提取变量
y = A(:,6);
x1 = A(:,[7,8,9,10,11,13]); % column numbers in the data matrix that correspond to the independent variables/[4:5]
% x1 = [AGrowthrateofdebt1,A(:,[7,8,9,10,13])]; % column numbers in the data matrix that correspond to the independent variables/[4:5]
n = length(A);
x = [ones(n,1) x1];
vnames = strvcat('rate of return','constant','roa','roe','Operating income rate','AAsset liability ratio','Growth rate of debt','eps');
```

```
% vnames = strvcat('rate of return','constant','roa','roe','Operating income rate','AAs-
set liability ratio','Growth rate of debt1','eps');
W = normw(weight);
% do MESS model using W as weight matrix
option.D = W;
res1 = mess(y,x,option);
prt_mess(res1,vnames);
```

估计结果如图 9.8 所示。

```
Matrix Exponential Spatial Specification Model
Dependent Variable = rate of return
R-squared          =   0.1671
Rbar-squared       =   0.1449
sigma^2            = 184.9893
log-likelihood     = -1233.8222
Nobs, Nvars        =  232,       7
# of neighbors     =    0
rho value used     =   0.0000
q value used       =   7
total time in secs =   0.0150
time for hessian   =   0.0030
No spatially lagged X variables
****************************************************
Variable              Coefficient    Asymptot t-stat    z-probability
constant               -12.445141        -3.334369         0.000855
roa                     -2.569717        -2.135941         0.032684
roe                      1.264598         3.712257         0.000205
Operating income rate    0.016671         2.223015         0.026215
AAsset liability ratio  -0.011971        -0.209556         0.834014
Growth rate of debt      0.000467         0.617474         0.536922
eps                      0.066808         2.412525         0.015842
alpha                   -0.225394        -2.560609         0.010449
```

图 9.8　MESS 模型估计结果

参 考 文 献

[1] Arnold M, Stahlberg S, Wied D. Modeling Different Kinds of Spatial Dependence in Stock Returns[J]. *Empirical Economics*, 2013, 44(2).

[2] Asgharian H, Hess W, Liu L. A Spatial Analysis of International Stock Market Linkages [J]. *Journal of Banking & Finance*, 2013, 37(12).

[3] Eckel S, Löffler G, Maurer A, Schmidt V. Measuring the Effects of Geographical Distance on Stock Market Correlation[J]. *Journal of Empirical Finance*, 2010, 18(2).

[4] Fama E F, French K R. Common Risk Factors in the Returns on Stocks and Bonds[J]. *Journal of Financial Economics*, 1993, 33(1).

[5] Fernand V. Spatial Linkages in International Financial Markets[J]. *Quantitative Finance*. 2011, 11(2).

[6] Fernández-Avilés G, Jose-María M, Orlovb A G. Spatial Modeling of Stock Market Co-movements[J]. *Finance Research Letters*, 2012, 9(4).

[7] Lesage J P, Pace R K. A Matrix Exponential Spatial Specification[J]. *Journal of Econo-

metrics,2007,140(1).

[8] 安彪,张晓霞,苏木亚.企业股权集中度对股票收益率的影响[J].金融与经济,2020,(3).

[9] 陈赟,沈艳,王靖一.重大突发公共卫生事件下的金融市场反应[J].金融研究,2020,(6).

[10] 冯树辉.MESS面板数据模型的估计与应用研究[D].上海师范大学,2019.

[11] 江春,万鹏博.人民币汇率变动对公司短期和长期冲击的差异——基于自回归分布滞后模型的分析[J].国际商务(对外经济贸易大学学报),2020,(5).

[12] 潘荣翠,张鑫,韩跃红,尚朝秋.基于空间计量分析的全球股票价格指数宏观影响因素[J].云南师范大学学报(哲学社会科学版),2012,44(1).

[13] 齐岳,周艺丹,张雨.公司治理水平对股票资产定价的影响研究——基于扩展的Fama-French三因子模型实证分析[J].工业技术经济,2020,39(4).

[14] 孙华好,马跃.中国货币政策与股票市场的关系[J].经济研究,2003,(7).

[15] 孙显超,曹廷贵,赵晓磊.汇率波动对股票收益率影响的异质性研究[J].现代财经(天津财经大学学报),2016,36(11).

[16] 王曦,邹文理.货币政策对股票市场的冲击[J].统计研究,2011,28(12).

[17] 张艾莲,靳雨佳.股票市场和外汇市场极端风险的非对称外溢[J].西安交通大学学报(社会科学版),2020,40(5).

[18] 张玉华,宋韬赟,张元庆.基于空间面板数据模型的股票收益率影响因素分析[J].中国软科学,2016,(5).

[19] 张元庆,陶志鹏.基于贝叶斯法则的空间自相关误差自相关模型变量选择研究[J].数理统计与管理,2016,35(5).

[20] 赵胜民,闫红蕾,张凯.Fama-French五因子模型比三因子模型更胜一筹吗——来自中国A股市场的经验证据[J].南开经济研究,2016,(2).

[21] 郑君君,赵成.股市对贸易争端的反应:基于事件研究法与BP结构断点检验[J].统计与决策,2020,36(15).

第10章 普惠金融服务实体经济的效率测度与分解
——基于空间自回归异质性随机前沿模型

摘　要：普惠金融可以推动实体经济的可持续发展,但普惠金融服务实体经济时的全要素生产率是否达到理想值需要进一步探究。本章结合实体经济发展存在的个体异质性和空间相关性,通过构建空间自回归异质性随机前沿模型测度2009—2017年我国31个省份普惠金融服务实体经济的技术效率,进而计算全要素生产率,最后分析普惠金融服务实体经济的效率值以及地区分布情况。研究发现:普惠金融的劳动投入对服务实体经济的效率影响为正,资本投入对服务实体经济的效率影响为负;普惠金融服务实体经济的技术效率普遍低下,各类环境因素有显著影响;普惠金融服务实体经济的全要素生产率整体较低,地区分布仍然不均衡。未来政府仍需要完善普惠金融制度,积极进行金融创新,减小地区差异,提升为实体经济服务的效率。

关键词：普惠金融;实体经济;全要素生产率;空间自回归异质性随机前沿模型

10.1 引　言

实体经济是国民经济的重要组成部分,十八大以来,党中央一直强调重视实体经济的发展。目前,我国实体经济发展仍然面临内需动力不足、外需日渐疲软、资本市场功能滞后、房地产泡沫化严重等困境。(刘超等,2019)金融作为实体经济发展的长期动力,由于金融资源地区分布严重失衡(成学真等,2018;蔡庆丰等,2019),导致缺少金融支持的地区实体经济发展十分困难。面对金融体系服务实体经济的地区不均衡,党的十八届三中全会以来一直倡导发展普惠金融,2019年两会政府工作报告中也多次强调要激励加强普惠金融服务。普惠金融通过扩大金融的服务范围和服务群体,完善金融服务体系,促进实体经济增长。但普惠金融服务实体经济的效率是否存在地区不均衡?如果存在不均衡,是来自生产规模、技术还是资源分配?这些关于效率的问题都不为人知,如果确实存在,将会大大影响普惠金融政策实施的效果。因此,测度服务效率并进行分解非常必要。

经研究发现,我国普惠金融发展具有空间联动性,地理位置、经济发展水平相近的地区具有相似的发展水平并相互影响(林春等,2019;方蕾等,2017);我国实体经济发展也具有空间集聚的特征,房价、外商投资水平等地区分布不均衡正影响着区域实体经济的集聚与发散(乔彬等,2019)。所以,普惠金融和实体经济两个主体发展均具有空间依赖性,在测度和分解普惠金融服务实体经济的效率时应该加入空间相关的因子,因而本章构建空间自回归异质性随机前沿模型测度普惠金融服务实体经济的技术效率,计算全要素生产率并分解,然后分析地区分布情况,为继续开展普惠金融服务工作提供可参考的建议。

10.2 文献综述

现有测度普惠金融服务实体经济的综合效率的文献较少,学者大多关注的是具体金融部门服务实体经济的效率或者金融业服务实体经济的效率。金融部门服务实体经济的效率测度主要来自保险业和商业银行,如 Kasman 等(2009)、Cummins 等(2010)和王桂虎等(2019)采用数据包络分析(DEA)方法分析保险业服务实体经济的效率;Chortareas 等(2012)、Diallo 等(2018)和 Gheeraert 等(2015)分别采用 DEA 和随机前沿分析(SFA)方法计算商业银行服务实体经济的效率得分。金融业服务实体经济的效率测度研究以国内学者为主,如张林等(2017)采用以 DEA 为基础的全局和同期 Malmquist 指数测算金融服务实体经济的效率及变化情况,并采用可行广义二乘法和分位数回归方法分析影响服务效率的主要因素。蔡则祥等(2017)采用 SBM 方向性距离函数和 Luenberger 指数方法分别测度各省份金融服务实体经济发展的无效率和全要素生产率,并将效率分解,发现金融与实体经济增长具有协调性、均衡性和区域差异性。贾高清(2019)通过构建动态异质性随机前沿模型测度我国 31 个省份金融服务实体经济的效率并分析效率的影响因素。

对以上文献进行梳理发现存在以下几点不足:其一,现有文献缺少对普惠金融服务实体经济的效率测度;其二,目前服务效率的测度方法大多停留在 DEA 方法或改进的 DEA 方法,鲜有学者采用随机前沿或异质性随机前沿模型测度服务效率。DEA 方法将随机误差项计入效率项中,难以准确反映随机因素和无效率因素对效率的影响(饶晓辉等,2019);随机前沿模型的同质化假定忽视了研究主体的结构差异,估算效率时容易出现偏差(宋慧琳等,2019)。同时研究发现,普惠金融服务实体经济的效率需要结合考虑空间相关(耿良等,2019)和主体异质性(周超,2019),因此空间异质性随机前沿模型更能够满足需求。

空间随机前沿模型发展和应用已经相对成熟:Druska 和 Horrace(2004)首先使用空间误差自相关固定效应随机前沿模型研究农业技术效率;随后,Affuso(2010)使用截面空间随机前沿模型研究农场的技术效率,Lin 等(2010)研究双边误差空间相关随机前沿模型,Tonini 和 Pede(2011)设定空间自回归随机前沿模型研究欧洲农业问题,Areal 等(2012)构建无效率项存在空间相关的随机前沿模型,Fusco 和 Vidoli(2013)研究企业效率评估问题;之后,空间随机前沿模型的应用领域逐步扩大,Titus 等

(2017)使用空间交互随机前沿模型分析美国高等教育机构的成本效率,陈斌等(2018)采用空间误差地理加权随机前沿模型测度我国省域经济增长全要素生产率。但是,空间异质性随机前沿模型发展缓慢,Pavlyuk(2011)估计了技术效率低下的决定因素,但没有给出估计方法和估计值;Tsukamoto(2019)通过构建面板空间自回归异质性随机前沿模型分析了日本制造业生产效率。

综上,本章使用空间异质性随机前沿模型测度普惠金融服务实体经济的综合效率这一研究主题和研究方法都比较新颖可行,对推行普惠金融有重要的战略意义。

10.3 效率模型理论和测度方法介绍

10.3.1 效率模型理论介绍

1. 传统随机前沿模型

传统的 SFA 方法主要应用于研究生产效率问题,通过在回归模型中加入组合误差项来反映除无效技术之外的随机因素引起生产效率发生变动的情况(Aigner et al.,1977),模型的一般表达式为:

$$y_{it} = f(x_{it}, t)\exp(v_{it} - u_{it}) \tag{10.1}$$

其中,i 代表第 i 个研究对象;t 代表时期;y_{it} 是第 i 个研究对象在第 t 期的实际产出;x_{it} 是第 i 个企业在第 t 期的要素投入量;$f(x_{it}, t)$ 表示前沿生产函数,具体形式包括柯布—道格拉斯生产函数(C-D)、不变替代弹性生产函数(CES)、可变替代弹性生产函数(VES)、边界生产函数(FPF)、超越对数生产函数(TLP)等;$\exp(v_{it} - u_{it})$ 表示组合误差项,服从非对称分布;u_{it} 表示无效率项,服从单边正态分布,典型的有 3 种形式:半正态分布($u_i \sim iidN^+(0,\sigma_u^2)$)、非负截断分布($u_i \sim iidN^+(\mu,\sigma_u^2)$)以及指数分布($u_i \sim iid\exp(\sigma_u)$)或者 Gamma 分布;$v_{it}$ 是随机干扰项。

将式(10.1)对数化处理得到线性形式,可以表示为:

$$y_{it} = x_{it}\beta + v_{it} - u_{it} \tag{10.2}$$

式(10.2)中,y_{it} 是第 i 个研究对 t 期实际产出的对数值。

2. 异质性随机前沿模型

传统的随机前沿模型大多假设研究对象同质,实际上,市场中很难存在同质的研究对象,每一单位都有特质才得以在市场竞争中存活下来。所以,在 SFA 模型的基础上衍生出了异质性随机前沿模型。异质性概念最早是由 Kumbhakar(1991)提出来的,主要体现为无效率项服从均值不为 0、存在异方差的非负截断正态分布。Battese 和 Coelli(1995)将异质性随机前沿模型应用于面板数据,结合 Wang(2003)关于无效率项分布的设定,模型表达式为:

$$y_{it} = x_{it}\beta + \varepsilon_{it} = x_{it}\beta + v_{it} - u_{it}$$

$$v_{it} \sim N(0,\sigma_v^2)$$

$$u_{it} \sim N^+(\mu_{it},\sigma_u^2)$$

$$\mu_{it} = \exp(b_1 + \rho z_{it})$$

$$\sigma_{it}^2 = \exp(a_1 + \theta z_{it}) \tag{10.3}$$

其中，y_{it} 表示产出指标使用时取对数处理；x_{it} 表示直接影响产出的解释变量；随机误差项 v_{it} 表示纯随机因素的影响，服从均值为 0、方差为 σ_v^2 的正态分布；误差项 u_{it} 表示无效率项的影响（产出的间接影响因素），服从非负截断正态分布，其均值 μ_{it} 表示无效率项影响因素的一般水平；方差 σ_{it}^2 表示无效率项影响因素的波动程度。

3. 空间随机前沿模型

虽然随机前沿模型已经广泛应用于区域数据，但没有解决区域间可能存在的空间依赖问题。于是 Druska 和 Horrace(2004)将空间关系引入随机前沿模型，形成空间随机前沿模型。空间随机前沿模型的截面表达式为：

$$y = \lambda W y + XB + v - u$$
$$v = \rho M v + \eta \tag{10.4}$$

其中，$y=[y_1,\cdots,y_N]'$ 是 N 个决策单元对数值组成的向量；$v=[v_1,\cdots,v_N]'$ 是 N 维非负单边随机误差项；$u=[u_1,\cdots,u_N]'$ 是 N 维无效率项向量；X 为投入变量矩阵；W 和 M 是空间权重矩阵，通常假设不相等；η 为存在空间误差相关的误差项 v 中剔除空间相关性后的随机干扰项。

模型中共有 5 个待估参数 $\lambda, B, \rho, \sigma_\eta, \sigma_u$，其中 λ 是空间自回归系数。B 为投入要素 X 的线性估计系数。ρ 为空间误差相关系数。当 $\lambda=0$ 时，表示不存在因变量的空间自相关，只包括误差项的空间相关，即为空间误差自相关随机前沿模型；当 $\rho=0$ 时，表示不存在误差项的空间相关，只包含因变量的空间自相关，即为空间自回归随机前沿模型；当 $\lambda=\rho=0$ 时，模型退化为一般随机前沿模型。σ_η 为每个生产单元双边随机扰动项 η_i 的标准差。σ_u 为每个生产单元无效率项 u 的标准差，误差项 u 可能服从不同的分布，如半正态分布、截尾正态分布、正态指数分布。

以面板随机前沿模型为基础，加入空间滞后因子可以得到面板空间随机前沿模型（吕洪渠，2018），一般形式可以表示为：

$$y_{it} = \lambda \sum_{i=1}^n W_{ij} y_{jt} + X_{it}\beta + v_{it} - u$$
$$v_{it} = \rho \sum_{j=1}^n M_{ij} v_{jt} + \eta_{it} \tag{10.5}$$

其中，y_{it} 表示 t 时期第 i 个单位因变量的对数值；X_{it} 表示 t 时期第 i 个单位生产前沿变量的值；v_{it} 表示 t 时期第 i 个单位非负单边随机误差项的值；η_{it} 表示 t 时期第 i 个单位误差项；λ 为空间自回归系数；β 为前沿要素的线性估计系数；ρ 为空间误差相关系数；W_{ij} 和 M_{ij} 分别表示因变量和误差项的空间权重矩阵。

4. 空间异质性随机前沿模型

引入空间相关性的随机前沿模型仍然可能存在异质性特征，所以需要引进空间异质性随机前沿模型解决异质性问题。Tsukamoto(2019)将 Battese 和 Coelli(1995)中模型与空间自回归模型相结合，建立了面板数据的空间自回归异质性随机前沿模型，具体表达式为：

$$y_{it} = x'_{it}\beta + \rho\sum_{j=1}^{N}w^t_{ij}y_{jt} + v_{it} - u_{it}, \quad i = 1,2,\cdots,T_i$$

$$v_{it} \overset{iid}{\sim} N(0,\sigma_v^2)$$

$$u_{it} \overset{iid}{\sim} N^+(\mu_{it},\sigma_u^2)$$

$$\mu_{it} = z'_{it}\delta + \eta_{it} \tag{10.6}$$

其中,y_{it} 表示 t 时期第 i 个单位因变量的对数值;w^t_{ij} 表示 t 时期第 i 个单位和第 j 个单位之间的空间距离;x'_{it} 表示 t 时期第 i 个单位投入要素解释变量的值;v_{it} 表示 t 时期第 i 个单位非负单边随机误差项的值;η_{it} 表示 t 时期第 i 个单位误差项;u_{it} 为剔除空间相关性后的随机干扰项;ρ 为空间自回归系数;β 为前沿要素的线性估计系数;δ 为无效率项影响因素的估计系数。如果 $\rho=0$,则模型退化为普通异质性随机前沿模型;如果 $\delta=0$,则模型退化为空间自回归随机前沿模型;如果 $\rho=\delta=0$,则模型退化为传统随机前沿模型。

10.3.2 效率测度的模型估计和有效性检验

由于空间滞后项是内生变量,Tsukamoto(2019)提出了估计空间自回归随机前沿模型的 ML 方法,通过将模型(10.6)重新参数化得到的极大似然函数为:

$$LL(\beta,\delta,\gamma,\rho,\sigma^2;y) = \ln|I_{NT} - \rho W| - \frac{1}{2}\left(\sum_{i=1}^{N}T_i\right)(\ln\sigma^2 + \ln 2\pi)$$

$$- \frac{1}{2}\sum_{i=1}^{N}\sum_{t=1}^{T_i}\left(\frac{z'_{it}\delta + y_{it} - x'_{it}\beta - \rho\sum_{j=1}^{N}w^t_{ij}y_{jt}}{\sigma}\right)^2$$

$$- \sum_{i=1}^{N}\sum_{t=1}^{T_i}(\ln\Phi(d_{it}) - \ln\Phi(d^*_{it})) \tag{10.7}$$

然后估计各参数,各参数估计的表达式为:

$$\mu^*_{it} = z'_{it}\delta(1-\gamma) - \left(y_{it} - x'_{it}\beta - \rho\sum_{j=1}^{N}w^t_{ij}y_{jt}\right)\gamma \tag{10.8}$$

$$\sigma^* = \sigma\sqrt{(1-\gamma)\gamma} \tag{10.9}$$

$$d^*_{it} = \frac{\mu^*_{it}}{\sigma^*} \tag{10.10}$$

式(10.7)至式(10.10)中,$\sigma^2 = \sigma_v^2 + \sigma_u^2$;$\gamma = \frac{\sigma_u^2}{\sigma_v^2 + \sigma_u^2}$;$d_{it} = \frac{z'_{it}\delta}{\sigma\sqrt{\gamma}}$;$\mu^*_{it}$,$\sigma^*$ 和 d^*_{it} 为重新估计的参数。

根据模型(10.6)计算效率值的表达式为:

$$\text{TE}_{it} = E(\exp(-u_{it})|\varepsilon_{it}) = \exp\left[-\mu^*_{it} + \frac{1}{2}\sigma^{*2}\right] \cdot \left\{\frac{\Phi\left(\frac{\mu^*_{it}}{\sigma^*} - \sigma^*\right)}{\Phi\left(\frac{\mu^*_{it}}{\sigma^*}\right)}\right\} \tag{10.11}$$

异质性随机前沿模型与随机前沿模型的区别在于前者能够分析无效率项的影响

因素,化解异质性;空间自回归异质性随机前沿模型与异质性随机前沿模型的区别在于前者包含内生解释变量空间自回归项的影响。按照模型间的关系,通过 LR 检验,分别比较随机前沿模型与异质性随机前沿模型、随机前沿模型与空间自回归随机前沿模型、空间自回归随机前沿模型与空间自回归异质性随机前沿模型、异质性随机前沿模型与空间自回归异质性随机前沿模型,选择最优的模型。模型设定具体形式为:

模型 1(随机前沿模型):

$$
\begin{aligned}
\ln re_{it} = & \beta_0 + \beta_l \ln infl_{it} + \beta_k \ln infk_{it} + \beta_t t + \beta_{lk} \ln infl k_{it} \\
& + \beta_{tl} t \ln infl_{it} + \beta_{tk} t \ln infk_{it} + \frac{1}{2}\beta_{ll}(\ln infl_{it})^2 + \frac{1}{2}\beta_{kk}(\ln infk_{it})^2 \\
& + \frac{1}{2}\beta_{tt} t^2 + v_{it} - u_{it}
\end{aligned} \quad (10.12)
$$

$$u_{it} \sim N^+(0,\sigma_u^2), \quad v_{it} \sim N(0,\sigma_v^2)$$

模型 2(异质性随机前沿模型):

$$
\begin{aligned}
\ln re_{it} = & \beta_0 + \beta_l \ln infl_{it} + \beta_k \ln infk_{it} + \beta_t t + \beta_{lk} \ln infl k_{it} \\
& + \beta_{tl} t \ln infl_{it} + \beta_{tk} t \ln infk_{it} + \frac{1}{2}\beta_{ll}(\ln infl_{it})^2 + \frac{1}{2}\beta_{kk}(\ln infk_{it})^2 \\
& + \frac{1}{2}\beta_{tt} t^2 + v_{it} - u_{it}
\end{aligned} \quad (10.13)
$$

$$u_{it} \sim N^+(\mu_{it},\sigma_u^2), \quad v_i \sim N(0,\sigma_v^2)$$

模型 3(空间自回归随机前沿模型):

$$
\begin{aligned}
\ln re_{it} = & \beta_0 + \rho \sum_{j=1}^{N} w_{ij}^t \ln re_{it} + \beta_l \ln infl_{it} + \beta_k \ln infk_{it} + \beta_t t + \beta_{lk} \ln infl k_{it} \\
& + \beta_{tl} t \ln infl_{it} + \beta_{tk} t \ln infk_{it} + \frac{1}{2}\beta_{ll}(\ln infl_{it})^2 + \frac{1}{2}\beta_{kk}(\ln infk_{it})^2 \\
& + \frac{1}{2}\beta_{tt} t^2 + v_{it} - u_{it}
\end{aligned}
$$

$$u_{it} \sim N^+(0,\sigma_u^2), v_{it} \sim N(0,\sigma_v^2)$$

$$\mu_{it} = \eta_{it} + \delta_1 ul_{it} + \delta_2 ge_{it} + \delta_3 cs_{it} + \delta_4 open_{it} + \delta_5 es_{it} \quad (10.14)$$

设定的 4 组 LR 检验过程可以表示为:

$$H_{0_1}:\mu_{it}=0, \rho=0; \quad H_{1_1}:\mu_{it} \neq 0, \rho=0$$

$$H_{0_2}:\mu_{it}=0, \rho=0; \quad H_{1_2}:\mu_{it}=0, \rho \neq 0$$

$$H_{0_3}:\mu_{it} \neq 0, \rho=0; \quad H_{1_3}:\mu_{it} \neq \rho \neq 0$$

$$H_{0_4}:\mu_{it}=0, \rho \neq 0; \quad H_{1_4}:\mu_{it} \neq \rho \neq 0 \quad (10.15)$$

10.3.3 综合效率计算方法

根据空间自回归异质性随机前沿模型测算出的是普惠金融服务实体经济的技术效率,但前沿技术进步率、生产效率变化率、规模效率、资源配置效率都是效率的重要组成部分,具体的表达式为:

$$\text{TFP}_{it} = \text{TC}_{it} + \text{TEC}_{it} + \text{SC}_{it} + \text{AE}_{it} \quad (10.16)$$

其中,TFP_{it} 为普惠金融服务实体经济的全要素生产率;TC_{it} 为前沿技术进步率;TEC_{it}

为生产效率变化率;SC_{it}为规模效率;AE_{it}为资源配置效率。

结合设定的实证模型,各分解效率的计算公式可以表示为(冯贞柏,2019):

$$TC_{it} = \frac{\partial \ln f(x_{it}, t)}{\partial t} = \beta_t + \beta_{tt} + \beta_{tl} \ln infl_{it} + \beta_{tk} \ln infk_{it} \quad (10.17)$$

$$TEC_{it} = \frac{\partial \ln TE}{\partial t} = \frac{TE_{it} - TE_{i(t-1)}}{TE_{i(t-1)}} \quad (10.18)$$

$$SC_{it} = (RTS - 1) \sum_j \alpha_j x_j = (RTS_{it} - 1)(\alpha_{1it} x_{1it} + \alpha_{2it} x_{2it}) \quad (10.19)$$

$$AE_{it} = \sum_j [\alpha_j - s_j] x_j = (\alpha_{1it} - s_{1it}) x_{1it} + (\alpha_{2it} - s_{2it}) x_{2it} \quad (10.20)$$

式(10.19)和(10.20)中,$RTS = \sum_j \varepsilon_j$,表示规模报酬;$\alpha_j (j=1,2)$表示第$j$种要素相对于总体的产出弹性,$\alpha_j = \frac{\varepsilon_j}{RTS}$,$\varepsilon_j$表示第$j$种要素在生产前沿中的产出弹性,$\varepsilon_j = \frac{\partial \ln f(x_j)}{\partial \ln x_j}$;$x_j$表示第$j$种要素的投入增长率;$s_j$表示第$j$种要素的成本份额;$x_{1it}$和$x_{2it}$分别表示普惠金融劳动投入和资本投入的增长率;$\alpha_{1it}$和$\alpha_{2it}$分别表示普惠金融劳动投入和资本投入相对于总体的产出弹性;s_{1it}和s_{2it}分别表示普惠金融劳动投入和资本投入的成本份额。

10.3.4 实证模型设定

模型设定需要考虑两个方面:一方面,普惠金融服务实体经济效率的生产函数选择;另一方面,估计技术效率采用空间自回归异质性随机前沿模型的适用性。

关于实证模型的选择,通过检验面板数据的个体效应是否显著和面板的固定随机效应是否显著初步选择空间自回归异质性随机前沿模型;通过实体经济发展水平空间相关性的莫兰指数检验和空间自回归模型的LM检验确定选择空间自回归异质性随机前沿模型。

若将生产函数初步设定为超越对数生产函数,则实证模型可表示为:

$$\ln re_{it} = \rho \sum_{j=1}^{N} w_{ij}^t \ln re_{jt} + \beta_0 + \beta_l \ln infl_{it} + \beta_k \ln infk_{it} + \beta_t t + \beta_{lk} \ln inflk_{it}$$
$$+ \beta_{tl} t \ln infl_{it} + \beta_{tk} t \ln infk_{it} + \frac{1}{2} \beta_{ll} (\ln infl_{it})^2 + \frac{1}{2} \beta_{kk} (\ln infk_{it})^2$$
$$+ \frac{1}{2} \beta_{tt} t^2 + v_{it} - u_{it} \quad (10.21)$$
$$u_{it} \sim N^+(\mu_{it}, \sigma_{it}^2), \quad v_{it} \sim N(0, \sigma_v^2)$$

其中,无效率项影响因素的表达式为:

$$\mu_{it} = \eta_{it} + \delta_1 ul_{it} + \delta_2 ge_{it} + \delta_3 cs_{it} + \delta_4 open_{it} + \delta_5 es_{it} \quad (10.22)$$

在式(10.21)和式(10.22)中,$\sum_{j=1}^{N} w_{ij}^t \ln re_{jt}$表示实体经济水平的空间自回归项,$w_{ij}^t$为选择的空间权重矩阵,$\rho$为对应的估计系数;$\ln re_{it}$表示实体经济发展水平的对数值;$\ln infl_{it}$为普惠金融劳动投入的对数值,$\beta_l$为对应的估计系数;$\ln infk_{it}$为普惠金融资本投入的对数值,$\beta_k$为对应的估计系数;$t(t=1\sim 9)$表示时期,$\beta_t$为对应的估计系数;

$lninflk_{it}$ 为劳动投入和资本投入交叉项的对数值,β_{lk} 为对应的估计系数;$tlninfl_{it}$ 为有时间趋势的劳动投入,β_{tl} 为对应的估计系数;$tlninfk_{it}$ 为有时间趋势的资本投入,β_{tk} 为对应的估计系数;$(lninfl_{it})^2$ 为劳动投入的二次项,β_{ll} 为对应的估计系数;$(lninfk_{it})^2$ 为资本投入的二次项,β_{kk} 为对应的估计系数;t^2 为时间趋势的二次项,β_{tt} 为对应的估计系数。

之后,借鉴冯贞柏(2019)的方法,通过 LR 检验对生产函数的适用性进行检验,原假设为:

$$H_0: \beta_{tl} = \beta_{tk} = \beta_{lk} = \beta_{ll} = \beta_{kk} = \beta_{tt} = 0$$

$$H_1: \beta_{tl}、\beta_{tk}、\beta_{lk}、\beta_{ll}、\beta_{kk}、\beta_{tt} \text{ 不全为 } 0 \tag{10.23}$$

10.4 实证分析

10.4.1 变量选取和数据来源

一是实体经济发展水平方面。本章使用去除金融业、房地产业增加值后的 GDP 对数值来衡量实体经济发展水平。(吴金燕等,2019;卢新海等,2019)

二是普惠金融投入要素方面。一方面,参考我国 2018 年发布的普惠金融白皮书《中国普惠金融发展情况报告》中构建普惠金融发展指数的思想,从金融服务的可得性和效用性两个维度选取每万人拥有的金融机构数、每万人拥有的金融业从业人员数、每平方千米金融机构数和每平方千米金融业从业人员数 4 个指标(陈银娥等,2019);另一方面,考虑到测度金融业服务实体经济时社会融资规模是重要的资本要素投入指标,因而选取每万人拥有的社会融资规模和每平方千米社会融资规模 2 个细分指标作为普惠金融投入指标。最后,将 6 个细分指标分别归纳入普惠金融劳动投入和资本投入两个目标层,通过熵值法确定权重,最终合成劳动和资本两种投入。

三是无效率项影响因素方面。实体经济发展水平在受金融发展影响的同时往往也会受所在区域环境的影响,本章具体选取城镇化水平、产生结构、政府支持程度、消费水平、对外开放水平为控制变量。(马正兵,2015;戴伟等,2017)

鉴于数据的可得性和时效性,本章以全国 31 个省份 2009—2017 年的面板数据为样本,所有数据来源于国家统计局、各省份统计年鉴和统计公报、金融统计年鉴、同花顺 iFinD 数据库,部分数据通过计算得来。具体的变量选取和计算方式见表 10.1。

表 10.1 变量含义和具体说明

变量类型	变量名称	具体指标及计算方式
被解释变量	实体经济发展水平(re)	除去金融业、房地产业增加值后的 GDP 对数值
随机前沿项	劳动投入(infl)	每万人拥有的金融业从业人员数(人)(pp_fie)
		每平方千米金融业从业人员数(人)(ps_fie)
	资本投入(infk)	每万人拥有的金融机构数(个)(pp_fin)
		每平方千米金融机构数(个)(ps_fin)
		每万人拥有的社会融资规模(万元)(pp_fins)
		每平方千米社会融资规模(万元)(ps_fins)

(续表)

变量类型	变量名称	具体指标及计算方式
无效率项	对外开放水平(open)	进出口额占GDP的比重
	产业结构(es)	第三产业增加值占GDP的比重
	城镇化水平(ul)	城镇人口占总人口的比重
	政府支持程度(ge)	财政支出占地区总产值的比重
	消费水平(cs)	社会消费品零售总额占地区总产值的比重

10.4.2 数据预处理和描述性统计

1. 计算两种普惠金融投入变量

根据劳动投入和资本投入分别包含的2个和4个细分指标,构造综合变量,利用熵值法确定权重,具体的步骤为(方大春和马为彪,2019):

(1) 判断两种投入涉及指标的正负性,然后由正向指标出发进行标准化处理,具体的处理公式为:

$$x'_{i,j} = \frac{x_{i,j} - X_{\min}}{X_{\max} - X_{\min}} \tag{10.24}$$

其中,i表示选取的第i项指标,j表示第j个地区,$x'_{i,j}$表示标准化后的第j个地区第i项指标的值,$x_{i,j}$表示原始数值,$X_{\min}$和$X_{\max}$分别表示最小值和最大值。

(2) 对31个研究对象、6项评价指标构建初始指标矩阵X,公式如下:

$$X = (x'_{i,j})_{31 \times 6} \tag{10.25}$$

(3) 计算第j个地区第i项指标在样本期间内对整体的贡献度$p_{i,j}$,公式如下:

$$p_{i,j} = \frac{x'_{i,j}}{\sum_{j=1}^{31} x'_{i,j}} \tag{10.26}$$

(4) 计算第i项指标的熵值E_i,公式如下:

$$E_i = -k \sum_{j}^{31} p_{i,j} \ln p_{i,j} \tag{10.27}$$

其中,$k = \frac{1}{\ln 31}$为常数,进而求得信息熵$d_i = 1 - E_i$。

(5) 最后得到第i项指标的权重w_i,公式如下:

$$w_i = \frac{d_i}{\sum_{i=1}^{6} d_i} \tag{10.28}$$

注意:标准化后肯定会出现极端值0和1,这时可以将该整体加上0.001,以保证后续计算的完整性。

2. 构造空间权重矩阵

地理距离权重矩阵是基于绝对位置构建而成,方法简便且应用广泛,设定的表达式为:

$$W_{D_{ij}} = \begin{cases} \dfrac{1}{d_{ij}^2} & i \neq j \\ 0 & i = j \end{cases} \tag{10.29}$$

其中，d_{ij}^2 是地区 i 和地区 j 之间的球面距离，是对 31 个省份的省会城市的经纬度进行转化计算所得。

经济距离权重矩阵能够衡量区域间的经济关联性，本章采用 2009—2017 年各省份人均 GDP 差额的绝对值的倒数作为经济距离权重，具体表达式为：

$$W_{E_{ij}} = \begin{cases} \dfrac{1}{|\overline{\text{GDP}_i} - \overline{\text{GDP}_j}|} & i \neq j \\ 0 & i = j \end{cases} \tag{10.30}$$

经济问题与地理和经济相关，因此本章借鉴张玄等（2019）的思路使用地理距离权重矩阵和基础经济距离权重矩阵的乘积构建地理经济混合距离权重矩阵，即 $W_{DE} = W_D \cdot W_E$。在面板空间自回归异质性随机前沿模型中，空间权重矩阵采用分块矩阵方式，即 $W = I_T \otimes W_N$，其中 I_T 表示 T 维单位矩阵，W_N 表示 N 维权重矩阵，$\otimes$ 表示矩阵的克罗内克积。

3. 描述性统计

如表 10.2 所示的描述性统计结果表明：2009—2017 年，实体经济发展水平平均达 17778.68 亿元，整体水平较高，但是最值的差距较大，标准差也较大，这反映了不同省份在不同年间的实体经济发展水平具有较大差异；劳动投入和资本投入的均值都较大，同时标准差、最值相差也较大，这表明普惠金融的劳动投入和资本投入存在地区和时间分布不均衡的情况；环境影响因素中，对外开放水平、产业结构、政府支持程度的标准差都较大，而城镇化水平和消费水平的标准差较小，反映了不同省份在不同年间普惠金融服务实体经济的环境存在一定差异，这可能会影响普惠金融服务实体经济的全要素生产率。

表 10.2　描述性统计结果（单位：亿元）

变量	均值	标准差	最小值	最大值
实体经济发展水平（re）	17778.68	14635.78	404.91	75216.26
劳动投入（infl）	32312.66	77893.35	54.72064	410499.3
资本投入（infk）	5583462	13900000	1854.192	84200000
对外开放水平（open）	0.5436676	0.1382013	0.222973	0.8960663
产业结构（es）	0.2713062	0.2047915	0.096401	1.379161
城镇化水平（ul）	0.375606	0.0625126	0.2452181	0.6029649
政府支持程度（ge）	0.120591	0.1858392	0.00000531	0.9641947
消费水平（cs）	0.4420173	0.0933499	0.2861505	0.8055616

10.4.3　实证模型的估计和结果分析

1. 技术效率测度模型设定检验结果分析

模型设定包括个体异质性检验和空间相关性检验两部分。

如表 10.3 所示，除吉林、黑龙江、广西、云南、陕西、新疆以外其他地区的个体效应均显著，这表明测度普惠金融服务实体经济的技术效率时应该采用能够考虑个体异质性的模型。同时，Hausman 检验结果显示，p 值为 0.5446，较大，表明面板数据具有随机效应，因而选用空间自回归异质性随机前沿模型比较合适。

表 10.3 个体异质性检验结果

变量	系数值	变量	系数值	变量	系数值
lninfl	0.8105*	lninfk	0.0175	t	0.0254
tlninfl	−0.0293***	tlninfk	0.0309***	lninflk	−0.0006
xslninfl	−0.0604	xslninfk	−0.0097	xst	−0.0210***
个体效应回归					
地区	系数值	地区	系数值	地区	系数值
天津	−0.2951***	安徽	0.1372***	重庆	−0.3126***
河北	0.5233***	福建	0.2505***	四川	0.6061***
山西	−0.2585***	江西	−0.0481***	贵州	−0.5543***
内蒙古	0.5983**	山东	1.1643***	云南	−0.0499
辽宁	0.3697***	河南	0.6713***	西藏	−1.5428**
吉林	−0.1162	湖北	0.4411***	陕西	0.0251
黑龙江	0.0989	湖南	0.4626***	甘肃	−0.5963***
上海	0.1796***	广东	1.2329***	青海	−1.1453**
江苏	1.1826***	广西	0.0156	宁夏	−1.7626***
浙江	0.7222***	海南	−1.6544***	新疆	0.0827

注：本表中的省份未包括北京。

空间相关性检验可利用莫兰指数，检验结果如表 10.4 所示。2009—2017 年，莫兰指数均为正，表明实体经济发展水平具有明显的正向空间相关性；空间自回归项稳健性 LM 检验 p 值为 0.0139，显著拒绝原假设，因此实体经济发展水平的空间滞后项可以引入。

表 10.4 空间相关性检验结果

年份	莫兰指数值	年份	莫兰指数值
2009	0.259**	2014	0.237**
2010	0.257**	2015	0.245**
2011	0.254**	2016	0.252**
2012	0.247**	2017	0.259**
2013	0.242**	2009—2017	0.302***

综上，本章选择空间自回归异质性随机前沿模型测度普惠金融服务实体经济的技术效率。

2. 技术效率测度模型估计和有效性检验结果

如表 10.5 所示，四种效率测度模型的 γ 值都比较大，都在 80% 以上，反映了普惠金融服务实体经济的无效率项影响比生产前沿项更加显著，意味着可能存在技术进步效率低下的现象。在生产前沿项方面,普通随机前沿模型和空间随机前沿模型的劳动和资本投入的时间趋势项、时期二次项均不显著,而两种异质性随机前沿模型只有劳动投入的时间趋势项不显著,从系数估计效果看,异质性随机前沿模型更好。异质性随机前沿模型估计结果显示,对外开放水平、产业结构、城镇化水平、政府支持程度以及消费水平的影响均显著,在一定程度上能够解释普惠金融服务实体经济的技术效率变化情况。

表10.5 四种不同随机前沿模型估计结果

模型类型 变量	模型1 系数	模型2 系数	模型3 系数	模型4 系数
生产前沿项				
lninf$l$	−1.084	1.726	−1.792	1.128
lninf$k$	2.587*	−2.190**	3.155**	−1.840*
t	0.00123	−0.104	−0.00321	−0.0938
tlninf$l$	−0.0527	−0.0843***	−0.0481	−0.0800***
tlninf$k$	0.047	0.0793***	0.0421	0.0738***
lninflk	0.625**	−0.536***	0.756***	−0.472***
xslninf$l$	−0.784***	0.676***	−0.916***	0.629***
xslninf$k$	−0.609**	0.479**	−0.731***	0.417**
xs$t$	−0.02	−0.0253***	−0.0166	−0.0238***
wlnre			0.169**	0.304***
常数项	−3.986	18.62***	−6.242	16.48***
无效率项				
open		−1.568***		−1.595***
es		0.969*		−0.133
ul		2.086***		2.683***
ge		5.379***		6.034***
cs		−5.042***		−4.283***
常数项		0.962***		0.887***
无效率项方差	0.872***	0.4242509***	0.8521985***	0.4052956***
随机干扰项方差	0.356***	0.0008648	0.3613043***	0.0011258
γ	0.857187858***	0.999995845***	0.847638451***	0.999992284***

注:模型1为随机前沿模型;模型2为异质性随机前沿模型;模型3为空间自回归随机前沿模型;模型4为空间自回归异质性随机前沿模型。

根据表10.6可知,5组LR检验的p值均显著小于0.001,拒绝对应的原假设,进而可以推导出以下结论:异质性随机前沿模型相对普通随机前沿模型而言效果更优;空间自回归随机前沿模型与普通随机前沿模型相比效果更优;空间自回归异质性随机前沿模型与异质性随机前沿模型相比效果更优;空间自回归异质性随机前沿模型与空间自回归随机前沿模型相比效果更优;生产函数设定为超越对数生产函数比CD生产函数效果更优。

表 10.6 模型有效性检验结果

比较模型	LR 统计量值	结论
模型 1 和模型 2	215.13***	异质性随机前沿模型更优
模型 3 和模型 1	4.22**	空间自回归随机前沿模型更优
模型 4 和模型 2	19.97***	空间自回归异质性随机前沿模型更优
模型 4 和模型 3	230.88***	空间自回归异质性随机前沿模型更优
超越对数生产函数和 CD 生产函数	102.97***	超越对数生产函数更优

综合以上分析，采用超越对数生产函数的空间自回归异质性随机前沿模型测度普惠金融服务实体经济的技术效率的效果最优，对应的模型表达式为：

$$\ln re_{it} = 0.304 \sum_{j=1}^{N} w_{ij}^{t} \ln re_{jt} + 16.48 + 1.128 \ln infl_{it} - 1.84 \ln infk_{it} - 0.0938t$$
$$- 0.08t \ln infl_{it} + 0.0738t \ln infk_{it} + \frac{1}{2} \times 0.629 (\ln infl_{it})^2$$
$$+ \frac{1}{2} \times 0.417 (\ln infk_{it})^2 - 0.472 \ln inflk_{it} - \frac{1}{2} \times 0.0238t^2 + v_{it} - u_{it}$$
$$u_{it} \sim N^{+}(\mu_{it}, \sigma_{it}^{2}), \quad v_{it} \sim N(0, \sigma_{v}^{2}) \tag{10.31}$$
$$\mu_{it} = \eta_{it} + 2.683 ul_{it} + 6.034 ge_{it} - 4.283 cs_{it} - 1.595 open_{it} - 0.133 es_{it}$$

式(10.31)阐述了在普惠金融服务实体经济的技术效率测度过程中各变量对实体经济发展水平的影响。首先，实体经济发展水平自身的空间滞后效应显著为正；其次，普惠金融劳动投入对实体经济的影响为正但不显著，而资本投入对实体经济的影响显著为负，这表明目前普惠金融劳动投入促进实体经济发展的效果不明显，资本投入更是存在过剩的情况。时间的影响为倒"U"形，即在 2009—2017 年，随着时间的推移，实体经济发展水平可能存在先增后减的情况。普惠金融劳动和资本投入对实体经济的交互效应显著为负，可见劳动投入对实体经济的积极作用难以抵消资本投入对实体经济发展的消极作用，这可能会影响服务效率。

3. 全要素生产率计算结果分析

利用空间自回归异质性随机前沿模型直接得到的技术效率指标，根据公式(10.17)至(10.20)，以 2009 年为基期，可以求得前沿技术进步率、生产效率变化率、规模效率以及资源配置效率，进而加总得到全要素生产率。由于时间和个体数量较多，因此本章将各省份根据国家发改委的划分标准分为东部、中部、西部 3 个地区以及全国 4 个层面。其中，东部地区包括 11 个省份：北京、天津、河北、辽宁、上海、江苏、浙江、福建、山东、广东、海南；中部地区包括 8 个省份：山西、吉林、黑龙江、安徽、江西、河南、湖北、湖南；西部地区包括 12 个省份：内蒙古、广西、重庆、四川、贵州、云南、西藏、陕西、甘肃、青海、宁夏、新疆。

如图 10.1 所示，2010—2017 年普惠金融服务实体经济的全国的全要素生产率数值普遍较小，并且均存在先减后增再减再增不断波动的情况，还存在负值，这反映了目前普惠金融服务实体经济的效果不是很好,并且情况不稳定。中部和西部地区在8年间的全要素生产率和全国的全要素生产率变化趋势基本一致。而东部地区在2010年全要素生产率水平较高,仅次于中部地区,但是在2011年相比其他地区极速下降,后逐渐恢复,2015年又开始下降,直至2017年才开始为正,这可能是因为东部地区金融市场变化较大,不断进行金融创新,可能会影响普惠金融实施力度,进而导致全要素生产率波动更加明显。

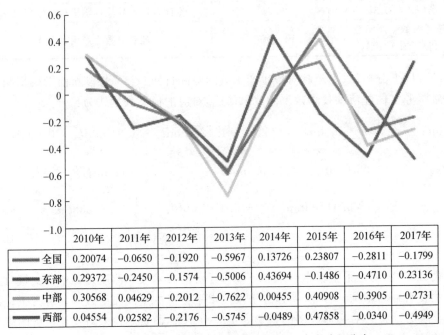

图 10.1　普惠金融服务实体经济的全要素生产率地区分布

如表 10.7 所示,2010—2017 年,东部地区普惠金融服务实体经济的全要素生产率普遍高于中部和西部地区,西部地区普惠金融服务实体经济的技术进步效率反而更高一些,但各地区差距不大。此外,对于每个地区的普惠金融服务实体经济的全要素生产率而言,资源配置效率都是占据比例最大的部分,表明在推动普惠金融服务实体经济时需要重点关注普惠金融的资源配置。

表 10.7　各地区 2010—2017 年普惠金融服务实体经济的全要素生产率及分解效率

地区	TC	TEC	SC	AE	TFP
全国	0.0067	−0.0107	−0.0177	−0.0706	−0.0924
东部地区	0.0097	−0.0109	−0.0259	−0.0700	−0.1004
中部地区	−0.0119	−0.0111	−0.0307	−0.0712	−0.1075
西部地区	0.0163	−0.0107	−0.0305	−0.0703	−0.1054

10.5 结论与建议

经实证结果可得出以下几点结论:第一,普惠金融的劳动投入对服务实体经济的效率影响为正,资本投入对服务实体经济的效率影响为负。第二,普惠金融服务实体经济的技术效率普遍低下,各类环境因素在普惠金融服务实体经济过程中有显著影响。第三,全国普惠金融服务实体经济的全要素生产率处于降低和上升的循环变化中,地区分布仍然存在不均衡现象。东部地区经济比较发达、传统金融实力较强,拥有资源配置有效、规模效率较高的优势。中部地区各类环境以及金融业发展比较平稳,但是土地面积较大、人口较多,所以普惠金融服务实体经济的全要素生产率情况比东部略逊一筹。西部地区经济欠发达,土地面积大,但人口不多,因此普惠金融服务实体经济的情况在个别年份,因为政策等影响可能存在服务效率较高的情况,但整体上近年来都比较低。

针对目前普惠金融服务实体经济导致资本投入过剩问题,需要完善普惠金融服务实体经济的制度安排,政府、金融机构以及民间资本需要大力支持普惠金融的推动,拓宽融资平台,使实体经济的资金需求能够得到有效的满足,提升实体经济发展质量。针对普惠金融服务实体经济的技术效率低下,各类环境影响显著的情况,各地区需要优化竞争环境、提高服务水平。一方面需要发展多层次、多元化的普惠金融体系,支持中小金融机构、中小企业的创新活动,积极引导金融市场和实体经济更加紧密地合作。另一方面需要提高区域的城镇化水平,增加政府支持力度,合理配置多样的普惠金融资源,为实体经济提供有效服务。针对普惠金融服务实体经济的全要素生产率比较低下并存在地区分布不均衡的情况,各地区可以采取不同的布局策略。东部地区可以利用传统金融优势,积极进行创新试点并引导区域金融合作,使普惠金融资源更广阔、更深入地为本地区甚至周边地区的实体经济服务。中部地区需要更加优化金融和市场结构,借助国家和区域优势构建普惠金融服务实体经济示范区并进行经验推广。西部地区仍然需要大力推行和宣传政府政策,加大普惠金融人力和物质资源的投入,提高普惠金融服务实体经济的效率。

10.6 软件操作指导

10.6.1 研究目的

(1)掌握根据熵值法原理利用 R 软件编程方法

(2)能够利用空间异质性随机前沿模型测度技术效率,进而计算全要素生产率并分解

10.6.2 研究原理

本章在传统效率测度模型基础上进行拓展,充分考虑个体的异质性和空间相关性,利用空间异质性随机前沿模型测度普惠金融服务实体经济的技术效率。然后根据

全要素生产率的计算原理进一步计算并分解各效率值，全面详细地对普惠金融为实体经济服务的效率问题进行分析。

10.6.3 数据收集

本章以全国 31 个省份 2009—2017 年的面板数据为样本，所有数据来源于国家统计局、各省统计年鉴和统计公报、金融统计年鉴、同花顺 iFinD 数据库，部分数据通过计算得来，预处理后整理成本书附带教学资料第 10 章中的 data.dta。权重矩阵数据为 mixjz.dta 和 mixjz_centered.dta（行标准化矩阵）。fore_data1.dta 和 fore_data2.dta 分别为劳动投入和资本投入数据。

10.6.4 软件应用与分析指导

熵值法和空间权重矩阵构造的代码，分别见本书附带教学资料第 10 章中的 .R、infl.R、infk.R、inflc.R 和 inflc.R。

```
clear all
cd "E:\空间金融专题\实验报告\空间随机前沿模型"
```

1. 数据变换

```
gen lnre = log(re)          //实体经济发展水平取对数
gen lninfl = log(infl)      //劳动投入取对数
gen lninfk = log(infk)      //资本投入取对数
gen tlninfl = t * lninfl    //转换为劳动时间变量
gen tlninfk = t * lninfk    //转换为资本时间变量
gen xslninfl = 0.5 * (lninfl^2)   //劳动投入的二次项
gen xslninfk = 0.5 * (lninfk^2)   //资本投入的二次项
gen lninflk = lninfl * lninfk     //劳动和资本投入的交叉项
gen xst = 0.5 * (t^2)       //时间的二次项变量
save "data.dta", replace    //保存新数据
```

2. 描述性统计分析

```
use data.dta,clear
summarize re infl infk ul ge cs open es
```

3. 模型设定检验

```
* LSDV 检验是否存在个体效应
xtset area year     //生成面板数据
reg lnre lninfl lninfk t tlninfl tlninfk lninflk xslninfl xslninfk xst i.area, vce(cluster area)
* 检验是否存在时间效应
xtreg lnre lninfl lninfk t tlninfl tlninfk lninflk xslninfl xslninfk xst i.year,fe
** 面板数据的豪斯曼检验
qui xtreg lnre lninfl lninfk t tlninfl tlninfk lninflk xslninfl xslninfk xst,fe
```

```
estimates store FE        //固定效应模型
qui xtreg lnre lninfl lninfk t tlninfl tlninfk lninflk xslninfl xslninfk xst,re
estimates store RE        //随机效应模型
    hausman FE RE,constant sigmamore    //豪斯曼检验
```

Hausman 检验结果如图 10.2 所示。

```
Test:  Ho:  difference in coefficients not systematic

            chi2(5) = (b-B)'[(V_b-V_B)^(-1)](b-B)
                    =        6.25
         Prob>chi2 =        0.2825
         (V_b-V_B is not positive definite)
```

图 10.2 Hausman 检验结果

```
************空间相关性检验***************
**导入权重矩阵,利用克罗内克乘积扩大
use mixjz.dta,clear
spcs2xt var*,matrix(w) time(9)  //保存为 wxt.dta 文件
*********调用扩大后的矩阵并标准化
spatwmat using wxt.dta,name(W) standardize  //面板空间权重矩阵
spatwmat using mixjz.dta,name(W1) standardize  //截面空间权重矩阵
*********实际发展水平的莫兰检验
*全局莫兰指数检验
use data.dta,clear
spatgsa lnre,weights(W) m two
*每年莫兰指数检验
**2009
use data.dta,clear
use data.dta if year==2009
spatgsa lnre,weights(W1) m two
**2010
use data.dta,clear
use data.dta if year==2010
spatgsa lnre,weights(W1) m two
**2011
use data.dta,clear
use data.dta if year==2011
spatgsa lnre,weights(W1) m two
**2012
use data.dta,clear
use data.dta if year==2012
spatgsa lnre,weights(W1) m two
**2013
use data.dta,clear
```

```
use data.dta if year = = 2013
spatgsa lnre,weights(W1) m two
**2014
use data.dta,clear
use data.dta if year = = 2014
spatgsa lnre,weights(W1) m two
**2015
use data.dta,clear
use data.dta if year = = 2015
spatgsa lnre,weights(W1) m two
**2016
use data.dta,clear
use data.dta if year = = 2016
spatgsa lnre,weights(W1) m two
**2017
use data.dta,clear
use data.dta if year = = 2017
   spatgsa lnre,weights(W1) m two
```

全局莫兰指数检验结果如图 10.3 所示。

Moran's I

Variables	I	E(I)	sd(I)	z	p-value*
lnre	0.302	-0.004	0.045	6.845	0.000

图 10.3　全局莫兰指数检验结果(2009—2017 年)

**************** 空间自回归模型的 LM 检验 ****************

```
use mix_centered.dta,clear //导入行标准化矩阵

use data.dta,clear

spregsarxt lnre lninfl lninfk t tlninfl tlninfk lninflk xslninfl xslninfk xst,wmfile(jljz
_centered.dta)nc(31)lmspac
```

空间自回归的 LM 检验结果如图 10.4 所示。

```
----------------------------------------------------------------
- LM Error (Burridge)         =   44.5943    P-Value > Chi2(1)   0.0000
- LM Error (Robust)           =   50.4825    P-Value > Chi2(1)   0.0000
----------------------------------------------------------------
   Ho: Spatial Lagged Dependent Variable has No Spatial AutoCorrelation
   Ha: Spatial Lagged Dependent Variable has    Spatial AutoCorrelation

- LM Lag (Anselin)            =    0.1592    P-Value > Chi2(1)   0.6899
- LM Lag (Robust)             =    6.0474    P-Value > Chi2(1)   0.0139
----------------------------------------------------------------
   Ho: No General Spatial AutoCorrelation
   Ha:    General Spatial AutoCorrelation

- LM SAC (LMErr+LMLag_R)      =   50.6417    P-Value > Chi2(2)   0.0000
- LM SAC (LMLag+LMErr R)      =   50.6417    P-Value > Chi2(2)   0.0000
```

图 10.4　空间自回归的 LM 检验结果

4. 模型估计

************************* 随机前沿模型 *************************

gen c = 0

qui sfpanel lnre lninfl lninfk t tlninfl tlninfk lninflk xslninfl xslninfk xst,m(bc95) e(c,nocons) nolog

est sto MD1

********************** 异质性随机前沿模型 ************************

qui sfpanel lnre lninfl lninfk t tlninfl tlninfk lninflk xslninfl xslninfk xst,m(bc95) e(open es ul ge cs) d(t) nolog

est sto MD2

********************** 空间随机前沿模型 ************************

qui sfpanel lnre wlnre lninfl lninfk t tlninfl tlninfk lninflk xslninfl xslninfk xst,m(bc95) e(c,nocons) nolog

est sto MD3

****************** 空间自回归异质性随机前沿模型 ****************

qui sfpanel lnre wlnre lninfl lninfk t tlninfl tlninfk lninflk xslninfl xslninfk xst,m(bc95) e(open es ul ge cs) d(t) nolog

est sto MD4

***************** 将模型结果汇总 ****************

esttab MD1 MD2 MD3 MD4,se mtitles star(* 0.1 ** 0.05 *** 0.01)

5. 模型有效性检验

***********************LR 检验 *********************** *

* 选择合适的模型

lrtest MD2 MD1

lrtest MD3 MD1

lrtest MD4 MD2

lrtest MD4 MD3

* 超越对数生产函数适用性检验

qui sfpanel lnre wlnre lninfl lninfk,m(bc95) e(open es ul ge cs) d(t) nolog

est sto MD40

lrtest MD4 MD40

6. 计算技术效率

*************** 计算效率值 ****************

sfpanel lnre wlnre lninfl lninfk t tlninfl tlninfk lninflk xslninfl xslninfk xst,m(bc95) e(cs income ed traffic) d(t) nolog

predict jlms, jlms //计算技术效率值

模型估计的结果如图 10.5 所示。

	(1) MD1	(2) MD2	(3) MD3	(4) MD4
Frontier				
lninfl	-1.084 (1.390)	1.726 (1.052)	-1.792 (1.423)	1.128 (1.012)
lninfk	2.587* (1.404)	-2.190** (1.073)	3.155** (1.420)	-1.840* (1.027)
t	0.00123 (0.183)	-0.104 (0.145)	-0.00321 (0.181)	-0.0938 (0.137)
tlninfl	-0.0527 (0.0383)	-0.0843*** (0.0283)	-0.0481 (0.0377)	-0.0800*** (0.0265)
tlninfk	0.0470 (0.0349)	0.0793*** (0.0267)	0.0421 (0.0345)	0.0738*** (0.0250)
lninflk	0.625** (0.264)	-0.536** (0.218)	0.756*** (0.270)	-0.472** (0.209)
xslninfl	-0.784*** (0.260)	0.676*** (0.228)	-0.916*** (0.267)	0.629*** (0.218)
xslninfk	-0.609** (0.268)	0.479** (0.215)	-0.731*** (0.272)	0.417** (0.205)
xst	-0.0200 (0.0122)	-0.0253*** (0.00938)	-0.0166 (0.0123)	-0.0238*** (0.00873)
wlnre			0.169** (0.0823)	0.304*** (0.0661)
_cons	-3.986 (3.785)	18.62*** (3.015)	-6.242 (3.936)	16.48*** (2.914)
Mu				
c	0.225 (.)		0.225 (.)	
open		-1.568*** (0.247)		-1.595*** (0.229)
es		0.969* (0.548)		-0.133 (0.570)
ul		2.086*** (0.473)		2.683*** (0.466)
ge		5.379*** (0.411)		6.034*** (0.415)
cs		-5.042*** (0.535)		-4.283*** (0.523)
_cons		0.962*** (0.328)		0.887*** (0.310)
Usigma				
_cons	-0.275 (0.185)	-1.715*** (0.0885)	-0.320* (0.186)	-1.806*** (0.0860)
Vsigma				
_cons	-2.067*** (0.271)	-14.11 (15.40)	-2.036*** (0.257)	-13.58 (22.56)

图 10.5 模型估计的结果

四种估计模型有效性比较结果如图10.6所示。

```
. lrtest MD2 MD1

Likelihood-ratio test                          LR chi2(6)  =    215.13
(Assumption: MD1 nested in MD2)                Prob > chi2 =    0.0000

. lrtest MD3 MD1

Likelihood-ratio test                          LR chi2(1)  =      4.22
(Assumption: MD1 nested in MD3)                Prob > chi2 =    0.0399

. lrtest MD4 MD2

Likelihood-ratio test                          LR chi2(1)  =     19.97
(Assumption: MD2 nested in MD4)                Prob > chi2 =    0.0000

. lrtest MD4 MD3

Likelihood-ratio test                          LR chi2(6)  =    230.88
(Assumption: MD3 nested in MD4)                Prob > chi2 =    0.0000
```

图10.6　四种估计模型有效性比较结果

参 考 文 献

[1] Affuso E. Spatial Autoregressive Stochastic Frontier Analysis: An Application to an Impact Evaluation Study[C]. Working Paper, 2010.

[2] Aigner D, Lovell C A K, Schmidt P. Formulation and Estimation of Stochastic Frontier Production Function Models[J]. *Journal of Econometrics*, 1977, 6(1).

[3] Areal F J, Balcombe K, Tiffin R. Integrating Spatial Dependence into Stochastic Frontier Analysis[J]. *Australian Journal of Agricultural and Resource Economics*, 2012, 56(4).

[4] Battese G E, Coelli T J. A Model for Technical Inefficiency Effects in a Stochastic Frontier Production Function for Panel Data[J]. *Empirical Economics*, 1995, 20(2).

[5] Chortareas G E, Girardone C, Ventouri A. Bank Supervision, Regulation, and Efficiency: Evidence from the European Union[J]. *Journal of Financial Stability*, 2012, 8(4).

[6] Cummins J D, Weiss M A, Xie X, et al. Economies of Scope in Financial Services: A DEA Efficiency Analysis of the US Insurance Industry[J]. *Journal of Banking & Finance*, 2010, 34(7).

[7] Diallo B. Bank Efficiency and Industry Growth during Financial Crises[J]. *Economic Modelling*, 2018, 68.

[8] Druska V, Horrace W C. Generalized Moments Estimation for Spatial Panel Data: Indonesian Rice Farming[J]. *American Journal of Agricultural Economics*, 2004, 86(1).

[9] Fusco E, Vidoli F. Spatial Stochastic Frontier Models: Controlling Spatial Global and Local Heterogeneity[J]. *International Review of Applied Economics*, 2013, 27(5).

[10] Gheeraert L, Weill L. Does Islamic Banking Development Favor Macroeconomic Efficiency? —Evidence on the Islamic Finance-growth Nexus[J]. *Economic Modelling*, 2015, 47.

[11] Kasman A, Turgutlu E. Cost Efficiency and Scale Economies in the Turkish Insurance In-

dustry[J]. *Applied Economics*，2009，41(24).

[12] Kumbhakar S C. Estimation of Technical Inefficiency in Panel Data Models with Firm-and time-specific Effects[J]. *Economics Letters*，1991，36(1).

[13] Lin J，Long Z，Lin K. Simulated Maximum Likelihood Estimation of Spatial Stochastic Frontier Model and Its Application？[C]. International Conference on Future Information Technology and Management Engineering. IEEE，2010，3.

[14] Pavlyuk D. Application of the Spatial Stochastic Frontier Model for Analysis of a Regional Tourism Sector[J]. *Transport and Telecommunication*，2011，12(2).

[15] Titus M A，Vamosiu A，McClure K R. Are Public Master's Institutions Cost Efficient？A Stochastic Frontier and Spatial Analysis[J]. *Research in Higher Education*，2017，58(5).

[16] Tonini A，Pede V. A Generalized Maximum Entropy Stochastic Frontier Measuring Productivity Accounting for Spatial Dependency[J]. *Entropy*，2011，13(11).

[17] Tsukamoto T. A Spatial Autoregressive Stochastic Frontier Model for Panel Data Incorporating a Model of Technical Inefficiency[J]. *Japan and the World Economy*，2019，50.

[18] Wang H J. A Stochastic Frontier Analysis of Financing Constraints on Investment：The Case of Financial Liberalization in Taiwan[J]. *Journal of Business & Economic Statistics*，2003，21(3).

[19] 蔡庆丰,陈诣之.金融资源与企业并购——从地区不平衡到企业再平衡的解释[J].厦门大学学报(哲学社会科学版),2019,(4).

[20] 蔡则祥,武学强.新常态下金融服务实体经济发展效率研究——基于省级面板数据实证分析[J].经济问题,2017,(10).

[21] 陈彬,孙才志.中国省域经济增长源泉研究:要素和全要素生产率——基于改进空间的随机前沿模型[J].资源开发与市场,2018,34.

[22] 陈银娥,尹湘.普惠金融发展助推精准脱贫效率研究——基于中国贫困地区精准脱贫的实证分析[J].福建论坛(人文社会科学版),2019,(10).

[23] 成学真,倪进峰.金融资源省域分布、影响因素及其空间效应研究[J].兰州大学学报(社会科学版),2018,46(3).

[24] 戴伟,张雪芳.金融发展、金融市场化与实体经济资本配置效率[J].审计与经济研究,2017,32(1).

[25] 方大春,马为彪.中国省际高质量发展的测度及时空特征[J].区域经济评论,2019,(2).

[26] 方蕾,粟芳.我国农村普惠金融的空间相关特征和影响因素分析——基于上海财经大学2015"千村调查"[J].财经论丛,2017,(1).

[27] 冯贞柏.行业技术效率测度与全要素生产率增长的分解[J].经济评论,2019,(3).

[28] 耿良,张馨月.普惠金融非均衡发展的影响因素研究——基于空间溢出视角的实证分析[J].华东经济管理,2019,33(5).

[29] 贾高清.金融服务实体经济效率分析——基于动态异质性随机前沿模型[J].工业技术经济,2019,38(6).

[30] 林春,孙英杰.中国城市普惠金融发展的空间特征及影响因素分析——基于272个地级及以上城市面板数据[J].西南民族大学学报(人文社科版),2019,40(6).

[31] 刘超,马玉洁,史同飞.我国实体经济发展困境与新动能探索研究——基于金融创新和技术创新视角[J].现代财经(天津财经大学学报),2019,(12).

[32] 卢新海,沈纬辰,杨喜,刘瑞红.中国区域实体经济、科技创新、现代金融与人力资源协同发

展评价[J].统计与决策,2019,35(15).

[33] 吕洪渠.面板空间随机前沿模型求解及应用研究[D].山东大学,2018.

[34] 马正兵.区域金融业全要素生产率分解及其效率提升策略[J].西南大学学报(社会科学版),2015,41(5).

[35] 乔彬,张蕊,陈永康.区域房价、劳动力流动与实体经济集聚——基于中国30个省市(区)2000—2015年面板数据的分析[J].商业研究,2019,(9).

[36] 饶晓辉,饶灵芳.人口结构与地方政府债务效率——基于随机前沿模型分析[J].华东经济管理,2019,33(11).

[37] 宋慧琳,彭迪云.要素禀赋结构、偏向性技术进步与全要素生产率增长——基于区域异质性随机前沿函数的实证研究[J].江西社会科学,2019,39(9).

[38] 王桂虎,郭金龙.保险服务实体经济的效率测算及其影响因素研究——基于欧洲国家的经验[J].保险研究,2019,(8).

[39] 吴金燕,滕建州.中国经济金融化测度及其对实体经济发展的影响研究[J].经济问题探索,2019,(9).

[40] 游士兵,杨芳.金融服务实体经济的效率测度及影响因素——基于绿色发展视角[J].金融论坛,2019,24(4).

[41] 张林,张维康.金融服务实体经济增长的效率及影响因素研究[J].宏观质量研究,2017,5(1).

[42] 张玄,冉光和,陈科.金融集聚对区域民营经济生产率的空间效应研究——基于空间面板杜宾模型的实证[J].管理评论,2019,31(10).

[43] 周超.普惠金融及银行业结构对不同地区产业发展影响的实证分析[J].数学的实践与认识,2019,49(20).

第11章 G20国家货币政策空间传导路径研究
——基于空间面板联立方程模型

摘　要：本章通过构建地理权重矩阵、贸易地理加权矩阵、资本流动地理加权矩阵，研究G20成员宏观经济变量间的空间传导路径。G20成员贸易进出口总额和资本净流入远高于其他国家，并且具有领先优势。构建空间面板联立方程的结果表明，地理权重矩阵构建的联立方程中，距离较近国家的利率（地理加权的利率）对利率的影响非常显著，且影响方向相同，加权产出缺口和产出缺口对利率存在正向影响，这和作为基准的 Taylor(1993)结论一致。贸易地理加权矩阵构建的联立方程中，加权的利率对利率本身是正向影响，这与地理权重矩阵结果相一致，不同的是，贸易地理加权状态下的利率系数要小于仅包含地理信息的空间矩阵。资本流动地理加权矩阵构建的联立方程中，资本流动地理加权的利率和产出会对利率产生正向影响，与贸易地理加权矩阵结合考虑，表明两国之间主要是通过资本流动渠道传递利率和产出缺口的影响。

关键词：空间传导路径；地理权重矩阵；贸易地理加权矩阵；资本流动地理加权矩阵

11.1 引　　言

20国集团（G20）作为当今世界最主要的国际经济合作论坛之一，其成员不仅包括美国、日本、德国、英国、法国等世界主要发达国家，还包括中国、俄罗斯、印度、南非等世界主要新兴经济体。G20成员的GDP总和约占全世界的85％，人口总和约占世界的2/3。G20通过对话探讨各国货币政策，推动国际金融和货币体系稳定发展，它是布雷顿森林体系框架内非正式对话的一种机制，旨在推动国际金融体制改革，以寻求合作并促进世界经济稳定和持续增长。

随着世界主要经济体贸易开放度的提升，经贸方面的合作逐年递增，逐渐体现出经贸合作的空间格局，如邻近国家更容易产生贸易，贸易以货币等值交换形式进行，汇率会影响本国货币价值,进而影响本国和外国短期利率和产出缺口等宏观经济变量。同时,近十年来,虽然世界经济有回暖趋势,但是全球经济增长较为乏力,国际贸易单边主义和保护主义等暗流涌动,全球贸易摩擦跌宕起伏,地区热点问题加剧,全球卫生健康问题日益严重,这些都给世界经济复苏以及平稳发展增加了变数。当前,中国经济处于供给侧结构性改革深水期,同时也面临着"外部环境发生明显变化"和"外部环境不确定性"等外部冲击风险。2019年,中央着力强调防范化解外部冲击风险,以便牢牢守住不发生系统性金融风险的底线。因此,研究世界主要经济体货币政策空间传导机制,推动全球经济增长以及解决全球经济发展不平衡等问题都具有重要的学术价值和现实意义。

11.2 文献综述

(一) 货币政策空间传导的研究

近年来,货币政策对宏观经济变量影响的研究逐渐延伸到空间相关性和异质性方面。有学者提出,空间视角下,世界主要经济体的货币政策存在空间相关性,货币政策的实施及效果可能会受到不同地区其他国家的影响,如 Blinder 等(2008)提出沟通可以作为央行政策工具的重要渠道,因为它能够提高货币政策决策的准确性,并且潜在地帮助央行取得宏观经济目标。各国的经济决策通过促进各国之间的商业和金融关系而相互影响,即使各国的货币政策效率因发展水平而不同,发达国家央行的货币政策也会或多或少地影响其他国家的货币政策。例如,美联储、欧洲中央银行、英格兰银行、日本银行的任何一种货币政策工具都会直接或者间接影响其他国家的货币政策。(Arikan & Yalcin,2017)

学者们大多采用 VAR 模型研究世界主要经济体货币政策对其他国家或地区宏观经济变量的冲击,如 Kim(2001)利用 VAR 模型研究了灵活汇率视角下美国货币政策冲击的国际传导机制,美国货币政策的扩张导致其他国家衰退还是繁荣,货币扩张是改善还是恶化贸易差额等相关问题。Canova(2005)通过 VAR 模型研究了美国的货币政策如何冲击影响8个拉丁美洲国家,研究结果表明,美国的总需求冲击对美国宏观经济变量的影响微乎其微,而美国货币政策对8个拉丁美洲国家的冲击影响是巨大的。Di Giacinto(2003)将空间地理信息引入 VAR 模型,研究了差异化收入条件下美国各州货币政策的非对称效应;同时,利用脉冲响应函数验证了美国各州货币政策具有区域异质性。Bhattacharjee 和 Holly(2006)通过空间误差模型研究了在英格兰银行货币政策委员会成员中,通货膨胀目标之间存在空间交互性和异质性,结果表明各个成员之间的政策反应函数具有较强的异质性。Debarsy 等(2018)基于41个世界主要经济体的研究表明,在解释主权债券利差国际溢出效应的渠道中,信息渠道至关重要,并通过空间动态面板模型研究风险(短期、中期、长期)的传导渠道。Baisheng 和 Songyao(2019)构建了以贸易地理距离矩阵作为空间权重矩阵的空间面板平滑转移模型,研究了G20国家的价格型和数量型货币政策工具对经济增长空间溢出效应的非线性和时变异质性,结果表明,G20成员的经济增长和货币政策不仅存在空间相关性,还存在非线性特征;各个国家货币政策工具的时变弹性系数反映出货币政策存在空间异质性。

(二) 经济政策不确定性对经济的影响研究

在全球经济政策不确定因素加剧的背景下,Bloom(2009)首次将经济不确定性冲击引入宏观经济研究,实证结果表明,国际舞台的"黑天鹅"事件会对未来半年的产出和就业产生较大下降和反弹作用。在宏观层面,学界认为经济政策不确定性(EPU)主要体现在:第一,经济主体无法预知未来政府对经济政策的导向(Gulen & Ion,2013);第二,地区不稳定因素①造成经济波动(Baker et al.,2016);第三,由于地区不稳定因素影响了周围邻近国家或地区的经济政策,这些政策带来的溢出效应也会很快传染到周围国家(Kelejian et al.,2006)。2008年全球金融危机也体现了这些冲击是如何迅速蔓延至于吞噬世界经济的。(Feldkircher & Huber,2016)Colombo(2013)通过SVAR模型研究了美国货币政策不确定性冲击对欧元区宏观经济的影响;Bloom等(2018)通过异质性DSGE模型研究发现,不确定性会导致产出下降2.5%;王博等(2019)通过构建政策不确定性的非线性DSGE模型发现,货币政策不确定性会引起违约风险上升和产出下降。从微观层面考虑,众多学者研究表明,经济政策的不确定性会影响企业投资行为的传导机制(王义中和宋敏,2014;李凤羽和杨墨竹,2015;谭小芬和张文婧,2017)和企业研发投入影响的作用机制(孟庆斌和师倩,2017)。

(三) 研究贡献

与现有研究相比,本章主要贡献有以下几点:一是宏观经济变量间相互影响,具有双向因果性以及内生性,为解决和刻画双向因果性和内生性,理论模型方面,"天然"解决变量间相互关系以及内生性的方法是运用DSGE模型;实证模型方面,通过联立方程刻画变量间的关系,这种方法既解决了单一方程估计的不稳健、遗漏变量等问题,又考虑了宏观变量间的相互影响关系。具体来讲,以往大多数学者都通过泰勒规则研究产出缺口和通货膨胀(预期)对短期利率的影响,一方面没有考虑到产出缺口受短期利率和通货膨胀的影响,另一方面没有考虑到产出缺口对通货膨胀的影响。这些关系正好可以通过泰勒规则、动态IS曲线说明,因此,本章将泰勒规则和动态IS曲线有机结合,更能突显整个系统的连贯性,并且可以避免内生性以及双向因果性造成的估计不稳健。二是世界主要经济体之间,短期利率、通货膨胀有可能相互影响,传导渠道可能发生在贸易渠道、资本流动渠道,本章试图引入空间因素,即地理权重矩阵、贸易地理加权矩阵以及资本流动地理加权矩阵,考察宏观经济变量间传导的空间因素,从而有助于厘清宏观变量的空间传导路径。三是本章将经济政策不确定性指数(EPU指数)(Baker et al.,2016)引入宏观经济系统,考察经济政策不确定性对宏观经济变量的影响。

---

① 地区不稳定因素包括贫富差距、恐怖主义、网络安全等非传统威胁(张喜艳和陈乐一,2019),诸如海湾战争、"9·11"事件、雷曼兄弟破产等(Baker et al.,2016)。

11.3　计量理论方法介绍

本节主要介绍空间联立方程模型和主要假设。假定$(A_n)_{n \in N}$是以$np \times np$为序列组成的矩阵,其中$p \geqslant 1$且为固定正整数。它的第(i,j)个元素为$a_{ij,n}$。如果A_n是一个平方非奇异矩阵,则A_n^{-1}表示它的逆矩阵;如果A_n是奇异矩阵,则A_n^{-1}表示它的广义逆。如果A_n是某个向量或矩阵,则$\|A_n\| = [\text{tr}(A_n' A_n)]^{1/2}$,其中$\text{tr}(\cdot)$表示跟踪。进一步,如果存在一个独立于$n$的正有限常数$c_A$,则矩阵$A_n$序列的行和和列和的绝对值一致有界,从而有

$$\max_{1 \leqslant i \leqslant np} \sum_{j=1}^{np} |a_{ij,n}| \leqslant c_A \quad \text{和} \quad \max_{1 \leqslant j \leqslant np} \sum_{i=1}^{np} |a_{ij,n}| \leqslant c_A$$

其中,$n \in N$。

11.3.1　模型识别

考虑与n个横截面单位相对应的空间相关的横截面方程系统:

$$Y_n = Y_n B + X_n C + \bar{Y}_n \Lambda + U_n \tag{11.1}$$

其中,$Y_n = (y_{1,n}, \cdots, y_{m,n})$,$X_n = (x_{1,n}, \cdots, x_{k,n})$,$U_n = (u_{1,n}, \cdots, u_{m,n})$,$\bar{Y}_n = (\bar{y}_{1,n}, \cdots, \bar{y}_{m,n})$,$\bar{y}_{j,n} = W_n y_{j,n}$,$j = 1, \cdots, m$,$y_{j,n}$是$n \times 1$向量的横截面在第$j$个方程的因变量,$X_{i,n}$是$n \times 1$向量的横截面第$i$个外生变量,$U_{j,n}$是$n \times 1$扰动向量方程,$W_n$是$n \times n$维权重矩阵,$B$、$C$、$\Lambda$为相应的定义参数矩阵,维度分别为$m \times m$、$k \times m$和$m \times m$。在这一模型中,内生变量的空间溢出变量是通过向量$\bar{y}_{j,n}$来建模的,表示向量$y_{j,n}$的空间滞后项,它的第$i$个元素为$\bar{y} = \sum_{r=1}^{n} w_{ir,n} y_{rj,n}$,如果横截面单位$i$与单位$r$有意义地相关,则通常将权值$w_{ir,n}$指定为非零。

除考虑内生变量的空间滞后之外,也要考虑带有扰动的空间自相关。因此,假设扰动是由以下空间自回归过程产生的:

$$U_n = \bar{U}_n R + E_n \tag{11.2}$$

其中,

$$E_n = (\varepsilon_{1,n}, \cdots, \varepsilon_{m,n}), \quad R = \text{diag}_{j=1}^{m}(\rho_j)$$

$$\bar{U}_n = (\bar{u}_{1,n}, \cdots, \bar{u}_{m,n}), \quad \bar{u}_{j,n} = W_n u_{j,n}, \quad j = 1, \cdots, m$$

式中$\varepsilon_{j,n}$为创新的$n \times 1$向量,ρ_j为第j个方程中的空间自相关参数。用式(11.1)和式(11.2)可以更清楚地揭示它对内生变量的解:

$$y_n = \text{vec}(Y_n), \quad \bar{y}_n = \text{vec}(\bar{Y}_n), \quad x_n = \text{vec}(X_n)$$
$$u_n = \text{vec}(U_n), \quad \bar{u}_n = \text{vec}(\bar{U}_n), \quad \varepsilon_n = \text{vec}(E_n)$$

需要注意的是,$\bar{y}_n = (I_m \otimes W_n) y_n$,如果$A_1$和$A_2$是整合矩阵,则有$\text{vec}(A_1 A_2) = (A_2' \otimes I) \text{vec}(A_1)$,将式(11.1)和式(11.2)合并,用向量形式表示为:

$$y_n = B_n^* y_n + C_n^* x_n + u_n$$
$$u_n = R_n^* u_n + \varepsilon_n \tag{11.3}$$

其中,
$$B_n^* = [(B' \otimes I_n) + (\Lambda' \otimes W_n)], \quad C_n^* = (C' \otimes I_n)$$
$$R_n^* = (R \otimes W_n) = \mathrm{diag}_{j=1}^m (\rho_j W_n),$$

最后,我们对式(11.1)中的系统施加排除限制。式(11.1)和式(11.2)变为:
$$y_{j,n} = Z_{j,n} \delta_j + u_{j,n}$$
$$u_{j,n} = \rho_j W_n u_{j,n} + \varepsilon_{j,n} \tag{11.4}$$

其中,$Z_{j,n} = (Y_{j,n}, X_{j,n}, \bar{Y}_{j,n})$,$\delta_j = (\beta_j', \gamma_j', \lambda_j')'$。

以下指定 7 个假设:

假设 1:空间权重矩阵 W_n 的对角元素为 0。

假设 2:(a) 矩阵 $I_{mn} - B_n^*$ 是非奇异的;

(b) 矩阵 $I_n - \rho_j W_n$ 是非奇异的,且 $|\rho_j| < 1$,$j = 1, \cdots, m$。

假设 3:矩阵 W_n 的行和和列和,即 $(I_{mn} - B_n^*)^{-1}$ 和 $(I_n - \rho_j W_n)^{-1}$,$j = 1, \cdots, m$,在绝对值上一致有界。

假设 4:外生(非随机)回归矩阵 X_n 具有全列秩(对于 n 足够大)。此外,X_n 元素在绝对值上一致有界。

假设 5:生成的创新变量 ε_n 遵循 $\varepsilon_n = (\Sigma_*' \otimes I_n) v_n$。

假设 6:(非随机)工具矩阵 H_n 至少包含 $(X_n, W_n X_n)$ 的线性无关列。此外,H_n 元素在绝对值上一致有界。H_n 具有以下性质:

(a) $Q_{HH} = \lim_{n \to \infty} n^{-1} H_n' H_n$ 为有限非奇异矩阵;

(b) $Q_{HZ_j} = \lim_{n \to \infty} n^{-1} H_n' E(Z_{j,n})$ 是一个全列秩的有限矩阵,$j = 1, \cdots, m$;

(c) $Q_{HWZ_j} = \lim_{n \to \infty} n^{-1} H_n' W_n E(Z_{j,n})$ 是一个全列秩的有限矩阵,$j = 1, \cdots, m$;

(d) $Q_{HZ_j} - \rho_j Q_{HWZ_j}$ 具有全列秩,$j = 1, \cdots, m$;

(e) $\Xi_j = \lim_{n \to \infty} n^{-1} H_n' (I_n - \rho_j W_n)^{-1} (I_n - \rho_j W_n')^{-1} H_n$ 是有限非奇异矩阵,$j = 1, \cdots, m$。

假设 7:

$$\Gamma_{j,n} = n^{-1} E \left\{ \begin{array}{ccc} 2 u_{j,n}' \bar{u}_{j,n} & -\bar{u}_{j,n}' \bar{u}_{j,n} & n \\ 2 \bar{u}_{j,n}' \bar{\bar{u}}_{j,n} & -\bar{\bar{u}}_{j,n}' \bar{\bar{u}}_{j,n} & \mathrm{tr}(W_n' W_n) \\ (u_{j,n}' \bar{\bar{u}}_{j,n} + \bar{u}_{j,n}' \bar{u}_{j,n}) & -\bar{u}_{j,n}' \bar{\bar{u}}_{j,n} & 0 \end{array} \right\}, j = 1, \cdots, m$$

(11.5)

11.3.2 模型估计

对公式(11.4)先进行二阶段最小二乘(2SLS)估计,可以得到参数的估计值:

$$\tilde{\delta}_{j,n} = (\tilde{Z}_{j,n}' Z_{j,n})^{-1} \tilde{Z}_{j,n}' y_{j,n} \tag{11.6}$$

其中,
$$\widetilde{Z}_{j,n} = P_H Z_{j,n} = (\widetilde{Y}_{j,n}, X_{j,n}, \widetilde{\overline{Y}}_{j,n})$$
$$P_H = H_n(H_n' H_n)^{-1} H_n', \quad \widetilde{Y}_{j,n} = P_H Y_{j,n}, \quad \widetilde{\overline{Y}}_{j,n} = P_H \overline{Y}_{j,n}$$

进一步,可以得到 2SLS 估计的残差:
$$\widetilde{u}_{j,n} = y_{j,n} - Z_{j,n} \widetilde{\delta}_{j,n} \tag{11.7}$$

在公式(11.2)中可以观察到 $u_{j,n} - \rho_j \bar{u}_{j,n} = \varepsilon_{j,n}$,等式两边同时左乘 W_n,可得到 $\bar{u}_{j,n} - \rho_j \bar{\bar{u}}_{j,n} = \bar{\varepsilon}_{j,n}$,这两个关系意味着:
$$n^{-1} \varepsilon_{j,n}' \varepsilon_{j,n} = n^{-1} u_{j,n}' u_{j,n} + \rho_j^2 n^{-1} \bar{u}_{j,n}' \bar{u}_{j,n} - 2\rho_j n^{-1} u_{j,n}' \bar{u}_{j,n}$$
$$n^{-1} \bar{\varepsilon}_{j,n}' \bar{\varepsilon}_{j,n} = n^{-1} \bar{u}_{j,n}' \bar{u}_{j,n} + \rho_j^2 n^{-1} \bar{\bar{u}}_{j,n}' \bar{\bar{u}}_{j,n} - 2\rho_j n^{-1} \bar{u}_{j,n}' \bar{\bar{u}}_{j,n}$$
$$n^{-1} \varepsilon_{j,n}' \bar{\varepsilon}_{j,n} = n^{-1} u_{j,n}' \bar{u}_{j,n} + \rho_j^2 n^{-1} \bar{u}_{j,n}' \bar{\bar{u}}_{j,n} - \rho_j n^{-1} [u_{j,n}' \bar{\bar{u}}_{j,n} + \bar{u}_{j,n}' \bar{u}_{j,h}] \tag{11.8}$$

假设 5 意味着 $E(n^{-1} \varepsilon_{j,n}' \varepsilon_{j,n}) = \sigma_{jj}$,并且 $\bar{\varepsilon}_{j,n} = W_n \varepsilon_{j,n}$,则由假设 1 和假设 5 可推出:
$$E(n^{-1} \bar{\varepsilon}_{j,n}' \bar{\varepsilon}_{j,n}) = \sigma_{jj} n^{-1} \operatorname{tr}(W_n' W_n)$$
$$E(n^{-1} \varepsilon_{j,n}' \bar{\varepsilon}_{j,n}) = \sigma_{jj} n^{-1} \operatorname{tr}(W_n) = 0$$

令
$$\alpha_j = (\rho_j, \rho_j^2, \sigma_{jj})'$$
$$\gamma_{j,n} = n^{-1} [E(u_{j,n}' u_{j,n}), E(\bar{u}_{j,n}' \bar{u}_{j,n}), E(u_{j,n}' \bar{u}_{j,n})]'$$

那么系统可以表示为:
$$\gamma_{j,n} = \Gamma_{j,n} \alpha_j \tag{11.9}$$

如果 $\Gamma_{j,n}$ 和 $\gamma_{j,n}$ 已知,则 ρ_j 和 σ_{jj} 将根据向量 $\alpha_j = \Gamma_{j,n}^{-1} \gamma_{j,n}$ 完全确定。

然后,根据公式(11.7)得到残差项,采取 GMM 估计方法,对空间自回归系数 ρ_j 进行估计。ρ_j 和 σ_{jj} 估计值的求解满足:
$$(\widetilde{\rho}_{j,n}, \widetilde{\sigma}_{jj,n}) = \underset{\rho_j \in [-a,a], \sigma_j \in [0,b]}{\operatorname{argmin}} [g_{j,n} - G_{j,n} \alpha_j]' [g_{j,n} - G_{j,n} \alpha_j] \tag{11.10}$$

其中,
$$G_{j,n} = \frac{1}{n} \begin{bmatrix} 2\widetilde{\bar{u}}_{j,n}' \widetilde{u}_{j,n} & -\widetilde{\bar{u}}_{j,n}' \widetilde{\bar{u}}_{j,n} & n \\ 2\widetilde{\bar{\bar{u}}}_{j,n}' \widetilde{\bar{u}}_{j,n} & -\widetilde{\bar{\bar{u}}}_{j,n}' \widetilde{\bar{\bar{u}}}_{j,n} & \operatorname{tr}(W_n' W_n) \\ (\widetilde{\bar{u}}_{j,n}' \widetilde{\bar{u}}_{j,n} + \widetilde{\bar{\bar{u}}}_{j,n}' \widetilde{u}_{j,n}) & -\widetilde{\bar{u}}_{j,n}' \widetilde{\bar{\bar{u}}}_{j,n} & 0 \end{bmatrix}$$

$$\bar{u}_{j,n} = w_n u_{j,n}, \widetilde{\bar{u}}_{j,n} = w_n \widetilde{u}_{j,n}, \quad \bar{\bar{u}}_{j,n} = w_n^2 u_{j,n}, \quad \widetilde{\bar{\bar{u}}}_{j,n} = w_n^2 \widetilde{u}_{j,n}$$

$$g_{j,n} = \frac{1}{n} [\widetilde{u}_{j,n}' \widetilde{u}_{j,n}, \widetilde{\bar{u}}_{j,n}' \widetilde{\bar{u}}_{j,n}, \widetilde{u}_{j,n}' \widetilde{\bar{u}}_{j,n}]' = G_{j,n} \alpha_j + \zeta_{j,n}$$

$a > 1$ 是预先设定的常数。

假设 μ 是一个标量,定义
$$y_{j,n}^*(\mu) = y_{j,n} - \mu W_n y_{j,n}, \quad Z_{j,n}^*(\mu) = Z_{j,n} - \mu W_n Z_{j,n}$$

模型(11.4)可以写成:
$$y_{j,n}^*(\rho_j) = Z_{j,n}^*(\rho_j) \delta_j + \varepsilon_{j,n} \tag{11.11}$$

假设 ρ_j 已知,那么模型(11.4)的广义空间二阶段最小二乘(GS2SLS)估计量,即为基于模型(11.11)的2SLS估计量:

$$\tilde{\delta}_{j,n} = (\hat{Z}_{j,n}^*(\rho_j)' Z_{j,n}^*(\rho_j))^{-1} \hat{Z}_{j,n}^*(\rho_j)' y_{j,n}^*(\rho_j) \tag{11.12}$$

其中,

$$\hat{Z}_{j,n}^*(\rho_j) = P_H Z_{j,n}^*(\rho_j), \quad P_H = H_n (H_n' H_n)^{-1} H_n'.$$

进一步,将 ρ_j 的广义矩估计量 $\tilde{\rho}_{j,n}$ 代入公式(11.12),可以得到可行的广义空间二阶段最小二乘(FGS2SLS)估计量:

$$\tilde{\delta}_{j,n}^F = (\tilde{Z}_{j,n}^*(\tilde{\rho}_{j,n})' Z_{j,n}^*(\tilde{\rho}_{j,n}))^{-1} \tilde{Z}_{j,n}^*(\tilde{\rho}_{j,n})' y_{j,n}^*(\tilde{\rho}_{j,n}) \tag{11.13}$$

GS2SLS考虑了潜在的空间相关性,但没有考虑潜在的交叉方程相关性,因此,将公式(11.11)进行堆积,得到新的公式:

$$y_n^*(\rho) = Z_n^*(\rho)\delta + \varepsilon_n \tag{11.14}$$

其中,

$$y_n^*(\rho) = (y_{1,n}^*(\rho_1)', \cdots, y_{m,n}^*(\rho_m)')'$$
$$Z_n^*(\rho) = \mathrm{diag}_{j=1}^m (Z_{j,n}^*(\rho_j))$$
$$\rho = (\rho_1, \cdots, \rho_m)', \quad \delta = (\delta_1', \cdots, \delta_m')'$$

对于扰动项, $E\varepsilon_n = 0, E\varepsilon_n\varepsilon_n' = \Sigma \otimes I_n$。假设 ρ 和 Σ 已知,那么广义空间三阶段最小二乘(GS3SLS)估计量为:

$$\tilde{\delta}_n = (\hat{Z}_n^*(\rho)'(\Sigma^{-1} \otimes I_n) Z_n^*(\rho))^{-1} \hat{Z}_n^*(\rho)'(\Sigma^{-1} \otimes I_n) y_n^*(\rho) \tag{11.15}$$

其中,

$$\hat{Z}_n^*(\rho) = \mathrm{diag}_{j=1}^m (\hat{Z}_{j,n}^*(\rho_j))$$

进一步,将 ρ 的广义矩估计量 $\tilde{\rho}_n$, Σ 的广义矩估计量 Σ_n 代入公式(11.15),可以得到可行的广义空间三阶段最小二乘(FGS3SLS)估计量:

$$\tilde{\delta}_n^F = (\hat{Z}_n^*(\tilde{\rho}_n)'(\hat{\Sigma}_n^{-1} \otimes I_n) Z_n^*(\tilde{\rho}_n))^{-1} \hat{Z}_n^*(\tilde{\rho}_n)'(\hat{\Sigma}_n^{-1} \otimes I_n) y_n^*(\tilde{\rho}_n) \tag{11.16}$$

其中,

$$\tilde{\delta}_n^F \sim N(\delta, (\hat{Z}_n^*(\tilde{\rho}_n)'(\hat{\Sigma}_n^{-1} \otimes I_n) \hat{Z}_n^*(\tilde{\rho}_n)^{-1})$$

11.4 理论传导机制

欧盟成员的宏观经济动力系统极其庞大,可能由多种部门构建,由基准的新凯恩斯模型可以推导出 DIS 曲线和泰勒规则方程,反映了利率、通货膨胀、产出之间的关系。本章借助 DIS 曲线和泰勒规则方程构建一个简化的宏观双向模型。具体来说,短期利率和预期通货膨胀与产出缺口的关系,即新凯恩斯 DIS 曲线可表示为:

$$\tilde{y}_t = -\frac{1}{\sigma}(i_t - E_t\{\pi_{t+1}\}) + er_t + Epu_t + \mu_t \tag{11.17}$$

其中，$\tilde{y}_t$ 表示产出缺口，i_t 表示短期利率，π_{t+1} 表示预期通货膨胀率，$\frac{1}{\sigma}$ 表示短期利率和预期通货膨胀与产出缺口的关系。在世界主要经济体中，无法忽略汇率和不确定性的影响。本章将汇率、经济政策不确定性指数（Baker et al.，2016）引入简单 DIS 曲线。

简单的泰勒规则规定了当通胀或产出缺口变动时，货币当局应该如何调整短期利率。但在世界主要经济体中，无法忽略汇率和不确定性的影响。本章将汇率、EPU 指数（Baker et al.，2016）引入简单泰勒规则，EPU 指数用 Epu_t 表示，泰勒规则可更新为：

$$i_t = \rho + \phi_\pi \pi_t + \phi_y \tilde{y}_t + er_t + Epu_t + v_t \qquad (11.18)$$

其中，i_t 为短期名义利率，π_t 为当期通货膨胀率。

宏观经济变量间往往存在内生关系，式（11.17）和式（11.18）组成一个简单的宏观动力系统，即式（11.17）中，短期利率影响着产出缺口；式（11.18）中，产出缺口影响着短期利率，短期利率和产出缺口存在"天然"的双向因果关系。通货膨胀、汇率以及经济政策不确定性构成了短期利率和产出缺口的外生因素。

如前所述，随着经济全球化进展加速，世界主要经济体各个方面的联系日益紧密，当一个国家改变其宏观经济政策时，这些政策带来的溢出效应也会很快传染到周围国家或地区。(Kelejian et al.，2006)国际贸易和跨境金融流动的增加意味着，各个国家比以往任何时候都更容易受到来自国内外经济冲击的影响。2008 年爆发的全球金融危机也表明了这些冲击是如何迅速蔓延以致吞噬世界经济的。(Feldkircher & Huber，2016)本章拟考察的重点是宏观经济变量是否会在各个国家或地区间传导，即产出缺口和短期利率是否会在各个国家或地区间传导。往往国家间宏观经济的相互影响，会通过地理距离渠道、贸易渠道以及资本流动渠道传导。

具体传导路径见图 11.1。

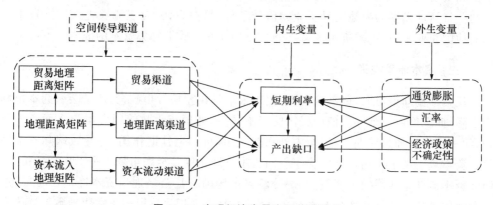

图 11.1 宏观经济变量空间传导路径

（一）地理距离渠道

地理距离渠道是货币政策传导的基础渠道，地理距离决定着两国以及周围国家之间信息的传递、贸易的进出口和资本流动的程度,也是汇率渠道和组合再平衡渠道等的"基石"。G20成员中,美洲有美国、加拿大、墨西哥、阿根廷;欧盟有法国、德国、意大利;亚洲有中国、日本、韩国、印度、沙特阿拉伯、印度尼西亚;大洋洲有澳大利亚;等等。从地理距离考虑,每个大洲间距离近的国家,更具有经济地理传导禀赋优势,在进行经济活动时,运输成本、信息传递成本等诸多方面都具有先天禀赋优势。从发达国家和新兴国家考虑,发达国家的经济模式和新兴国家具有较大差异,发达国家相比新兴国家与邻近国家之间经济往来更加密切,而发达国家和新兴国家之间经济往来要弱一些。

(二) 贸易渠道

传统上,贸易渠道通常被认为是货币政策溢出效应的主要渠道,当一个国家货币紧缩(放松)政策使其国内生产总值减少(增加)时,也减少(增加)了对其他国家产品的外部需求,减少(增加)的程度取决于它们之间贸易联系的强度。然而,金融市场的日益全球化使得各经济体之间的联系更加密切和迅速,各国可以在世界范围内分配金融资源和改进风险承担,这意味着,一个国家的货币政策对其他国家的影响,可能更为依赖货币政策溢出效应的金融渠道,主要通过汇率渠道和资本流动渠道产生作用。在2008年全球金融危机爆发前的20年里,跨境资本流动激增了4倍,且随着时间的推移,资本流动的构成发生了显著的变化,银行间的资本流动变得越来越重要,一国货币紧缩(放松)政策将导致世界其他地区资本外流(流入),这将对外部金融资产的价格产生影响。此外,在资本自由流动背景下,当货币政策发生变化时,汇率也会发生反应。特别是,预期货币紧缩(放松)政策会使该国货币升值(贬值),这将使得其他国家竞争力增强,在一定程度上抵消贸易渠道的影响。

国际信贷渠道是指一国货币政策通过影响其他国家出口厂商的信贷可得性而影响国际贸易规模。一方面,一国货币政策可以通过影响该国金融机构在他国的分支机构的信贷活动来影响当地贸易企业的信贷条件;另一方面,对于能够进入国际资本市场的他国企业来说,一国货币政策可能会影响其在国际上筹集资本的成本。

(三) 资本流动渠道

从资本流动渠道看,以美国为例,美国采取量化宽松货币政策,通常会引起本币利率下降,而政策溢出则导致流向美国的资本减少,他国货币政策因资本流入而意外宽松;而一旦进入加息周期,美国境内外利差收窄,再加上预期作用,将导致国际资本回流。资本流动渠道作用机制取决于一国资本管理制度及金融市场水平。次贷危机后,国际资本流动整体规模下降较大,部分新兴市场国家甚至呈现出资本净流出特征,这与发达国家货币政策的变化有密切关系,尤其是美国货币政策的正常化导致新兴国家资本流出,特别是债务性资本流出。

为实现空间传导渠道,本章将空间权重矩阵引入式(11.17)和式(11.18),通过空间面板联立方程说明动力系统的传导机制:

$$\begin{cases} \widetilde{y}_t = \delta_1 W \times \widetilde{y}_t + \delta_2 W \times i_t + \alpha_1 i_t + \alpha_2 \pi_t + \alpha_3 er_t + \alpha_4 \text{Epu}_t + \mu_t \\ i_t = \gamma_1 W \times i_t + \gamma_2 W \times \widetilde{y}_t + \beta_1 \pi_t + \beta_2 \widetilde{y}_t + \beta_3 er_t + \beta_4 \text{Epu}_t + v_t \end{cases} \quad (11.19)$$

11.5 实证分析

11.5.1 变量指标选取

本章的主要经济体选自 G20 成员,因为 G20 成员 GDP 总和约占世界 GDP 的 85%,人口总和约占世界的 2/3。由于 EPU 指数仅 14 个国家有数据,因此本章选择 14 个国家,包括 9 个发达国家和 5 个新兴国家。其中,发达国家包括澳大利亚、加拿大、法国、德国、意大利、日本、韩国、英国、美国;新兴国家包括巴西、中国、印度、墨西哥、俄罗斯。本章使用季度数据,包括 1998 年第 1 季度至 2018 年第 4 季度数据,共 1176 个观测值,所有变量均来自 BvD 数据库。

1. 实际产出缺口

本章对各国名义 GDP 以 2005 年为基数进行调整,得到实际 GDP,并按照 2005 年该国货币与美元的汇率,将其转换为以美元计价的实际 GDP,进行季节调整后,利用 HP 滤波方法估计出实际产出缺口,用 Y_{gap} 表示。

2. 通货膨胀率

维持物价稳定是不少国家货币政策的另一目标。目前,各国对物价指数的衡量指标主要包括 CPI、PPI,以及 GDP 平减指数,考虑到 CPI 将服务价格计算在内,从而与 GDP 之间关系更为紧密,本章选择 CPI 作为物价指数的衡量指标。进一步,本章采用各国通货膨胀率的环比数据作为通货膨胀的代理变量。由于 BvD 数据库中的 CPI 是以 2005 年为基期(基期指数为 100)的定基季度数据,因此,本章将定基 CPI 转换为环比 CPI,得到各国的通货膨胀率,用 π 表示。

3. 价格型工具——利率

价格型工具侧重于间接调控,借助于利率价格影响市场预期与微观主体的行为。过去几十年以来,G20 成员中的发达国家基本上完成了向价格型工具转换的过程,但部分新兴国家尚处于转换进程中,不同国家中央银行采取的基准利率存在较大的不同,如美国采取联邦基金目标利率,英国采取官方利率,加拿大采用隔夜利率等,因此,本章以各国规定的利率指标为价格型货币政策工具,用 Rate 表示。

4. EPU 指数

图 11.2 显示了 14 个主要经济体的 EPU 指数。这些经济体的 EPU 指数在 2010 年之前分布密集,表明在此期间世界经济环境相对良好和稳定,但各个国家的 EPU 指数逐年增加。例如,墨西哥的 EPU 指数在 1998 年至 2003 年期间一直高于其他国家。主要经济体 EPU 指数的分布密度非常宽松,并且在 2010 年之后呈上升趋势,除

了墨西哥。具体来说,这种分散的原因是一些国家经济非常不稳定,尤其是英国为2016年经济最不稳定的国家,"脱欧"使其EPU指数显著提高。另外,在此期间,中国的EPU指数急剧上升,我们认为这可能与中美贸易摩擦有关。同时,韩国和法国也有很高的不确定性。

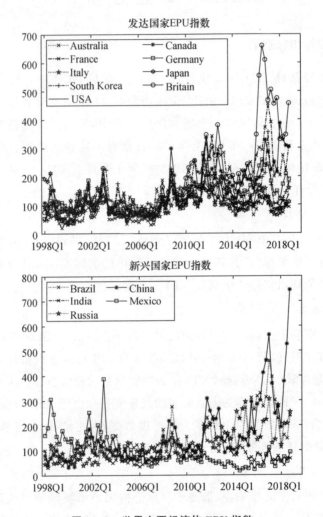

图11.2 世界主要经济体EPU指数

数据来源:Baker等(2016),并经笔者计算整理,实际数据取对数以消除单位根。

11.5.2 空间权重矩阵构建

为反映世界主要经济体之间的空间地理距离关系,空间权重矩阵由所研究对象的地理信息,如邻近规则、距离矩阵、阈值矩阵等计算得到。矩阵的构建将直接影响模型的估计结果,因此在空间计量经济学中构建空间权重矩阵有着重要的意义。设 n 个空间区域的空间权重矩阵为:

$$W = \begin{pmatrix} 0 & w_{1,2} & \cdots & w_{1,n-1} & w_{1,n} \\ w_{2,1} & 0 & \cdots & w_{2,n-1} & w_{2,n} \\ \vdots & \vdots & & \vdots & \vdots \\ w_{n-1,1} & w_{n-1,2} & \cdots & 0 & w_{n-1,n} \\ w_{n,1} & w_{n,2} & \cdots & w_{n,n-1} & 0 \end{pmatrix} \quad (11.20)$$

空间权重矩阵有许多确定方法,一般可将地理空间或经济关联因素纳入模型中,达到符合研究设定权值的目的。基于地理空间关联建立的空间权重矩阵主要有四种:邻近空间权重矩阵、K值邻近空间权重矩阵、基于距离的空间权重矩阵、距离衰减的空间权重矩阵。考虑到世界主要经济体,如G20成员中各大洲国家由海洋分割,本章认为构建基于距离的空间权重矩阵更能反映不同国家间的地理信息,即:

$$w_{ij} = \frac{1}{\text{distance}_{ij}} \quad (11.21)$$

为了反映G20成员之间贸易的地理信息,首先,可以通过G20成员之间的进出口贸易总额(见图11.3)获得贸易距离,这可以反映出世界主要经济体的贸易依存关系。其次,计算G20成员的空间权重矩阵,以反映世界主要经济体的地理依赖性,并进一步与贸易地理加权矩阵相结合,公式如下:

$$w_{ij} = \frac{1}{\text{distance}_{ij} \times \text{trade}_{ij}} \quad (11.22)$$

从图11.3中的上图可以看出,美国作为世界最大的经济体,进出口贸易总额最高,其次是德国、日本、法国,进出口贸易总额最低的国家为澳大利亚。在2008年美国次贷危机后,发达国家进出口贸易总额都显著下降,在2009年至2014年期间有了阶段性复苏,但之后随着经济不确定性和贸易不确定性的增加,美国、德国贸易进出口总额小幅下降,2016年后继续保持上升势头。从下图可以看出,新兴国家贸易进出口总额中,中国的贸易进出口总额高于其他国家,尤其是在2001年中国加入WTO后,进出口贸易总额大幅提升,截至2019年中国进出口贸易总额是其他新兴国家10倍以上,并且在2019年左右超越美国,成为世界贸易进出口第一大国。

为了反映G20成员之间资本流动的地理信息,首先,可以通过G20成员之间的资本净流入(见图11.4)获得贸易距离,这可以反映出世界主要经济体的资本流动关系和相互关系。其次,计算G20成员的空间权重矩阵,以反映世界主要经济体的地理依赖性,并进一步与贸易地理加权矩阵相结合,公式如下:

$$w_{ij} = \frac{1}{\text{distance}_{ij} \times \text{invf}_{ij}} \quad (11.23)$$

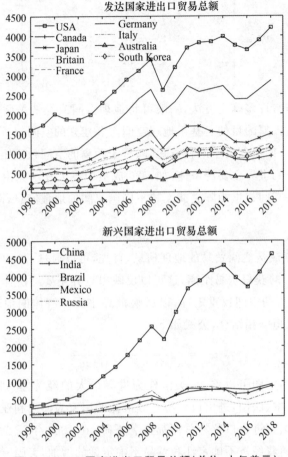

图 11.3　G20 国家进出口贸易总额(单位：十亿美元)

数据来源：BvD 数据库，并经笔者计算整理。

从图 11.4 中的上图可以看出，发达国家中，美国的资本净流入波动最为剧烈，在 2014 年至 2015 年，资本净流入剧烈增加，可能是美国加息缩表所致。其余发达国家波动较为平缓。从下图可以看出，新兴国家中，中国的资本净流入波动幅度很大，在 2002 年之后急剧增加，在 2007 年美国次贷危机后下降，并在 2009 年后继续提升，2016 年达到负值，之后继续提升。

11.5.3　描述性统计

表 11.1 给出了主要变量的描述性统计，可以看出，Y_{Gap} 的均值为 0，标准差为 32.15。π 的均值为 4.528，标准差为 0.275。Rate 的均值为 4.784，标准差为 5.025，有些国家在不同时期甚至出现负的政策利率，如 2016 年至 2017 年的意大利；也有些国家如土耳其在 2001 年曾经发生较为严重的金融危机，利率非常高。汇率的均值为 4.608，标准差为 0.177。EPU 指数(对数)的均值为 4.696，标准差为 0.538。

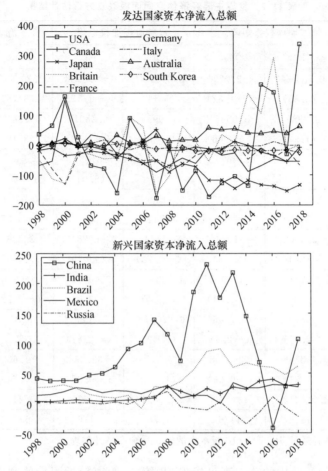

图 11.4 G20 国家资本净流入总额（单位：十亿美元）

数据来源：BvD 数据库，并经笔者计算整理。

表 11.1 主要变量的描述性统计

variable	N	mean	sd	min	p50	max
Rate	1176	4.784	5.025	−0.330	3.763	37.80
π	1176	4.528	0.275	2.404	4.584	5.171
lnEr	1176	4.608	0.177	4.044	4.612	5.081
Y_{Gap}	1176	0	32.15	−277.1	−0.262	223.5
lnEpu	1176	4.696	0.538	2.866	4.682	6.613

数据来源：BvD 数据库和 Baker 等（2016），并经笔者计算整理。

11.5.4 空间面板联立方程估计结果

表 11.2 为 G20 成员中世界主要经济体面板联立方程估计结果，前两列为地理权重矩阵估计结果，中间两列为贸易地理加权矩阵估计结果，后两列为资本流动地理加权矩阵估计结果。

表 11.2 世界主要经济体空间面板联立方程估计结果

	地理权重矩阵		贸易地理加权矩阵		资本流动地理加权矩阵	
	Rate	Y_{Gap}	Rate	Y_{Gap}	Rate	Y_{Gap}
$W \times$ Rate	0.7555***	−2.029*	0.6954***	−0.6933	1.3011***	1.0326**
	(3.85)	(−1.82)	(5.11)	(−1.17)	(8.78)	(2.25)
$W \times Y_{Gap}$	0.2985*	−5.0588***	0.0953	−5.2801***	0.138***	10.0322***
	(1.93)	(−3.06)	(1.55)	(−3.02)	(3.19)	(4.88)
Rate		6.7467***		7.8103***		−7.106***
		(6.7)		(5.04)		(−4.65)
Y_{Gap}	0.1434***		0.1109***		−0.0963***	
	(5.68)		(4.11)		(−3.37)	
π	−3.9802**	27.1974**	−5.4444***	43.6328***	2.2367	23.4066*
	(−2.46)	(2.36)	(−5.78)	(4.01)	(1.59)	(1.95)
lnEr	1.7455	−11.9986	4.0331***	−32.0712***	−3.0776**	−28.2697**
	(1.03)	(−1.01)	(4.04)	(−3.04)	(−2.22)	(−2.29)
lnEpu	1.569***	−10.7046***	0.9709***	−7.7086***	0.9289***	6.2228**
	(2.97)	(−2.8)	(3.02)	(−2.41)	(3.1)	(1.89)
_cons	4.3546	−29.5082	4.045	−33.8669	−1.6026	−17.8304
	(1.01)	(−0.96)	(1.07)	(−0.99)	(−0.49)	(−0.58)
Adj. R	0.4212	0.6510	0.1884	0.4579	0.2177	0.5596
N	1176	1176	1176	1176	1176	1176

数据来源：笔者通过 Stata 15 MP 版本中的 gs3sls 命令估计整理。

从地理权重矩阵中的第 1 列可以发现：第一，距离较近国家的利率（地理加权利率）对利率的影响非常显著，且方向相同。具体表现为，地理加权利率对利率的影响为 0.7555，周围国家增加利率会使本国利率也增加，周围国家降息也会使本国降息，影响幅度不超过 1%。这和现实相符，例如，以美国为首的发达国家降息，则会引起周围国家，如加拿大、墨西哥降息。第二，加权产出缺口和产出缺口对利率存在正向影响，这和作为基准的 Taylor(1993) 结论一致，可以发现，加权产出缺口系数是产出缺口系数的两倍，表明泰勒规则中，不仅产出缺口会影响短期利率的调整，周围国家的经济波动也会影响本国利率，甚至影响程度更高，但是显著程度并不高。与作为基准的 Taylor(1993) 结论不相符的是，通货膨胀对利率呈负向影响。经济政策不确定性的提升会提高利率，这个结论在三种不同的矩阵中都适用。从地理权重矩阵中的第 2 列可以发现：地理加权利率对产出缺口呈负向影响，而利率对产出缺口呈正向影响，原因可能是，周围国家加息会导致资本外流，进而造成本国储蓄资金减少，投资、消费减少，对产出缺口呈负向影响；当本国加息缩表时，本国经济良好，加息缩表只是为了抑制通货膨胀，这和 2015 年时的美国相似，采用加息缩表的货币政策。值得注意的是，此时经济政策不确定性对产出缺口呈负向影响，这也与现实相符，原因可能是，在全球经济政策不确定性提升的情况下,不确定性会影响人们的收入,影响人们的消费,进而影响产出。这一观点在许志伟和刘建丰(2019)中得到了证实。

从贸易地理加权矩阵中的第一列可以发现:第一,贸易地理加权利率对利率本身呈正向影响,这与地理权重矩阵第一列结果相一致,不同的是,贸易地理加权状态下的利率系数要小于仅加入地理信息,原因可能是,将贸易信息和地理信息结合后,相当于对地理权重矩阵 0.7555 进行了修正,调低了影响程度,而地理加权利率和贸易地理加权利率显著低于资本流动地理加权利率,原因可能是,国家与国家之间利率的溢出效应中,资本流动占较大部分,而贸易只占小部分。第二,贸易地理加权的产出缺口对利率影响并不显著,而将地理权重矩阵第一列和资本流动地理加权矩阵第一列对比,可以看出,贸易信息并没有在产出缺口渠道影响利率,但在资本流动渠道有一定作用。不加权的产出缺口和利率为正向关系,与地理权重矩阵第一列产出缺口和利率关系相一致。从贸易地理加权矩阵中的第二列可以发现,贸易地理加权利率对产出缺口影响并不显著,表明周围国家利率对产出影响并不通过贸易渠道,而周围国家贸易地理加权产出缺口对产出缺口具有负向效应。同时,经济政策不确定性会对产出带来负向影响。

从资本流动地理加权矩阵中的第一列可以发现:资本流动地理加权利率和产出缺口会对利率产生正向影响,与贸易地理加权利率对比,表明两国之间主要通过资本流动渠道传递利率和产出缺口的影响。从资本流动地理加权矩阵中的第二列可以发现,资本流动地理加权利率和产出缺口均对产出缺口具有正向影响,这与地理加权利率和产出缺口关系相反,原因可能是,在包含资本流动信息的权重矩阵下,周围国家的宽松或者缩表行为,即经济增长或衰退会给本国带来"顺周期"调节,资本流动在国家间起到至关重要的作用,或是促进两国经济增长的源泉之一。

11.6 结 论

本章通过构建地理权重矩阵、贸易地理加权矩阵、资本流动地理加权矩阵,研究 G20 成员宏观经济变量间的空间溢出效应。通过 G20 成员贸易进出口总额发现,美国和中国的进出口总额远高于其他国家,并且具有领先优势;从 G20 成员资本净流入总额发现,美国和中国资本净流入总额也高于其他国家,说明中国和美国作为新兴经济体和发达经济体的代表,会对周围经济体货币政策、宏观经济产生较大的影响。根据三种矩阵得出的结论存在差异:第一,从地理权重矩阵构建的联立方程中发现,距离较近国家的利率(地理加权利率)对利率的影响非常显著,且方向相同。加权产出缺口和产出缺口对利率存在正向影响,这和作为基准的 Taylor(1993)结论一致。与作为基准的 Taylor(1993)结论不相符的是,通货膨胀与利率呈负向关系。地理加权利率与产出缺口呈负向关系,而利率与产出缺口呈正向关系。第二,从贸易地理加权矩阵构建的联立方程中发现,加权的利率与利率本身是正向关系,但贸易地理加权状态下的利率系数要小于仅加入地理信息,贸易地理加权的产出缺口对利率影响并不显著。另外,贸易信息并没有在产出缺口渠道影响利率,但在资本流动渠道有一定作用。不加权的产出缺口和利率为正向关系,与地理权重矩阵中的产出缺口与利率关系相一致。第三,从资本流动地理加权矩阵构建的联立方程中发现,资本流动地理加权的利率和产出会对利率产生正向影响,与贸易地理加权利率对比,表明两国之间主要通过资本流动渠道传递利率和产出缺口的影响。资本流动地理加权的利率和产出缺口均对产出缺口表现为正向影响,这与地理加权利率和产出缺口关系相反。

11.7 空间面板联立方程 Stata 软件操作指导

11.7.1 研究目的

掌握运用 Stata 软件进行空间联立方程和空间面板联立方程操作,掌握 gs3sls 命令。

11.7.2 研究原理

通过借助 DIS 曲线和泰勒规则方程构建一个简化的宏观双向模型,并引入三种不同的空间权重矩阵,即地理权重矩阵、贸易地理加权矩阵和资本流动地理加权矩阵,研究在空间效应下 G20 成员货币政策空间传导机制。

11.7.3 变量指标选取

本章的主要经济体选自 G20 成员。由于 EPU 指数仅 14 个国家有数据,因此本章选择这 14 个国家,包括 9 个发达国家和 5 个新兴国家。其中,发达国家包括澳大利亚、加拿大、法国、德国、意大利、日本、韩国、英国、美国;新兴国家包括巴西、中国、印度、墨西哥、俄罗斯。本章使用季度数据,包括 1998 年第 1 季度至 2018 年第 4 季度数据,共 1176 个观测值,所有变量均来自 BvD 数据库。

11.7.4 软件应用与分析指导

1. 描述性统计分析

```
logout,save(Var_statistic) excel replace: tabstat rate lnpi lner hpgap2 lnmu, s(N mean sd min p50 max) format(%6.3f) c(s)
```

描述性统计结果如图 11.5 所示。

```
. logout,save(Var_statistic) excel replace: tabstat  rate lnpi lner    hpgap2   lnmu, s( N mean sd min p50 max )
> format(%6.3f) c(s)

    variable         N        mean        sd         min        p50         max
        rate    1176.000      4.784       5.025      -0.330     3.763      37.803
        lnpi    1176.000      4.528       0.275       2.404     4.584       5.171
        lner    1176.000      4.608       0.177       4.044     4.612       5.081
      hpgap2    1176.000      0.000      32.148    -277.116    -0.262     223.455
        lnmu    1176.000      4.696       0.538       2.866     4.682       6.613
```

图 11.5 描述性统计结果

2. 空间面板矩阵构建

在运用 gs3sls 命令之前,将空间权重矩阵拓展为面板类型的对角矩阵,以符合面板数据类型。代码如下(其余两种矩阵拓展方法相同,这里省略),其中 W_distance. dta 为原来的地理权重矩阵。

```
clear
spatwmat using W_distance.dta,name(W1)      // 距离矩阵
mat E = I(84)                               // 单位阵
mat EWd = E # W1                            // 0—1 大矩阵
svmat EWd,names(EWd)
keep EWd1—EWd1176
save EW_disatance,replace
```

3. 空间面板联立方程

实现基于 Emad(2013)的 Stata 代码命令 gs3sls 的相关代码如下:

作者信息:
  Emad Abd Elmessih Shehata
        Professor (PhD Economics)
  Agricultural Research Center—Agricultural Economics Research Institute—Egypt
  Email: emadstat@hotmail.com
  WebPage: http://emadstat.110mb.com/stata.htm
  WebPage at IDEAS: http://ideas.repec.org/f/psh494.html
  WebPage at EconPapers: http://econpapers.repec.org/RAS/psh494.htm
https://econpapers.repec.org/software/bocbocode/s457590.htm
使用方法:
gs3sls depvar indepvars [weight], wmfile(weight_file) var2(varlist) eq(1, 2)
  [ols 2sls 3sls sure mvreg lmspac lmhet lmnorm diag tests stand inv inv2
    aux(varlist) mfx(lin, log) order(#) coll zero tolog noconstant
    predict(new_var) resid(new_var) level(#) vce(vcetype)]

可使用的估计方法：

```
ols         Ordinary Least Squares (OLS)
2sls        Two-Stage Least Squares (2SLS)
3sls        Three-Stage Least Squares (3SLS)
sure        Seemingly Unrelated Regression Estimation (SURE)
mvreg       SURE with OLS DF adjustment (MVREG)
```

空间面板联立方程 gs2sls 代码运行如下：

附代码（表 2，STATA 16MP）：

```
*==============================================
*gs3sls 地理距离矩阵
*==============================================
//G14
clear
use data2.dta,clear
xtset cntry quar
sort cntry quar
gs3sls rate lnpi lner lnmu, var2(hpgap2 lnpi lner lnmu) wmfile(EW_disatance) eq(1) order(1) mfx(lin) test
*==============================================
*gs3sls 资本流入地理距离矩阵
*==============================================
//G14
use data2.dta,clear
xtset cntry quar
sort cntry quar
gs3sls rate lnpi lner lnmu, var2(hpgap2 lnpi lner lnmu) wmfile(EW_invf_distance) eq(1) order(1) mfx(lin) test
*==============================================
*gs3sls 贸易地理距离矩阵
*==============================================
use data2.dta,clear
xtset cntry quar
sort cntry quar
gs3sls rate lnpi lner lnmu, var2(hpgap2 lnpi lner lnmu) wmfile(EW_tradeDist) eq(1) order(1) mfx(lin) test
```

4. 软件运行结果

（1）基于地理权重矩阵的空间面板模型回归结果如图 11.6 所示。

	Coef.	Std. Err.	t	P>|t|	[95% Conf. Interval]	
rate						
w1y_rate	.7555083	.1962515	3.85	0.000	.3706632	1.140353
w1y_hpgap2	.298462	.1546324	1.93	0.054	-.0047689	.601693
hpgap2	.1433764	.0252333	5.68	0.000	.0938944	.1928585
lnpi	-3.98022	1.617652	-2.46	0.014	-7.152402	-.8080374
lner	1.745508	1.694569	1.03	0.303	-1.577505	5.068522
lnmu	1.56901	.5284605	2.97	0.003	.5327103	2.60531
_cons	4.354602	4.32924	1.01	0.315	-4.134948	12.84415
hpgap2						
w1y_hpgap2	-2.029042	1.113016	-1.82	0.068	-4.211643	.1535597
w1y_rate	-5.058842	1.65571	-3.06	0.002	-8.305655	-1.812029
rate	6.746666	1.007163	6.70	0.000	4.77164	8.721692
lnpi	27.19741	11.53699	2.36	0.018	4.573623	49.8212
lner	-11.99863	11.92743	-1.01	0.315	-35.38806	11.3908
lnmu	-10.70461	3.822416	-2.80	0.005	-18.20029	-3.208934
_cons	-29.50819	30.79354	-0.96	0.338	-89.89368	30.87731

Endogenous variables: rate hpgap2 w1y_rate w1y_hpgap2
Exogenous variables: lnpi lner lnmu w1x_lnpi w1x_lner w1x_lnmu w2x_lnpi w2x_lner w2x_lnmu

图 11.6 基于地理权重矩阵的空间面板模型回归结果

（2）基于贸易地理加权矩阵的空间面板模型回归结果如图 11.7 所示。

	Coef.	Std. Err.	t	P>|t|	[95% Conf. Interval]	
rate						
w1y_rate	.6954051	.1361089	5.11	0.000	.4284984	.9623118
w1y_hpgap2	.0952629	.0614716	1.55	0.121	-.0252816	.2158074
hpgap2	.1109175	.0269786	4.11	0.000	.0580131	.1638219
lnpi	-5.444388	.9424421	-5.78	0.000	-7.292498	-3.596279
lner	4.033119	.9990805	4.04	0.000	2.073943	5.992295
lnmu	.970852	.3214279	3.02	0.003	.3405386	1.601165
_cons	4.045031	3.763956	1.07	0.283	-3.336009	11.42607
hpgap2						
w1y_hpgap2	-.6932793	.5901512	-1.17	0.240	-1.850553	.4639948
w1y_rate	-5.28008	1.75119	-3.02	0.003	-8.714126	-1.846033
rate	7.810287	1.548336	5.04	0.000	4.774032	10.84654
lnpi	43.63282	10.87042	4.01	0.000	22.31615	64.9495
lner	-32.07117	10.56436	-3.04	0.002	-52.78766	-11.35467
lnmu	-7.70856	3.204419	-2.41	0.016	-13.99236	-1.424761
_cons	-33.86685	34.09407	-0.99	0.321	-100.7246	32.99091

Endogenous variables: rate hpgap2 w1y_rate w1y_hpgap2
Exogenous variables: lnpi lner lnmu w1x_lnpi w1x_lner w1x_lnmu w2x_lnpi w2x_lner w2x_lnmu

图 11.7 基于贸易地理加权矩阵的空间面板模型回归结果

(3) 基于资本流动地理加权矩阵的空间面板模型回归结果如图 11.8 所示。

	Coef.	Std. Err.	t	P>|t|	[95% Conf. Interval]	
rate						
w1y_rate	1.301075	.1482055	8.78	0.000	1.010447	1.591703
w1y_hpgap2	.1380035	.0433233	3.19	0.001	.0530476	.2229595
hpgap2	-.0963497	.0286199	-3.37	0.001	-.1524728	-.0402266
lnpi	2.236658	1.409003	1.59	0.113	-.5263667	4.999683
lner	-3.077582	1.386703	-2.22	0.027	-5.796877	-.3582874
lnmu	.9288501	.2993116	3.10	0.002	.3419064	1.515794
_cons	-1.602618	3.243934	-0.49	0.621	-7.963906	4.758669
hpgap2						
w1y_hpgap2	1.032608	.458133	2.25	0.024	.1342184	1.930997
w1y_rate	10.03216	2.054291	4.88	0.000	6.003736	14.06058
rate	-7.106021	1.528395	-4.65	0.000	-10.10317	-4.108871
lnpi	23.40655	11.97907	1.95	0.051	-.0841688	46.89726
lner	-28.26968	12.35233	-2.29	0.022	-52.49235	-4.047006
lnmu	6.222847	3.300229	1.89	0.059	-.2488336	12.69453
_cons	-17.83042	31.00342	-0.58	0.565	-78.62749	42.96664

Endogenous variables: rate hpgap2 w1y_rate w1y_hpgap2
Exogenous variables: lnpi lner lnmu w1x_lnpi w1x_lner w1x_lnmu w2x_lnpi w2x_lner w2x_lnmu

图 11.8 基于资本流动地理加权矩阵的空间面板模型回归结果

参 考 文 献

[1] Arikan C, Yalcin Y. Do The Countries' Monetary Policies Have Spatial Impact? [R]. University Library of Munich, Germany, 2017.

[2] Baisheng C, Songyao G. Nonlinear and Time-Varying Heterogeneity of the Spatial Effect of Monetary Policy in G20 Countries[C]. Working Paper, 2019.

[3] Baker S R, Bloom N, Davis S J. Measuring Economic Policy Uncertainty[J]. *The Quarterly Journal of Economics*, 2016, 131(4).

[4] Bhattacharjee A, Holly S. Taking Personalities out of Monetary Policy Decision Making? Interactions, Heterogeneity and Committee Decisions in the Bank of England's MPC[J]. CDMA Working Paper Series, 2006, 83(2).

[5] Blinder A S, Ehrmann M, Fratzscher M, *et al*. Central Bank Communication and Monetary Policy: A Survey of Theory and Evidence[J]. *Journal of Economic Literature*, 2008, 46(4).

[6] Bloom N, Floetotto M, Jaimovich N, *et al*. Really Uncertain Business Cycles[J]. *Econometrica*, 2018, 86(3).

[7] Bloom N. The Impact of Uncertainty Shocks[J]. *Econometrica*, 2009, 77(3).

[8] Canova F. The Transmission of US Shocks to Latin America[J]. *Journal of Applied Econometrics*, 2005, 20(2).

[9] Colombo V. Economic Policy Uncertainty in the US: Does It Matter for the Euro Area?[J]. *Economics Letters*, 2013, 121(1).

[10] Debarsy N, Dossougoin C, Ertur C, et al. Measuring Sovereign Risk Spillovers and Assessing the Role of Transmission Channels: A Spatial Econometrics Approach[J]. *Journal of Economic Dynamics and Control*, 2018, 87.

[11] Di Giacinto V. Differential Regional Effects of Monetary Policy: A Geographical SVAR Approach[J]. *International Regional Science Review*, 2003, 26(3).

[12] Emad S. GS3SLSAR: Stata Module to Estimate Generalized Spatial Autoregressive Three Stage Least Squares (3SLS) Cross Sections Regression[EB/OL]. (2013-01-16)[2022-07-01]. https://EconPapers.repec.org/RePEc:boc:bocode:s457590.

[13] Feldkircher M, Huber F. The International Transmission of US Shocks-Evidence from Bayesian Global Vector Autoregressions[J]. *European Economic Review*, 2016, 81.

[14] Gulen H, Ion M. Policy Uncertainty and Corporate Investment[J]. *Ssrn Electronic Journal*, 2013, 29(3).

[15] Kelejian H H, Tavlas G S, Hondroyiannis G. A Spatial Modelling Approach to Contagion among Emerging Economies[J]. *Open Economies Review*, 2006, 17(4-5).

[16] Kim S. International Transmission of U. S. Monetary Policy Shocks: Evidence from VAR's[J]. *Journal of Monetary Economics*, 2001, 48(2).

[17] Taylor J B. Discretion Versus Policy Rules in Practice[J]. *Carnegie-Rochester Conference Series on Public Policy*, 1993, 39(1).

[18] 李凤羽,杨墨竹. 经济政策不确定性会抑制企业投资吗?——基于中国经济政策不确定指数的实证研究[J]. 金融研究,2015,(4).

[19] 孟庆斌,师倩. 宏观经济政策不确定性对企业研发的影响:理论与经验研究[J]. 世界经济,2017,40(9).

[20] 谭小芬,张文婧. 经济政策不确定性影响企业投资的渠道分析[J]. 世界经济. 2017,40(12).

[21] 王博,李力,郝大鹏. 货币政策不确定性、违约风险与宏观经济波动[J]. 经济研究,2019,(3).

[22] 王义中,宋敏. 宏观经济不确定性、资金需求与公司投资[J]. 经济研究,2014,49(2).

[23] 许志伟,刘建丰. 收入不确定性、资产配置与货币政策选择[J]. 经济研究. 2019,54(5).

[24] 张喜艳,陈乐一. 经济政策不确定性的溢出效应及形成机理研究[J]. 统计研究,2019,36(1).

第 12 章 长三角城市房价和金融稳定性的时空相关效应分析

——基于空间 SUR 模型

摘 要：高房价是近年来我国中大城市的典型特征,长三角城市群以中大城市为主,在这些城市高房价现象十分普遍。本章将空间效应引入似乎不相关模型,尝试解释不同时期长三角城市群房价和金融稳定性之间存在的不同的空间相关效应。研究发现：在不同阶段,长三角地区不同城市房价分布不同,和金融稳定性的相关性也不同,但每一阶段房价与金融稳定性等因素都保持着正向变动。未来可以通过维持金融市场稳定、保持经济逐步增长态势、增强政府监管来调控长三角地区房价。

关键词：长三角城市；房价；金融稳定性；空间似乎不相关模型

12.1 引 言

根据"十三五"规划,目前纳入国家层面重点建设规划的城市群有 19 个,每个城市群的房价差异都很大。长三角城市群居民对购买房子的需求较大,导致房价波动相对其他城市群更加明显,所以长三角城市群房价波动需要合适的调控机制。因为房价的不断上涨会增加金融机构信贷风险和流动性风险,对金融市场产生巨大的破坏作用(张协奎等,2018),而金融变量变动导致的金融不稳定也必将引发房地产市场波动(高波等,2017),所以探索金融稳定性和房价变化之间的关系对调控房价以及维持金融稳定至关重要。

目前研究发现,房价和金融稳定性之间存在显著的时间效应(郭春风,2013；潘长春,2017),而房价本身存在显著的空间效应(丁敏,2015；陈煜雯,2016；陈卓,2019)。房价和金融稳定性之间的关系非常复杂,是否存在时空相关性是值得商榷的问题。本章试图利用空间似乎不相关模型即空间 SUR 模型验证长三角城市群房价和金融稳定性的时空关系,并解释各时期这种关系的变化以及变化的相关性,最后为当下如何有效调控长三角城市群房价,维持其金融稳定性提供解决方法。

12.2 文献综述

长期以来,国内外学者一直研究房价和金融稳定性之间的关系,一些学者以银行为金融系统的代表分析房价与金融稳定性的相关性。例如,Koetter 和 Poghosyan(2009)针对房价与银行经营稳定性之间的关系进行了探索,发现房价对长期均衡值的偏离对于银行稳定性有显著影响。邱崇明等(2011)通过协整理论、Probit 方法研究房价和银行体系稳定性之间的关系,发现房价上升不但不会使银行体系稳定,反而在偏离回归效应下使银行体系更不稳定。还有一些学者从信贷市场及房地产泡沫角度分析房地产市场波动对金融稳定性的影响。例如,赵园(2015)研究了房价波动、信贷结构与金融稳定性之间的关系,发现以房地产价格为代表的资产价格波动和金融稳定指数变动互为因果关系。沈悦等(2019)研究指出,金融稳定性和房价息息相关,金融支持程度的变化会引起房价波动,容易产生房价泡沫,如果房价泡沫破灭,就很可能引发金融危机。

很多学者对城市群房价影响因素进行了大量探索。例如,谭政勋(2014)利用 PMG 估计法探讨影响珠江三角洲商品房均衡价值的因素及房价偏离在不同城市间的溢出效应,发现人均可支配收入是推动房价上涨最重要的长期因素,通货膨胀次之,贷款的影响最小。张超(2018)对长三角地区 13 个城市的房价进行测度,发现存在泡沫,并且这种房价泡沫在不同年间波动较大,在各城市间具有空间相关性。兰峰等(2018)以长三角中游城市群的 25 个城市为例,分析了各城市间房价的空间溢出效应。

以上文献表明城市房价可能在不同时期体现出不同的特征,并且还可能存在空间效应。而金融稳定性在不同时期波动情况也是不同的,分析金融稳定性和房价的关系需要分阶段进行。由此,本章大胆推想房价和金融稳定性之间存在时空相关性,并通过建立空间 SUR 模型分析不同时期长三角不同城市房价与金融稳定性之间的关系来证明。

12.3 空间 SUR 模型理论和设定推导

12.3.1 模型理论介绍

空间 SUR 模型适用于在不同时间不同空间都存在相关性的面板数据,是在传统 SUR 模型基础上引入空间相关性,具体表达式为:

$$y_{tg} = \lambda_g W_g^y y_{tg} + X_{tg} \beta_g + W_g^x X_{tg} \theta_g + u_{tg}, \quad u_{tg} = \rho_g W_g^u u_{tg} + \varepsilon_{tg} \quad (12.1)$$

其中,下标 g 表示第 g 个方程,下标 t 表示第 t 个时期;λ_g 表示第 g 个方程中被解释变量 y_{tg} 的空间相关性;θ_g 表示第 g 个方程中解释变量 X_{tg} 的空间相关性;ρ_g 表示第 g 个方程中误差项 u_{tg} 的空间相关性。W_g^y、W_g^x、W_g^u 分别是因变量、自变量以及误差项对应的空间权重矩阵。误差项满足 $E(\varepsilon_{tg})=0$,$E(\varepsilon_{tg}\varepsilon_{sg}^T)=\sigma_{ts}(B_t^T B_s)^{-1}$。

空间 SUR 模型体系是由传统 SUR 模型和普通空间面板模型混合形成 7 种特殊形式的空间 SUR 模型构成的,如表 12.1 所示,由于定义 3 种不同的合适的权重矩阵比较困难，因此采用式(12.1)中的3种空间权重矩阵 $W_t^y = W_t^x = W_t^u = W$，但必须满足空间权重矩阵是对称矩阵的条件，同时 $A_t^{-1} = (I_N - \lambda_t W)^{-1}$ 和 $B_t^{-1} = (I_N - \rho_t W)^{-1}$ 也必须是存在的。几种特殊形式的空间 SUR 模型如表 12.1 所示。

表 12.1 特殊形式的空间 SUR 模型

模型名称	表达式	设定条件
空间独立 SUR 模型(SUR-SIM)	$y_{tg} = X_{tg}\beta_g + \varepsilon_{tg}$	$\lambda_g = \theta_g = \rho_g = 0$
空间 X 滞后 SUR 模型(SUR-SLX)	$y_{gt} = X_{gt}\beta_g + \theta_g W X_{gt} + \varepsilon_{gt}$	$\lambda_g = \rho_g = 0$
空间滞后 SUR 模型(SUR-SLM)	$y_{tg} = \lambda_g W y_{tg} + X_{tg}\beta_g + \varepsilon_{tg}$	$\theta_g = \rho_g = 0$
空间误差 SUR 模型(SUR-SEM)	$y_{tg} = X_{tg}\beta_g + u_{tg}, u_{tg} = \rho_g W u_{tg} + \varepsilon_{tg}$	$\lambda_g = \theta_g = 0$
空间杜宾 SUR 模型(SUR-SDM)	$y_{tg} = \lambda_g W y_{tg} + X_{tg}\beta_g + W X_{tg}\theta_g + \varepsilon_{tg}$	$\rho_g = 0$
空间杜宾误差 SUR 模型(SUR-SDEM)	$y_{tg} = X_{tg}\beta_g + u_{tg} + W X_{tg}\theta_g$, $u_{tg} = \rho_g W u_{tg} + \varepsilon_{tg}$	$\lambda_g = 0$
空间自回归误差的空间滞后模型(SUR-SARAR)	$y_{tg} = \lambda_g W y_{tg} + X_{tg}\beta_g + u_{tg}$, $u_{tg} = \rho_g W u_{tg} + \varepsilon_{tg}$	$\theta_g = 0$

12.3.2 模型估计方法介绍

空间 SUR 模型的估计方法很多，常用的有 MLE 估计、3SLS 估计、IV 估计、GMM 估计以及贝叶斯估计等(López et al.，2020；陈得文等，2012；Baltagi et al.，2011；邓明等，2013)，本章采用 MLE 估计和 3SLS 估计。

1. MLE 估计

Anselin(1988)很早就提出了空间 SUR 模型的思想并给出了极大似然估计 MLE 估计的过程，以空间误差 SUR 模型为例，在正态假设下，空间误差 SUR 模型的对数似然函数(忽略常数)以堆叠的形式存在，具体表达式为：

$$L = -(1/2)\ln|\Omega| - 1/2(Y - X\beta)^T \Omega^{-1}(Y - X\beta) \tag{12.2}$$

其中，Ω 是整个系统误差项的协方差矩阵，$\Omega = B^{-1}(\Sigma \otimes I)B$；$\Omega^{-1} = B^{-1}(\Sigma^{-1} \otimes I)B$，表示逆协方差矩阵；$B = (1 - \lambda W)$，是误差空间相关性中的一部分，$B^T B = I$。

将 Ω 和 Ω^{-1} 的具体表达式带入式(12.2)可得：

$$L = -(N/2)\ln|\Sigma| + \Sigma_t \ln|B_t| - (1/2)(Y - X\beta)^T B^T (\Sigma^{-1} \otimes I) B(Y - X\beta) \tag{12.3}$$

然后根据 MLE 估计的一般步骤求导计算，就可以得到模型系数的估计量，表达式为：

$$\beta = [X^T B^T (\sum\nolimits^{-1} \otimes I) B X^{-1}] x X^T B^T (\sum\nolimits^{-1} \otimes I) B y$$

$$\sum = \frac{1}{N} Z^T Z \tag{12.4}$$

其中，Z 是 $N \times T$ 的转换随机误差项，可以表示为：

$$Z = [z_1, z_2, \cdots, z_t] \tag{12.5}$$

$$z_t = B_t e_t = (1 - \lambda_t W) e_t = e_t - \lambda_t W e_t \quad (12.6)$$
$$e_t = y_t - X_t \beta_t \quad (12.7)$$

2. 3SLS 估计

空间 SUR 模型的 3SLS 估计方法和传统 SUR 模型一致,这种方法考虑内生变量的影响,相比 MLE 估计可实现性更高。(López et al.,2020)以空间滞后 SUR 模型为例,具体的 3SLS 估计过程为:每个方程选择的工具变量(IV)记为 Q_t,系统所有 IV 叠放在一起记为 Q,则对非球面误差方差 $\Omega = \Sigma \otimes I$ 的 IV 估计可以表示为:

$$b_{IV} = \{Z'Q[Q'(\sum \otimes I)Q]^{-1}Q'Z\}^{-1} Z'Q[Q'(\sum \otimes I)Q]^{-1}Q'y \quad (12.8)$$

内生变量的拟合值为:

$$b_{3SLS} = \{Z'[\sum{}^{-1} \otimes Q(Q'Q)^{-1}Q']Z\}^{-1} Z'[\sum{}^{-1} \otimes Q(Q'Q)^{-1}Q']y \quad (12.9)$$

计算跨方程的方差矩阵为:

$$\text{var}(b_{3SLS}) = \{Z'[\sum{}^{-1} \otimes Q(Q'Q)^{-1}Q']Z\}^{-1} \quad (12.10)$$

12.3.3 实证模型设定推导

如图 12.1 至图 12.3 所示,以 2008 年、2012 年和 2014 年长三角 26 个城市房价的空间百分位数分布为例,发现 3 个年份房价的空间分布不完全一致:有些城市房价 2008 年在 10%—50%的水平,2012 年和 2014 年降为 1%—10%的水平,但有些城市房价在不断上涨。可见,在不同时期不同地区,房价分布存在差异。Klingelhöfer 和 Sun(2019)研究中国住房政策与金融稳定性之间的关系时发现,2008 年、2010 年、2014 年都是住房政策指数变化显著的时间点,结合空间 SUR 模型要求每个截面样本数相等,如果对样本区间分时间段进行分析,就需要使每个时间段拥有相等年份数,最终选定的 3 个时间段为 2007—2009 年,2010—2012 年,2013—2015 年。

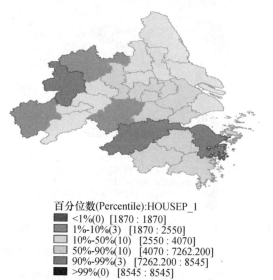

图 12.1　2008 年长三角 26 个城市房价的空间百分位数分布

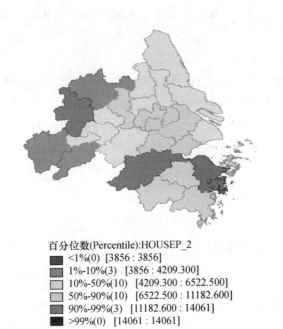

图 12.2　2012 年长三角 26 个城市房价的空间百分位数分布

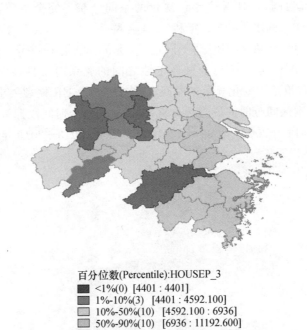

图 12.3　2014 年长三角 26 个城市房价的空间百分位数分布

实践中,往往会根据不同时期房价和金融稳定性之间的关系设定不同的线性方程,但本章没有依据来确定两者之间的关系,所以设定的线性方程基本形式相同,即房价和各解释变量之间都存在线性相关($g=1$),空间 SUR 模型可以表示为:

$$\ln y_t = \lambda_t W \ln y_t + X_t \beta_t + W X_t \theta_t + \varepsilon_t \tag{12.11}$$

其中，$\ln y_t(t \times N)$代表的是 t 时期的房价，$X_t(n \times N)$包含 t 时期对应的金融稳定性变量和控制变量，λ_t 是 t 时期房价的空间滞后系数，$\beta_t(n \times 1)$ 是 t 时期 n 个解释变量和控制变量的影响系数，$\theta_t(n \times 1)$ 是 t 时期 n 个解释变量和控制变量的空间影响系数，ε_t 是 t 时期影响房价的随机干扰项。

12.4 实证分析

12.4.1 变量选取和数据来源

鉴于数据可得性及变量需要具有代表性，本章选取的相关变量如下：

一是房地产价格方面(因变量 hp)：本章使用商品房销售额与商品房销售面积之比计算出的商品房平均销售价格来衡量房地产价格。

二是金融稳定性方面(核心解释变量 fs)：金融稳定性指标的选取是本章研究的关键之一，国外学者选取指标的方法各不相同，有学者直接使用不良贷款、银行破产率、危机概率来衡量金融稳定性(Grineau et al.，2019；Bruha et al.，2018；Albu et al.，2019)，还有学者用综合金融稳定性指数来衡量(Illing et al.，2006；Jakubik et al.，2013；Canale et al.，2018)，本章使用简单指标法即金融机构存贷比来衡量。

三是其他方面因素(控制变量)：骆永民等(2015)认为，房价波动和经济稳定性之间存在互动关联关系，既能相互支撑，又能相互制约，经济的快速集聚是房价高速增长的关键因素。李平(2007)认为，适度的房地产投资增长率有利于拉动经济增长，但如果增幅过高，则会引起经济波动，对房地产行业来说存货就会积压，进而影响房价。唐坚(2019)认为，房地产销售规模是房地产市场需求的重要体现，市场需求增加会引致房价上涨。唐文进等(2013)采用向量自回归方法证明消费与房价之间存在双向反馈机制，消费能力提高导致商品房销量增加，进而房价上涨。王春晖(2018)认为，政府土地财政政策对房价变动有重要影响。因此，本章综合考虑经济短期波动风险、房地产市场供给和市场需求、消费水平、政府支持的影响，根据数据可得性选择5种控制变量：HPGDP、房地产业完成投资额累计同比增长率、房地产业销售额累计同比增长率、城镇居民人均消费增长额和财政收支比。所有变量的具体选择以及计算公式如表12.2所示。

表 12.2 变量选取

变量类型	衡量方面	变量名称	计算公式
被解释变量	房价水平	商品房平均销售价格(hp)	商品房销售额/商品房销售面积
核心解释变量	金融稳定性	金融机构存贷比(fs)	金融机构存款余额/贷款余额

(续表)

变量类型	衡量方面	变量名称	计算公式
控制变量	经济短期波动风险	HPGDP(hg)	HP滤波计算出的GDP(城市层面)
	房地产市场供给	房地产业完成投资额累计同比增长率(hv)	(本年房地产完成投资额−去年房地产完成投资额)/去年房地产完成投资额×100%
	房地产市场需求	房地产业销售额累计同比增长率(si)	(本年房地产销售额−去年房地产销售额)/去年房地产销售额×100%
	消费水平	城镇居民人均消费增长额(uc)	本年城镇居民人均消费额−去年城镇居民人均消费额
	政府支持	财政收支比(fi)	财政收入/财政支出

将选取后的变量表达式带入式(12.11),可以表示为:

$$\begin{aligned}
\ln hp_1 =& \lambda_1 W \ln hp_1 + \beta_{11} fs_1 + \beta_{12} hg_1 + \beta_{13} hv_1 + \beta_{14} si_1 + \beta_{15} uc_1 + \beta_{16} fi_1 \\
& + W\theta_{11} fs_1 + W\theta_{12} hg_1 + W\theta_{13} hv_1 + W\theta_{14} si_1 + W\theta_{15} uc_1 + W\theta_{16} fi_1 + \varepsilon_1 \\
\ln hp_2 =& \lambda_2 W \ln hp_2 + \beta_{21} fs_2 + \beta_{22} hg_2 + \beta_{23} hv_2 + \beta_{24} si_2 + \beta_{25} uc_2 + \beta_{26} fi_2 \\
& + W\theta_{21} fs_2 + W\theta_{22} hg_2 + W\theta_{23} hv_2 + W\theta_{24} si_2 + W\theta_{25} uc_2 + W\theta_{26} fi_2 + \varepsilon_2 \\
\ln hp_3 =& \lambda_3 W \ln hp_3 + \beta_{31} fs_3 + \beta_{32} hg_3 + \beta_{33} hv_3 + \beta_{34} si_3 + \beta_{35} uc_3 + \beta_{36} fi_3 \\
& + W\theta_{31} fs_3 + W\theta_{32} hg_3 + W\theta_{33} hv_3 + W\theta_{34} si_3 + W\theta_{35} uc_3 + W\theta_{36} fi_3 + \varepsilon_3
\end{aligned} \quad (12.12)$$

本章的样本数据是 2016 年通过的《长江三角洲城市群发展规划》中 26 个城市 2006—2015 年的面板数据,其中以 2006 年数据为基期。数据来源于江苏省、安徽省、浙江省、上海市 2007—2016 年统计年鉴,同花顺 iFinD 数据库,中国人民银行官网。权重矩阵选择研究经济问题时常用的经济权重矩阵,一般依据两地 GDP 之差的倒数确定权重,两地 GDP 差距越大,权重越小,两地经济距离越远(张杰,2019),表达式为:

$$w_{ij} = \begin{cases} \dfrac{1}{|\overline{GDP}_i - \overline{GDP}_j|} & \text{当 } i \neq j \text{ 时} \\ 0 & \text{当 } i = j \text{ 时} \end{cases} \quad (12.13)$$

在实证中,通常会把定义的经济权重矩阵行标准化使用,同时对面板数据进行莫兰指数检验时需要构造空间面板经济权重矩阵,利用构造分块矩阵原理采用矩阵直积(克罗内克积),即 $W_{NT} = I_T \otimes W$。

12.4.2 数据特征分析

1. 描述性统计

从表 12.3 可以看出,房价变量的均值为 6718.24 元/平方米,价格较高,金融稳定性的均值为 1.36,表明长三角城市群的金融稳定性较高;每个变量的峰度和偏度都不为 0,说明各数据分布均为偏态分布;变量总体方差相对较小,表明长三角地区城市整体变化基本一致,没有明显的差异,已选取的样本不存在极端值,可以进行进一步的研究。

表 12.3 变量的描述性统计结果

变量	均值	标准差	中位数	最小值	最大值	偏度	峰度
fs(金融稳定性)	1.36	0.24	1.33	0.93	2.19	0.72	0.47
hg(经济短期波动风险)	86.03	125.26	41.19	1	909.8	3.22	13.28
hv(市场供给)	0.22	0.22	0.19	−0.25	1.4	1.23	3.91
si(市场需求)	0.36	2.15	0.16	−0.93	32.45	14.24	209.62
uc(消费水平)	1540.79	2300.87	1656.5	−9186	8835	−1.32	6.35
fi(政府支持)	0.77	0.21	0.81	0.3	1.17	−0.42	−0.63
hp(房价)(元/平方米)	6718.24	4873.11	5624	1793	63714	7.12	77.78

2. 面板个体和时间效应分析

如表 12.4 所示,前半部分是普通面板回归的结果,调整后的 R 方等于 0.4347,值比较小,说明模型的拟合效果并不是很好。F 统计量的 p 值明显小于 0.05,表明模型整体是显著的。各个变量对房价的解释能力从 p 值的显著效果来看,只有市场需求和消费水平与房价之间没有明显的关系,这与实际相矛盾。综合来看,OLS 回归结果不理想。后半部分是对面板数据进行一些简单的处理和检验,检验个体间是否有差异的 F 统计量对应的 p 值为 0.0107,小于 0.05,表明存在个体差异。检验不同时间是否有差异的 F 统计量对应 p 值为 0.06824,小于 0.1,表明存在时间差异。检验混合模型与固定效应模型的 F 统计量对应的 p 值显著小于 0.001,表明固定效应模型效果更优。Hausman 检验统计量对应的 p 值显著小于 0.001,表明固定效应模型比随机效应模型效果更优。以上结论都表明样本数据具有时空固定效应,这满足了空间 SUR 模型面板数据的基本特征。

表 12.4 面板数据基本检验结果

变量	系数值	t 值	p 值
常数	8.95	44.696	<2e-16***
fs(金融稳定性)	−0.61	−5.687	3.95E-08***
hg(经济短期波动风险)	0.0000902	4.27	2.88E-05***
hv(市场供给)	−0.429	−3.871	0.000142***
si(市场需求)	−0.00708	−0.636	0.525194

(续表)

变量	系数值	t 值	p 值
uc(消费水平)	0.00000142	0.133	0.893968
fi(政府支持)	0.743	5.594	6.35E-08***
R 方	0.4492	调整后的 R 方	0.4347
F 值	30.86	p 值	<2.2e-16***
检验个体间是否有差异			
F 值	1.7508	p 值	0.0107**
检验不同时间是否有差异			
F 值	1.3843	p 值	0.06824*
混合模型与固定效应模型比较			
F 值	27.072	p 值	<2.2e-16***
Hausman 检验			
卡方值	28.952	p 值	6.21E-05***

12.4.3 实证模型的估计和结果分析

1. 空间 SUR 模型事前检验

（1）空间相关性检验

全局莫兰指数检验是对研究变量进行空间相关性检验，结果如表 12.5 所示。

表 12.5 全局莫兰指数检验结果

Moran's I	Moran's I 期望	Moran's I 方差	Moran's I 标准偏差
0.3719	−0.004	0.0014	10.118
p 值	<2.20E-16	结论	存在空间相关性

表 12.5 中的数据显示，莫兰指数统计量值为 0.3719，是正值，表明长三角城市群的集聚是属性相同的集聚；对应的 p 值显著小于 0.001，拒绝原假设即房价水平存在正的空间相关性。

（2）空间 SUR 模型设定检验

LM 检验结果能反映空间 SUR 模型是否适合样本数据，检验结果见表 12.6。

表 12.6 LM 检验结果

LM 统计量类型	LM 统计量值	LM 检验自由度	p 值
LM-SUR-SLM	17.961	3	0.0004***
LM-SUR-SEM	8.912	3	0.0304**
LM*-SUR-SLM	23.669	3	0.0000***
LM*-SUR-SEM	14.62	3	0.0022***
LM-SUR-SARAR	27.136	6	0.0001***

如表 12.6 所示,各种模型的 p 值都能在 0.1 的显著性水平下拒绝原假设,其中最显著的是 SARAR 模型的 LM 统计量。因此,可以初步确定选用 SARAR 模型。

2. 空间 SUR 模型估计分析

因为 MLE 估计空间 SUR 模型的步骤比较完整,而 3SLS 只能估计 SUR-SLM 和 SUR-SDM 模型,所以本章先做 MLE 估计。

表 12.7(a)中,时期 1(2007—2009 年)结果显示,hg1、fi1 与 $\ln hp_1$ 存在显著的线性关系,表明该时期经济短期波动和政府支持能促进房价上涨,此外,3 种模型中空间 SUR-SLM 模型和空间 SUR-SIM 模型的 fs1 与 $\ln hp_1$ 显著相关,表明金融稳定性和房价之间不只是线性关系;时期 2(2010—2012 年)结果显示,显著影响房价波动的因素很多,其中金融稳定性和房价负相关,可见金融不稳定会抑制房价上涨;时期 3(2013—2015 年)结果显示,只有 fi3 的影响显著,空间相关性和误差空间相关性只有该时期不显著,表明该时期房价的地区间影响正在不断削弱,政府对房价的调控效果最好,房价相对稳定。

表 12.7(a) 基础空间 SUR 模型估计结果

	时期 1				时期 2				时期 3			
变量	系数	t 值	p 值	变量	系数	t 值	p 值	变量	系数	t 值	p 值
空间 SUR-SLM 模型												
fs1	−0.226	−2.56	0.011**	fs2	−0.308	−2.89	0.004***	fs3	−0.248	−1.23	0.221
hg1	0.001	6.98	0.000***	hg2	0.000	1.69	0.093*	hg3	0.001	1.24	0.217
hv1	−0.0801	−1.15	0.251	hv2	0.147	1.56	0.121	hv3	−0.303	−1.58	0.116
si1	0.0172	0.65	0.515	si2	−0.137	−2.09	0.038**	si3	0.131	0.92	0.359
uc1	0.000	1.04	0.298	uc2	0.000	2.29	0.023**	uc3	0.000	0.89	0.372
fi1	−0.66	5.03	0.000***	fi2	0.634	4.22	0.000***	fi3	1.02	3.93	0.000***
λ_1	0.323	4.10	0.000***	λ_2	0.398	4.56	0.000***	λ_3	0.196	1.51	0.131
空间 SUR-SIM 模型												
fs1	−0.213	−2.25	0.026**	fs2	−0.289	−2.42	0.016**	fs3	−0.23	−1.15	0.251
hg1	0.001	7.19	0.000***	hg2	0.000	0.88	0.379	hg3	0.001	1.42	0.158
hv1	−0.0504	−0.73	0.465	hv2	0.154	1.54	0.125	hv3	−0.29	−1.59	0.114
si1	0.026	0.96	0.338	si2	−0.177	−2.54	0.012**	si3	0.176	1.31	0.191
uc1	0.000	0.44	0.663	uc2	0.000	3.59	0.000***	uc3	0.000	0.29	0.775
fi1	0.947	7.32	0.000***	fi2	0.985	6.58	0.000***	fi3	1.15	4.92	0.000***
空间 SUR-SEM 模型												
fs1	−0.117	−1.26	0.208	fs2	−0.191	−1.72	0.087*	fs3	−0.16	−0.79	0.430
hg1	0.0014	7.45	0.000***	hg2	0.000225	1.47	0.143	hg3	0.00051	1.11	0.270
hv1	−0.0719	−1.04	0.301	hv2	0.162	1.82	0.071*	hv3	−0.35	−1.83	0.068*
si1	0.0113	0.46	0.647	si2	−0.135	−2.19	0.030**	si3	0.125	0.89	0.373
uc1	0.000	1.27	0.205	uc2	0.000	1.89	0.060*	uc3	0.000	1.05	0.293
fi1	0.817	5.61	0.000***	fi2	0.797	4.62	0.000***	fi3	1.13	4.67	0.000***
ρ_1	0.512	4.73	0.000***	ρ_2	0.468	4.63	0.000***	ρ_3	0.122	0.77	0.440

表 12.7(b)中空间 SUR-SARAR 模型部分显示,在 3 个不同阶段房价同时受房价自身的空间相关性和误差空间相关性的影响,尤其是 2010—2012 年这两种效应都是显著的。空间 SUR-SDM 模型部分显示,解释变量空间相关性对每一阶段房价水平也是有影响的,尤其是金融稳定性的空间相关性影响基本显著为负,这补充了其他模型对金融稳定性和房价水平关系的解释,使影响效果更全面。

表 12.7(b) 基础空间 SUR 模型估计结果

	时期 1				时期 2				时期 3			
变量	系数	t 值	p 值	变量	系数	t 值	p 值	变量	系数	t 值	p 值	
空间 SUR-SARAR 模型												
fs1	−0.283	−3.24	0.001***	fs2	−0.391	−4.13	0.000***	fs3	−0.508	−3.18	0.002***	
hg1	0.00129	6.67	0.000***	hg2	0.000254	1.68	0.094*	hg3	0.000567	1.35	0.180	
hv1	−0.063	−0.87	0.385	hv2	0.123	1.32	0.190	hv3	−0.161	−1.11	0.268	
si1	0.0188	0.68	0.496	si2	−0.124	−1.85	0.065*	si3	0.0185	0.16	0.876	
uc1	0.000	0.84	0.404	uc2	0.000	2.96	0.003***	uc3	0.000	1.02	0.310	
fi1	0.586	4.47	0.000***	fi2	0.476	3.64	0.000***	fi3	0.578	3.12	0.002***	
λ_1	0.415	4.92	0.000***	λ_2	0.583	7.60	0.000***	λ_3	0.587	6.52	0.000***	
ρ_1	−0.13	−0.67	0.503	ρ_2	−0.477	−2.66	0.009***	ρ_3	−1.00	−6.23	0.000***	
空间 SUR-SDM 模型												
fs1	−0.165	−1.69	0.093*	fs2	−0.246	−2.29	0.023**	fs3	−0.28	−1.49	0.138	
hg1	0.00135	7.03	0.000***	hg2	0.000314	1.87	0.063*	hg3	0.000777	1.82	0.070*	
hv1	−0.0181	−0.25	0.804	hv2	−0.0585	−0.61	0.544	hv3	−0.194	−1.24	0.215	
si1	0.0136	0.50	0.619	si2	−0.197	−2.86	0.005***	si3	0.102	0.82	0.412	
uc1	0.000	0.31	0.756	uc2	0.000	4.32	0.000***	uc3	0.000	0.28	0.781	
fi1	0.779	5.17	0.000***	fi2	0.62	3.44	0.001***	fi3	0.704	2.55	0.011**	
θ_{11}	−0.615	−2.62	0.009***	θ_{21}	−0.63	−2.01	0.046**	θ_{31}	−2.43	−5.31	0.000***	
θ_{12}	−0.002	−2.84	0.005***	θ_{22}	−0.000	−0.89	0.375	θ_{32}	−0.000	−0.21	0.838	
θ_{13}	0.0902	0.56	0.577	θ_{23}	−0.377	−1.34	0.181	θ_{33}	−0.145	−0.35	0.726	
θ_{14}	0.0251	0.37	0.716	θ_{24}	−0.162	−0.70	0.484	θ_{34}	−0.681	−1.75	0.081*	
θ_{15}	−0.000	−1.47	0.143	θ_{25}	0.000	4.57	0.000***	θ_{35}	0.000	0.75	0.452	
θ_{16}	0.0941	0.29	0.770	θ_{26}	0.804	2.75	0.007***	θ_{36}	1.67	3.57	0.000***	
λ_1	0.282	2.23	0.027**	λ_2	−0.0602	−0.46	0.644	λ_3	−0.536	−3.51	0.001***	

表 12.7(c)中的结果显示,5 种模型的拟合效果越来越好,其中 SUR-SARAR 模型 3 个子方程对应的 R 方的值分别是 0.809、0.740、0.637,拟合效果较好,在 3 个不同时间段对应的解释变量显著性基本上小于 0.1,对房价水平的解释效果较好。整个模型的 R 方是 0.7212,拟合效果较好。而 SUR-SDM 模型的 R 方比 SUR-SARAR 模型更大,且 BP 统计量显著性更大(p 值更小),这意味着对样本面板数据拟合效果最好的模型是空间 SUR-SDM 模型。

表 12.7(c)　基础空间 SUR 模型估计结果

模型	R_1^2	R_2^2	R_3^2	R^2	BP统计量值	p 值
SUR-SLM	0.802	0.693	0.445	0.6299	104.6	1.59E-22***
SUR-SIM	0.737	0.537	0.384	0.5409	130.6	4.08E-28***
SUR-SEM	0.807	0.685	0.425	0.6212	110.8	7.29E-24***
SUR-SARAR	0.809	0.740	0.637	0.7212	99.58	1.91E-21***
SUR-SDM	0.826	0.751	0.647	0.7341	106.1	7.68E-23***

3. 空间 SUR 模型有效性检验

基于极大似然估计结果估计空间 SUR 模型相关的 5 种特殊形式模型：SIM、SLM、SEM、SDM 和 SARAR 模型，通过构造 LR 估计量比较这 5 种模型的适用性，LR 估计量的表达式为：

$$2[L(H_0) - L(H_1)] \tag{12.14}$$

其中，$L(H_0)$ 为原假设（无限制）的似然值，$L(H_1)$ 为对比模型（有限制）的似然值。该统计量服从渐进卡方分布 $\chi^2(n)$，自由度是限制条件的个数。

R 软件中 Spsur 包自带的 LR 检验包括 7 组，分别是 SUR-SIM 模型与 SUR-SLM 模型；SUR-SIM 模型与 SUR-SEM 模型；SUR-SIM 模型与 SUR-SARAR 模型；SUR-SLM 模型与 SUR-SARAR 模型；SUR-SEM 模型与 SUR-SARAR 模型；SUR-SLM 模型与 SUR-SDM 模型；SUR-SEM 模型与 SUR-SDM 模型。以 SUR-SIM 为基础模型、以 SUR-SLM 为基础模型以及以 SUR-SEM 为基础模型对应的原假设分别为：

$$H_{01}: \lambda_{gt} = \rho_{gt} = \theta_{gt} = 0 \tag{12.15}$$

$$H_{02}: \rho_{gt} = \theta_{gt} = 0 \tag{12.16}$$

$$H_{03}: \lambda_{gt} = \theta_{gt} = 0 \tag{12.17}$$

如果在一定的显著性水平上是拒绝原假设的，那么对比模型比基础模型效果更优；反之，接受原假设即基础模型效果更优。

表 12.8 中的数据显示，5 种基础模型 LR 检验中 SUR-SIM 模型与 SUR-SLM 模型的 LR 统计量值为 14.301，p 值为 0.003，显著小于 0.01，表明 SUR-SLM 模型更优；SUR-SIM 模型与 SUR-SEM 模型的 LR 统计量值为 10.954，对应的 p 值为 0.012，显著小于 0.05，表明 SUR-SEM 模型更优；SUR-SIM 模型与 SUR-SARAR 模型的 LR 统计量值为 30.247，p 值显著小于 0.01，表明 SUR-SARAR 模型更优；SUR-SLM 模型与 SUR-SARAR 模型的 LR 统计量值为 15.946，对应的 p 值显著小于 0.01，表明 SUR-SARAR 模型更优；SUR-SEM 模型与 SUR-SARAR 模型的 LR 统计量值为 19.293，对应的 p 值显著小于 0.01，表明 SUR-SARAR 模型更优；SUR-SLM 模型与 SUR-SDM 模型的 LR 统计量值为 56.673，对应的 p 值显著小于 0.01，表明 SUR-SDM 模型更优；SUR-SEM 模型与 SUR-SDM 模型的 LR 统计量值为 60.021，对应的 p 值显著小于 0.01，表明 SUR-SDM 模型更优。综合所有模型比较结果，可以得出以下结论：结合模型拟合效果，空间 SUR-SDM 模型是最优的模型。

表 12.8　LR 检验结果

检验内容	LR 统计量值	p 值
SUR-SIM vs SUR-SLM	14.301	0.003***
SUR-SIM vs SUR-SEM	10.954	0.012**
SUR-SIM vs SUR-SARAR	30.247	0.000***
SUR-SLM vs SUR-SARAR	15.946	0.001***
SUR-SEM vs SUR-SARAR	19.293	0.000***
SUR-SLM vs SUR-SDM	56.673	0.000***
SUR-SEM vs SUR-SDM	60.021	0.000***

这里对最优的 SUR-SDM 模型做 3SLS 估计，从而和前文的 MLE 估计比较有效性，结果如表 12.9 所示。

表 12.9　3SLS 估计的 SUR-SDM 模型结果

变量	系数	t 值	p 值	变量	系数	t 值	p 值	变量	系数	t 值	p 值
fs1	−0.244	−2.65	0.009***	fs2	−0.15485	−1.36	0.176	fs3	−0.014	−0.07	0.945
hg1	0.002	6.61	0.000***	hg2	0.001	3.21	0.002***	hg3	0.000	0.69	0.491
hv1	−0.082	−0.98	0.331	hv2	−0.1071	−0.71	0.476	hv3	−0.358	−1.62	0.107
si1	−0.033	−1.04	0.300	si2	−0.027	−0.31	0.758	si3	0.0169	0.11	0.915
uc1	0.000	2.00	0.047**	uc2	0.000	0.90	0.370	uc3	0.000	0.98	0.329
fi1	0.696	5.39	0.000***	fi2	0.56525	3.30	0.001***	fi3	0.949	3.31	0.001***
θ_{11}	−0.525	−2.34	0.020**	θ_{21}	−0.59644	−1.88	0.062*	θ_{31}	−0.826	−1.66	0.099*
θ_{12}	−0.001	−0.63	0.530	θ_{22}	0.000	0.41	0.679	θ_{32}	0.000	0.06	0.952
θ_{13}	−0.0443	−0.22	0.824	θ_{23}	−0.77101	−1.84	0.068*	θ_{33}	−0.236	−0.36	0.722
θ_{14}	−0.0207	−0.26	0.797	θ_{24}	0.29344	1.15	0.252	θ_{34}	−0.652	−1.24	0.217
θ_{15}	0.000	0.48	0.629	θ_{25}	0.000	2.42	0.016**	θ_{35}	−0.000	−0.11	0.912
θ_{16}	−0.218	−0.54	0.590	θ_{26}	0.1708	0.40	0.693	θ_{36}	0.276	0.44	0.660
λ_1	−0.192	−0.67	0.501	λ_2	−0.208	−0.72	0.474	λ_3	−0.162	−0.58	0.560
R_1^2	0.85	R_2^2	0.75	R_3^2	0.55	R^2	0.79				

表 12.9 中显示 3 个方程对应的 R 方分别是 0.85、0.75、0.55，整体 R 方是 0.79，结合表 12.7(c) 中的结果，比较发现 3SLS 估计的 SUR-SDM 模型拟合效果更好，在 3 个不同时间段对应的解释变量显著性基本上都小于 0.1，对房价水平的解释效果较好。但实际上，房价具有一定的空间效应，3SLS 估计的 SUR-SDM 模型系数 λ 都不显著。所以，最优的模型是 MLE 估计的 SUR-SDM 模型，根据表 12.7(b) 可以将最终的模型表示为：

$$hp_1 = 0.282Whp_1 − 0.165fs_1 + 0.00135hg_1 − 0.0181hv_1 + 0.0136si_1 + 0.000uc_1$$
$$+ 0.779fi_1 − 0.615Wfs_1 − 0.002Whg_1 + 0.0902Whv_1 + 0.0251Wsi_1$$
$$− 0.000Wuc_1 + 0.0941fi_1 + \varepsilon_1$$

$$hp_2 = −0.0602Whp_2 − 0.246fs_2 + 0.000hg_2 − 0.0585hv_2 − 0.197si_2 + 0.000uc_2$$
$$+ 0.62fi_2 − 0.63Wfs_2 − 0.000Whg_2 − 0.377Whv_2 − 0.162Wsi_2$$
$$+ 0.000Wuc_2 + 0.804fi_2 + \varepsilon_2$$

$$hp_3 = -0.536Whp_3 - 0.28fs_3 + 0.000hg_3 - 0.194hv_3 + 0.102si_3 + 0.000uc_3$$
$$+ 0.704fi_3 - 2.43Wfs_3 - 0.000Whg_3 - 0.145Whv_3 - 0.681Wsi_3$$
$$+ 0.000Wuc_3 + 1.67fi_3 + \varepsilon_3 \tag{12.18}$$

此时,各方程误差项的协方差矩阵和相关系数矩阵如表 12.10 所示。

表 12.10　空间 SUR-SDM 模型残差相关矩阵

矩阵类型	残差的方差—协方差矩阵			残差的相关系数矩阵		
时期	时期 1	时期 2	时期 3	时期 1	时期 2	时期 3
时期 1	0.02345382	0.02000800	0.01718606	1	0.7902899	0.4709581
时期 2	0.02000800	0.02732883	0.02823048	0.7902899	1	0.7166721
时期 3	0.01718606	0.02823048	0.05677726	0.4709581	0.7166721	1

由表 12.10 中残差的方差—协方差矩阵数值可以看出,3 个时期残差基本呈现出同向变化,结合相关系数矩阵数据可以看出,3 个时期残差高度相关,这表明房价在 3 个时期的分布规律是有一定联系的,这对下一阶段房价的调控有一定借鉴价值。

4. 空间 SUR 模型边际效应分解

空间 SUR 模型的平均直接效应、平均间接效应和总效应如表 12.11 所示,结合 MLE 估计空间 SUR-SDM 模型的表达式,可以得出核心解释变量和各控制变量对房价水平的影响。

表 12.11　空间 SUR 模型的边际效应分解

平均直接效应				平均间接效应				总效应			
变量	均值	t 值	p 值	变量	均值	t 值	p 值	变量	均值	t 值	p 值
fs1	−0.196	−1.95	0.051*	x11	−0.922	−2.62	0.009***	x11	−1.12	−2.95	0.003***
hg1	0.00126	6.08	0.000***	x12	−0.0017	−2.01	0.044**	x12	−0.000437	−0.48	0.632
hv1	−0.0146	−0.22	0.829	x13	0.117	0.53	0.598	x13	0.102	0.44	0.662
si1	0.013	0.45	0.650	x14	0.0375	0.40	0.691	x14	0.0504	0.46	0.646
uc1	0.0000016	0.14	0.888	x15	−0.000056	−1.24	0.215	x15	−0.000055	−1.04	0.297
fi1	0.795	5.07	0.000***	x16	0.4	0.97	0.333	x16	1.19	2.79	0.005***
fs2	−0.239	−2.23	0.026**	x21	−0.578	−1.95	0.052*	x21	−0.816	−2.70	0.007***
hg2	0.000328	2.06	0.039**	x22	−0.000331	−0.95	0.344	x22	−0.000003	−0.01	0.994
hv2	−0.0465	−0.49	0.626	x23	−0.373	−1.39	0.166	x23	−0.42	−1.41	0.158
si2	−0.195	−2.91	0.004***	x24	−0.156	−0.70	0.484	x24	−0.351	−1.34	0.179
uc2	0.0000231	4.51	0.000***	x25	0.0000685	4.43	0.000***	x25	0.0000916	5.47	0.000***
fi2	0.601	3.23	0.001***	x26	0.737	3.39	0.001***	x26	1.34	8.41	0.000***
fs3	−0.0983	−0.49	0.627	x31	−1.63	−4.92	0.000***	x31	−1.73	−5.02	0.000***
hg3	0.000788	1.75	0.081*	x32	−0.000458	−0.55	0.584	x32	0.00033	0.34	0.738
hv3	−0.217	−1.21	0.226	x33	0.00981	0.03	0.975	x33	−0.207	−0.77	0.439
si3	0.175	1.44	0.149	x34	−0.538	−2.17	0.030**	x34	−0.364	−1.38	0.168
uc3	0.0000001	0.01	0.992	x35	0.000014	0.79	0.432	x35	0.0000141	0.78	0.437
fi3	0.598	1.99	0.046**	x36	0.946	2.68	0.007**	x36	1.54	6.83	0.000***

(1) 3个时期金融稳定性对房价的平均直接效应和平均间接效应为负,所以总效应也为负。这表明金融稳定性与房价是显著相关的,并且本地金融稳定性的变动对本地以及其他地区房价起抑制作用,即发生金融危机的地区带来的效应具有很强的破坏力和传染力。但每个时期影响力度不同,从系数值大小来看,2010—2012年金融稳定性的影响最强,其次是2007—2009年,2013—2015年这种影响开始减弱。

(2) 选取的控制变量对房价的影响各不相同。2007—2009年,经济短期波动,政府支持的平均直接效应为正,表明经济短期波动和政府支持对当地房价起促进作用;经济短期波动的平均间接效应为负,表明本地经济水平的变化会抑制周边地区房价的上涨。2010—2012年,经济短期波动、消费水平和政府支持对当地房价的影响是正的,表明一个地区经济短期波动越大,居民的消费水平越高,政府的支持力度越大,房价就越高;但经济短期波动和本地市场需求对周边地区的影响不显著,政府支持力度越大,居民消费水平越高,对周边地区房价越具有拉动作用。2013—2015年,从显著性来看,只有经济短期波动和政府支持对本地房价有促进作用,其他变量影响不大;在对周边地区的影响中,经济短期波动的作用不再显著,当地的住房需求和政府支持对其他地区的影响是显著的,表现为当地的住房需求越大,其他地区的房价就越低,当地政府支持力度越大,周边地区的房价也就越高。

12.5 总　　结

将空间SUR模型引入房价和金融稳定性的动态时空效应研究中,可以发现虽然在不同时期金融稳定性对房价的作用规律不同,但总体趋势一致。金融稳定性对房价上涨的抑制作用趋于稳定,其他环境变量对房价波动的牵制作用变大,则有机会寻找金融和房价稳定共生的市场。

根据以上结论可以给出相应的政策建议:一是要维持金融市场的稳定,保证不会出现金融危机;二是要维持经济的稳定增长,保证不会出现经济危机;三是要加大政府支持的力度,使政府对房价调控的影响越来越大,从而减少其他不可控因素对房价的干扰。此外,针对金融稳定性的动态时空性,我们建议加强长三角城市间的金融市场监管,鼓励形成区块金融体系,使金融稳定性的时空特征成为抑制房价高涨的有力工具。

12.6 软件操作指导

12.6.1 研究目的

本章探索房价和金融稳定性之间的时空相关效应,为当下如何有效调控长三角城市群房价,维持城市的金融稳定性提供解决方法。

12.6.2 研究原理

本章利用空间SUR模型验证长三角城市群房价和金融稳定性的时空关系并解释各个时期这种关系的变化以及变化存在的相关性。

12.6.3 数据收集

本章根据数据可得性及变量所需具备的代表性选取相关变量。本章从江苏省、安徽省、浙江省、上海市2007—2016年统计年鉴,同花顺iFinD数据库,中国人民银行官网收集数据整理成本书附带教学资料第12章中的spsurdata.csv、spsurdata1.csv、sp-surdata2.csv、spsurdata3.csv文件,计算的空间权重矩阵见jjjz.csv文件。

12.6.4 软件应用与分析指导

利用R软件编写长三角城市群房价和金融稳定性的空间SUR模型代码:

```
rm(list = ls())
################################安装包###########################
install.packages("mice")  #缺失值处理
install.packages("plm")
install.packages("MSBVAR")
install.packages("spdep")
install.packages("spsur")
install.packages("psych")
library(mice)
library(plm)
library(spdep)
library(spsur)
```

1. 数据预处理

代码如下:

```
#导入数据
fjdata = read.csv('E:\\空间计量理论研究\\空间SUR实验报告\\spsurdata.csv') #面板数据集
data1 = read.csv('E:\\空间计量理论研究\\空间SUR实验报告\\jjjz.csv',header = F) #权重矩阵
#转化为面板数据
rankData<-data.frame(fjdata,index = c("area","year"))
#定义变量
fs = rankData$fs;hg = rankData$hg;hv = rankData$hv;si = rankData$si;uc = rankData$uc;fi = rankData$fi
hp = rankData$hp
lnhp = log(rankData$hp)
#描述性统计
```

```
library(psych)
data2 = cbind(fs,hg,hv,si,uc,fi,hp)
describe(data2)
```

各变量描述性统计结果如图12.4所示。

```
   vars   n    mean      sd   median  trimmed     mad     min      max    range   skew
fs    1 234    1.36    0.24    1.33     1.34    0.24    0.93     2.19     1.26   0.72
hg    2 234   86.03  125.26   41.19    58.80   46.97    1.00   909.80   908.79   3.22
hv    3 234    0.22    0.22    0.19     0.20    0.19   -0.25     1.40     1.65   1.23
si    4 234    0.36    2.15    0.16     0.18    0.33   -0.93    32.45    33.38  14.24
uc    5 234 1540.79 2300.87 1656.50  1675.03  872.51 -9186.00 8835.00 18021.00  -1.32
fi    6 234    0.77    0.21    0.81     0.78    0.21    0.30     1.17     0.87  -0.42
hp    7 234 6718.24 4873.11 5624.00  6119.98 2397.36 1793.00 63714.00 61921.00   7.12
   kurtosis     se
fs     0.47   0.02
hg    13.28   8.19
hv     3.91   0.01
si   209.62   0.14
uc     6.35 150.41
fi    -0.63   0.01
hp    77.78 318.57
```

图 12.4 各变量描述性统计结果

编写以下代码:

```
#ols 回归
olsm <- lm(lnhp~fs + hg + hv + si + uc + fi)
summary(olsm)
#定义函数形式
form = lnhp~fs + hg + hv + si + uc + fi
#混合模型
pool <- plm(form,data = rankData,model = "pooling")
#检验个体间是否有差异
pooltest(form,data = rankData,effect = "individual",model = "within")
#检验不同时间是否有差异
pooltest(form,data = rankData,effect = "time",model = "within")
#存在两种效应的固定效应模型
wi <- plm(form,data = rankData,effect = "twoways",model = "within")
#F 检验判断混合模型与固定效应模型比较
pooltest(pool,wi)
#Hausman 检验判断应该采用何种模型,随机效应模型检验
phtest(form,data = rankData)
```

检验结果分别如图12.5、图12.6、图12.7和图12.8所示。

```
        F statistic

data:  form
F = 1.7508, df1 = 150, df2 = 52, p-value = 0.0107
alternative hypothesis: unstability
```

图 12.5 检验个体间是否有差异

```
        F statistic

data: form
F = 1.3843, df1 = 48, df2 = 171, p-value = 0.06824
alternative hypothesis: unstability
```

图 12.6　检验不同时间是否有差异

```
        F statistic

data: form
F = 27.072, df1 = 33, df2 = 194, p-value < 2.2e-16
alternative hypothesis: unstability
```

图 12.7　F 检验判断混合模型与固定效应模型比较结果

```
        Hausman Test

data: form
chisq = 28.952, df = 6, p-value = 6.213e-05
alternative hypothesis: one model is inconsistent
```

图 12.8　Hausman 检验判断应该采用何种模型以及随机效应模型检验结果

2. 空间相关性检验

代码如下：

```
空间计量模型部分##############
##生成空间权重矩阵
jjjz<-as.matrix(data1) #jjjz是行标准化的空间经济权重矩阵
I=diag(9) #定义单位矩阵
W0=kronecker(jjjz,I)
W1<-mat2listw(W0,style="M") #生成面板空间权重矩阵
##全局莫兰检验
moran.test(lnp,listw=W1)
```

检验结果如图 12.9 所示。

```
     Moran I test under randomisation

data: lnhp
weights: W1

Moran I statistic standard deviate = 10.118, p-value < 2.2e-16
alternative hypothesis: greater
sample estimates:
Moran I statistic       Expectation           Variance
     0.371856505        -0.004291845        0.001382088
```

图 12.9　莫兰检验结果

3. 空间 SUR 模型事前检验（LM 检验）

代码如下：

```
data11 = read.csv('E:\\空间计量理论研究\\空间 SUR 实验报告\\spsurdata1.csv')
data12 = read.csv('E:\\空间计量理论研究\\空间 SUR 实验报告\\spsurdata2.csv')
data13 = read.csv('E:\\空间计量理论研究\\空间 SUR 实验报告\\spsurdata3.csv')
fs1 = data11 $ fs;hg1 = data11 $ hg;hv1 = data11 $ hv;si1 = data11 $ si;uc1 = data11 $ uc;fi1
= data11 $ fi
lnhp1 = log(data11 $ hp)
fs2 = data12 $ fs;hg2 = data12 $ hg;hv2 = data12 $ hv;si2 = data12 $ si;uc2 = data12 $ uc;fi2
= data12 $ fi
lnhp2 = log(data12 $ hp)
fs3 = data13 $ fs;hg3 = data13 $ hg;hv3 = data13 $ hv;si3 = data13 $ si;uc3 = data13 $ uc;fi3
= data13 $ fi
lnhp3 = log(data13 $ hp)
data3 = data.frame(lnhp1,fs1,hg1,hv1,si1,uc1,fi1,lnhp2,fs2,hg2,hv2,si2,uc2,fi2,ln-
hp3,fs3,hg3,hv3,si3,uc3,fi3)
#设置函数形式
fjformula<- lnhp1|lnhp2|lnhp3~fs1 + hg1 + hv1 + si1 + uc1 + fi1|fs2 + hg2 + hv2 + si2 +
uc2 + fi2|fs3 + hg3 + hv3 + si3 + uc3 + fi3
##LM检验
LMs.fj <- lmtestspsur(Form = fjformula, data = data3,W = jjjz)
```

检验结果如图 12.10 所示。

```
                LM-Stat.  DF  p-value
LM-SUR-SLM       17.961    3  0.000448 ***
LM-SUR-SEM        8.912    3  0.030483 *
LM*-SUR-SLM      23.669    3  2.93e-05 ***
LM*-SUR-SEM      14.620    3  0.002172 **
LM-SUR-SARAR     27.136    6  0.000137 ***
---
Signif. codes:  0 '***' 0.001 '**' 0.01 '*' 0.05 '.' 0.1 ' ' 1
```

图 12.10 LM 检验结果

4. 空间 SUR 模型估计

代码如下：

```
##ML估计
fjSUR.slm   <- spsurml(Form = fjformula, data = data3, type = 'slm', W = jjjz,demean = T);
fjSUR.sim   <- spsurml(Form = fjformula, data = data3, type = 'sim', W = jjjz,demean = T);
fjSUR.sem   <- spsurml(Form = fjformula, data = data3, type = 'sem', W = jjjz,demean = T);
fjSUR.sarar <- spsurml(Form = fjformula, data = data3, type = 'sarar', W = jjjz,demean = T);
fjSUR.sdm   <- spsurml(Form = fjformula, data = data3, type = 'sdm', W = jjjz,demean = T);
#3SLS估计
fjSUR.sdm.3sls <- spsur3sls(Form = fjformula, data = data3, type = "sdm", W = jjjz)
summary(fjSUR.sdm.3sls)
```

检验结果如图 12.11 至图 12.16 所示。

```
Spatial SUR model type:  sim

Equation  1
          Estimate   Std. Error  t value   Pr(>|t|)
fs1_1  -2.1311e-01   9.4916e-02  -2.2453   0.02579 *
hg1_1   1.3772e-03   1.9160e-04   7.1881   1.132e-11 ***
hv1_1  -5.0399e-02   6.8849e-02  -0.7320   0.46497
si1_1   2.6039e-02   2.7128e-02   0.9599   0.33823
uc1_1   4.0715e-06   9.3384e-06   0.4360   0.66329
fi1_1   9.4714e-01   1.2941e-01   7.3192   5.219e-12 ***
---
Signif. codes:  0 '***' 0.001 '**' 0.01 '*' 0.05 '.' 0.1 ' ' 1
R-squared: 0.7371
  Equation  2
          Estimate   Std. Error  t value   Pr(>|t|)
fs2_2  -2.8866e-01   1.1914e-01  -2.4228   0.0162489 *
hg2_2   1.4389e-04   1.6323e-04   0.8815   0.3790567
hv2_2   1.5361e-01   9.9708e-02   1.5406   0.1249283
si2_2  -1.7702e-01   6.9699e-02  -2.5398   0.0118164 *
uc2_2   1.9874e-05   5.5414e-06   3.5865   0.0004169 ***
fi2_2   9.8504e-01   1.4980e-01   6.5757   3.775e-10 ***
---
Signif. codes:  0 '***' 0.001 '**' 0.01 '*' 0.05 '.' 0.1 ' ' 1
R-squared: 0.5366
```

图 12.11(a)　ML 估计的 SUR-SLM 模型结果

```
  Equation  3
          Estimate   Std. Error  t value   Pr(>|t|)
fs3_3  -2.2952e-01   1.9930e-01  -1.1517   0.2508
hg3_3   6.3131e-04   4.4537e-04   1.4175   0.1578
hv3_3  -2.9018e-01   1.8301e-01  -1.5856   0.1143
si3_3   1.7577e-01   1.3403e-01   1.3115   0.1911
uc3_3   2.8287e-06   9.8970e-06   0.2858   0.7753
fi3_3   1.1452e+00   2.3260e-01   4.9232   1.721e-06 ***
---
Signif. codes:  0 '***' 0.001 '**' 0.01 '*' 0.05 '.' 0.1 ' ' 1
R-squared: 0.3838
  Variance-Covariance Matrix of inter-equation residuals:
 0.03900308 0.03895266 0.03699243
 0.03895266 0.05274772 0.05507135
 0.03699243 0.05507135 0.09920759
Correlation Matrix of inter-equation residuals:
 1.0000000 0.8587876 0.5946904
 0.8587876 1.0000000 0.7612923
 0.5946904 0.7612923 1.0000000

 R-sq. pooled: 0.5409
 Log-Likelihood: 88.0561
 Breusch-Pagan: 130.6   p-value: (4.08e-28)
```

图 12.11(b)　ML 估计的 SUR-SLM 模型结果(续图 12.11(a))

```
Spatial SUR model type: sem

Equation 1
        Estimate    Std. Error  t value  Pr(>|t|)
fs1_1  -1.1660e-01  9.2378e-02  -1.2622   0.2083
hg1_1   1.4009e-03  1.8802e-04   7.4511   2.473e-12 ***
hv1_1  -7.1878e-02  6.9261e-02  -1.0378   0.3006
si1_1   1.1295e-02  2.4638e-02   0.4584   0.6471
uc1_1   1.1167e-05  8.7887e-06   1.2706   0.2053
fi1_1   8.1733e-01  1.4567e-01   5.6110   6.405e-08 ***
rho_1   5.1162e-01  1.0807e-01   4.7340   4.078e-06 ***
---
Signif. codes:  0 '***' 0.001 '**' 0.01 '*' 0.05 '.' 0.1 ' ' 1
R-squared: 0.8065
  Equation 2
        Estimate    Std. Error  t value  Pr(>|t|)
fs2_2  -1.9101e-01  1.1094e-01  -1.7218   0.08660 .
hg2_2   2.2515e-04  1.5312e-04   1.4704   0.14297
hv2_2   1.6231e-01  8.9379e-02   1.8159   0.07083 .
si2_2  -1.3506e-01  6.1632e-02  -2.1913   0.02954 *
uc2_2   9.7833e-06  5.1650e-06   1.8941   0.05960 .
fi2_2   7.9730e-01  1.7267e-01   4.6174   6.818e-06 ***
rho_2   4.6752e-01  1.0101e-01   4.6286   6.493e-06 ***
---
Signif. codes:  0 '***' 0.001 '**' 0.01 '*' 0.05 '.' 0.1 ' ' 1
R-squared: 0.6853
```

图 12.12(a)　ML 估计的 SUR-SIM 模型结果

```
  Equation 3
        Estimate    Std. Error  t value  Pr(>|t|)
fs3_3  -1.5978e-01  2.0199e-01  -0.7910   0.42983
hg3_3   5.1024e-04  4.6118e-04   1.1064   0.26985
hv3_3  -3.5005e-01  1.9110e-01  -1.8317   0.06843 .
si3_3   1.2461e-01  1.3943e-01   0.8937   0.37251
uc3_3   1.1019e-05  1.0448e-05   1.0546   0.29282
fi3_3   1.1267e+00  2.4107e-01   4.6737   5.326e-06 ***
rho_3   1.2206e-01  1.5776e-01   0.7737   0.43998
---
Signif. codes:  0 '***' 0.001 '**' 0.01 '*' 0.05 '.' 0.1 ' ' 1
R-squared: 0.4248
 Variance-Covariance Matrix of inter-equation residuals:
 0.02954409 0.02778345 0.02540272
 0.02778345 0.03834186 0.04249726
 0.02540272 0.04249726 0.09372593
Correlation Matrix of inter-equation residuals:
 1.0000000 0.8254947 0.4827419
 0.8254947 1.0000000 0.7089155
 0.4827419 0.7089155 1.0000000

R-sq. pooled: 0.6212
Log-Likelihood: 97.1314
Breusch-Pagan: 110.8   p-value: (7.29e-24)
LMM: 1.5487   p-value: (0.671)
```

图 12.12(b)　ML 估计的 SUR-SIM 模型结果(续图 12.12(a))

```
Spatial SUR model type:  sarar

Equation  1
            Estimate   Std. Error  t value   Pr(>|t|)
    fs1_1  -2.8280e-01  8.7304e-02  -3.2392   0.001399 **
    hg1_1   1.2904e-03  1.9348e-04   6.6695   2.361e-10 ***
    hv1_1  -6.3325e-02  7.2721e-02  -0.8708   0.384891
    si1_1   1.8835e-02  2.7592e-02   0.6826   0.495633
    uc1_1   7.7493e-06  9.2708e-06   0.8359   0.404198
    fi1_1   5.8598e-01  1.3121e-01   4.4661   1.318e-05 ***
 lambda_1   4.1454e-01  8.4183e-02   4.9243   1.745e-06 ***
    rho_1  -1.2966e-01  1.9321e-01  -0.6711   0.502928
---
Signif. codes:  0 '***' 0.001 '**' 0.01 '*' 0.05 '.' 0.1 ' ' 1
R-squared: 0.8087
 Equation  2
            Estimate   Std. Error  t value   Pr(>|t|)
    fs2_2  -3.9147e-01  9.4688e-02  -4.1343   5.199e-05 ***
    hg2_2   2.5429e-04  1.5097e-04   1.6843   0.0936464 .
    hv2_2   1.2322e-01  9.3611e-02   1.3163   0.1895340
    si2_2  -1.2381e-01  6.6767e-02  -1.8544   0.0651228 .
    uc2_2   1.5414e-05  5.2092e-06   2.9591   0.0034507 **
    fi2_2   4.7648e-01  1.3073e-01   3.6446   0.0003398 ***
 lambda_2   5.8265e-01  7.6670e-02   7.5995   1.059e-12 ***
    rho_2  -4.7662e-01  1.7951e-01  -2.6551   0.0085542 **
---
Signif. codes:  0 '***' 0.001 '**' 0.01 '*' 0.05 '.' 0.1 ' ' 1
R-squared: 0.7399
```

图 12.13(a)　ML 估计的 SUR-SEM 模型结果

```
 Equation  3
            Estimate   Std. Error  t value   Pr(>|t|)
    fs3_3  -5.0846e-01  1.5966e-01  -3.1846   0.001677 **
    hg3_3   5.6707e-04  4.2122e-04   1.3463   0.179713
    hv3_3  -1.6052e-01  1.4455e-01  -1.1105   0.268108
    si3_3   1.8451e-02  1.1804e-01   0.1563   0.875946
    uc3_3   8.4981e-06  8.3577e-06   1.0168   0.310458
    fi3_3   5.7818e-01  1.8553e-01   3.1164   0.002095 **
 lambda_3   5.8738e-01  9.0090e-02   6.5199   5.421e-10 ***
    rho_3  -1.0000e+00  1.6043e-01  -6.2331   2.580e-09 ***
---
Signif. codes:  0 '***' 0.001 '**' 0.01 '*' 0.05 '.' 0.1 ' ' 1
R-squared: 0.6373
 Variance-Covariance Matrix of inter-equation residuals:
0.02678680 0.02170222 0.01795972
0.02170222 0.02928531 0.02899395
0.01795972 0.02899395 0.06050628
Correlation Matrix of inter-equation residuals:
1.0000000 0.7748520 0.4461069
0.7748520 1.0000000 0.6887826
0.4461069 0.6887826 1.0000000

 R-sq. pooled: 0.7212
 Log-Likelihood:  105.588
 Breusch-Pagan: 99.58   p-value: (1.91e-21)
```

图 12.13(b)　ML 估计的 SUR-SEM 模型结果(续图 12.13(a))

```
Spatial SUR model type:  sarar

Equation  1
          Estimate   Std. Error  t value  Pr(>|t|)
fs1_1    -2.8280e-01  8.7304e-02  -3.2392  0.001399 **
hg1_1     1.2904e-03  1.9348e-04   6.6695  2.361e-10 ***
hv1_1    -6.3325e-02  7.2721e-02  -0.8708  0.384891
si1_1     1.8835e-02  2.7592e-02   0.6826  0.495633
uc1_1     7.7493e-06  9.2708e-06   0.8359  0.404198
fi1_1     5.8598e-01  1.3121e-01   4.4661  1.318e-05 ***
lambda_1  4.1454e-01  8.4183e-02   4.9243  1.745e-06 ***
rho_1    -1.2966e-01  1.9321e-01  -0.6711  0.502928
---
Signif. codes:  0 '***' 0.001 '**' 0.01 '*' 0.05 '.' 0.1 ' ' 1
R-squared: 0.8087
  Equation  2
          Estimate   Std. Error  t value  Pr(>|t|)
fs2_2    -3.9147e-01  9.4688e-02  -4.1343  5.199e-05 ***
hg2_2     2.5429e-04  1.5097e-04   1.6843  0.0936464 .
hv2_2     1.2322e-01  9.3611e-02   1.3163  0.1895340
si2_2    -1.2381e-01  6.6767e-02  -1.8544  0.0651228 .
uc2_2     1.5414e-05  5.2092e-06   2.9591  0.0034507 **
fi2_2     4.7648e-01  1.3073e-01   3.6446  0.0003398 ***
lambda_2  5.8265e-01  7.6670e-02   7.5995  1.059e-12 ***
rho_2    -4.7662e-01  1.7951e-01  -2.6551  0.0085542 **
---
Signif. codes:  0 '***' 0.001 '**' 0.01 '*' 0.05 '.' 0.1 ' ' 1
R-squared: 0.7399
```

图 12.14(a) ML 估计的 SUR-SARAR 模型结果

```
  Equation  3
          Estimate   Std. Error  t value  Pr(>|t|)
fs3_3    -5.0846e-01  1.5966e-01  -3.1846  0.001677 **
hg3_3     5.6707e-04  4.2122e-04   1.3463  0.179713
hv3_3    -1.6052e-01  1.4455e-01  -1.1105  0.268108
si3_3     1.8451e-02  1.1804e-01   0.1563  0.875946
uc3_3     8.4981e-06  8.3577e-06   1.0168  0.310458
fi3_3     5.7818e-01  1.8553e-01   3.1164  0.002095 **
lambda_3  5.8738e-01  9.0090e-02   6.5199  5.421e-10 ***
rho_3    -1.0000e+00  1.6043e-01  -6.2331  2.580e-09 ***
---
Signif. codes:  0 '***' 0.001 '**' 0.01 '*' 0.05 '.' 0.1 ' ' 1
R-squared: 0.6373
 Variance-Covariance Matrix of inter-equation residuals:
 0.02678680 0.02170222 0.01795972
 0.02170222 0.02928531 0.02899395
 0.01795972 0.02899395 0.06050628
Correlation Matrix of inter-equation residuals:
 1.0000000 0.7748520 0.4461069
 0.7748520 1.0000000 0.6887826
 0.4461069 0.6887826 1.0000000

 R-sq. pooled: 0.7212
 Log-Likelihood:  105.588
 Breusch-Pagan: 99.58   p-value: (1.91e-21)
```

图 12.14(b) ML 估计的 SUR-SARAR 模型结果(续图 12.14(a))

```
Spatial SUR model type:   sdm

Equation  1
            Estimate   Std. Error  t value  Pr(>|t|)
  fs1_1   -1.6452e-01  9.7345e-02  -1.6901  0.092664  .
  hg1_1    1.3473e-03  1.9165e-04   7.0299  3.659e-11 ***
  hv1_1   -1.8068e-02  7.2688e-02  -0.2486  0.803962
  si1_1    1.3641e-02  2.7371e-02   0.4984  0.618790
  uc1_1    3.2127e-06  1.0345e-05   0.3105  0.756488
  fi1_1    7.7923e-01  1.5059e-01   5.1744  5.808e-07 ***
W_fs1_1   -6.1483e-01  2.3446e-01  -2.6223  0.009447  **
W_hg1_1   -1.6209e-03  5.7017e-04  -2.8428  0.004964  **
W_hv1_1    9.0216e-02  1.6129e-01   0.5593  0.576598
W_si1_1    2.5056e-02  6.8645e-02   0.3650  0.715512
W_uc1_1   -4.3605e-05  2.9639e-05  -1.4712  0.142907
W_fi1_1    9.4055e-02  3.2077e-01   0.2932  0.769679
lambda_1   2.8173e-01  1.2624e-01   2.2317  0.026810  *
---
Signif. codes:  0 '***' 0.001 '**' 0.01 '*' 0.05 '.' 0.1 ' ' 1
R-squared: 0.8261

 Equation  2
            Estimate   Std. Error  t value  Pr(>|t|)
  fs2_2   -2.4607e-01  1.0732e-01  -2.2927  0.0229636 *
  hg2_2    3.1408e-04  1.6802e-04   1.8693  0.0631326 .
  hv2_2   -5.8471e-02  9.6161e-02  -0.6080  0.5438862
  si2_2   -1.9702e-01  6.8963e-02  -2.8568  0.0047580 **
  uc2_2    2.4096e-05  5.5782e-06   4.3196  2.522e-05 ***
  fi2_2    6.1986e-01  1.8011e-01   3.4415  0.0007121 ***
W_fs2_2   -6.3323e-01  3.1560e-01  -2.0064  0.0462350 *
W_hg2_2   -3.2253e-04  3.6240e-04  -0.8900  0.3746077
W_hv2_2   -3.7708e-01  2.8081e-01  -1.3428  0.1809411
W_si2_2   -1.6248e-01  2.3147e-01  -0.7020  0.4835658
W_uc2_2    7.2855e-05  1.5955e-05   4.5662  8.935e-06 ***
W_fi2_2    8.0420e-01  2.9237e-01   2.7507  0.0065258 **

---
Signif. codes:  0 '***' 0.001 '**' 0.01 '*' 0.05 '.' 0.1 ' ' 1
R-squared: 0.7509
```

图 12.15(a) ML 估计的 SUR-SDM 模型结果

```
 Equation  3
            Estimate   Std. Error  t value  Pr(>|t|)
  fs3_3   -2.8002e-01  1.8809e-01  -1.4887  0.1382340
  hg3_3    7.7735e-04  4.2672e-04   1.8217  0.0700833 .
  hv3_3   -1.9364e-01  1.5569e-01  -1.2438  0.2151179
  si3_3    1.0211e-01  1.2411e-01   0.8227  0.4117127
  uc3_3    2.5926e-06  9.3190e-06   0.2782  0.7811628
  fi3_3    7.0443e-01  2.7593e-01   2.5529  0.0114716 *
W_fs3_3   -2.4324e+00  4.5797e-01  -5.3112  3.04e-07  ***
W_hg3_3   -2.4478e-04  1.1925e-03  -0.2053  0.8375887
W_hv3_3   -1.4534e-01  4.1445e-01  -0.3507  0.7262198
W_si3_3   -6.8130e-01  3.8848e-01  -1.7538  0.0810906 .
W_uc3_3    1.8054e-05  2.3972e-05   0.7531  0.4523052
W_fi3_3    1.6672e+00  4.6650e-01   3.5738  0.0004466 ***
lambda_3  -5.3628e-01  1.5276e-01  -3.5106  0.0005590 ***
---
Signif. codes:  0 '***' 0.001 '**' 0.01 '*' 0.05 '.' 0.1 ' ' 1
R-squared: 0.6465
 Variance-Covariance Matrix of inter-equation residuals:
0.02345382 0.02000800 0.01718606
0.02000800 0.02732883 0.02823048
0.01718606 0.02823048 0.05677726
Correlation Matrix of inter-equation residuals:
1.0000000 0.7902899 0.4709581
0.7902899 1.0000000 0.7166721
0.4709581 0.7166721 1.0000000

 R-sq. pooled: 0.7341
 Log-Likelihood:    134.095
 Breusch-Pagan: 106.1   p-value: (7.68e-23)
 LMM:   9.215   p-value: (0.0266)
```

图 12.15(b) ML 估计的 SUR-SDM 模型结果(续图 12.15(a))

```
Equation  1
                  Estimate    Std. Error  t value   Pr(>|t|)
(Intercept)_1   1.0529e+01   2.3860e+00   4.4129   1.725e-05  ***
fs1_1          -2.4364e-01   9.2029e-02  -2.6474   0.008806   **
hg1_1           1.5282e-03   2.3136e-04   6.6055   4.040e-10  ***
hv1_1          -8.2071e-02   8.4178e-02  -0.9750   0.330837
si1_1          -3.3073e-02   3.1816e-02  -1.0395   0.299917
uc1_1           2.4976e-05   1.2471e-05   2.0027   0.046663   *
fi1_1           6.9567e-01   1.2899e-01   5.3933   2.084e-07  ***
W_fs1_1        -5.2456e-01   2.2427e-01  -2.3390   0.020399   *
W_hg1_1        -5.2118e-04   8.2878e-04  -0.6289   0.530217
W_hv1_1        -4.4313e-02   1.9902e-01  -0.2227   0.824044
W_si1_1        -2.0694e-02   8.0474e-02  -0.2571   0.797349
W_uc1_1         1.7845e-05   3.6836e-05   0.4844   0.628647
W_fi1_1        -2.1849e-01   4.0451e-01  -0.5401   0.589743
lambda_1       -1.9212e-01   2.8494e-01  -0.6742   0.501004
---
Signif. codes:  0 '***' 0.001 '**' 0.01 '*' 0.05 '.' 0.1 ' ' 1
R-squared: 0.8536
    Equation  2
                  Estimate    Std. Error  t value   Pr(>|t|)
(Intercept)_2   1.0954e+01   2.5627e+00   4.2743   3.059e-05  ***
fs2_2          -1.5485e-01   1.1395e-01  -1.3589   0.175839
hg2_2           7.7754e-04   2.4216e-04   3.2108   0.001559   **
hv2_2          -1.0710e-01   1.5010e-01  -0.7135   0.476447
si2_2          -2.6928e-02   8.7092e-02  -0.3092   0.757520
uc2_2           6.7984e-06   7.5726e-06   0.8978   0.370472
fi2_2           5.6525e-01   1.7133e-01   3.2993   0.001162   **
W_fs2_2        -5.9644e-01   3.1808e-01  -1.8751   0.062343   .
W_hg2_2         1.8383e-04   4.4309e-04   0.4149   0.678705
W_hv2_2        -7.7101e-01   4.1981e-01  -1.8366   0.067872   .
```

图 12.16(a)　3SLS 估计的 SUR-SDM 模型结果

```
W_si2_2       2.9344e-01   2.5553e-01   1.1483   0.252300
W_uc2_2       4.9217e-05   2.0313e-05   2.4229   0.016355 *
W_fi2_2       1.7080e-01   4.3243e-01   0.3950   0.693318
lambda_2     -2.0800e-01   2.8979e-01  -0.7178   0.473809
---
Signif. codes:  0 '***' 0.001 '**' 0.01 '*' 0.05 '.' 0.1 ' ' 1
R-squared: 0.7525

  Equation  3
                Estimate     Std. Error  t value  Pr(>|t|)
(Intercept)_3  1.0834e+01   2.4464e+00   4.4287  1.615e-05 ***
fs3_3         -1.4041e-02   2.0229e-01  -0.0694   0.944735
hg3_3          3.6714e-04   5.3258e-04   0.6894   0.491460
hv3_3         -3.5786e-01   2.2080e-01  -1.6208   0.106762
si3_3          1.6929e-02   1.5925e-01   0.1063   0.915455
uc3_3          1.1408e-05   1.1663e-05   0.9781   0.329306
fi3_3          9.4893e-01   2.8652e-01   3.3120   0.001113 **
W_fs3_3       -8.2642e-01   4.9887e-01  -1.6566   0.099291 .
W_hg3_3        7.6040e-05   1.2744e-03   0.0597   0.952483
W_hv3_3       -2.3593e-01   6.6279e-01  -0.3560   0.722267
W_si3_3       -6.5232e-01   5.2617e-01  -1.2398   0.216624
W_uc3_3       -3.2245e-06   2.9159e-05  -0.1106   0.912067
W_fi3_3        2.7574e-01   6.2497e-01   0.4412   0.659581
lambda_3      -1.6163e-01   2.7698e-01  -0.5835   0.560240
---
Signif. codes:  0 '***' 0.001 '**' 0.01 '*' 0.05 '.' 0.1 ' ' 1
R-squared: 0.5537
  Variance-Covariance Matrix of inter-equation residuals:
 0.02475905 0.01340065 0.01206609
 0.01340065 0.03281785 0.02244610
 0.01206609 0.02244610 0.09127430
Correlation Matrix of inter-equation residuals:
 1.0000000 0.4701147 0.2538197
 0.4701147 1.0000000 0.4101205
 0.2538197 0.4101205 1.0000000

 R-sq. pooled: 0.7873
```

图 12.16(b)　3SLS 估计的 SUR-SDM 模型结果(续图 12.16(a))

5. 空间 SUR 模型有效性检验(LR 检验)

代码如下:

```
fjSUR.slm.lr<- lrtestspsur(Form = fjformula, data = data3,W = jjjz)
summary(fjSUR.sarar)
summary(fjSUR.sdm)
```

检验结果如图 12.17 所示。

```
LR test SUR-SIM versus SUR-SLM:
statistic:  14.301  p-value: ( 0.003 )
LR test SUR-SIM versus SUR-SEM:
statistic:  10.954  p-value: ( 0.012 )
LR test SUR-SIM versus SUR-SARAR:
statistic:  30.247  p-value: ( 0 )
LR test SUR-SLM versus SUR-SARAR:
statistic:  15.946  p-value: ( 0.001 )
LR test SUR-SEM versus SUR-SARAR:
statistic:  19.293  p-value: ( 0 )
LR testSUR-SLM versus SUR-SDM:
statistic:  56.673  p-value: ( 0 )
COMFAC LR test SUR-SEM versus SUR-SDM:
statific:  60.021  p-value: ( 0 )
```

图 12.17 LR 检验结果

6. 空间 SUR 模型效应分解

代码如下:

```
fjSUR.sdm.eff <- impacts(fjSUR.sdm, nsim = 234)
```

结果如图 12.18 所示。

```
Direct effects

          mean          sd       t-stat     p-val
fs1_1 -1.9641e-01  1.0047e-01  -1.9548  0.050601 .
hg1_1  1.2615e-03  2.0747e-04   6.0803  1.199e-09 ***
hv1_1 -1.4557e-02  6.7298e-02  -0.2163  0.828750
si1_1  1.2957e-02  2.8531e-02   0.4541  0.649725
uc1_1  1.5710e-06  1.1168e-05   0.1407  0.888132
fi1_1  7.9484e-01  1.5684e-01   5.0678  4.024e-07 ***
fs2_2 -2.3875e-01  1.0702e-01  -2.2310  0.025684 *
hg2_2  3.2841e-04  1.5914e-04   2.0637  0.039050 *
hv2_2 -4.6485e-02  9.5450e-02  -0.4870  0.626249
si2_2 -1.9504e-01  6.7052e-02  -2.9087  0.003629 **
uc2_2  2.3144e-05  5.1371e-06   4.5051  6.633e-06 ***
fi2_2  6.0112e-01  1.8616e-01   3.2291  0.001242 **
fs3_3 -9.8336e-02  2.0265e-01  -0.4853  0.627497
hg3_3  7.8800e-04  4.5116e-04   1.7466  0.080705 .
hv3_3 -2.1694e-01  1.7915e-01  -1.2109  0.225916
si3_3  1.7481e-01  1.2100e-01   1.4447  0.148536
uc3_3  1.0065e-07  9.5698e-06   0.0105  0.991608
fi3_3  5.9837e-01  3.0043e-01   1.9917  0.046399 *
---
Signif. codes:  0 '***' 0.001 '**' 0.01 '*' 0.05 '.' 0.1 ' ' 1
```

图 12.18(a) 空间 SUR-SDM 模型的直接效应结果

```
Indirect effects

              mean          sd      t-stat    p-val
fs1_1  -9.2185e-01   3.5161e-01   -2.6218   0.0087468  **
hg1_1  -1.6988e-03   8.4372e-04   -2.0134   0.0440691  *
hv1_1   1.1665e-01   2.2099e-01    0.5278   0.5976181
si1_1   3.7469e-02   9.4385e-02    0.3970   0.6913849
uc1_1  -5.6316e-05   4.5383e-05   -1.2409   0.2146489
fi1_1   4.0008e-01   4.1298e-01    0.9688   0.3326633
fs2_2  -5.7764e-01   2.9674e-01   -1.9466   0.0515850  .
hg2_2  -3.3123e-04   3.4974e-04   -0.9471   0.3436094
hv2_2  -3.7307e-01   2.6925e-01   -1.3856   0.1658787
si2_2  -1.5560e-01   2.2251e-01   -0.6993   0.4843637
uc2_2   6.8487e-05   1.5455e-05    4.4313   9.366e-06  ***
fi2_2   7.3685e-01   2.1710e-01    3.3940   0.0006888  ***
fs3_3  -1.6337e+00   3.3212e-01   -4.9189   8.704e-07  ***
hg3_3  -4.5830e-04   8.3715e-04   -0.5474   0.5840733
hv3_3   9.8053e-03   3.1560e-01    0.0311   0.9752145
si3_3  -5.3842e-01   2.4838e-01   -2.1678   0.0301776  *
uc3_3   1.4008e-05   1.7810e-05    0.7865   0.4315666
fi3_3   9.4585e-01   3.5317e-01    2.6781   0.0074035  **
```

图 12.18(b)　空间 SUR-SDM 模型的间接效应结果

```
Total effects

              mean          sd      t-stat    p-val
fs1_1  -1.1183e+00   3.7886e-01   -2.9517   0.003161   **
hg1_1  -4.3726e-04   9.1227e-04   -0.4793   0.631721
hv1_1   1.0209e-01   2.3347e-01    0.4373   0.661915
si1_1   5.0426e-02   1.0988e-01    0.4589   0.646280
uc1_1  -5.4744e-05   5.2540e-05   -1.0420   0.297428
fi1_1   1.1949e+00   4.2821e-01    2.7905   0.005263   **
fs2_2  -8.1639e-01   3.0288e-01   -2.6954   0.007030   **
hg2_2  -2.8198e-06   4.0147e-04   -0.0070   0.994396
hv2_2  -4.1956e-01   2.9689e-01   -1.4132   0.157601
si2_2  -3.5064e-01   2.6108e-01   -1.3430   0.179262
uc2_2   9.1630e-05   1.6746e-05    5.4716   4.459e-08  ***
fi2_2   1.3380e+00   1.5915e-01    8.4072   < 2.2e-16  ***
fs3_3  -1.7320e+00   3.4492e-01   -5.0214   5.129e-07  ***
hg3_3   3.2971e-04   9.8404e-04    0.3351   0.737583
hv3_3  -2.0713e-01   2.6769e-01   -0.7738   0.439062
si3_3  -3.6361e-01   2.6345e-01   -1.3802   0.167522
uc3_3   1.4109e-05   1.8165e-05    0.7767   0.437334
fi3_3   1.5442e+00   2.2596e-01    6.8340   8.259e-12  ***
---
Signif. codes:  0 '***' 0.001 '**' 0.01 '*' 0.05 '.' 0.1 ' ' 1
```

图 12.18(c)　空间 SUR-SDM 模型的总效应结果

参考文献

[1] Albu L L, Lupu R, Calin A C, et al. Nonlinear Modeling of Financial Stability Using Default Probabilities from the Capital Market[J]. *Romanian Journal of Economic Forecasting*, 2019, 22(1).

[2] Anselin L. A Test for Spatial Autocorrelation in Seemingly Unrelated Regressions[J]. *Economics Letters*, 1988, 28(4).

[3] Baltagi B H, Pirotte A. Seemingly Unrelated Regressions with Spatial Error Components[J]. *Empirical Economics*, 2011, 40(1).

[4] Brůha J, Kočenda E. Financial Stability in Europe: Banking and Sovereign risk[J]. *Journal of Financial Stability*, 2018, 36.

[5] Canale R R, De Grauwe P, Foresti P, et al. Is There a Trade-off between Free Capital Mobility, Financial Stability and Fiscal Policy Flexibility in the EMU?[J]. *Review of World Economics*, 2018, 154(1).

[6] Grineau S, Leon F. Information Sharing, Credit Booms and Financial Stability: Do Developing Economies Differ from Advanced Countries?[J]. *Journal of Financial Stability*, 2019, 40.

[7] Illing M, Liu Y. Measuring Financial Stress in a Developed Country: An Application to Canada[J]. *Journal of Financial Stability*, 2006, 2(3).

[8] Jakubik P, Slaaik T. How to Measure Financial (in) Stability in Emerging Europe?[C]. IES Working Paper, 2013.

[9] Klingelhöfer J, Sun R. Macroprudential Policy, Central Banks and Financial Stability: Evidence from China[J]. *Journal of International Money and Finance*, 2019, 93.

[10] Koetter M, Poghosyan T. Real Estate Prices and Bank Stability[J]. *Journal of Banking and Finance*, 2009, 34(6).

[11] López F A, Mínguez R, Mur J. ML versus IV Estimates of Spatial SUR Models: Evidence from the Case of Airbnb in Madrid Urban Area[J]. *The Annals of Regional Science*, 2020, 64.

[12] 陈得文,陶良虎.中国区域经济增长趋同及其空间效应分解——基于SUR-空间计量经济学分析[J].经济评论,2012,(3).

[13] 陈煜雯.长三角房价波动区域差异分析[J].财经界(学术版),2016,(7).

[14] 陈卓.房价偏离与"补涨"效应——以长三角地区为例[J].税务与经济,2019,(1).

[15] 邓明,钱争鸣.我国省际知识生产及其空间溢出的动态时变特征——基于Spatial SUR模型的经验分析[J].数理统计与管理,2013,32(4).

[16] 丁敏.长三角房价区域差异分析[J].新经济,2015,(14).

[17] 高波,樊学瑞,赵奉军.金融冲击与房地产市场波动——一个宏观分析框架及中国的经验证据[J].经济理论与经济管理,2017,(6).

[18] 郭春风.房地产价格波动与宏观审慎监管框架设计探析[J].特区经济,2013,(5).

[19] 兰峰,张毅.城市房价小周期波动下的空间溢出效应研究——以长江中游城市群25个城市为例[J].郑州大学学报(哲学社会科学版),2018,51(4).

[20] 李平.对我国房地产泡沫的测度研究[J].统计与决策,2007,(24).

[21] 骆永民,徐明星.经济波动、收入分配与房价[J].经济问题探索,2015,(12).

[22] 潘长春.经济周期、金融周期与货币政策关联机制的理论分析与计量研究[D].吉林大

学,2017.

[23] 邱崇明,李辉文.房价波动、银行不稳定和货币政策[J].财贸经济,2011,(3).

[24] 沈悦,李博阳,张嘉望.城市房价泡沫与金融稳定性——基于中国35个大中城市PVAR模型的实证研究[J].当代财经,2019,(4).

[25] 谭政勋.房价、房价偏离与溢出效应:来自珠江三角洲的经验证据[J].产经评论,2014,5(6).

[26] 唐坚.供需均衡视角下城市房价上涨动因分析[J].统计与决策,2019,(14).

[27] 唐文进,张坤.基于VEC模型的家庭债务、房价与消费的动态关系研究[J].统计与决策,2013,(15).

[28] 王春晖.地方财政与房产价格的经济解释及经验证据[J].统计与决策,2018,(5).

[29] 张超.长三角城市群房价泡沫测度及空间传染效应[J].中南财经政法大学学报,2018,(3).

[30] 张杰.中国省域农民人均收入收敛问题研究——基于空间计量视角[J].区域金融研究,2019,(5).

[31] 张协奎,代晓玲.我国高房价与金融风险的关系分析——基于VAR模型[J].价格月刊,2018,(7).

[32] 赵园.房价波动、信贷结构与金融稳定——基于1998—2012年数据的实证分析[J].武汉金融,2015,(12).

第13章 中国区域旅游业发展影响因素及其异质性分析
——基于地理加权回归模型

摘　要：我国拥有丰富的自然与人文旅游资源，近年来，在网络传播的促进下，历史悠久的旅游景点、新晋的网红打卡景点齐头并进，使得旅游业得到迅猛发展，旅游业发展水平再次成为许多学者关注的对象。本章通过莫兰检验发现，旅游业发展存在空间相关性，从而构建地理加权回归模型（GWR模型），并从城市发展情况、旅游投入水平、交通便利程度三大方面考核旅游业发展的影响因素。实证结果表明，GWR模型远远优于OLS模型，解释变量虽对不同省份的影响程度存在差异，但大体趋势较为一致，通过异质性分析得出，地区经济发展水平、交通便利程度、人力资本投入力度均对旅游业发展具有正向作用，而地区开放程度和旅行业竞争环境影响并不明显。

关键词：旅游业发展；空间相关性；空间异质性；地理加权回归模型

13.1　引　言

随着生活水平的提高，满足人们美好生活需求的新兴产业迎来了发展的最佳契机，而旅游作为常态化的休闲选择，被视作幸福产业之首。如今旅游业的发展已不再单一独立化，而是逐渐趋向于多元化，并且随着区域一体化的不断深入，省份间的交流愈发密切，地区间的相互影响力逐渐增加，因此，不但要加强旅游业高层次服务质量，更要打通省份间旅游业独立发展的隔膜，这样才能满足人们多重体验型的旅游需求。

现有研究大多关注旅游业对经济发展的促进作用，探究旅游业发展的影响因素等。而探究旅游业的发展水平，不仅要研究该行业的发展现状与影响因素，更要通过分析区域发展的空间特点，提高区域旅游业的竞争力，以强带弱，带动整体的进一步深入发展。基于GWR模型为空间变化提供了可度量的方法，能同时考虑空间相关性与异质性，本章希望通过构建GWR模型，分析影响各区域旅游业发展的主要因素及其异质性，探究空间特点，为进一步促进旅游业的高层次、高质量发展提出可行性建议。

13.2 文献综述

随着人们出游意愿的增强,旅游业的迅速发展引起了许多学者的深入研究。朱永凤等(2017)综合运用空间自相关模型、空间回归模型、OLS 模型、GWR 模型等,发现在 5A 级景区退出机制的影响下,交通、文化、旅游资源等都是造成空间异质性的关键因素。胡宇娜等(2018)通过 DEA 模型分析了中国旅行社效率的空间异质性,提出空间格局由原先的"川"字形逐渐发展为"山"字形,并探究了经济动力、人才动力、交通动力等的不同影响。赵传松等(2018)结合旅游业发展最新战略,以耦合协调度模型构建评价指标体系,发现省际差异逐渐缩小,趋向于均衡发展,并分析区域发展与旅游业发展的相关性。郑玲(2019)针对长三角地区旅游业,以旅游业产业增加值为研究对象,探究旅游业发展的空间相关性与溢出性。

关于旅游业发展的研究往往会遇到空间数据,而在一些经济问题的研究中,如果数据属于空间数据,则需要考虑空间非平稳性、空间异质性等问题,并且在对这类数据进行分析之前,通常会使用全局回归模型,同时采用 OLS 模型估计参数,所得到的结果则代表整个数据中的最优无偏估计。由于全局回归模型基于变量具有同质性,忽略了变量间的局部特性,在解决实际问题时,会发现每组观测数据往往来源于不同的空间,但该模型会忽略地理位置的影响,这与地理位置往往影响着参数的实际情况不相符合;而如果仅仅采用 OLS 模型,则只能得到一个平均值,无法探查每一个空间的情况。为了更好地研究空间数据之间的关系,可运用改进模型,如表 13.1 所示。

表 13.1 改进模型

		提出	方法	补充
局域回归分析	分区回归分析		将指标按一定标准(如行政、自然界限)划分为几个同质性区域,分别建立回归方程	1. 划分后数据差异较大,相差悬殊 2. 同一区域参数估计值相同,反之不同;交界处会有跳变,与实际不符
	窗口回归分析		在每个回归点周围定义区域,由窗口形状大小决定,在窗口内建立回归方程	能解决行政或自然分界处的跳变,但在相邻回归点仍存在,整个参数估计值仍为不连续、不光滑的
变参数回归模型		Casetti(1972)	度量参数在空间中的变化趋势	属于趋势拟合,对于复杂参数变化存在局限性
多层次模型		Goldstein(1986,1987);Mennis 等(2005)	把待估参数假设为 Gauss 分布	未充分考虑数据的空间结构,只适用于分层性质很明确的研究问题
随机系数模型		Aitken(1996)	把待估参数假设为有限混合分布	

基于局部平滑思想,Fortheringham 等(1996)引入 GWR 模型,将数据对应的空间参数直接放入回归参数之中,用局部加权最小二乘法进行参数估计,由于该方法较为

简单,结果直观明确,在经济学、地理学、气象学等领域都得到了广泛应用。地理加权回归与原来的经典线性回归、全局空间回归针对空间数据分析的区别如表 13.2 所示。

表 13.2 三种回归对比

	经典线性回归	全局空间回归	地理加权回归
空间信息	利用不充分	利用充分	利用充分
空间自相关性	不考虑	考虑	考虑
空间异质性	不考虑	不考虑	考虑
模型类别	全局模型	全局模型	局部模型
参数估计方法	最小二乘	极大似然估计、广义矩估计	加权最小二乘
模型评价指标	AIC, R^2	拉格朗日乘数、AIC, R^2, SC, R-LM	残差的 Moran's I, AIC, R^2, CV_{score}

在理论研究方面,大致分为估计与检验两大块。Brunsdon 等(1998)对 GWR 模型和 OLS 模型进行了比较,在完善 GWR 模型理论的基础上提出了需要改进的问题,并提出了针对地理加权回归的局部加权估计框架,这是目前采用最为广泛的方法,关键在于选择最优带宽;Fortheringham 等(2002)对 GWR 模型的原理、参数选择等问题进行了系统化的介绍;魏传华(2005)讨论了运用 GWR 模型对具有空间自相关的数据进行估计等问题;王劲峰等(2006)指出了选择合适的权重矩阵式建立 GWR 模型的关键所在;玄海燕等(2008)探究了模型权函数的选取原则;乔宁宁(2013)针对混合地理加权回归模型的空间相关性,提出新的检验统计量,并通过引入混合地理加权空间滞后回归模型,研究可能同时存在的空间异质性和相关性。

在应用研究方面,苏方林(2007)针对 1993—2002 年的中国省域 R&D 知识溢出数据,利用 GWR 模型对其空间非平稳性进行了实证分析,并检验了 GWR 模型和 OLS 模型的显著差异;沈思连等(2014)用 GWR 模型分析了河南省人口分布的影响因素,从而对制定合理的人口政策提出建议;韦米佳(2009)基于 GWR 模型对中国宏观经济增长的决定因素进行了分析,得出资本影响较大,而劳动力教育水平影响较小的结论。向书坚、许芳(2016)利用 GWR 模型对中国城镇化对城乡收入差距的影响进行分析,并对实施差异化的城镇化发展战略提出建议。

综上,从理论和应用两方面可以看出 GWR 模型在分析空间相关性和异质性方面的优越性,GWR 模型适合用来分析本章所要探讨的区域旅游业发展。

13.3 地理加权回归模型理论介绍

13.3.1 GWR 模型概述

全局回归模型公式如下:

$$y_i = \beta_0 + \sum \beta_k x_k + \varepsilon_i$$

GWR 模型则在这个模型基础上进行了拓展,将参数估计控制在局部范围内,表达式为：

$$y_i = \beta_0(u_i, v_i) + \sum_{j=1}^{k} x_{ij}\beta_{ij}(u_i, v_i) + \varepsilon_i(u_i, v_i) \tag{13.1}$$

其中，y_i 和 x_{ij} 代表被解释变量与解释变量矩阵在 i 处观测点上的值，$\beta_{ij}(u_i, v_i)$ 和 $\varepsilon_i(u_i, v_i)$ 是与地理位置有关的函数，当它们为定值时，就变成最初的全局回归。因此，GWR 模型为空间变化提供了一种可度量的方法，能够处理空间相关性与异质性问题。观察公式(13.1)可知，模型中未知参数数量大于观测值，共有 $n \times (p+1)$ 个，利用地理学第一定律思想，将回归参数假设为连续表面，以观测对象 i 和最近邻观测值为样本，根据 w_{ij} 衡量观测值对 i 点参数估计的重要程度，求回归系数：

$$\underset{\beta}{\text{Min}} \sum_{j=1}^{n} w_{ij} \left(y_j - \beta_0 - \sum_{j=1}^{k} \beta_{ij} x_{ij} \right)^2 \tag{13.2}$$

由此考虑两方面的空间信息，一是因变量的空间自相关，主要反映在空间权重上；二是因变量和其他变量之间的相关性，反映在局部回归系数上。

令 $W = \text{diag}(w_{i1}, w_{i2}, \cdots, w_{in})$，得到回归参数估计值：

$$\beta(u_i, v_i) = (X^\text{T} W(u_i, v_i) X)^{-1} X^\text{T} W(u_i, v_i) Y \tag{13.3}$$

13.3.2 GWR 模型的识别检验

1. 空间自相关分析

空间自相关分析主要是从整体上分析空间异质性，往往用莫兰指数刻画各要素观测值之间的关联程度。莫兰指数的取值范围为 $[-1,1]$，当其为 0 时，说明不存在空间相关性，当其为正时呈正相关，反之呈负相关。具体计算公式如下：

$$I = \frac{n \sum_{i=1}^{n} \sum_{j=1}^{n} W_{ij}(x_i - \bar{x})(x_j - \bar{x})}{\sum_{i=1}^{n} (x_i - \bar{x})^2 \sum_{i=1}^{n} \sum_{j=1}^{n} W_{ij}} \tag{13.4}$$

其中，n 为样本数量，W_{ij} 为空间权重矩阵。

与之类似，Geary's C 指数也可以检验全局空间自相关，只是更注重观测值的离差，而非中值离差的乘积，计算公式如下：

$$C = \frac{(n-1) \sum_{i=1}^{n} \sum_{j=1}^{n} w_{ij}(x_i - x_j)^2}{2 \sum_{i=1}^{n} \sum_{j=1}^{n} w_{ij} \sum_{i=1}^{n} (x_i - \bar{x})^2} \tag{13.5}$$

C 值取值范围为 $[0,2]$，以 1 为界划分空间关系，大于 1 呈负相关，反之呈正相关。

局部空间自相关可以反映出样本数据在局部空间上的关联程度，是对全局空间自相关刻画空间集聚程度的补充。它研究了每个空间单元与其周围相邻区域的相似度，并揭示出空间异质性，它也有两个指数用于检验，如表 13.3 所示。

表 13.3 局部自相关检验指数

名称	提出	公式
G_i 指数	Getis 和 Ord(2010)	$G_i = \sum_{j \neq i} w_{ij} x_j \Big/ \sum_{j \neq i} x_j$
局部莫兰指数	Anselin(1995)	$I_i = \dfrac{(X_i - \bar{X})\left[(n-1) - \bar{X}^2\right] \sum_{j=1}^{n} W_{ij}(X_j - \bar{X})}{\sum_{j=1, i \neq j}^{n} X_j^2}$

2. 事后空间相关性检验

在对空间模型完成回归之后,对模型进行检验,主要有两个目的,即通过空间模型的显著性推断有无意义,以及通过空间与非空间模型是否有显著区别推断是否有必要建立空间模型。事后空间相关性检验的主要方法如表 13.4 所示。

表 13.4 事后空间相关性检验方法

方法	提出	情况	检验内容
LM 检验	Anselin(1988)	存在空间异方差	误差项自相关检验($H_0: \lambda = 0$)
		存在因变量空间滞后	误差项自相关检验($H_0: \lambda = 0$)
		存在误差自相关	因变量空间自相关检验($H_0: \delta = 0$)
LR 检验	Anselin(1988)	比较无约束模型和约束模型的极大似然估计值	约束条件是否成立:$LR = 2(LR_{ur} - LR_r) \sim \chi^2(p)$
Wald 检验	Anselin(1988)	测量无约束估计量与约束估计量之间的距离	约束条件是否成立:$W \sim \chi^2(p)$

3. 事前空间相关性检验

对于全局和局部空间自相关,前面提到的指数只能说明自相关的存在性,不能作为建立空间计量模型的依据,空间计量是在最初回归方程的基础上加入约束条件,因此只有当约束条件显著时,空间计量方程才成立。事前空间相关性检验可用的方法如表 13.5 所示。

表 13.5 事前空间相关性检验方法

方法	提出	检验内容	适用性
Moran's I 检验	Moran(1950)	是否存在空间相关性	只研究空间相关性的存在性时
LM 检验	Anselin(1988)	$LM = TR^2 \sim \chi^2(n)$ 其中,n 为约束条件个数,R^2 由最小二乘估计法得到	适用于加了约束条件,原模型得到简化的情况
LM-Lag 检验	Anselin(1988)	因变量是否存在空间自相关	前提条件:误差、自变量均不存在空间自相关和异方差
稳健的 LM-Lag 检验	Bera 和 Yoon (1993)		忽略误差项的相关性
LM-Error 检验	Burridge(1980)	是否存在空间误差自相关	前提条件:误差、自变量均不存在空间自相关和异方差

(续表)

方法	提出	检验内容	适用性
稳健的 LM-Error 检验	Bera 和 Yoon (1993)		忽略因变量的空间相关性

13.3.3 空间权重矩阵

空间权重矩阵通过把问题转成矩阵,分析地理空间的相互影响,从而提升空间建模与运算的效率,在定义的过程中,需要根据"距离"量化研究对象的位置,目前常用的距离为地理距离、经济距离、技术距离等。

对基于距离函数的空间权重矩阵,主要依据与观测点的远近赋予不同的权重,常用的计算方法有如下三种:

(1) 距离阈值法

这一方法的关键是确定合适的阈值 D,实质为移动窗口法,公式如下:

$$W_{ij} = \begin{cases} 1 & d_{ij} \leqslant D \\ 0 & d_{ij} > D \end{cases} \tag{13.6}$$

其中,d_{ij} 为数据点 i 到回归点 j 的距离。由于实际过程中会出现回归点变化导致估计值变化的问题,这种方法并不适合地理加权回归的情况。更为常用的是指数距离权值法,公式如下:

$$W_{ij} = \begin{cases} \sqrt{\exp(d_{ij}/b)} & j\text{ 点属于 }i\text{ 点的 }N\text{ 个临近点的集合} \\ 0 & \text{其他} \end{cases} \tag{13.7}$$

其中,b 表示当权值为 0 时的距离,称作带宽,最优带宽的大小可以衡量区域间互相影响的大小以及影响范围。

(2) 距离反比法

根据地理学第一定律,我们认为空间上距离近的事物往往相关性更强,因此用距离来刻画权重:$W_{ij} = 1/d_{ij}^{\alpha}$。其中,$\alpha$ 为合适的常数。

由公式可以看出,当回归点和数据点重合时,W_{ij} 为无穷大,因此在地理加权回归模型中,往往对其作一定优化处理,选择双重平方或者三次方的形式。

双重平方距离函数为:

$$w_{ij} = \begin{cases} \left[1 - \left(\dfrac{d_{ij}}{b}\right)^2\right]^2 & d_{ij} < b \\ 0 & \text{其他} \end{cases} \tag{13.8}$$

三次方距离函数为:

$$w_{ij} = \begin{cases} \left[1 - \left(\dfrac{d_{ij}}{b}\right)^3\right]^3 & d_{ij} < b \\ 0 & \text{其他} \end{cases} \tag{13.9}$$

(3) 高斯函数

高斯函数通过寻找一个连续单调递减的函数刻画权重与距离之间的关系。一般来说,高斯函数是运用最为广泛的方法,公式如下:

$$w_{ij} = \exp\left[-\left(\dfrac{d_{ij}}{b}\right)^2\right] \tag{13.10}$$

综上可以看出，各个距离函数均与带宽有关，一般根据 Cleveland(1979) 和 Bowman(1984) 提出的交叉确认方法来计算：

$$CV = \sum [y_i - \hat{y}_{\neq i}(b)]^2 \tag{13.11}$$

其中，$\hat{y}_{\neq i}(b)$ 是指依据回归点周边数据进行回归模型的参数估计，而不含回归点本身，使 CV 取最小值的 b 即为带宽，但不同的空间加权函数会得到不同的带宽，所以规定使 GWR 模型的 AIC 达到最小的 b 值即为最优带宽。

13.3.4 岭回归与 LASSO 回归

由于 GWR 模型中可能存在多重共线性问题，因此在对其进行检验的同时，选择岭回归和 LASSO 回归加以改善，其共同点都是对系数施加约束，从而进行变量的估计与选择。

1. 岭回归

共线性可能导致参数估计值偏大，而岭回归就是对最小二乘的目标函数加一个惩罚函数，使得在最小化满足的同时确保避免估计值过大的情况。运用过程中，在对数据进行标准化处理之后，通过惩罚函数画出岭迹图，从而选择是否需要剔除某些变量。

岭回归的数学思想如下：

$$\min_{\beta} \sum_{i=1}^{n} \left(y_i - \beta_0 - \sum_{j=1}^{m} \beta_j x_{ij} \right)^2$$

$$\text{s.t.} \quad \sum_{j=1}^{m} \beta_j^2 \leqslant \lambda \tag{13.12}$$

由此可以看出，惩罚函数的系数 λ 越大，其在目标函数中所占的重要性就越大，从而可以减少参数估计。

2. LASSO 回归

正如岭回归中，当模型无法确定协变量或协变量的维度超过样本个数时，基于共线性可能导致参数估计值偏大，需要通过惩罚项来筛选变量。Tibshirani(1996) 提出 LASSO 回归，首先将含 LASSO 惩罚项的似然函数极大化，估计回归系数完成变量选择，公式如下：

$$\max_{\alpha_2, \cdots, \alpha_k, \beta} [L(\alpha_2, \cdots, \alpha_k, \beta \mid Y = y, X = x) - \lambda \sum_{j=1}^{p} |\beta_j|] \tag{13.13}$$

其中，λ 为控制变量压缩程度的调节系数，LASSO 回归就是通过惩罚项，将这些影响很小的变量直接估计为 0，同时完成参数的估计和选择，使得模型更加简洁。$\lambda = 0$ 时，该估计与普通的极大似然估计相一致，而 $\lambda \to \infty$ 时，会使得所有系数估计变为 0。

13.4 实证分析结果

13.4.1 数据来源及指标选取

本章以我国 31 个省份为研究对象，搜集了 2007—2016 年的相关数据，对空间相关性和影响各省份旅游业发展的因素进行探究,数据来源主要为各年份《中国统计年鉴》和《中国旅游统计年鉴》。

参考胡宇娜等(2018)在研究旅游业发展水平问题时选取的变量情况,本章以旅行社营业收入为被解释变量,衡量区域旅游业的发展。在探究影响因素方面,从旅游业投入、城市发展、交通便利度等多个角度考虑。在城市发展方面,由于考虑到城市的经济发展和开放程度均有可能影响旅游业的发展,因此选择地区生产总值来代表各省份经济发展的情况,以货物进出口总额来刻画各省份的开放程度差异。在旅游业投入方面,以旅游业从业人数作为人力投入的衡量因素,以旅游业企业数刻画资本投入以及市场竞争情况。在交通便利度方面,选择年末实有道路长度衡量城市建设交通水平以及与外界连接的交通便利度,以年末公共交通运营数衡量市内的交通便利度。具体指标如表 13.6 所示。

表 13.6 解释变量指标

一级指标	二级指标	指标名
城市发展	地区生产总值	gdp
	货物进出口总额	totalport
旅游业投入	旅游业从业人数	staff
	旅游业企业数	enterprise
交通便利度	年末实有道路长度	road
	年末公共交通运营数	traffic

13.4.2 空间相关性检验

在建立空间计量模型前,对旅行社的经济效益进行空间相关性检验,先进行全局空间自相关的检验,得到 Moran's I 和 Geary's C 的检验统计量以及对应的 p 值,如表 13.7 和表 13.8 所示。

表 13.7 Moran's I 检验结果

variable	Moran's I	E(Moran's I)	sd(Moran's I)	z	p-value*
tourism2007	0.302	−0.033	0.086	3.898	0.000
tourism2008	0.309	−0.033	0.085	4.007	0.000
tourism2009	0.333	−0.033	0.087	4.237	0.000
tourism2010	0.361	−0.033	0.086	4.562	0.000
tourism2011	0.350	−0.033	0.087	4.422	0.000
tourism2012	0.345	−0.033	0.087	4.368	0.000
tourism2013	0.347	−0.033	0.087	4.368	0.000
tourism2014	0.298	−0.033	0.086	3.844	0.000
tourism2015	0.335	−0.033	0.087	4.241	0.000
tourism2016	0.335	−0.033	0.086	4.259	0.000

表 13.8 Geary's C 检验结果

variable	Geary's C	E(Geary's C)	sd(Geary's C)	z	p-value*
tourism2007	0.611	1.000	0.098	−3.972	0.000
tourism2008	0.586	1.000	0.101	−4.095	0.000
tourism2009	0.581	1.000	0.096	−4.357	0.000
tourism2010	0.361	1.000	0.097	−4.548	0.000
tourism2011	0.574	1.000	0.096	−4.436	0.000
tourism2012	0.582	1.000	0.096	−4.370	0.000
tourism2013	0.582	1.000	0.096	−4.353	0.000
tourism2014	0.610	1.000	0.097	−4.005	0.000
tourism2015	0.584	1.000	0.095	−4.369	0.000
tourism2016	0.593	1.000	0.097	−4.205	0.000

由表 13.7 和表 13.8 可以看出,两个指标均拒绝了无空间自相关的原假设,因此认为被解释变量即旅行社营业收入水平存在空间自相关,且从莫兰指数看,均为空间正自相关。

随后再进行局部空间自相关的检验,主要选取局部莫兰指数,由于结果较长,这里通过绘制莫兰散点图对结果进行说明,以起始年 2007 年和末年 2016 年的莫兰散点图为例进行展示,分别如图 13.1 和图 13.2 所示。

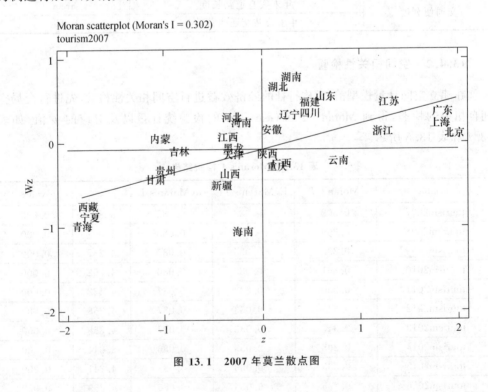

图 13.1 2007 年莫兰散点图

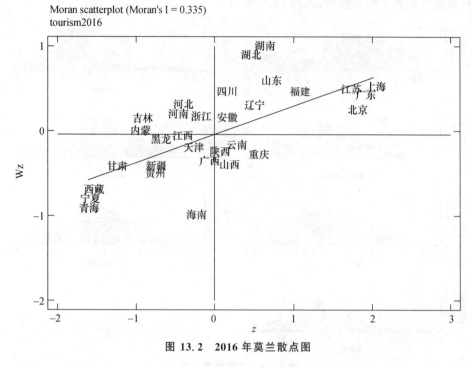

图 13.2　2016 年莫兰散点图

由图 13.1 和图 13.2 可以看出，各省份的旅行社营业收入基本集中在第一和第三两个象限内，说明具有一定的空间集聚性，与全局空间自相关的检验结果一致。同时，对比 2007 年和 2016 年的莫兰散点图，可以看出大多数省份所处的象限位置基本保持不变，说明省域的旅游业发展水平具有一定的稳定性，也就是说一个省份想在短时间内提高自身旅游业的发展水平是比较困难的。

13.4.3　描述性统计

首先，通过对所选指标的均值、方差、中位数、最小值、最大值进行描述性统计，可以了解数据分布的大致情况。由于数据在量级方面差异较大，因此统一作对数处理，并保留两位小数，结果如表 13.9 所示。

表 13.9　描述性统计结果

variable	mean	sd	p50	min	max
lnincome	5.84	0.54	5.81	4.97	6.92
lngdp	4.25	0.42	4.27	3.06	4.91
lntotalport	7.39	0.73	7.42	5.71	8.80
lnstaff	3.90	0.35	3.90	3.21	4.61
lnenterprise	2.86	0.31	2.89	2.06	3.35
lnroad	3.94	0.39	3.94	3.01	4.65
lntraffic	4.09	0.42	4.14	2.76	4.80

然后，通过带有正态曲线的直方图更直观地观测各个解释变量的分布情况，取对

数后数据分布有了明显改善,如图 13.3 所示。

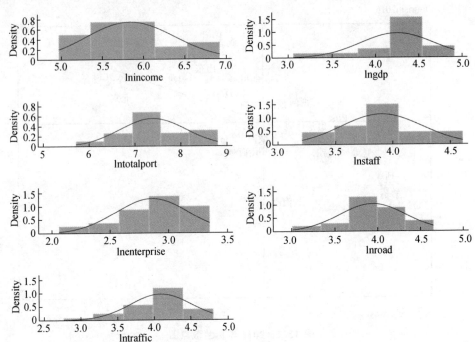

图 13.3 各变量直方图

另外,通过如图 13.4 所示的矩阵图可以直观地看出所选取的解释变量与旅游业发展的关系,大多有正相关趋势。

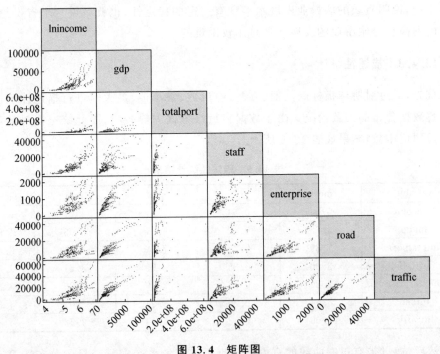

图 13.4 矩阵图

13.4.4 GWR 模型的建立

1. 全局 OLS 回归估计

首先进行全局 OLS 回归,回归结果如表 13.10 所示。

表 13.10 全局 OLS 回归结果

variable	Coef.	Std. Err.	t	$P>t$	[95%Conf	Interval]
lngdp	−0.0812794	0.2973496	−0.27	0.787	−0.6949787	0.53242
lntotalport	0.225277	0.0993941	2.27	0.033	0.0201377	0.4304163
lnstaff	1.496444	0.1735975	8.62	0.000	1.138156	1.854731
lnenterprise	−0.6052357	0.2248054	−2.69	0.013	−1.069211	−0.1412602
lnroad	−0.2552423	0.2001121	−1.28	0.214	−0.6682534	0.1577688
lntraffic	0.2898054	0.2625339	1.10	0.281	−0.252038	0.8316487
_cons	0.2291561	0.3160583	0.73	0.475	−0.4231562	0.8814684
Numberofobs			31			
$F(6,24)$			69.28			
Prob>F			0.0000			
R-squared			0.9447			
Adj R-squared			0.9308			

模型的拟合程度达到 0.9 左右,所选取的自变量旅游业从业人数、企业数有显著影响,因此,增加旅游业从业人数有助于促进旅游业发展,但当旅游业企业数增加时,行业竞争压力增大,可能会对旅游业发展产生抑制作用。

2. GWR 模型岭回归估计

OLS 属于全局模型,认为所有因素在空间上都是均质的,只能给出对总体的评估,而无法探究空间异质性,因此进一步建立 GWR 模型,从局部角度进行空间非平稳性研究。

建立 GWR 模型后,绘制各个解释变量系数之间的散点图,如图 13.5 所示,可以看出可能存在共线性问题,基于严谨性,我们通过方差分解考察多重共线性问题,直接查看相关的检验结果,如表 13.11 所示。

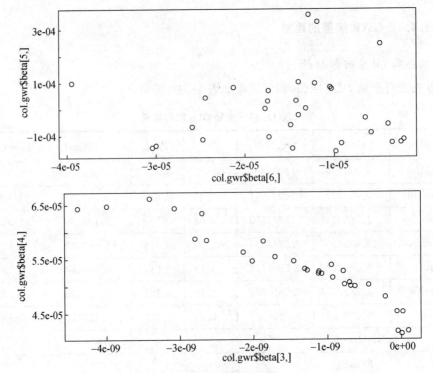

图 13.5　解释变量系数间散点图

表 13.11　共线性检验结果

对象	lag. cond	lag. vdp	lag. cond. vdp
1	FALSE	TRUE	FALSE
2	FALSE	TRUE	FALSE
3	FALSE	FALSE	FALSE
4	FALSE	TRUE	FALSE
5	FALSE	FALSE	FALSE
6	FALSE	FALSE	FALSE
7	FALSE	TRUE	FALSE
8	FALSE	TRUE	FALSE
9	TRUE	TRUE	TRUE
10	TRUE	TRUE	TRUE
11	TRUE	TRUE	TRUE
12	TRUE	TRUE	TRUE
13	TRUE	FALSE	FALSE
14	TRUE	FALSE	FALSE
15	FALSE	TRUE	FALSE
16	FALSE	TRUE	FALSE
17	FALSE	FALSE	FALSE
18	TRUE	TRUE	TRUE
19	TRUE	TRUE	TRUE
20	TRUE	TRUE	TRUE
21	TRUE	TRUE	TRUE
22	TRUE	TRUE	TRUE

（续表）

对象	lag.cond	lag.vdp	lag.cond.vdp
23	TRUE	TRUE	TRUE
24	TRUE	TRUE	TRUE
25	TRUE	TRUE	TRUE
26	FALSE	TRUE	FALSE
27	FALSE	TRUE	FALSE
28	FALSE	TRUE	FALSE
29	FALSE	TRUE	FALSE
30	FALSE	TRUE	FALSE
31	FALSE	TRUE	FALSE

cond 考量的是条件数 CI 的值，当 CI>30 时，返回值为 TRUE，否则为 FALSE；vdp（方差分解比）超过 0.5 时，返回值为 TURE；当上述两者同时成立时，最后一项返回值为 TRUE，表示变量存在多重共线性问题。

从上述分析中可以看出，因为 GWR 模型对每个局部的估计都是通过相同的变量数据得到的，解释变量之间可能存在线性相关导致无法对参数进行估计，而岭回归可以通过一个小增量增加解释变量矩阵，从而减少非奇异性。同时通过如图 13.6 所示的散点图可以看出，情况得到了改善，并且更加符合现实意义。

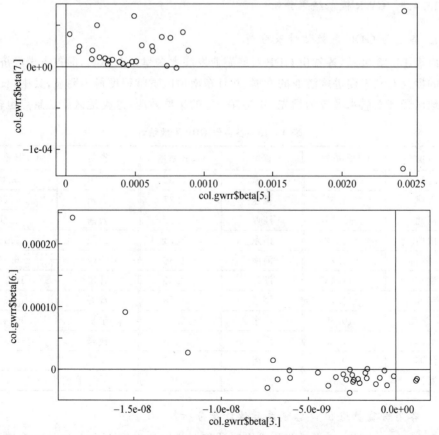

图 13.6 岭回归下解释变量系数间散点图

3. GWR 模型 LASSO 估计

从系数估计值的结果来看,有些估计值非常小,对于影响非常小的解释变量,通过约束系数可以降低变量影响,且当约束很强时,可以直接将系数视作 0,LASSO 估计就是将影响很小的变量系数直接设置为 0,达到精简模型的效果。综合比较不同估计方法下的模型拟合优度,选取最佳的估计模型,结果如表 13.12 所示。

表 13.12 模型基本情况

对象	值
窗宽	5.1456
窗宽估计的均方根预测误差	0.2490
估计的均方根误差	0.1070
拟合优度	0.9588

可以看出最优的窗宽为 5.1456,模型拟合优度达到近 96%,也就是说,模型能够解释约 96% 的旅游业发展情况。

可以根据标准化残差的情况衡量每个系数的可靠性,一般将超过 2.5 倍标准差视作可靠性较低,在本章中,各省份回归拟合效果还是比较好的。

13.4.5 GWR 模型结果分析

1. 各省份 GDP 系数估计及分析

由表 13.13 可见,各省份 GDP 对旅游业发展大多呈正向影响,即各省份经济发展水平的提高有利于促进旅游业的发展,并且东南地区贡献程度最为明显,其中,长江三角洲地区经济发展水平较为领先,并具有一定的集群效应,这类地区旅游景点也较多。

表 13.13 各省份 GDP 系数估计

省份	GDP 系数	省份	GDP 系数	省份	GDP 系数
北京	5.47	安徽	0.32	四川	8.34
天津	5.67	福建	9.37	贵州	2.26
河北	−3.64	江西	5.50	云南	1.46
山西	−2.72	山东	−3.74	西藏	9.18
内蒙古	−11.73	河南	−1.86	陕西	6.11
辽宁	−11.43	湖北	3.85	甘肃	16.23
吉林	−11.17	湖南	6.58	青海	15.80
黑龙江	−10.55	广东	5.55	宁夏	12.49
上海	1.35	广西	1.73	新疆	−6.11
江苏	0.33	海南	3.27		
浙江	2.93	重庆	1.26	数值 $\times 10^{-6}$	

2. 各省份货物进出口总额系数估计及分析

由表 13.14 可见,各省份货物进出口总额对旅游业发展大多为负向影响,西北地区尤其显著,这可能是由于西北地区对外贸易不发达,开放程度较低,对旅游业发展的制约效果较为明显,也可以看出增强地区开放度能够带动旅游业的发展。

表 13.14　各省份货物进出口总额系数估计

省份	totalport 系数	省份	totalport 系数	省份	totalport 系数
北京	−3.14	安徽	−69.12	四川	−262.85
天津	2.39	福建	−111.32	贵州	−211.33
河北	−44.13	江西	−107.31	云南	−279.18
山西	−9.44	山东	−20.73	西藏	−410.10
内蒙古	−110.8	河南	−77.57	陕西	−185.52
辽宁	10.00	湖北	−91.78	甘肃	−306.72
吉林	−3.275	湖南	−172.06	青海	−340.77
黑龙江	−11.79	广东	−103.43	宁夏	−269.93
上海	−67.75	广西	−170.60	新疆	−398.97
江苏	−62.17	海南	−144.74		
浙江	−76.58	重庆	−201.45	数值$\times 10^{-10}$	

3. 各省份旅游业从业人数系数估计及分析

由表 13.15 可见,人力投入对旅游业发展具有正向影响,尤其在较为偏远的地区。人力投入是对旅游业发展具有较为重要影响的因素,总体上呈现出"两端明显,中部减弱"的趋势。结合地区特点考虑,西部地区占地面积广,景点也更为广阔,旅游业发展相较东部地区而言无论是在时间还是程度上都稍显落后,大多以跟团游为主,这使得相关从业人员的影响更为重要。

表 13.15　各省份旅游业从业人数系数估计

省份	staff 系数	省份	staff 系数	省份	staff 系数
北京	4.53	安徽	5.06	四川	5.84
天津	4.52	福建	5.23	贵州	5.62
河北	5.02	江西	5.23	云南	5.87
山西	5.38	山东	4.80	西藏	6.44
内蒙古	5.27	河南	5.29	陕西	5.84
辽宁	4.17	湖北	5.16	甘肃	6.44
吉林	4.16	湖南	5.29	青海	6.62
黑龙江	4.12	广东	5.31	宁夏	6.35
上海	5.09	广西	5.54	新疆	6.48
江苏	5.00	海南	5.46		
浙江	5.02	重庆	5.45	数值$\times 10^{-5}$	

4. 各省份旅游业企业数系数估计及分析

由表 13.16 可见,旅游业企业数对旅游业发展大多为正向影响,尤其是在东南地区,旅游业企业数与丰富的旅游景点数量也相关,代表着旅游业的较高水平。而竞争压力大带来的效果可能是双向的,在良性竞争下会促进旅游业的发展,但若形成恶意竞争或产业过剩的情况,则会使得旅游业综合发展水平停滞不前,甚至落后。

表 13.16 各省份旅游业企业数系数估计

省份	enterprise 系数	省份	enterprise 系数	省份	enterprise 系数
北京	−1.21	安徽	0.86	四川	−1.81
天津	−1.09	福建	0.84	贵州	−0.63
河北	−1.22	江西	0.70	云南	0.37
山西	−0.86	山东	−0.54	西藏	0.95
内蒙古	−1.58	河南	−0.40	陕西	1.04
辽宁	2.48	湖北	0.46	甘肃	−1.45
吉林	3.32	湖南	0.29	青海	−1.38
黑龙江	3.58	广东	0.29	宁夏	−0.65
上海	0.92	广西	0.26	新疆	−1.29
江苏	0.87	海南	0.09		
浙江	1.05	重庆	−1.51	数值$\times 10^{-4}$	

5. 各省份道路建设情况(即道路长度)系数估计及分析

由表 13.17 可见,道路长度对旅游业发展的影响基本为负,具体来看,在一些占地面积广的地区影响更为明显,而在一些沿海城市影响则较弱。结合实际情况来看,西部地区的道路建设情况不及东部地区,而道路建设落后可能造成路面交通等的不便,抑制旅游业发展。

表 13.17 各省份道路建设情况系数估计

省份	road 系数	省份	road 系数	省份	road 系数
北京	−0.24	安徽	−1.02	四川	−2.45
天津	−0.21	福建	−2.15	贵州	−1.48
河北	−0.35	江西	−1.74	云南	−2.43
山西	−0.57	山东	−0.39	西藏	−3.94
内蒙古	−0.97	河南	−0.64	陕西	−1.70
辽宁	−0.46	湖北	−1.43	甘肃	−3.01
吉林	−1.16	湖南	−1.78	青海	−2.97
黑龙江	−1.26	广东	−1.76	宁夏	−2.58
上海	−1.22	广西	−1.40	新疆	−0.92
江苏	−1.04	海南	−1.32		
浙江	−1.40	重庆	−1.45	数值$\times 10^{-5}$	

6. 各省市内公共交通运营数系数估计及分析

由表 13.18 可见,各省市内公共交通运营数对旅游业发展均为正向影响,说明方便的市内交通有助于旅游业的发展,同时在分布上也呈现出东南地区影响更为明显的趋势。对于所有城市来说,交通便捷度都格外重要,地铁、公交等交通设施建设水平对于游客来说属于较为关心的内容,完善市内交通建设能够一定程度上促进旅游业的发展。

表 13.18 各省市内公共交通运营数系数估计

省份	traffic 系数	省份	traffic 系数	省份	traffic 系数
北京	1.43	安徽	0.32	四川	2.61
天津	1.29	福建	0.049	贵州	2.16
河北	1.22	江西	0.38	云南	2.85
山西	1.33	山东	0.84	西藏	4.45
内蒙古	2.27	河南	0.87	陕西	1.63
辽宁	1.80	湖北	0.45	甘肃	2.44
吉林	1.98	湖南	0.60	青海	2.70
黑龙江	1.78	广东	0.49	宁夏	2.02
上海	0.27	广西	1.23	新疆	7.84
江苏	0.30	海南	0.98		
浙江	0.21	重庆	2.40	数值$\times 10^{-5}$	

13.5 结 论

地理加权回归是从全局模型演化而来,考虑了空间异质性和空间相关性的影响,在经济学、地理学等领域有着广泛的应用。本章针对我国旅游业的发展,搜集了 2007—2016 年各省份相关数据分析空间相关性,并以 2016 年的数据为主要分析对象构建 GWR 模型。

首先,通过莫兰指数检验可以看出,旅游业的发展具有较强的空间相关性,但各省份旅行社收入基本集中在第一和第三两个象限,说明其发展水平具有一定的空间集聚性。同时,对比 2007 年和 2016 年的莫兰散点图,大多数省份所处的象限位置基本保持不变,说明省域的旅游业发展水平具有一定的稳定性,一个省份想在短时间内提高自身旅游业发展水平比较困难。

其次,从模型的拟合优度和全面性等多个角度来看,GWR 模型要优于 OLS 模型,同时针对 GWR 模型可能存在的多重共线性问题进行检验,通过岭回归减少这类非奇异性。另外,通过 LASSO 的变量选择方法,将对某些地区影响很小的变量系数缩减为 0,起到精简模型的作用。

最后,观测模型的估计结果,可以看出,解释变量虽对不同省份的影响程度存在差异,但大体上趋势较为一致,城市发展、交通便利度、旅游业投入均对旅游业发展起到正向作用,而地区开放程度和旅游业竞争环境影响稍弱一些。

13.6 软件操作指导

13.6.1 研究目的

本章从城市发展、旅游业投入、交通便利度三大方面考核旅游业发展的影响因素,并进行异质性分析,提出可行性建议。

13.6.2 研究原理

本章验证研究对象的空间相关性,在基准 OLS 模型的基础上构建岭回归和 LASSO 回归下的 GWR 模型,探究旅游业发展的影响因素,并进行因素的异质性分析。

13.6.3 样本选择与数据收集

本章以我国 31 个省份为研究对象,搜集了 2007—2016 年的相关数据,对空间相关性和影响各省份旅游业发展的因素进行探究,数据来源主要为各年份《中国统计年鉴》和《中国旅游统计年鉴》。

13.6.4 软件应用内容指导

1. Stata 部分

```
* = = = 第一部分:被解释变量的相关性检验 = = =
读取研究的数据对象
* = = = = = = 空间自相关检验 = = = = =
* = = = = = = //空间权重矩阵的重命名 = = = = = = = =
spatwmat using JJJZ.dta,name(W)
* 标准化
spatwmat using JJJZ.dta,name(W)standardize
* = = = = = = = = //计算全局的莫兰指数 = = = = = = = = = =
spatgsa tourism2007,weights(W) moran geary twotail
spatgsa tourism2008,weights(W) moran geary twotail
spatgsa tourism2009,weights(W) moran geary twotail
spatgsa tourism2010,weights(W) moran geary twotail
spatgsa tourism2011,weights(W) moran geary twotail
spatgsa tourism2012,weights(W) moran geary twotail
spatgsa tourism2013,weights(W) moran geary twotail
spatgsa tourism2014,weights(W) moran geary twotail
spatgsa tourism2015,weights(W) moran geary twotail
spatgsa tourism2016,weights(W) moran geary twotail
* = = = = = = = = //计算局部的莫兰指数 = = = = = = = =
spatlsa tourism2007,weights(W) moran twotail
spatlsa tourism2008,weights(W) moran twotail
spatlsa tourism2009,weights(W) moran twotail
spatlsa tourism2010,weights(W) moran twotail
spatlsa tourism2011,weights(W) moran twotail
spatlsa tourism2012,weights(W) moran twotail
spatlsa tourism2013,weights(W) moran twotail
```

```
spatlsa tourism2014,weights(W) moran twotail
spatlsa tourism2015,weights(W) moran twotail
spatlsa tourism2016,weights(W) moran twotail
* = = = = = //绘制2016和2007莫兰散点图 = = = = =
spatlsa tourism2016,w(W) moran graph(moran) symbol(id) id(city)
graph save g0.gph, replace
spatlsa tourism2007,w(W)moran graph(moran) symbol(id) id(city)
graph save g1.gph, replace
* = = = = = = = = = = = 第二部分:描述性统计 = = = = = = = = = = =
读取数据
* = = = = = = //空间权重矩阵的重命名 = = = = =
spatwmat using JJJZ.dta,name(W)
* = = = = = = = = = 标准化 = = = = = = = = =
spatwmat using JJJZ.dta,name(W)standardize
* = = = = = = = = 数据的处理 = = = = = = = = =
encode city,gen(id)
* = = = = = = 描述性统计分析 = = = = = = =
tabstat lnincome lngdp lntotalport lnstaff lnenterprise lnroad lntraffic, ///
s(mean sd med min max) c(s) f(%6.2f)
* 直方图
histogram lnincome, normal
graph save g1.gph, replace
histogram lngdp, normal
graph save g2.gph, replace
histogram lntotalport, normal
graph save g3.gph, replace
histogram lnstaff, normal
graph save g4.gph, replace
histogram lnenterprise, normal
graph save g5.gph, replace
histogram lnroad, normal
graph save g6.gph, replace
histogram lntraffic, normal
graph save g7.gph, replace
* 多图展示
graph combine g1.gph g2.gph g3.gph g4.gph g5.gph g6.gph g7.gph,rows(4)
* 矩阵图(相关性)
graph matrix lnincome gdp totalport staff enterprise road traffic,ms(p) half
* = = = = = = = = = = = 第三部分:建立模型 = = = = = = = = = = =
* = = = = = = 设为面板数据 = = = = = =
tsset id year
* = = = = = = = OLS回归 = = = = = = =
```

```
reg lnincome lngdp lntotalport lnstaff lnenterprise lnroad lntraffic
```

2. R 语言部分

```r
rm(list = ls())
# = = = = = = = = = = = = = 加载相关程序包 = = = = = = = = = = =
library(maps)          ## 地图工具
library(maptools)
library(sp)
library(Matrix)
library(spData)
library(spdep)         ## 空间自相关
library(gstat)
library(splancs)
library(spatstat.data)
library(nlme)
library(rpart)
library(spatstat)      ## Geostatistics
library(pgirmess)      ## Spatial autocorrelation
library(RColorBrewer)  ## Visualization
library(classInt)      ## Class intervals
# = = = = = = = = = = = = = 加载相关程序包 = = = = = = = = = = =
library(lars)
library(gwrr)
library(fields)
library(spam)
library(dotCall64)
library(grid)
library(GWmodel)
library(spgwr)
options(baidumap.key = 'oG7lLHVb6u4WF8kgpnCAZPdBLx7Vut9h')
# = = = = = = = = = = 设置工作环境,导入数据 = = = = = = = = =
setwd("D:\\空间计量\\课程论文")
data = as.data.frame(read.csv("2016数据.csv",header = T))
# = = = = = = = = = = = = 空间坐标的集合 = = = = = = = = = = = =
locs <- cbind(data$x,data$y)
# = = = = = = = = = = = = = GWR 估计 = = = = = = = = = = = = = =
col.gwr <- gwr.est(lnincome~gdp + totalport + staff + enterprise + road + traffic,locs
= locs,data = data,kernel = "exp",bw = TRUE)
# = = = = = = = = = = = = = 模型情况 = = = = = = = = = = = =
col.gwr $ phi      # 窗宽 h 的估计值
col.gwr $ RMSPE    # 窗宽估计的均方根预测误差
col.gwr $ beta     # 系数估计矩阵
```

```
col.gwr $ yhat    # 被解释变量的估计值
col.gwr $ RMSE    # 估计的均方根误差
col.gwr $ rsquare    # GWR 模型的拟合优度
plot(col.gwr $ beta[2,],col.gwr $ beta[3,])
plot(col.gwr $ beta[3,],col.gwr $ beta[4,])
plot(col.gwr $ beta[6,],col.gwr $ beta[5,])
plot(col.gwr $ beta[2,],col.gwr $ beta[6,])
plot(col.gwr $ beta[2,],col.gwr $ beta[7,])
# 多重共线性检验
col.vdp <- gwr.vdp(lnincome~gdp + totalport + staff + enterprise + road + traffic,locs,data,col.gwr $ phi,"exp")
col.vdp $ condition
col.vdp $ vdp
col.vdp $ flag.cond
col.vdp $ flag.vdp
col.vdp $ flag.cond.vdp
hist(col.vdp $ condition)
# 地理加权岭回归估计
col.gwrr <- gwrr.est(lnincome~gdp + totalport + staff + enterprise + road + traffic,locs,data,"exp",bw = 3,rd = 0.03)
col.gwrr $ phi
col.gwrr $ lambda
col.gwrr $ RMSPE
col.gwrr $ beta
col.gwrr $ yhat
col.gwrr $ RMSE
col.gwrr $ rsquare
col.vdp2 <- gwr.vdp(lnincome~gdp + totalport + staff + enterprise + road + traffic,locs,data,col.gwrr $ phi,"exp")
plot(col.gwrr $ beta[3,],col.gwrr $ beta[6,])
abline(h = 0)
abline(v = 0)
# 地理加权 Lasso 回归
col.gwl <- gwl.est(lnincome~gdp + totalport + staff + enterprise + road + traffic,locs,data,"exp")
# 模型结果
col.gwl $ phi
col.gwl $ RMSPE
col.gwl $ beta
col.gwl $ yhat
col.gwl $ RMSE
col.gwl $ rsquare
```

```
plot(col.gwl $ beta[2,],col.gwl $ beta[3,])
# 按照常数项/10 的大小表示点的大小
plot(data $ x,data $ y,cex = col.gwl $ beta[1,]/10)
```

参 考 文 献

[1] Aitkin M. A General Maximum Likelihood Analysis of Overdispersion in Generalized Linear Models[J]. *Statistics and computing*,1996,6(3).

[2] Anselin L. Lagrange Multiplier Test Diagnostics for Spatial Dependence and Spatial Heterogeneity[J]. *Geographical Analysis*,1988,20(1).

[3] Anselin L. Local Indicators of Spatial Association—LISA[J]. *Geographical Analysis*,1995,27(2).

[4] Bera A K,Yoon M J. Specification Testing with Locally Misspecified Alternatives[J]. *Econometric Theory*,1993,9(4).

[5] Bowman A W. An Alternative Method of Cross-validation for the Smoothing of Density Estimates[J]. *Biometrika*,1984,71(2).

[6] Brunsdon C,Fotheringham S,Charlton M. Geographically Weighted Regression[J]. *Journal of the Royal Statistical Society:Series D (The Statistician)*,1998,47(3).

[7] Burridge P. On the Cliff-Ord Test for Spatial Correlation[J]. *Journal of the Royal Statistical Society:Series B (Methodological)*,1980,42(1).

[8] Casetti E. Generating Models by the Expansion Method:Applications to Geographic Research[J]. *Geographic Analysis*,1972,(4).

[9] Cleveland W S. Robust Locally Weighted Regression and Smoothing Scatterplots[J]. *Journal of the American Statistical Association*,1979,74(368).

[10] Fotheringham A S,Brunsdon C,Charlton M. *Geographically Weighted Regression:The Analysis of Spatially Varying Relationships*[M]. New York:Wiley,2002.

[11] Fotheringham A S,Charlton M,Brunsdon C. The Geography of Parameter Space:An Investigation of Spatial Non-stationarity[J]. *International Journal of Geographical Information Systems*,1996,10(5).

[12] Getis A,Ord J K. *The Analysis of Spatial Association by Use of Distance Statistics*[M]. Springer,2010.

[13] Goldstein H. Multilevel Mixed Linear Model Analysis Using Iterative Generalized Least Squares[J]. *Biometrika*,1986,73(1).

[14] Goldstein H. *Multilevel Models in Education and Social Research*[M]. Oxford University Press,1987.

[15] Mennis J L,Jordan L. The Distribution of Environmental Equity:Exploring Spatial Non-stationarity in Multivariate Models of Air Toxic Releases[J]. *Annals of the Association of American Geographers*,2005,95(2).

[16] Moran A P. Notes on Continuous Stochastic Phenomena [J]. *Biometrika*,1950,37(1).

[17] Tibshirani R. Regression Shrinkage and Selection via the LASSO[J]. *Journal of the Royal Statistical Society B*,1996,58(1).

[18] 陈建宝,乔宁宁.半参数变系数空间误差回归模型的估计[J].数量经济技术经济研究,2017,34(4).

[19] 陈强.高级计量经济学及Stata应用[M].北京:高等教育出版社,2014.

[20] 关伟,郝金连.东北地区旅游经济影响因素时空特征研究[J].地理科学,2018,38(6).

[21] 胡宇娜,梅林,魏建国.基于GWR模型的中国区域旅行社业效率空间分异及动力机制分析[J].地理科学,2018,38(1).

[22] 乔宁宁.混合地理加权回归模型中的空间相关性检验和参数估计研究[J].数量经济技术经济研究,2013,30(8).

[23] 沈思连,王春伟,汤静.基于GWR模型的河南省人口分布的影响因素研究[J].数学的实践与认识,2014(3).

[24] 苏方林.省域R&D知识溢出的GWR实证分析[J].数量经济技术经济研究,2007,24(2).

[25] 陶长琪.空间计量经济学的前沿理论及应用[M].北京:科学出版社,2016.

[26] 王劲峰等.空间分析[M].北京:科学出版社,2006.

[27] 韦米佳.中国宏观经济内生增长因素分析——基于地理加权回归(GWR)模型的实证分析[J].中国经济问题,2009,(3).

[28] 魏传华.半参数空间变系数回归模型的研究[D].西安交通大学,2005.

[29] 向书坚,许芳.中国的城镇化和城乡收入差距[J].统计研究,2016,33(4).

[30] 玄海燕,罗双华,王大斌.GWR模型中权函数的选取与窗宽参数的确定[J].甘肃联合大学学报(自然科学版),2008,22(3).

[31] 张兴祥,钟威,洪永淼.国民幸福感的指标体系构建与影响因素分析:基于LASSO的筛选方法[J].统计研究,2018,35(11).

[32] 赵传松,任建兰,陈延斌,刘凯.全域旅游背景下中国省域旅游产业与区域发展时空耦合及驱动力[J].中国人口·资源与环境,2018,28(3).

[33] 郑玲.长三角核心城市旅游产业空间溢出效应——基于空间计量模型的分析[J].经济师,2019,(3).

[34] 朱尚伟,李景华.岭回归估计的向量参数方法[J].应用概率统计,2018,34(5).

[35] 朱永凤,瓦哈甫·哈力克,卢龙辉.基于GWR模型的中国5A级旅游景区空间异质性分析[J].华中师范大学学报(自然科学版),2017,51(3).